THE CHURCHILL FACTOR

How One Man Made History

BORIS JOHNSON

チャーチル・ファクター

たった一人で歴史と世界を変える力

ボリス・ジョンソン著
石塚雅彦＋小林恭子訳

プレジデント社

レオ・F・ジョンソンに捧げる

THE CHURCHILL FACTOR
by
Boris Johnson

Published in association with Churchill Heritage Ltd.
Japanese translation right arranged with
HODDER & STOUGHTON LIMITED
Thorough Japan UNI Agency, Inc., Tokyo

THE CHURCHILL FACTOR

目次

CONTENTS

序章
チャーチルという犬
INTRODUCTION

　私が子供の頃、チャーチルがこれまでにイギリスが生み出した最も偉大な政治家だったということは疑うべくもないことだった。大きな困難を乗り越えて、世界がこれまでに目撃した最悪の独裁者の一人に対する勝利をイギリスにもたらしたという彼の功績については、幼い時分から叩きこまれてきた。

　チャーチルの人生の基本的な部分は頭に入っていた。弟のレオと私は、マーティン・ギルバートが書いたチャーチルの伝記を穴が開くほど眺め、写真の説明文まで暗記した。

　チャーチルが演説の名手であったことも知っていた。私の父は（多くの父親がそうであったように）チャーチルの最も有名な演説の一説を朗誦したものだった。私は当時でさえこうした演説の技術が時代遅れになりつつあることを見抜いていた。チャーチルは愉快で、不遜で、時代背景を考慮したにしても、政治的に不適切な差別的見解を持っていたことも理解していた。

夕飯の席で私と弟は、こんな逸話を聞かされた。その一つは、チャーチルがトイレに入っていたとき、ロード・プリビー・シール［君主の私的な印章を管理する役職］から会いたいと言われたときの話だ。チャーチルは「いま便所《プリビー》に封印《シールド》されてプリプリしているところだよ」と言ったとか、言わないとか。こんな話もある。社会主義者の女性議員、ベッシー・ブラドックがチャーチルに「あなたは酔っていらっしゃるわね」と言ったとき、チャーチルは驚くほどの無礼さで「あなたはぶさいくでいらっしゃいますね」と言い返したうえに、こう続けたという。「私の酔いは朝には覚めるだろうがね」。

保守党の閣僚と公園の守衛との話もおぼろげながら聞いたことがあった。あなたもご存じかもしれないが、まあ、いい。私が知っているのは、先日、サボイホテルでの昼食時にチャーチルの孫に当たるニコラス・ソームズ卿から聞いた「子孫公認版」である。

ソームズは話をつくるのがうまいが、だとしても彼の話には真実味がある。そしてこのエピソードは、本書の大きなテーマであるところの、チャーチルの心の偉大さを物語っている。

ある保守党の閣僚の一人が同性愛者《バガー》だった。意味はわかるね（ソームズはホテルのレストラン「グリル・ルーム」にいたほとんどの人が聞こえるほどの大きな声でそう言った）。……彼は私の祖父の大親友でもあったんだが、そのことでしょっちゅう捕まっていた。もちろん、当時は新聞記者がどこにでも待ち構えていたわけではなかったし、噂にもならなかった。しかしある日、彼は調子に乗りすぎてしまってね。午前三時にハイドパークのベンチの上で守衛とやっているところを見つかってしまったんだよ――ちなみに二月のことだった。

事はすぐに院内幹事長に報告され、幹事長は私の祖父の私設秘書だった〝ジョック〟・コルビルに電話した。

幹事長はコルビルにこう伝えた。「ジョックよ、ある人について非常にやっかいな知らせがある。いつもの話だがね、新聞がかぎつけて、外に出るらしい」。

「何たることだ」とコルビル。

「これからそっちに行って、直接首相に話すべきだと思うがね」

「そうしたほうがいいだろう」

ということで、幹事長は（ケント州にある）チャートウェル邸にやってきて、祖父の書斎に入った。祖父は立ち机で作業をしていた。「ああ、幹事長か」と言って半ば振り向きながら、「何の用だ？」と聞いた。

幹事長は不都合な事情を説明した。「閣僚は辞任するしかないようです」と結論を述べた。

長い間があった。チャーチルは葉巻をふかしていた。そして、言った。

「彼が守衛といたところを捕まったと言ったね。この点に聞き間違いはないね？」

「その通りです、首相」

「ハイドパークで？」

「そうです、首相」

「公園のベンチの上と言ったね？」

「はい、首相」

「午前三時に？」

「その通りです、首相」

「この寒さのなかで！　なんということだ、英国人であることを誇りに思うぞ！」


チャーチルは若いときから驚くほど勇敢な人物だったとも聞いている。実戦で負傷したこともあり、四つの大陸で銃撃戦も経験している。そして人類史上、飛行機というものに乗った最初の一人でもある。ハーロー校ではちょっとしたできそこないであったこと、身長が一七五センチメートルにも満たず、胸囲八〇センチメートルに満たなかったことも、史上最も偉大なイングランド人と評価されるに至るまでには、吃音や、うつ病、父親からの酷いしうちを乗り越えなければならなかったことについても知っている。

私の祖父母はチャーチルが九〇歳で亡くなったときのデイリー・エキスプレス紙の一面を取っていた。それで私はチャーチルにはどこか神聖で不思議な魅力を感じていた。私は彼の死の一年前に生まれた。チャーチルについて知れば知るほど、彼の人生と自分の人生が多少なりとも重なっていたことを誇りに思う。だからこそ、彼の死からほぼ五〇年がたった今日、チャーチルが忘れられつつあること――少なくとも中途半端なかたちでしか思い出されなくなること――が残念であり、納得がいかない。

先日、チャーチルがその建国に多少なりとも関わったと思われる中東のある国で葉巻を買った。葉巻の名前が〝ドン・アントニオ・チャーチル〟だったので、免税店の販売員にチャーチルが誰か知っているかと聞いてみた。彼は注意深く葉巻の名前を読み、私は名前を発音してみせた。

「シャーシール？」無表情で店員は言った。

「戦争だよ、第二次世界大戦だ」と私。

すると店員は記憶の底に遠く、かすかな鈴の音が聞えたかのような表情を見せた。

「昔の指導者ですか？」と店員は聞き、「ええと、多分そうだ。いや、やっぱりわからない」と頭を振った。

まあ、この店員の反応は、昨今の多くのイギリスの子供たちの反応と似たり寄ったりである。授業を真面目に聞いている生徒だったら、チャーチルはユダヤ人を救うためにヒトラーと戦った人物くらいには思っているだろう。しかし、最近の調査によれば、ほとんどの若者はチャーチルといえばイギリスの保険のコマーシャルに出てくる犬のことだと思っている。

嘆かわしいことである。チャーチルが現在の若者をも魅了する人物であろうことはあまりにも明らかだからだ。エキセントリックで、大げさで、無作法で、着るものにいたるまで自身のスタイルを貫いた、非の打ちどころがない天才。

そんな天才チャーチルの存在さえ知らない人、あるいは忘れてしまった人に、彼のことを少しでも伝えたい。もちろん、チャーチルについて語るなど何様のつもりかと言われることは承知のうえである。

私は歴史の専門家ではないし、政治家としてはチャーチルの靴紐を緩めるほどの資格もない。チャーチルの素晴らしい伝記を書いたロイ・ジェンキンスの靴紐でさえ。チャーチルを学ぶ者としてはマーティン・ギルバート、アンドリュー・ロバーツ、マックス・ヘイスティングス、リチャード・トイなどの面々の足下にひれ伏してしかるべき分際である。

われらが英雄チャーチルについて、年間一〇〇冊もの本が新たに出版されていることは承知している。それでも新たな評価のときが来たと確信するのは、何もせずとも彼のことがこれまでのように語り継がれていくとはかぎらないからだ。第二次世界大戦を戦った兵士たちはこの世から去りつつある。私たちはチャーチルの肉声を覚えている人を失いつつある。つまり、チャーチルが成し遂げたことの偉大さを風化させてしまう危険があるのだ。

今日、イギリス人にとっての第二次世界大戦の勝利は、ロシア人の血やアメリカ人の金でもたらされたものであるとぼんやりと把握している。ある意味では真実だ。しかしその一方で、チャーチルがいなかったらヒトラーが勝利していたであろうこともまた真実だ。

つまり、彼なくしてはナチスの欧州での勝利を止めることはできなかったかもしれない。今日、私たちは欧州連合（ＥＵ）の欠陥をあげつらう。無理もないことだが、一方で、ＥＵなど存在するべくもない、もう一つのありえたかもしれない世界の恐ろしさについて思いを馳せることもない。

私たちは思いだす必要がある。戦時のイギリス首相チャーチルが、私たちが今こうして生き延びて存在している世界をどのように形づくったかを。欧州からロシア、アフリカ、中東まで、私たちは今、チャーチルが頭のなかに描いた世界地図の跡を見て取ることができる。

チャーチルの今日的な重要性は、彼が私たちの文明を救ったことにある。重要な点は、チャーチルだからこそこれを達成できたということだ。

マルクス主義の歴史家たちは、歴史とは巨大で非人間的な経済の力によって形づくられるものだと考えている。チャーチルはこうした考えに対する生ける反証だ。「チャーチル・ファクター」、つまりチャーチル的要素とはつまるところ、「一人の人間の存在が歴史を大きく変え得る」ことを意味する。

チャーチルの七〇年間にわたる公人としての生活を通じて、私たちはその人格が何度にもわたって世界のあり方や歴史上の出来事に影響を与えたことを見て取ることができる。一般的に記憶されているよりもはるかに多岐にわたって。

一九〇〇年代初頭にイギリスで福祉改革が始まった当時、チャーチルは重要な役目を果たした。労働者に職業安定所、休憩時間、失業保険を提供する制度をつくったのである。英国空軍や戦車を発明したチャーチルは、第一次世界大戦の戦闘と、イギリスの最終的な勝利にきわめて重要であった。イスラエル（及びその他の国）の建国ばかりか、欧州統合運動にも欠かせない存在だった。時としてチャーチルは物事の流れを果敢に押し止める人物でもあった。一九四〇年ほど、彼が深く歴史の方向性に影響を与えたことはない。

ギリシャ人の哲学者、ヘラクレイトスは「性格とは運命である」と言ったが、その通りだ。もしそうなら、さらに深くかつ興味深い問いとは、性格は何によってつくられるか、ということになるだろう。

どのような要素がチャーチルに偉大な役割を全うさせる能力を与えたのか。どんな鍛冶職人が刃物のような頭脳と鉄の意志をつくったのか？

ウィリアム・ブレイク風に言えば「いかなる金槌、いかなる鎖、いかなる炉がその頭脳の生成に用いられたのか？」これこそが問われるべき問いだ。

その答えを探す前に、まずはチャーチルが達成したことについて振り返ってみることにしよう。

第1章

ヒトラーと断固として交渉せず

先の世界大戦の決定的な瞬間の一幕、そして世界の歴史の転換期にあなたが関心を持っているなら、しばしおつきあいいただきたい。英国下院の薄暗い部屋に向かってみよう。階段を少し上がり、老朽化したドアを通り抜けて、薄暗い光が灯る廊下へと降りてゆく。さあ、ここだ。

議会として使われているウェストミンスター宮殿の地図には、この部屋の場所は載っていない。言うまでもなく警備上の理由だ。通常はツアーガイドが見せてくれることもないだろう。じつはここで私が言及する部屋は正確にはもう存在していない。第二次世界大戦時の大空爆で爆破されてしまったのだ。それでも再現された部屋は元の部屋の様子をかなり忠実に伝えている。

ここは首相が下院議員に会うために使う部屋の一つだ。内装はいたって普通なので説明の必要はないだろう。

緑色に染めた革があちこちに使われ、真鍮の飾り鋲や、重く荒い木目のオーク材の羽目板、A・W・ピュージンによるゴシックの幾何学模様の壁紙、それに写真が何点かやや斜めに掛かっている。それにタバコの煙――。これからお話しするのは一九四〇年五月二八日の午後のことだ。当時は本書の主人公であるチャーチルも含めて多くの政治家がチェーンスモーカーであった。

縦に仕切りが入った窓から差し込む日の光は弱く、室内は暗い。しかし主要な出席者は簡単に見分けることができる。全部で七人、イギリスの戦時内閣のメンバーだ。

深刻な危機であった。そのため、この日までの三日間ほぼ終日にわたり閣僚たちが顔を合わせていた。五月二六日から始まったこの九回目の閣議でも、内閣そして世界が直面していた、国の存亡にかかわる問題への答えを見つけ出すことができないままでいた。

議長は首相のウィンストン・チャーチル。その隣にはネヴィル・チェンバレン。襟の高いシャツを着て、頑固な、歯ブラシのような口ひげをたくわえたこの元首相は、チャーチルに失脚させられた男でもある。その評価が正しいか否かは別として、チェンバレンはヒトラーの脅しを致命的に過小評価し、宥和策によりイギリスを窮地に追い込んだ人物と見なされていた。五月初旬、ナチスが侵攻したノルウェーから英軍を追い出した際、チェンバレンの内閣は責任を取る形で総辞職した。

ハリファックス卿もいた。背が高くやせこけた外相で、生まれつき障害のある左手を黒い手袋で隠していた。チャーチルと折り合いが悪かった自由党の党首、アーチボルド・シンクレアもいた。チャーチルが最も激しく舌戦を繰り広げた労働党からはクレメント・アトリーとアーサー・グリーンウッドが代表としてその場にいた。そして官房長官のエドワード・ブリッジズが議事録を取っていた。

閣議に提出された問いは非常に単純なものだった。暗いニュースがさらに暗くなるなか、数日間にわたって閣僚たちが考え続けていた問題だ。口にする者はいなかったが、誰もがその内容を知っていた。つまり、イギリスは戦うべきか？　敗色がますます濃くなるなか、若い英軍の兵士たちを死なせるのは妥当といえるか？　イギリスはヒトラーと何らかの取引をするべきか？　そうすれば、何百人、何千人もの人命を救えるかもしれない。

ヒトラーと取引をした結果、イギリスが戦争から抜けることで戦争自体が実質的に終了するとすれば、世界中で何百万人もの命を救うことになるのではないか？

私の子供たちの世代はもちろん、私と同世代でも、多くの人はイギリスが抗戦を諦める瀬戸際まできていたことについて十分に自覚していないと思われる。一九四〇年、イギリスがこっそりと、かつ理性的に戦争を止めることができたかもしれないことを。当時、ドイツとの「交渉」の開始を望む、真剣かつ有力な意見が出ていた。

交渉開始を望む声があったのも無理はない。フランスの戦況は単に悪いどころではなく、ありえないほどに悪かった。状況が改善する望みのかけらもないほどだったのである。ドイツ軍はパリに向かって突進していた。フランスの防御をあまりにもやすやすと打ちのめすドイツ軍は並外れた士気と効率性を発揮し、まさに軍事的優勢民族であるかのようだった。ヒトラーの装甲車は、低地帯諸国［現在のベルギー、オランダ、ルクセンブルク］ばかりか、突破できないはずだったベルギーとフランスにまたがるアルデンヌ地方の渓谷を通って急進していた。フランスがドイツとの国境に築いたあの間抜けなマジノ線が迂回されてしまったのだ。

白髪で弱々しく、『ピンク・パンサー』のクルーゾー警部を思わせるような軍帽を被ったフランスの将軍たちは、まったく哀れなものだった。戦線を後退させるたびに、ドイツ軍に先を越された。ドイツの急降下爆撃機《シュトゥーカ》がアイルランド民話の「泣き女《バンシー》」のような金切り声を上げて降りてきたかと思うと、戦車がまた前進してくる。

英国海外派遣軍は、英仏海峡の港周辺の包囲地域で孤立していた。短期間反撃を試みたものの撃退され、仏北部ダンケルクで撤退に向けて待機していた。もしヒトラーが配下の将軍たちの助言に耳を傾けていたら、この時点で英国軍を粉砕できていただろう。ドイツの名将ハインツ・グーデリアンと指揮下の戦車を、狭まるばかりの事実上無防備な英軍の陣地に送りさえすればよかった。イギリスの戦闘部隊の大半を殺害するか捕獲し、反撃するための戦闘能力を奪うことも可能だった。

実際に、ドイツ空軍はダンケルクの海岸を機銃掃射していた。イギリス軍兵士はうつぶせになって海面に浮いているか、空に向かって勝算もなくリー・エンフィールド銃を撃っているか、さもなければ急降下爆撃機によってバラバラにされていた。五月二八日時点で、イギリス軍の大部分が失われる可能性が大いにあったのだ。一般市民には知るよしもなかったが、将軍や政治家にはその可能性が見えていた。

戦時内閣は、アメリカの植民地を失って以来、イギリス軍にとって最大の屈辱に直面していた。後戻りはできないように見えた。このとき戦時内閣が見ていた欧州の地図を思い浮かべるとぞっとする。

オーストリアは二年前にナチスに占領されていた。チェコスロバキアはすでに存在せず、ポーランドは粉砕され、過去二、三週間でヒトラーは征服先リストに次々と新たな国を加えていた。ノルウェーについては、チャーチルは何カ月も前からヒトラーに対して先制攻撃を仕掛ける計画を立てたが、ドイツ軍はイギリスの作戦をいとも簡単に出し抜いて、ノルウェーを勝ち取り、たった四時間強でデンマークを占領した。

オランダはすでに降伏していた。ベルギー国王は五月二七日の真夜中に、弱々しく白旗を揚げた。そして時々刻々とフランス軍が降伏していた。時には狂気のような激しさで抵抗の果てに、時にはもはやこれまでと運命を受け入れるかのように。

一九四〇年五月、戦略上最も深刻だったのは、イギリス、つまり大英帝国が孤立していたことだった。現実的に支援の見込みはなかった。少なくとも当面は絶望的といってよかった。当時イタリアはイギリスと敵対関係にあった。ファシスト党党首のムッソリーニはヒトラーと「鋼鉄協約」を結んでいたが、ヒトラーの破竹の勢いを見て、ドイツ側について参戦することになる。

ロシアはドイツとおぞましい独ソ不可侵条約（モロトフ＝リッベントロップ協定）を結び、ポーランドをナチスと分割することで合意した。アメリカはもう欧州の戦争にはかかわりたくないという考えだった――当然のことだ。第一次世界大戦で五万六〇〇〇人以上の兵士を失い、欧州をおそったスペイン風邪による死者を入れると一〇万人を超える犠牲者を出したのだから。アメリカは他人行儀な同情の言葉をつぶやくだけで、それ以上は何も提供していなかった。チャーチルはアメリカの参戦について希望的観測に満ちた弁舌をふるっていたが、アメリカが正義の味方として馳せ参じてくれそうな気配はまったくといっていいほどなかった。

下院の一室に集まった閣僚たちの誰もが、この戦争を戦い続けた場合の結果を思い描くことができた。彼らは戦争について知り尽くしていた。第一次世界大戦の経験者もいた。あの悲惨な大量殺戮の記憶はほんの二二年前のことだった。現在の私たちにとっての第一次湾岸戦争より記憶に新しい出来事だったのである。

戦争による悲しみを体験していない家庭はほとんどなかった。そんな国民に再びあのような悲惨な体験を強いるのは正しいことなのか？　公正といえるのか？　何のための戦いなのか？

閣議録によれば、会議の実質的な口火を開いたのはハリファックスで、真っ先に核心を突いてきた。二、三日前から、一貫して主張し続けていた意見であった。

ハリファックスは外見的にも目立つ人物だった。二メートル近い長身で、チャーチルよりも二五センチほど高くそびえ立っていた。ただし、テーブルに座ると背の高さの優位性はさほどでもなかったと思われる。ハリファックスはイートン校出身で頭脳明晰、その丸く突き出た額が物語るように、奨学金でオックスフォード大学のオール・ソウルズ・カレッジへ迎え入れられたほどの秀才だった。チャーチルはといえば、大学にさえ行ったことがなく、三度目の試験でやっとサンドハースト陸軍士官学校に入ったことを思い出していただきたい。現在入手できる映像から判断すると、ハリファックスは低く耳に心地よい声を持ち、時代と階級を反映した早口ではっきりと話したと思われる。彼は厚めのふちの丸めがね越しにこちらを見ながら、軽く握った右手を上げてこのように言ったことだろう。

「イタリア大使館がメッセージを送ってきた。イタリアを仲介者としてイギリスがドイツとの調停を求めるときが来た」

このメッセージはロバート・バンシッタルト卿からイギリス側に伝えられた。交渉に誘い出すための絶妙の人選である。バンシッタルトは強硬な反ドイツ主義者で、ヒトラーに対する宥和策をあからさまに批判している外交官だった。イギリス側の機嫌を損ねないように最大限配慮した形で伝えられたが、意味するところは明らかだった。

それは単なるムッソリーニからの提案ではなかった。ムッソリーニより立場が上の人物から送られたサインであった。ヒトラーの触覚がイギリスの官庁内を螺旋状に動き、下院の心臓部まで進入してきたのである。チャーチルは何が起きているかを完全に掌握していた。絶望に打ちひしがれたフランス首相が、ロンドンでハリファックスと昼食をともにしたばかりであるという情報も握っていた。

フランス首相、ポール・レノーは、自国がもはやドイツに対してなすすべがないことがわかっていた。信じがたいことではあったが、フランス軍は〝折り紙〟のように脆弱で、まるで手品のような速さで降参し続けていることも知っていた。そして、自分がフランスの歴史のなかで最も悲惨な人物の一人として記憶されるようになるだろうと自覚していた。もしイギリスをヒトラーとの交渉に引っ張り出すことができたなら、この屈辱は自分だけのものではなくなり、多少は取り繕うことができるだろうとも考えた。とくに、フランスにとってより好都合な条件をドイツから引き出すことができるだろう、と。

そう、これがイギリスへのメッセージの中身だった。イタリア人が伝え、フランス人が支持したこのメッセージの発信源はドイツの独裁者だった。メッセージはイギリスが分別ある判断をし、現実と折り合いをつけるよう求めていた。チャーチルが正確にどんな言葉を発して答えたのかはわからない。残っているのは官房長官エドワード・ブリッジズによる、不適切な部分を削除したと思われる簡潔な概要のみだ。首相がこの日の午後、閣僚にどのような姿で接したのか正確に知ることはできないが、おそらく次のような場面が展開されたのであろう。

近年の説によれば、チャーチルはこのとき疲労の兆しを見せていた。六五歳の首相は、ブランデーやリキュールで英気を養いつつ夜明けまで働き、省庁に電話をかけて書類や情報を求め、大部分の正気な男性たちが妻とベッドに入っている時間に会議を招集して、スタッフや将軍たちの不評を買っていた。

チャーチルはビクトリア朝兼エドワード朝風の奇妙な装いで、黒いチョッキ、金時計の鎖、黒と灰色の縞模様のスラックスを着けていた。テレビドラマ『ダウントン・アビー』に出てくる二日酔いの太った執事のように見えたに違いない。チャーチルは青白くて不健康そうだったといわれているが、それも事実だろう。葉巻、ひざの上にこぼれた灰、一文字に結ばれた口から垂れているよだれ、も追加しておこう。

チャーチルはハリファックスに、冗談ではないと言った。議事録によれば「首相は、フランスの目的がムッソリーニ氏を私たち同盟国側とヒトラーとの間の仲介役にすることであるのは明らかだと述べた。首相はイギリスをこうした立場に置いてはいけないと考えていた」。

チャーチルは交渉へのオファーが意味するところを熟知していた。前年の九月一日以降、イギリスはドイツと戦争状態にあった。それは自由と道義のための戦いだった。憎むべき暴政からイギリスとその帝国を守り、ドイツ軍をその支配下に置かれた国々から撃退しなくてはならなかった。ヒトラーあるいは彼の使者と「話し合い」を始めること、「交渉」に入ること、いかなる種類にせよ、議論のテーブルにつくことは、すべて同じことを意味していた。

イタリアからの調停へのオファーなるものをイギリスが受け入れた瞬間、抗戦の原動力が失速してしまうことをチャーチルは察知していた。イギリスの頭上に白旗が目に見えないように揚がり、戦闘意欲が消失してしまうであろうことを。

そこでチャーチルはハリファックスの提案に否と答えた。首相が国家の存続の危機について言葉を発したのである。これで十分と思われるかもしれない。そう、ほかの国であれば、この時点で議論は終わっていただろう。しかし、イギリス政府はそのようには機能しない。首相とは「同等な者のなかの首席」であり、相当程度、同僚たちの賛同が必要となる。閣議の議論の力学を理解するには、チャーチルの首相としての立場の弱さを思い起こす必要がある。

このときチャーチルは首相になって三週間もたっていなかった。テーブルを囲む閣僚たちの誰が本当の味方なのか、皆目不明だった。労働党のアトリーやグリーンウッド議員はおそらく支持してくれそうだった（おそらくアトリーよりもグリーンウッドのほうがそうだった）。自由党のシンクレアも同様だった。しかし、それだけでは決定的な支持にならない。保守党はある意味で議会最大の勢力であり、チャーチルが当てにしていたのも保守党であった。しかし当の保守党は、チャーチルについてまったく確信を持てないでいた。

若き保守党議員として頭角を現した当時から、チャーチルは自分が属する政党を非難し、揶揄してきた。一度は保守党を捨てて自由党に行き、結局保守党に戻ってきたチャーチルを、無節操な日和見主義者として見る保守党議員は多くいた。つい数日前も、保守党の下院議員たちはチェンバレンが議場に入るや否や大きな声援を送る一方で、チャーチルが入ってくると黙り込んだ。チャーチルは今、強力な二人の保守党議員、つまり枢密院議長になっていたそのチェンバレンと、初代ハリファックス伯爵で外相のエドワード・ウッドとともに席に着いていた。

チャンバレンもウッドも、チャーチルと過去に衝突していた。両者ともに、チャーチルは爆発的なエネルギーを持つだけではなく、(二人からすれば)非合理的で、確実に危険な人物と思うだけの因縁があった。

チェンバレンがヒトラーに立ち向かうことに失敗したことを理由に、チャーチルは何カ月も何年にもわたり、チェンバレンに対して非情な振る舞いをし続けてきた。また、財務相時代のチャーチルは、事業税を削減する計画をめぐって首相のチェンバレンを大いに悩ませた。チェンバレンは事業税削減によって保守党の地方政府の収入が不当に減らされると考えていた。ハリファックスのほうは、一九三〇年代のインド総督時代に、インド独立に強硬に反対していたチャーチルから激しい攻撃を浴びていた。

そして、あの憂鬱な五月の数日間、ハリファックスの政治的立ち位置における別の要素が、チャーチルに対して無言の権威を生み出していた。五月八日、多くの保守党議員がノルウェー作戦をめぐってチェンバレンへの支持を拒んだとき、チェンバレンは致命的な傷を被った。その年の四月、ドイツがノルウェーとデンマークに攻撃を開始し、英仏の遠征軍が反撃したが、五月に撤退を余儀なくされた。このことをめぐって下院討論で与党保守党の議員から多数の反対・棄権票が出たことで、チェンバレンは辞任に追い込まれたのである。次期首相を決める五月九日の重要な会議で、去り行く首相が後任として選んだのはハリファックスだった。国王ジョージ六世もハリファックスを望んだ。労働党や上院で、とりわけ保守党下院議員たちの多くがハリファックスを次の首相にしたがっていた。

実際のところ、チャーチルが最終的に首相就任への最後の承認を取り付けた唯一の理由は、チェンバレンがハリファックスに首相の座を提供した後、不気味な二分間の沈黙があり、ハリファックスが辞退したからである。選挙では選ばれない上院議員として政府を指揮するのは難しいだろうという理由だけでなく、ハリファックス自身がはっきりとそう言ったように、後甲板を好き勝手に走りまわるチャーチルを制御できないと感じたからだ。

とはいえ、短期間でも国王が首相として選んだ人物にある種の信頼感が生まれるのはたしかだ。首相チャーチルは明らかに交渉開始には反対だったが、ハリファックスは議論の場に戻ってきた。しかしハリファックス案は、今から思えば恥ずべき内容であった。

ハリファックスの主張の要点は、イギリスはヒトラーが望むイタリアとの交渉に応じるというものだった。その最初の一歩として、さまざまなイギリスの資産を放棄する。ハリファックスは特定こそしなかったが、マルタ、ジブラルタル、スエズ運河の運営の一部を指していたと思われる。

チャーチルを相手にこんな提案をするとは、大した度胸である。交渉によって侵略行為に報酬を与えるというのか？　イギリスの財産を、あの滑稽な突き出したあごの軍人野郎で暴君のムッソリーニに与えるだって？

チャーチルは反論を繰り返した。フランスはイギリスをヒトラーとの話し合いや降伏に向かう

「危険な道」に向かわせようとしている。ドイツ人たちが一旦イギリスに侵攻を試み、失敗したらより有利な立場に立つだろうと。

しかし、ハリファックスはこれに再度反論した。今のほうが好条件を得ることができる、フランスが戦争から撤退する前に、そしてドイツ空軍がやってきて、イギリスの飛行機工場を破壊してしまう前に交渉を開始するべきだ。

今、哀れなハリファックスの敗北主義的な発言を読むと、身の縮む思いがする。しかしわれわれは彼の考えを理解し、過ちを許してやるべきだろう。マイケル・フットが書いた宥和策に対する厳しい攻撃演説『有罪の男たち』が一九四〇年七月に出版されて以来、ハリファックスは責めを負い続けてきたのだから。

ハリファックスは一九三七年、自らヒトラーに会いに行っていた。一度はヒトラーを誰かの下僕と間違えた（その点についてはむしろ称賛したい）が、ドイツ空軍最高司令官のヘルマン・ゲーリングと破廉恥なほど親密な間柄であったのは本当だ。ハリファックスもゲーリングも狐狩りが大好きで、ゲーリングはハリファックスに「ハラリファックス」というニックネームをつけた。吐き気を催すような仲良しぶりである。「ハラリ」とはドイツで狩猟をする際に出す叫び声だ。しかし、ハリファックスがナチスドイツの一種の代弁者的な存在であったとか、敵を支持する人物であったなどと考えるのはばかげている。彼は彼で、チャーチルに負けないくらい愛国主義者だった。

ハリファックスはイギリスを守り、帝国を保護し、人の命を救う方法があると考えた。彼だけがそう思っていたのではない。イギリスの支配階級は宥和政策支持者とナチス寄りの人間がうようよいた。というのが言い過ぎだとしても、少なくともあからさまにナチスに染まっている者たちがいた。よく引き合いに出されるミットフォード家やファシスト指導者オズワルド・モーズリーだけではなかったのである。

一九三六年、ソールズベリー侯の義姉、レディ・ネリー・セシルは親族の誰もがみな「ナチスに好意的だった」と書いている。理由は簡単だ。一九三〇年代、平均的な上流階級はヒトラーよりもボルシェビキの思想、共産主義者たちの富の再分配という危険なイデオロギーのほうにはるかに脅威を感じていた。彼らは実際に、ファシズムを共産主義者に対する防波堤と見ていたし、大物の政治的支援もあった。

デビッド・ロイド・ジョージはドイツを訪問してヒトラーに魅了され、ジョージ・ワシントンに匹敵する人物と評した。舞い上がった元首相は、ヒトラーは「生まれつきの指導者」であるとまで言ったのである。ロイド・ジョージはさらに、「ヒトラーのような優れた特質を持つ人物が今日わが国で事態を統括する位置にいてくれたら」と述べた。これが第一次世界大戦の英雄が発した言葉である！　ドイツ皇帝ウィルヘルム二世を負かし、イギリスを勝利に導いた人物が！

真っ白な頭髪のウェールズの天才、ロイド・ジョージは自分自身に魔法でもかけたのだろうか。チャーチルのかつての指導者は完全な敗北主義者になってしまった。メディアも長らくヒトラーに好意的だった。デイリー・メール紙はヒトラーが東欧で自由に行動できるようにと長期のキャンペーンを行っていた。ロシアの共産主義者を倒すにはそのほうがいい、というわけである。「ヒトラーがいなかったら、西欧全体が彼のような英雄を強く要求していただろう」とメール紙は書いた。

タイムズ紙は宥和策を推進するあまり、ジェフリー・ドーソン編集長は校正用紙面に目を通し、ドイツ人に侮辱ととられかねない箇所を取り除いていたと語っている。新聞王のビーバーブルック卿は、イブニング・スタンダード紙でコラムを書いていたチャーチルを自ら解雇した。理由はチャーチルのコラムの内容がナチスに厳しすぎるからだった。尊敬に値する立派なリベラル派の論客、たとえばジョン・ギールグッド、シビル・ソーンダイク、ジョージ・バーナード・ショーなどの演劇関係者らは政府に対し、ドイツとの交渉を「考慮するよう」ロビー活動を行っていた。

もちろん、前年から空気は変わっていた。対ドイツ感情は当然のように硬化し、浸透していた。ハリファックスの罪を減じるとすれば、平和を求めた点において、彼は当時の多くのイギリス人の、あらゆる社会階層の支持を得ていた。

緊迫した状況のなか、ハリファックスと首相チャーチルの間で議論が続いた。

外は暖かく、素晴らしい五月の陽気だった。セント・ジェームズ公園ではホワイトチェストナットが咲き、卓球の試合が行われていた。

チャーチルはハリファックスに対し、ヒトラーとのいかなる交渉も、わが国を意のままにするためのヒトラーの罠であると述べた。ハリファックスはフランスの提案のどこがそんなに悪いのか理解できないと述べた。

チェンバレンとグリーンウッドが両者の間に割りこみ、戦い続けることと交渉に入ることの両方の選択肢にともに危険があるという(役に立たない)見解を述べた。

午後五時となり、ハリファックスは自分の提案のどこをどう読んでも最終的な降伏にはならないと言った。

チャーチルは、交渉によってイギリスにまともな条件が与えられる可能性は一〇〇〇分の一だと返した。

にっちもさっちもいかなくなった。大部分の歴史家によれば、このときチャーチルが見事な手腕を見せた。会議を中断し、午後七時に再開すると告げたのである。そして、すべての省庁を代表する内閣閣僚全二五人を初めて召集した。その大部分が首相としてのチャーチルが発する言葉を初めて聞くことになる。

チャーチルはハリファックスを説得することができなかった。また、単純にハリファックスを粉砕する、あるいは無視することはできなかった。前日、外相ハリファックスは、チャーチルが「恐ろしいたわごと」を言っていると責め立てたばかりだった。もしハリファックスが辞任すれば、チャーチルの地位が弱体化する。戦争指導者としてのチャーチルの最初の取り組みは、勝利の栄冠を戴くには程遠かった。チャーチルが圧倒的な指導権を握ったノルウェーでの反撃作戦は大きな失敗だったのである。

理性に訴えるやり方は実を結ばなかった。しかし聴衆が多いほど、雰囲気は熱狂的になる。チャーチルはここで感情に訴えた。全体閣議の開始前に、チャーチルはじつに驚くべき演説をした。小規模の会議では余儀なくされた知的な抑制のかけらも見られなかった。まさに「恐ろしいたわごと」が吐かれたのである。

当時の様子を最もよく伝えているのは戦時経済相のヒュー・ダルトンによる日記だが、内容はまず信頼できるだろう。チャーチルは穏やかに演説を始めた。

私は自分が「あの男」（ヒトラー）と交渉に入ることが自分の責務かどうかについて、ここ数日間、熟考してきた。

しかし、いま平和を目指せば、戦い抜いた場合よりもよい条件をひきだすことができるという考えには根拠がないと思う。ドイツ人はイギリスの艦隊を要求するだろう、武装解除という名目で。海軍基地なども要求してくるだろう。

イギリスは奴隷国家になるだろう。モーズリーや同様の人物の下で、ヒトラーの傀儡となるイギリス政府が立ち上げられるだろう。そうなったら、われわれはどうなるか？　しかし、われわれには巨大な備蓄や強みがある。

チャーチルは演説をまるでシェークスピア劇のクライマックスの場面のように終えた。

私が一瞬でも交渉や降伏を考えたとしたら、諸君の一人ひとりが立ち上がり、私をこの地位から引きずり下ろすだろう。私はそう確信している。この長い歴史を持つ私たちの島の歴史が遂に途絶えるのなら、それはわれわれ一人ひとりが、自らの流す血で喉を詰まらせながら地に倒れ伏すまで戦ってからのことである。

ダルトンやチャーチルの内閣でインド担当大臣を務めたレオ・アメリーによれば、室内にいた男性たちはこの演説に非常に感動して喝采し、歓声を上げた。走り回って、チャーチルの背中を叩いた人物もいたという。チャーチルはこれでもかというほど議論を劇的に仕立てあげ、一人ひとりに訴えたのであった。

ドイツとの交渉に応じるか否か。これは外交問題などではなかった。自分たちの国を守り通すか、あるいは自分の流した血にむせ返りながら死ぬかの選択だった。戦いの前夜であった。チャーチルは原始的な、部族的な方法で閣僚たちに訴えたのだった。戦時内閣が午後七時に閣議を開始すると、すでに議論は終わっていた。ハリファックスは議論を降りた。チャーチルが内閣から圧倒的な支持を得たからだ。

イギリスは戦う。交渉はしない。その決断から一年以内に三万人に及ぶイギリス人男性、女性、子供たちが殺害された。ほとんど全員がドイツ人の手によって。屈辱的な和平か罪なきイギリス国民の大量殺戮かの選択肢を前に、「交渉をしない」という選択ができるチャーチルのような気骨の政治家を現代において想像するのは難しい。

しかし一九四〇年においても、これほどの指導力を見せることができる人は考えうるかぎりほかにいなかった。アトリーではなく、チェンバレンでもない、ロイド・ジョージでもない。最も有力な首相候補者であったハリファックス卿ではもちろんない。

チャーチルはハリファックスに語呂あわせで「聖なる狐《ホーリー・フォックス》」というニックネームをつけた。ハリファックスが聖職者のように生真面目で、狐狩りが好きだったせいもあるが、本当はハリファックスが狐のように捉えがたい性格だったからだ。その狐が多くのことに通じていたとしたら、チャーチルは一つの重要なことを知っていた。

ハリファックスよりも正しく事態を把握していたチャーチルは、交渉を拒絶することによってイギリスにも大量の戦死者が出ることを覚悟していた。戦い続けることは恐ろしい結果となるだろうが、降伏はさらに悪い結果をもたらすだろう。そのことを理解できるほど大きな、ほとんど無謀ともいえるような、道義心と勇気を彼は持っていた。チャーチルは正しかった。その理由を理解するために、チャーチルが存在しなかった場合の一九四〇年五月の状況を想像してみることにしよう。

第2章

もしチャーチルがいなかったら

一九四〇年五月二四日のあの瞬間に戻ろう。最も勇敢なドイツ軍戦車の指揮官の一人といわれるハインツ・グーデリアンは、空前の勝利を手にする目前だった。激しい戦いの後、指揮下の装甲車群がフランス北部アー運河を渡った。激闘をしばし休止した装甲車のエンジンは陽のあたる場所でノッキングの音を立てていた。グーデリアンはイギリスへの最終攻撃の準備をしていた。

グーデリアンの餌食にならんとしていた四〇万人の英海外派遣軍は、二〇マイルも離れていないところでガタガタと怯えながら、降伏の屈辱を予期していた。グーデリアンは、力強いマイバッハ製のエンジンをふかせ、派遣軍が追い込まれたダンケルクに向かって突入するだけでよかった。イギリス軍は壊滅するだろう。イギリス国民を守る盾は失われるだろう。しかしこのとき、グーデリアンはベルリンからあるメッセージを受け取った。

のちにグーデリアンが大失敗だったと非難することになる決定である。

不可解な理由から、ヒトラーはグーデリアンに作戦を停止して待機するよう命じた。失望感でいっぱいになりつつグーデリアンはこの命令に従う。イギリス軍のダンケルクからの撤退は苦痛なまでに時間がかかり、数日を費やした。その間、イギリスの頸動脈はナチスの刃の下で弱々しく脈打っていた。

この恐ろしい状況下で、イギリスの戦時内閣は今後どうするべきかを考えていた。交渉に応じるべきか、戦うべきか。ここでチャーチルがいなかったときのことを想像してみよう。

コメディ番組『空飛ぶモンティ・パイソン』のアニメに出てくる巨大な手を、タバコの煙でいっぱいの閣議室に突っ込み、そこからチャーチルを引きずり出してみよう。猛然と死を逃れようとしているときにへまをやらかしてしまったとしよう。彼の不条理なほどの幸運が何年も前に尽きて、異教徒の槍で串刺しにされていたか、安物の銃で撃たれていたか、粗末な飛行機に乗っていて墜落していたか、あるいは塹壕で命を落としていたと想像してみよう。

その場合、イギリスと世界は将来をハリファックス外相、チェンバレン首相、そして労働党や自由党の代表者らに託すことになる。彼らは外相が提案したようにヒトラーとの交渉に応じていただろうか？　おそらく、そうしたことだろう。

チェンバレンはすでに衰弱し、閣議の数カ月後にはガンで亡くなっている。チェンバレンが首相の座から去らざるをえなかったのは、彼は戦時の指導者とはなりえなかったからだ。そして周知のように、ハリファックスは交渉を望んでいた。他の閣議のメンバーのなかには、恐るべき脅威にさらされながら、ヒトラーをものともせず、国を指揮できるだけの議会での影響力や闘争心を持ちあわせている者はいなかった。

チャーチル、この男だけがナチスへの抵抗を自らの政治的使命と感じていた。彼のハリファックスへの異議が、利己心からだという見方にも一理あった。

チャーチルは自分の政治生命と信頼性を懸けて戦っていたのである。もしハリファックスの要求を受け入れていたら、政治家としては終わっていただろう。チャーチルの名声、評判、将来性、エゴ――政治家にとって重要なすべてのことを、チャーチルは戦い続けることのために使った。しかしこの点をもって、すべてはチャーチル自身の利益のためでイギリスの利益のためではなかった、という一部の歴史家たちの指摘は誤りである。

第二次世界大戦を巡っては、ここ数年、歴史修正主義者による読むに堪えない説が大量に出回っている。イギリスは、あらゆる社会階層の多くの国民が望み、求めていた、ナチスドイツとの取引をするべきだったという主張である。彼らは大英帝国とナチスの帝国は平和に共存できたという。ヒトラーもそのように考えていたと思えるような発言を多くしていたと。

一九三〇年代、ヒトラーはイギリスの支配階級を懐柔するためにヨアヒム・フォン・リッベントロップ外相を送りこみ、大きな成功を収めた。一九三八年、ハリファックスは無謀にもこのヒトラーの副官に対し「私の仕事の集大成として、イングランド国民の拍手喝采のなか、ヒトラー総統がイングランド国王とともにロンドンに入っていただくことを望んでいる」と語ったといわれている。

前章でも指摘したように、イギリスの上流及び中流階級では、前国王エドワード八世のように、ヒトラー主義への不適切な感情を表明した人々がいた。そして、一九四〇年当時の険悪な日々においても、ヒトラーは時として大英帝国への称賛を口にし、イギリスを粉砕するのはドイツの意図ではないと述べた。そのようなことをすれば、ドイツの競合勢力となるアメリカ、日本、ロシアなどが得をするだけであると。

ドイツ人の祖先であるチュートン人ほど優れた遺伝子を持っているわけではないが、イギリス人もアーリア人に属するということだったのだろう。イギリスと大英帝国はナチスの一種の弟分として生き残ることができるというわけである。歴史的には大いに興味深いが根本的に不毛な議論だ。ナチスによるローマ帝国においてイギリスは属国のギリシャと同じポジションということである。

多くのイギリス人が、大英帝国を維持し、殺戮を避けるための対価としてドイツの支配下に置かれるという屈辱はやむをえないと考えた。英国民はヒトラーと取引をしたがっていたのではない。取引は避けられないと思ったのだ。

実際、フランスは取引に応じた。フランス海軍のダルラン提督はイギリスの敗退を確信し、一九四〇年、ドイツ軍と共同戦線を張る準備をした。

多くのアメリカ人もそうした。当時の駐英アメリカ大使は、ジョー・ケネディという、たちの悪いアイルランド系アメリカ人だった。この男は酒の密売者であり、詐欺師であり、ジョン・F・ケネディ大統領の父親でもある。ケネディは際限なくヒトラーとの面会を要求し、嬉々として悲観的なメッセージをワシントンに送った。一九四〇年末に本国に呼び戻される直前には「イギリスの民主主義は終わった」とさえ発言した。

ケネディはもちろん間違っていた。ちょうどハリファックスが間違っていたように。宥和主義者たちが間違っていたように。そして今日におけるすべての修正主義者たちが間違っているように。こうした人々のばかげた考えを論破する前に、彼らの望みが実現していたら、どうなっていたかを考えてみよう。

私は歴史における「もし」を問うことはあまり好きではない。いわゆる因果関係の流れが完全に明確ではないからだ。出来事はビリヤードのボールのようには起きない。ボールの一つが当たり前のように次のボールを動かすわけではない。ビリヤードの球でさえ思わぬ動きをするものだ。

山ほどある要素のなかから一つの木片を抜き取ってみれば、残りがどのように崩れ落ちるかはけっしてわからない。しかし、歴史上のすべての「もし」のなかでも、この問いは最も関心の高いものだろう。今日の最高の歴史家たちがこの思考実験を試みてきたが、圧倒的に多くが同じ結論に達している。もし一九四〇年にイギリスがドイツに対して抵抗を止めていたらどうなっていたか。結論は、欧州に取り返しがつかない災難が降りかかった、である。

当時、ヒトラーの勝利はほぼ確実だった。このため、もしイギリスが戦うことを諦めていたら、ドイツは対ロシアのバルバロッサ作戦を実際の一九四一年六月よりもはるかに早い段階で実行していただろう。地中海や北アフリカの砂漠でいまいましいイギリス軍がヒトラーの邪魔をしたり、兵や武器を取り上げたりしていなければ、ヒトラーはその敵意のすべてをロシアに向けることができたはずだ。独ソ不可侵条約に合意したときから密かに望んでいたように。そしてロシアでの軍事行動が寒さで凍った地獄と化す前に、ヒトラーは対ロシア戦をほぼ確実に成功させていただろう。実際にドイツ軍の進撃は驚くべき成果をもたらした。何百万平方マイルもの土地、一〇〇万人単位のロシア兵を制圧し、スターリングラードを占領し、モスクワの地下鉄の周辺駅まで到達した。もしドイツ軍がモスクワを占領し、共産主義体制を排除し、スターリンを再起不能なまでに叩きのめしていたらと想像してみてほしい（実際、ドイツの戦車が国境を越えた頃から、スターリンはすでに神経衰弱になっていた）。

歴史家たちは、ロシアではおそらく集団農場化によって割を食った中流階級の反対などにあって共産主義政権の独裁政治が急速に内部崩壊するだろうと予想した。そして、そこには親ナチスの傀儡政権が据えつけられるだろうと。もし本当にそうなっていたら、どんな世界になっていただろうか。

ヒトラーとナチス親衛隊指導者ハインリヒ・ヒムラーら邪悪な仲間たちは、大西洋からウラル山脈までの巨大なキャンバスを使って、ナチスドイツのおぞましい幻想を描くことができただろう。イギリス以外、それを止める存在はいなかった。ドイツに干渉する国もなく、彼らを公然と非難するほどの道徳的資質を持つ指導者もいなかった。

アメリカでは孤立主義者が勝利していただろう。もしイギリスが自国民の命を危険にさらさないのであれば、なぜアメリカがそうする必要があるのか？　ベルリンでは、建築家のアルベルト・シュペーアが「ゲルマニア」と呼ばれる新たな世界の首都をつくるという異常な計画を実行に移していただろう。

この都市計画の中心は「国民ホール」になるはずであった。古代ローマの建築家アグリッパによるパンテオンの花崗岩版である。常軌を逸したデザインだ。あまりにも巨大なため、ロンドンにあるセント・ポール大聖堂のドームをその天窓からそっくり入れられるほどであった。一〇万人が座れるように計画されていたが、祈りや叫びの声があまりにも大きいため、建築物の中で雨が発生するだろうと想定していた。集まった人々の温かい息が立ちのぼって凝結し、熱心なファシストの群集の頭部に水滴となって落ちてくるだろうと。

この悪夢のような建築物は巨大な鷲を戴いていた。このため、地上二九〇メートルの高さの、宇宙サイズのプロイセン風ヘルメットのように見えた。ロンドンのサザックにある高層ビル「シャード」に匹敵する高さである。その周りにはほかにもドイツの圧倒的強さを表す巨大なシンボルがあった。アーチはパリの凱旋門の二倍の大きさで、巨大な鉄道の駅から二階建ての列車が時速一九〇キロで疾走するはずであった。列車はドイツ人の入植者をカスピ海やウラル山脈、そのほかの東欧の地域に運ぶものである。ただしこの東欧地域からスラブ人の「下等人間」は追放されることになっていた。

スイスを除く（秘密の侵攻計画はあったものの）すべての欧州大陸はドイツ帝国の一部となるか、ファシスト国家として隷属していただろう。事実に反する推論をする多くの小説家が指摘したように、この地域を暗黒の欧州連合に転換するためのさまざまな計画が存在していた。

一九四二年、ドイツ帝国の経済大臣兼帝国銀行総裁ヴァルター・フンクは、欧州共通市場の必要性を提案する論文を書いた。単一通貨、中央銀行、共通の農業政策など、今日の私たちがどこかで聞いたことがあるような案を出した。リッベントロップ外相も同様の計画を提案した。ただしヒトラーは、ドイツ以外のメンバー国に対して生ぬるすぎるという理由でこの提案に反対した。

ゲシュタポが支配するナチス版ＥＵでは、当局は自分たちの忌まわしい人種差別的イデオロギーを思う存分追求できただろう。ナチスは一九三〇年代に特定の人種の迫害活動を始めた。チャーチルが権力の座に就き、ドイツと戦い続けるという決定がなされるはるか以前に、ナチスはユダヤ人とポーランド人を強制移送していたのである。

鉄道の各拠点の近くにはこうした人々の「国外追放」の序章としてゲットーがつくられていた。ナチス親衛隊中佐アドルフ・アイヒマンがのちに認めたところによれば、国外追放とは粛清を意味していた。誰もその行動を検証せず、大部分が批判もしないままに、ナチスはユダヤ人、ジプシー、同性愛者、精神及び身体障害者など自分たちの気に入らない人々を大量に殺害する作業をこなしていただろう。そして、想像を絶するような恐ろしい、現実離れした、非人間的で、神をも恐れぬような人体実験を繰り広げていただろう。一九四〇年の夏、チャーチルはヨーロッパの状況についてこのように語った。ヨーロッパは「ゆがんだ科学の光によってさらに邪悪で、さらに終わりの見えない新たな暗黒時代に陥りつつある」。彼はまったく正しかった。

以上が実現していた可能性が最も高い、もう一つの世界だ。しかし、ヒトラーがロシアで成功せずスターリンが攻撃を返していたら、事態はこれよりましだっただろうか？

そのシナリオの場合、私たちは二つの全体主義によって分裂した欧州を目にしていただろう。一方はKGBか旧東ドイツの国家保安省による恐怖政治。もう一つは秘密警察ゲシュタポの支配する世界だ。どこにいようが国民は夜中のドアのノック、恣意的な逮捕、強制収容所に怯えている。抗議する道はない。

今日、世界に二〇〇カ国ほどの国があるうちの、約一二〇カ国は何らかの形の民主主義である。つまり主権在民を掲げている。世界の大部分の国はチャーチルの「民主主義は世界でも最悪の政治形態である、これまでに試みられてきた民主主義以外のあらゆる政治形態を除けば」という考えに少なくとも口先では賛同する。しかしもしヒトラーやスターリンの二人が、あるいはどちらかが最終的な勝者となっていたら、民主主義がこれほど普及したと本気で思える人はいるだろうか？

人間には正義や公正さは歴史が証明するという不条理な感覚があるため、悲惨な教訓を受け入れていたかもしれない。神は独裁国家に微笑んだ。したがって独裁国家こそ無力な人類が必要としていたものなのだ、と。

イギリス人もこうした道徳観念の破綻に不本意ながら屈していただろう。ハリファックス（あるいはロイド・ジョージ、あるいはほかの誰か）が、自らを偽りつつも、これこそが国民が待ち焦がれていたことなのだと有権者を説得していただろうと想像するのはたやすい。

このような弱腰のイギリスがナチスから平和をもぎとることができただろうか？　チャーチルが戦時内閣で指摘したように、ヒトラーとのいかなる取引もイギリスの海軍の武装解除につながり、自国を守るあるいは反撃するための長期的な能力を決定的に弱体化しただろう。

要はこういうことである。どう考えても当てにできるようなヒトラーとの取引などありえなかったのだ。一九三〇年代初期にドイツを訪れ、目を輝かせた若者たちの行進を見たときから、チャーチルが抱いていたナチズムに対する警告はあまりにも正しかったことが証明された。数え切れないほどの多くの新聞記事や演説のなかで、チャーチルは、ほかの多くが見て見ぬふりをしていた邪悪さを指摘した。その正体はナチス体制の根本的な報復主義と攻撃性だった。ドイツ帝国について、チェコスロバキアについて、ポーランドについて、イギリスの再軍備への強い必要性について、チャーチルの見方がすべて正しかったことは証明済みである。

歴史学的推論を語る多くの人々が、もしドイツがあの戦争に勝利していたら、ナチスが二一世紀の最も危険な武器の一部の開発で、ライバルをはるかに引き離していたと指摘してきた。ナチスドイツが最初のジェット戦闘機、ロケット推進式のミサイルを生み出した。そんなドイツの科学者たちがソ連を打ち負かすことに血道を上げ、原子力兵器を生み出した最初の国になっていたことを想像してみてほしい。

修正主義の議論に傾倒するすべての人よ、イギリスがもしナチスドイツとの取引に応じていたらはるかによかったのではないかとひそかに考えている人たちよ、そうなった場合のイギリスの運命を考えてみよう。残酷な全体主義の下で結束した、敵意に満ちた欧州大陸に対峙することになるイギリスは孤立していただろう。ドイツ北部ペーネミュンデのV2ロケット発射台には核ミサイルが並んでいただろう。新たな奴隷制がしかれるか、それ以上に悪い事態になっていただろう。

ヒトラーは自分がひそかにイギリスびいきだったから、グーデリアンに対しアー運河で戦車を止めるように命じたわけではない。同じアーリア人種の人々への仲間意識があったから手を押しとどめたのではなかった。多くのまっとうな歴史家は、グーデリアンの説に同意する。つまり、総統は単純に間違いを犯したのである。自分自身の征服の速度に戸惑い、反撃を恐れていたのである。

事実、ヒトラーはイギリスを潜在的なパートナーではなく敵として見ていた。大英帝国を時として肯定的に語ることはあったが、イギリス軍の徹底的な壊滅を求めていた。何とかしてイギリス人に危害を加えることを避けたいがために、イギリス本土上陸を目指す「アシカ作戦」を中止したわけではない。

中止の理由は危険度が高すぎたからだ。また、ある人物がイギリス国民に向けて、「海岸で、丘で、上陸地で、ドイツ軍を迎え撃て」と演説していたからだ。その男は、自身が率いる内閣に向かって、降伏するよりは、地上で自分の流す血に喉を詰まらせながら死ぬほうがましだとさえ言っていたからだ。

ヒトラーのアシカ作戦は侵攻計画であるだけでなく、征服計画でもあった。ヒトラーはロンドンのトラファルガー広場にあるネルソン記念碑を持ちさり、ベルリンに設置するつもりでいた。ドイツ空軍最高司令官のヘルマン・ゲーリングは、ナショナル・ギャラリーからすべてのコレクションを略奪する計画を立てた。さらに、これほどの不品行はないだろうと思われるが、古代ギリシャ・アテナイのパルテノン神殿を飾ったエルギン・マーブルをナチスが支配下となったアテネに送る予定でいた。ナチスはすでに強硬な反ナチスとされるイギリス人のブラックリストを作成しており、投獄するか射殺することにしていたといわれている。一時は、ヒムラーがイギリスの人口の八〇パーセントを殺害するか奴隷状態にすることを提案したという説もある。

これがハリファックスが提案したドイツとの取引の潜在的な結果であった。欧州を席巻することになる全体主義の暴政にイギリス国民が共犯者となったかもしれない。もっと悪く考えれば、最終的には自分たちもその暴政の犠牲者になっていた可能性もある。

これが最終的な、そして最も重要な点だが、もしイギリスが一九四〇年にナチスドイツと取引していたら、欧州大陸は解放されていなかっただろう。この国は対ドイツ戦の原動力ではなく、地獄のようなナチス版EUの暗い従属国家となっていただろう。

イギリス軍とともに戦うポーランドの兵士はいなかっただろうし、イギリス空軍に参加するチェコの空軍兵もいなかっただろう。フランスの国辱に終止符を打つことを待ち望む、自由フランスのレジスタンス運動もなかっただろう。

何といっても、イギリスへの軍需支援の拠り所となったアメリカの武器貸与法も制定されなかっただろうし、連合国側への軍需輸送で大きな役目を果たしたアメリカの輸送船「リバティー船」も存在しなかっただろう。チャーチルがアメリカを孤立主義から脱出させようとすることもなく、もちろんノルマンディー上陸作戦も、オマハビーチでの英雄的な行為や献身もなく、新世界アメリカがその権力と武力のすべてをもって旧世界ヨーロッパの救済と解放のためにやってくる望みはなかっただろう。

もしイギリスが一九四〇年にナチスドイツと取引をするほど異常で正しい判断ができなくなっていたとしたら、アメリカ人は欧州の戦争にはけっして参加しなかっただろう。振り返ってみると、いかに私たちがそんな事態の一歩手前まで行っていたのか、ナチスドイツに譲歩するという提案がいかに大きく支持されていたかを知ると驚愕するばかりである。

歴史を線路の上を走ることにたとえることが適切かどうかはわからないが、ヒトラーの物語を、彼が発注した、巨大で止めることができない二階建ての急行列車と考えてみよう。この列車がドイツ人の入植者の積み荷とともにうなり声を上げながら一晩中走っていることを思い浮かべてみよう。

この蒸気機関車が最後の勝利に向かって爆走している。そこへ一人の子供が鉄道橋の欄干上からバールを落として分岐器を破壊する。すると全車両が役立たずの巨大な塊になってしまう。ずたずたにされ、焼け焦げてシューシュー音を立てている金属の山だ。ウィンストン・チャーチルは運命のバールだった。もしチャーチルあのときしかるべき地位にいてドイツに対する抵抗を訴えなかったら、ナチスの暴走列車は突っ走っていただろう。それまでのチャーチルの経歴を考えれば、彼が首相としてその場にいたことが奇跡ともいえた。

第3章

裏切り者のいかさま師

近頃では、血気盛んな若い保守党員、とりわけ男性党員はチャーチルを神格化しているといっても過言ではない。彼ら素朴な青年たちは自分の部屋の壁にチャーチルのポスターを誇らしげに貼っていることだろう。ピンストライプのスーツを着てトムソン式小型機関銃を構えている姿か、ドイツ野郎に二本の指を立ててVサインをしている姿のチャーチルだ。

大学に入学すると彼らは、チャーチル協会やチャーチル晩餐クラブに入り、チャーチルの肖像画が飾られた部屋に集まることだろう。肖像画のチャーチルは、若者たちがポートワインを飲みながら他愛もないおしゃべりをする様子を苦々しく見つめているに違いない。チャーチルが好んで着けていた水玉の蝶ネクタイを締めた若者もいそうだ。

そして彼らが国会議員になったあかつきには、議員用ロビーに立つチャーチルのブロンズ像の左のつま先を指でうやうやしくなぞるだろう。議会で発言をする前に気合を入れてもらえるように。やがて保守党出身の首相にまで上り詰め、ちょっとした窮地に陥ったとき（必ずそういうときが来る）、議会近くのセント・スティーブンズ・クラブで迫力に満ちた演説を試みるだろう。ここで演説をすれば、カメラはかつての戦時の指導者の姿と同じフレームで写真を撮ってくれる。血色がよく、あごを突き出し、後継者に向かって誇らしげに唇を尖らせているあの写真だ。

保守党員たちはチャーチルと党との関係に嫉妬すら覚える。チャーチルは最高のブランドであり、保守党そのものである。彼らにとってのチャーチルはイタリアのパルマ地方の人々にとってのパルメザンチーズのような存在なのだ。

チャーチルは保守党員にとって最も重要な人物であり、かけがえのない宝物であり、いわばハットトリックでワールドカップ優勝を決めたサッカー選手のような人物であり、しかもチーム史上最高のキャプテンでもある。しかし、チャーチルが一九四〇年に首相に就任したとき、当時の保守党員たちが彼を迎え入れたときの疑念と不安や、チャーチルという名を吐き出すように口にしたときの敵意について今の人たちは十分に知っているのだろうか。

戦時のイギリスの指導者として、チャーチルは、ハリファックスやチェンバレンなどのドイツへのチェコスロバキアの一部割譲を認めたミュンヘン協定にかかわった辛気臭い男たちだけでなく、自分を日和見主義者、裏切り者、ほら吹き、利己主義者、人でなし、恥知らず、下劣な男、そして性質《たち》の悪い酔っ払い（たしかにかなりの酒好きではあったが）だと思っている何百人もの保守党員たちに言うことを聞かせる必要があった。

一九四〇年五月一三日、チャーチルが初めて首相として下院に登場したとき、チェンバレンの就任時には声援を送った保守党議員らが、チャーチルに対してはもごもごと言葉を発しただけだった（この扱いにチャーチルは動揺し、下院を出るときに「長くはもたないかもしれない」とつぶやいた）。保守党議員の敵意は根強かった。フィナンシャル・ニューズ紙のポール・エインジグ記者は、議場を上から眺める位置に設置されたプレス席から保守党議員を見ていると、チャーチルに対する反感がまるで霧のように彼らの頭上に立ち込めているようだったという。

エインジグによれば、首相就任から少なくとも二カ月間、保守党議員らはチャーチルが発言するために立ち上がると、歴史的な演説後でも「不機嫌に黙りこんで」座っていた。労働党議員らがチャーチルの演説に歓声を上げる一方で、保守党議員たちはチャーチルの排除計画を練っていた。五月一三日前後、役職についていない保守党議員らで構成する「一九二二年委員会」のウィリアム・スペンズ委員長は、会員の四分の三がチャーチルを辞めさせようとし、チェンバレンを元に戻したがっていると述べた。

同じ頃、チェンバレン支持派の保守党議員の妻ナンシー・ダグデール夫人が書いた手紙が党内のチャーチルに対する神経質なまでの嫌悪感をよく表している。すでに軍隊勤務をしていた夫トミー・ダグデールに宛てて書かれたものだ。

ご存じのように、議員たちはウィンストン・チャーチルへの完全な不信感でいっぱいです。彼の自慢げな放送も嫌っています。［ドイツ空軍最高司令官の］ゲーリングのイギリス版がチャーチルです。流血や大空爆に取りつかれ、エゴや過食で肥大化し、ゲーリング同様、根っからの裏切り者で、そのうえ食わせ者で大嘘つきです。このような事態に私がどれほど落胆しているか、言葉で表現できないくらいです。

こうした立派な人たちからすれば、チャーチル派とは〝ごろつき〟以外の何物でもなかった。たとえば、品のない同性愛者で、のちにギャングのクレイ兄弟の友人であることが判明した下院議員のボブ・ブースビー、ニンジンのような赤毛のアイルランド生まれの夢想家、のちにフィナンシャル・タイムズのオーナーとなったブレンダン・ブラッケン、メディアのエキスプレス・グループのまったく頼りないオーナー、マックス・ビーバーブルックといった連中である。全員が〝はぐれ象〟に率いられた、不誠実で身勝手な「派手な若者」の暴徒たちであった。議員たちはチャーチルの飲酒癖についても苦々しく思っていた（「いかにも飲みすぎてしまったという印象を与えなければいいのに」と政府高官モーリス・ハンキーは不愉快そうに鼻をひくつかせながら言った）。チャーチルに自制を求める強い気持ちからというよりも、彼を道徳的に貶めることを楽しんでいたのだ。

最も敵意に満ちた反チャーチル派のなかにはのちの大物政治家もいた。ラブ・バトラーだ。一九六〇年代、ハロルド・マクミランに裏切られなければ、彼がアンソニー・イーデンの次の首相になっていたかもしれない。一九四〇年、閣外大臣のバトラーは、宥和策の強い支持者だった。彼はチャーチルの昇進について次のように語ったといわれる。

「イギリス政治の健全な伝統が、現代政治史上最大のいかさま師に売られた」「ウィンストンや彼の暴徒に降伏するのはとんでもないことであり、その必要はない」。それは国の将来を彼と同様、「口ばかり達者で役立たずなやつらが持ち上げる、半分アメリカの血が流れているような人間」に賭けるようなものだと。

ずいぶんときつい表現である。多くの人から高潔な人物と見なされ、一九四〇年代初期にはチャーチルよりも世論調査で人気が高かったチェンバレンを当時のイギリス国民が支持したのもわかろうというものだ。彼らはチャーチル一味の登場に不安を感じただろう。実質的な「宮廷革命」により、チャーチルは首相の座に就いた。彼は一九五一年の総選挙までは実際に一般大衆が選んだ首相ではなかったのである。それにしても、反チャーチル派の言葉遣いの端々には味わい深い悪意が表れている。

ハリファックス卿は「ポートワイン、ブランデー、噛んだ葉巻のまとわりついた」チャーチルの声を聞くのを忌み嫌った。ある観察者はチャーチルが下院で政府閣僚が座るフロントベンチに腰を下ろして足を揺らし、答弁をするチェンバレンを前にして笑いをかみ殺している様子が「太った赤ん坊」のようだと言った。

つまりこれが当時尊敬すべき保守党員たちがウィンストン・スペンサー゠チャーチルについて

思っていたことである。「ゲーリングのような人物、いかさま師、混血のアメリカ野郎、裏切り者、太った赤ん坊、イギリスの災難」など。まるで、海賊が舞踏会になだれ込んできたかのような騒ぎ振りだ。

二〇世紀最大のわれらが英雄を、これほどヒステリックに拒絶するとは、一体どう説明したらよいのだろう？

保守党の本流からすれば、すべて無理もないといわざるをえない。四〇年にわたる議員経歴を通じ、一貫してチャーチルは政党への忠誠心という概念を完全に軽蔑していたからだ。保守党への忠誠心はいわずもがなである。

一九〇〇年、まだビクトリア女王が王座にあった頃、赤毛頭の尊大な青年であったチャーチルは、二五歳の青年議員として下院に入るやいなや、党への不忠を自己宣伝のためのモットー及び戦略とした。国防に予算を使いすぎると保守党の閣僚レベルの議員たちを批判し（「国内に貧困は存在しないのか！」と問いかけた）、保護貿易政策も槍玉に挙げた。自由貿易は勤労者にとっては食費が安くなることを意味し、当時は左派勢力の大義であった。先輩の議員をあまりにも苛立たせたため、チャーチルが話し出すと、政府閣僚全員が座っていた最前列の座席から立ち上がり、憮然として議場を去ったこともある。

一九〇四年一月には、チャーチルは自分をイングランド中部、オールダム選挙区の保守党公認候補者から外そうとする保守党の最初の企てに直面した。四月までにチャーチルはすでに政党を替わろうと決心していた。その理由ははっきりしていた。チャーチルからすれば、保守党は破滅に向かっていた。一〇月には同党に関してこんな発言をしている。「私の予想では、保守党指導部は自分の喉を切り裂き、政党を完全な破滅に至らしめるだろう。そして、自由党が総選挙で大きな勝利を達成するだろう」。

つまりチャーチルは「信念の人」として見られるようなタイプではなかった。栄光を求め、ゴール前のエリアでうろうろする日和見主義者だった。下院の床を横切り、野党自由党党首ロイド・ジョージの隣に陣取ったチャーチルが〝ブレナム宮殿の裏切り者〟と呼ばれたのも無理もないことである。

チャーチルも保守党に対してよい感情は抱いていなかった。当時彼は「私は自由党員だ」「保守党なんて大嫌いだ、党員も、彼らのやり方も」などと書いた。ご承知のように、何十年か後に彼の自由党熱も冷めてまた保守党に戻ってくる。それは議会の歴史のなかでも、最も素早い、サーカスのような鞍替えであった。

一九三〇年代の大半において、チャーチルは評判通りの行動をした。自分の政治目的を進めるための明確な企てとして、自分が属する保守党を、目に付いた杖やこん棒をことごとく振り回すようにして批判し続けたのである。

保守党議員、そして政界全体がチャーチルに疑念を持っても無理はなかった。一九四〇年に反チャーチル派であれば、チャーチルが犯したとされる悪行の長いリストを目にしていただろう。

サンドハースト陸軍士官学校にいたときも、チャーチルはその極道ぶりを非難された。まず、仲間の準大尉とともに競馬で不正行為に手を染めたとして起訴された。アラン・ブルース事件というのもあった。チャーチルは同僚と一緒になって準大尉のブルースを連隊から締め出そうとしたのである。ブルースによると、チャーチルは同性愛者の作家、オスカー・ワイルドのような行為に及んだとさえいわれた。これは根拠のない疑いで、チャーチルの母親による高額の名誉毀損裁判で棄却されたが、悪評はなかなか消えないものである。

南アフリカのプレトリアでのきわどい事件もあった。捕虜となっていたチャーチルは仮釈放期間を破り、仲間を置き去りにしてボーア人から逃げた。政治家になってからもあらゆるへまをしでかしている。あなたが反チャーチル派だったら、まずはチャーチルが内相だった一九一〇〜一二年に、暴力的なストをいかに処理したかを皮切りに追及することから始めたかもしれない。実際、この件の対応については、チャーチルにいいところはまるでなかった。保守党員の大部分がチャーチルはストライキ参加者に対してあまりにも及び腰だったと見ていた。一方、労働党はチャーチルをウェールズ地方のトニーパンディという町で丸腰の炭鉱夫たちに「発砲した」人物として悪魔呼ばわりしていた。実際には警察はくるくると巻いた外套以外の危険なものは使っていなかったのだが。

一九一一年には、ロンドンのシドニー・ストリート包囲事件という喜劇もあった。東部イーストエンドで、警察と〝塗装工ピーター〟という得体の知れないギャングとのあいだで銃を使った戦いが発生し、チャーチルは自ら指揮をとるべく現場に出かけた。しかしピーターは発見されず、実際、最初から存在していなかったともいわれた。

このときのチャーチルの姿が現場の写真に残っている。無政府主義者のテロリストが立てこもっている方向に面した通りの片隅で様子を窺っているチャーチルは、トップハット姿で、明らかに目立っていた。

「カメラマンがそこにいた理由はわかる」と下院で保守党の指導者バルフォアがねちっこく話した。「しかし、チャーチル議員は何をしていたのだろう?」。大きな笑い声が上がった。

答えは、誰もが知っているように、チャーチルは写真に写ろうとしていたのである。

しかし、反チャーチル派にとってこんな喜劇がかすんでしまうほどの獲物は、第一次世界大戦におけるチャーチルの大誤算の数々だ。まず、一九一四年一〇月、ベルギーの港湾都市アントワープでの「失敗」があった。あるいは「大失敗」というべきか。このときチャーチルはドイツ軍包囲下のアントワープをドイツ人から救わなくてはならないと考えた。そして自分一人の力でそれをやろうとしたのである。

実際、四、五日かけて港の防御態勢を立案し、ベルギー全体を名目的に支配するところまでいった。あるジャーナリストがこの「マントを着てヨット帽を被った男性」のナポレオンのような振る舞いを描写している。「男性は静かに大きな葉巻を吸い、榴散弾の雨のなか、戦闘の進展を見守っていた。彼は微笑み、満足げだった」。

アントワープはこのあと間もなくドイツ軍に降伏した。このときのチャーチルの干渉は、意味のない、独りよがりの行動と評価されている。モーニング・ポスト紙は、チャーチルが「現在担当する業務には不適格である」と書いた。不適格であろうがなかろうが、チャーチルは海相のポストに居座り続けた。反チャーチル派に言わせれば、それによって前例がないほどの軍事上の大失態が引き起こされた。クリミア戦争中の「英騎兵隊の攻撃」は多大な損害で終わったが、これでさえまともな作戦に見えるほどの機能不全の指揮能力をチャーチルが見せたのが一九一五年のトルコ遠征だ。西部戦線の行き詰まりを打開するための攻撃だったが、イギリス軍にとって屈辱的な戦いとなったばかりか、多くのオーストラリア兵、ニュージーランド兵が命を落とした。現在でもこの遠征は、イギリス人を批判するときに真っ先に挙げられる事件であり、オーストラリア人とニュージーランド人の反英感情の元になっている。

一九一五年のトルコ遠征におけるガリポリの戦い、あるいはダーダネルス海峡作戦は、おそらく、チャーチルに対するすべての非難のなかでも最も痛烈なものだ。一九四〇年時点で、ガリポリ戦の記憶はチャーチルについて、そして彼が戦時にイギリスを指導するために適切な人物かどうかを判断する国民感情に相当な影響を与えただろう。たとえチャーチルを素晴らしいと思った人も――大部分の人はそうだと思っていた――チャーチルの優柔不断ぶり、大言壮語、そして時に病的なまでの激情にしばしば幻滅させられた。一九三一年、チャーチルはインドの独立の見込みに動揺したあまり、マハトマ・ガンジーを思わず〝半裸の坊さん〟などと呼んでしまった。インドではきっと忘れられていない表現だ。

一九三六年には、エドワード八世の王位継承権放棄をめぐって国民の感情を読み違えた。王は、自分が望むどんなお転婆娘でも、たとえそれが離婚歴のあるアメリカ人女性でも結婚できると考えたようである。そうでなければ国王である意味などあるのかと。チャーチルは下院で国王を弁護する演説を行ったが、議員らの怒号が飛び交い、収拾がつかなくなった。しかし後から考えれば、国王エドワードは親ナチスであり、その後も王位にあったらチャーチルの悩みの種になっていたかもしれない。

チャーチルの敵は彼のなかに巨大な利己主義を見た。どんな波にでも乗り、その波が海岸で泡となって消えてしまってもずっと乗り続けようとする欲望を感じ取った。反チャーチル派はチャーチルがヒトラーとドイツの再軍備の危険性について尊大に、厳しくののしるのを聞いたとき、昔からこの男はこんなふうに何かを攻撃してきたし、これからも新たな標的を見つけては攻撃するだろうと感じた。彼が何かを攻撃して罵詈雑言を吐く姿はもはや風景の一部、たとえばハイドパークにある柵のようなものだった。

このような評判が根拠なく現れたものではないことを私たちは認識する必要がある。チャーチルが傲慢で「不健全」であると思われたのには理由があり、そこには真実が含まれていた。チャーチルは命知らずの自信家で、誰よりも危ない橋を渡った。なぜそのように振る舞ったのか？

政治家としての当初の頃から、チャーチルはたんに信頼できない人物であるどころか、「救いようがないほどに信頼できない人物」だと思われていた。生まれながらの危険人物というわけだ。

先日、私はそのチャーチルが生を享《う》けたまさにその部屋、そのベッドを目にした。廊下――実際には何本もの廊下――の奥では二一世紀のヘッジファンド王の還暦を祝う盛大なパーティーが開かれるところだった。

シャンパンを持つウェイトレスたちの先頭集団に連れて行かれるところだったので、「待ってください」と私は言った。「チャーチルが生まれた部屋を見せてくれませんか」。親切な客室係が先頭に立ち、片廊下の先にある一階の小さな四角い部屋に案内してくれた。

ドアが閉まると、騒音が遠のいていった。私は一四〇年前の素晴らしいパーティーのクライマックスを思い浮かべた。目を細めると、電灯ではなくガス灯の光が見えてきた。当時と同じ安っぽい壁紙、同じ明るい小さな暖炉があり、マールバラ家の紋章が入った当時と同じ鉢や水差しがあった。

心の目にこんな光景がありありと映った――飲み騒ぐ人たちのコートが急いでベッドから押しのけられ、水差しがお湯で満たされている。ベッドの上では母親ジェニー・チャーチルが陣痛で身をよじらせていた。もはや階段を上がることもできないほどにお産は進んでいた。ジェニーはまだ二〇歳だったが、ロンドンでは最も美しい若い女性の一人として名を馳せていた。

この日は誰もが一日中狩猟に出ていた。ジェニーが滑って転んだという人もいれば、踊っていたときに回転しすぎたという人もいた。一八七四年一一月三〇日午前一時半、ウィンストン・チャーチルが誕生した。ジェニーの夫は「素晴らしく可愛い、とても健康な」赤ん坊だと言った。

ウィンストン・レナード・スペンサー＝チャーチルの心理的な気質を理解するためには、生まれた場所と時間に注目する必要がある。この部屋はブレナム宮殿の心臓部にある。宮殿はマールバラ公爵が所有する贅を尽くした見事な邸宅である。一八六もの部屋があり、建築物の敷地だけで七エーカーあった（複数の湖、迷路、円柱、緑地庭園、凱旋門などはこれに含まれない）。王室や教会の建築物でもないのに「宮殿」と呼ばれる建物はイギリスではここだけだ。

この宮殿をよくいわない人もいるが、私から見れば、イギリスのバロック風建築物としては最も偉大な傑作だ。高低差のある巨大なウイングは、見事に対称的で、先端を形よく削った蜂蜜色の石でできた胸壁と頂華で飾られている。ブレナム宮殿は主張する。「私はあなたがこれまでに見た何よりも大きく、豪華なものである」と。

この宮殿は、チャーチル家の先祖の一人マールバラ公爵ジョン・チャーチルに国王から授けられたものだ。フランスを打ち負かし、一八世紀のイギリスを欧州でトップの国にするために力を貸したという輝かしい業績に対する報償である。チャーチルがこの宮殿で生まれたのは、そこが自分の家であったからだ。彼は第七代マールバラ公の孫であり、第八代の甥であり、第九代のいとこでもあった。もし誰にも愛されたそのいとこが世継ぎを産んでいなかったら――かなり長いあいだその気配がなかったのだが――チャーチルがマールバラ公になっていたかもしれなかった。

この点は重要だ。チャーチルは上流階級育ちだったばかりでなく、公爵家の一員だった。常に自意識の先にあったのは、自分がイギリスの最高の軍事的英雄の一人の家系に連なる血筋であるという認識であった。

これもまた意味深長な事実なのだが、チャーチルは予定よりも二カ月早い、両親の結婚式から七カ月後に生まれていた。これは常に疑惑の対象となってきた。チャーチルが早産で生まれた可能性はあるが、最も単純に考えれば、チャーチルの母親は結婚前に身ごもり実際には満期で生まれたというのが本当のところだろう。

仮にそうであっても驚くには及ばない。というのもチャーチルの両親もまた、息子同様に身勝手で因習にとらわれない人々であったからだ。この二人の文明に対する最大の貢献は、両者ともに子育てに熱心でなかったことである。

チャーチルの母親は成功を収めたアメリカのビジネスマン、レナード・ジェロームの娘だった。ジェロームは一時、米ニューヨーク・タイムズの主要株主でもあった。競走馬やオペラ劇場を所有し、オペラ歌手たちを愛人にした。娘のジェニーには手首に小さな龍の刺青があったといわれている。その真偽はともかく、彼女が肉感的で、砂時計のようなくびれた形の体つきをしていたのは事実である。彼女はカクテルのマンハッタンを発明した人物ともいわれている。その機知、浅黒く「豹」を思わせる美しさが称賛の的となり、皇太子も含め多くの愛人を魅了した。三度の結婚をし、なかには自分の息子よりも若い夫もいた。

「母はまるで一番星のように輝いていた」とチャーチルはのちに書いている。「私は母を心から愛していた――一定の距離を置いてではあるが」。チャーチルが学校から母親に宛てて書いた手紙は愛情、お金、訪問を求める懇願で満ちている。しかし、チャーチルを本当に形づくったのは父親だった。父ランドルフは、最初は息子にひどい扱いをしたうえで早すぎる死を迎えたのである。

ランドルフが息子に向けて書いた書簡を読むと、いたいけな子供が一体このような仕打ちに値するほどの何をしたのかと思うだろう。ランドルフは息子に「パパ」と呼ばせず「お父様」と呼びなさいと命じた。しかも自分の息子がイートン校にいるのか、ハーロー校にいるのかさえ思い出せないような父親だった。そしてランドルフは、息子が「単なる無為徒食の徒、ごろごろいるパブリック・スクール出の負け犬の一人となり、みすぼらしく、不幸で、不毛な存在に堕落するだろう」と予言した。

おそらく、父親を喜ばせようとしたウィンストンの最も悲劇的な経験となるのが、時計の一件だろう。ランドルフはチャーチルがサンドハースト士官候補生だったときに、息子に新しい時計を与えた。ある日チャーチルは川の深い場所で時計を失くしてしまった。何度も川にもぐり、時計を取り戻そうとしたが、川の水が氷のように冷たくて挫折した。彼は川を浚渫《しゅんせつ》しようと試みたがこれもうまくいかず、三ポンドを払って二三人の士官候補生を雇い、川の流れを止めて新たな水路に流れを迂回させ、河床を実際に排水させた。こうして時計が見つかった。

これほど骨が折れる奮闘も、すでに正気を失っていたランドルフにはまったく響かなかった。父は息子を「若い愚か者」「まるで信頼できない」と表現した。彼のこうした極端な振る舞いには医学的理由があったと思われる。ランドルフ・チャーチル卿は梅毒で死にかけていたのだ。

近年の研究ではランドルフは性病という不名誉な病気ではなく実際には脳腫瘍であったという指摘もある。しかし、たとえそうであったとしても、ランドルフは自分が梅毒にかかっていると信じ、妻も、かかりつけの医者も、そして彼の息子もそう思って自分の父親が超新星のような輝かしい存在からブラックホールに至る悲惨な政治上の崩壊や、公衆の面前で、恥ずべき病気のために徐々に死に近づいてゆく様子を目撃しながら青春時代をすごした。

こうして、チャーチルは自分の父について二重の感情を抱くようになった。自分が父にとって失望であると同時に、父ランドルフ自身もまた、彼のものであったはずの偉大さから裏切られていた。そこでチャーチルは次の二つのことを決意した。父に対して自分の力量を証明すること。そして父の正当性を示すこと。

この父と息子の関係、そして父ランドルフの魅力的な生き方を知って初めて、チャーチルの行動の理由がわかってくる。チャーチルは父と張り合う必要があった。それ以外にどうやって、ランドルフに自分の力を正当に証明できようか。チャーチルは父の人生や行動パターンまでをも模倣しなければならなかった。それが世間的に自分を証明する唯一の道だったからだ。

「チャーチルはまったく信頼できない人物だった。彼の父もそうだったがね」と一九一六年、第一次世界大戦末期の陸相、ダービー卿は述べている。第二六代米大統領セオドア・ルーズベルトも、チャーチル父子は〝ケチなやつら〟だったと言った。

チャーチルがこうした評判を得たのには理由があった。チャーチルは少なからず意図的に父の人生にならって自分自身の人生を設計していたのである。

第4章

毒父、ランドルフ

七三歳になったチャーチルは、少なくとも自分の存命中は出版を意図していなかった、ある興味深いエッセーを書いている。それは一九四七年冬のおどろおどろしい経験についての文章だ。戦争と首相を務めた華々しい日々は終わりを告げ、チャーチルはイギリス南東部のケント州にあるチャートウェル邸のコテージにあるアトリエにいた。

絵を描くために準備をしていたところ、チャーチルは奇妙な衝撃を感じた。振り返ると、肘掛け椅子に父ランドルフが座っていた。父は目を輝かせて琥珀色のタバコ用パイプをいじっていた。チャーチルの思い出のなかでは稀な、魅力的で愛情豊かな父の一面であった。

ここで痛切な会話が交わされる。ランドルフが政治的に孤立し、梅毒罹患による失望のなかで亡くなって五二年が経っていたが、父は世界で何が起きたかを知らないでいた。そこでチャーチルが詳細を伝えることになったという設定だ。

チャーチルは父に現在の国王はジョージ六世であること、競馬レース「ダービー」がまだ続いていること、ロンドンの紳士クラブ「ターフ・クラブ」が〝OK〟であること、OKは米国由来の新しい表現で「まあまあ」という意味であることなどを伝える。元保守党党首のアーサー・バルフォアが最後には転落したことも話した。父子ともに鼻持ちならないバルフォアとは折り合いが悪かったので、いい気味であると。今や社会主義が人気を得ていること、二つの世界大戦があって、それぞれ三〇〇〇万人もの人が亡くなったこと、ロシアには新しい種類の独裁者がおり、これまでのどの独裁者よりも残忍で流血をものともしないことについても話して聞かせた。

エッセーには、自分の息子が何を達成したのかを十分には理解できないでいるランドルフの様子がうまく描かれている。父は、息子がしがないパートタイムの画家で、小さなコテージに住み、義勇農騎兵団の陸佐以上にはなれなかったのだと考えていた。

チャーチルが現代世界の暗い解説を終えると、ランドルフは息子が時事問題について通じている様子に漠然と好印象を持ったようである。ランドルフは、耳に痛いほどの皮肉で「もちろん、今となってはお前も年をとりすぎているが、話を聞いているとなぜ政界に入らなかったのかと思うよ。政界の救い主になっていたかもしれん。そこそこ名をあげていた可能性だってあるぞ」。

そう言ってランドルフは微笑み、マッチを擦る。そしてあっという間に姿を消してしまう。多くの歴史家によると、チャーチル家で「夢」と呼ばれたこのエッセーは、チャーチルの心理的な気質を雄弁に物語っているという。たしかにその通りだ。

エッセーは物悲しく、切なく、父親に常に褒めてもらいたいと願いながらそれがかなわなかった男の思いが募った、大きく寂しげな溜め息のようである。チャーチルが自分の子供たちによく言っていたように、チャーチルは、父親と話したのは一生のうち五回あるかないかだった。それも会話と呼べるほどのものではなかった。そしていつも自分が父の期待に十分に応えられていないと感じていた。

チャーチルは若いときに自分は父よりは頭の出来がよくないということを執拗に刷り込まれながらすごした。ランドルフは名門イートンに行った。若きチャーチルはハーローに送るほうがより無難と見なされた。健康上の問題（テムズ川の側のじめじめした空気よりも、丘の空気のほうがチャーチルの虚弱な肺にとっていいだろうと考えた）もあったが、実際には当時のハーローは知的な要求水準が他の名門校と比較して高くないと思われていたからだった。

ランドルフはオックスフォード大学のマートン・カレッジで学び、法律ではほとんど最優等の成績だった。古代ローマの詩人ホラティウスの詩を流暢に引用することができた。チャーチルのほうは、試験に落第し、サンドハースト陸軍士官学校にかろうじて入学したのだった。

チャーチルは、落ちこぼれとしてもがきながら、父親の華々しい出世、財務大臣への就任、保守党での活躍を見ていた。若きチャーチルにとって残酷な運命となったのは、その後、この父の没落を目にすることになったことである。父の演説が載った新聞記事をくまなく探し、父に対して猛烈に忠実な息子だったチャーチルは、父の才能が鈍ってろれつが回らなくなり、かつてのような弁舌の切れがなくなったことを断固として認めなかった。聴衆の誰かが野次を飛ばすと、一〇代のチャーチルは振り返って「黙れ、この獅子鼻野郎！」と噛みついた。

父との関係が最後の素晴らしい瞬間を迎えるのは、チャーチルが二〇歳のときであった。チャーチルはジョー・チェンバレン、ハーバート・ヘンリー・アスキス、ローズベリー卿などの偉大で有名な男性たちとの昼食に招待されるようになり、そこで堂々と振る舞った。父親は「ずいぶんと洗練されてきた。地に足もついてきたようだし、サンドハーストがいい教育をしてくれたようだ」と書いた。チャーチルは政治的に父の役に立つことを夢見ていたと語っている。父のように議員になり、その信念を応援することを。しかし父は彼の前から去ってしまった。息子が父のために役に立つ機会を得る前に、四五歳で亡くなったのである。

晩年のエッセー、「夢」のなかでは父の幽霊がチャーチルの目の前にいる。激怒している親に対して、霊界から来た校長先生が息子の新しい通信簿を発表するときがついに来た。ウィンストンはもはや怠け者や役立たずではなく、史上最高のイギリス人であり、イギリスの救い主であるのだ、と。しかしランドルフはこの素晴らしい知らせを聞く前に、再び消えてしまう。

エッセーの終わりは悲哀に満ちている。チャーチルは疲れ果て、これ以上絵を描き続けられないと感じる。葉巻の火はもう消えており、灰が絵の具の中に落ちている。一見したところ、私たちは若きチャーチルと父ランドルフとの関係にビクトリア朝時代ならではの疎遠さがあったことを不憫に思ってしまう。しかし、このエッセーにはいくばくかの自己満足が込められていることも見逃せない。

チャーチルは父親から死後の承認を得ようとしているだけではない。ランドルフや読者に対し、自分がこうした惨めな期待を克服し、実際には実質的に父をどの面においてもしのいだことをそれとなく自慢している。

これでおわかりでしょう、とチャーチルはランドルフの影に向かって言う。つまりそういうことなんですよ、眠たい目をしたおかしな口ひげの扇動政治家さん。あなたが息子をそれほど厳しく批判する権利はないのだ——これがランドルフに向けたメッセージであり、エッセーにひそかに込められた意味である。

父親の幻が現れたとき、チャーチルはアトリエで何をしようとしていたのか？　じつは、イギリス領北アイルランド・アルスター州の保守党クラブで損害を受けた、ランドルフの油彩絵画を修繕しようとしていたのだった。その絵画を自らの手で飾り立てようとしていた。

ここに、エッセー全体の意味を集約する暗喩があるはずだ。チャーチルは自分の父親の「疑念を晴らそう」としていたという。それは本当だ。しかし彼はそれだけでなく、事実よりもさらによく見せようとした。ぼろぼろの、ニコチンが染み付いたキャンバスに色をつけ、光沢を加えようとしていた。

ジャーナリズムで金を稼ぐという一家の伝統はランドルフから始まった。チャーチルが「夢」

のなかでも書いているが、ランドルフはデイリー・グラフィック紙の派遣で南アフリカに行き、一本の記事で一〇〇ポンドという大金を稼いだ。チャーチルの世界デビューはどうだったか？チャーチルもまた、ほかでもない南アフリカに出かけ、当時としては最高級の原稿料を稼ぐジャーナリストになった。そしてランドルフと同様、支援者たちを苛立たせることがよくあった。ランドルフは、議会での処世術として息子にどんなことを教えたのだろうか？ランドルフは党内の反乱仲間と「第四政党」と呼ばれるグループを立ち上げるなど、保守党の議員たちに対して驚くべき不誠実さを示した。目的は自由党政権のグラッドストン首相を非難するためだったが、野党指導者として政権攻撃能力に欠けたとされるスタッフォード・ノースコート卿のような人物が率いる保守党指導陣を挑発するためでもあった。

ランドルフと仲間たちはあごひげをたくわえたノースコートを〝好色漢《ヤギ》〟と呼んだ。しばらくしてヤギはこれ以上我慢がならなくなり、ランドルフに手紙を書き、そんな卑劣なやつにはなるなと懇願した。ランドルフはふんぞりかえって返事を書いた。「私は議員になってこの方、常に自分の責任で行動してきました。これからもそうするつもりです」。

この一件も若きチャーチルを髣髴とさせる。一九〇〇年に議員になったときに、チャーチルは若い反乱分子の保守党議員によるグループを自ら立ち上げている。このグループはサッカーのフーリガンとメンバーの一人であるヒュー・セシルの名前を組み合わせて〝ヒューリガンズ〟と呼ばれた。保守党指導部をランドルフ譲りの無邪気さと傲慢さで嘲笑したのである。

政党への忠誠心という考え方そのものを、初めに、そして繰り返して蔑視したのはランドルフだった。のちに息子が書くように、父がお得意の議会での戦略的な構えは「与野党の議員幹部が座る最前列の席を見下ろし、きわめて崇高な公平さをもって下院のすべての政党を視野に入れる」というものだった。

では、チャーチルは自分が所属する政党をどのように扱ったのか？ 今日の無味乾燥な政治では到底受け入れられないほどの率直さで、彼はこのように語ったことがある。「政党を選択するのは馬を選ぶようなものだ。最も遠いところに最も早く連れていってくれるほうを選ぶ」。これまでに見てきたように、チャーチルは一頭の馬を選択し、馬が死ぬ前に鞍替えをして、自由党という馬に飛び乗り、これもまた明らかに壊れそうになると（あるいは急死する前に）、新しい保守党の元気な馬に飛び戻った。チャーチルの後にも先にも、これほど見事にかつ一貫して政党に対して不誠実であった政治家はほかにいない。

チャーチルはかなり早い頃から左右を超越した政治的立ち位置を模索していた。両者の最もよい部分を統合し、国の意思を具体化しようとしたのである。彼は、自分はアーチの最上部に位置する巨大な石であり、したがってその下にある石は当然自分を支えるものであると見なした。チャーチルにはこうした考えのもとになった信条のようなものがあった。いうなれば左派系保守党主義だ。帝国主義的でロマンチック、しかも勤労者の側に立つ政治である。

チャーチルはこの考えをランドルフから受け継いでいる。ランドルフの政治手法は「保守党民主主義」と呼ばれた。理念は少々漠然としている（定義せよと言われたランドルフは、「日和見主義だよ、大体は」と答えている）。しかし、保守党民主主義は一八八〇年代、保守党を活気づけ、勢いづけた。その理念はたしかにランドルフの政治生命をも勢いづけるものだった。

そして彼の息子も同じテーマを取り上げた。ランドルフは被雇用者が労働災害時に補償が得られるように運動を行った。同じ精神で、息子は重要な社会改革の立案者となった。年金受給開始年齢を六五歳とし、職業紹介所を設立させ、労働者に休憩時間を与えるといった内容である。その一方で、全体としては自由市場の強力な擁護者であり続けた。

チャーチルはランドルフの思想だけでなく、政治的姿勢、とりわけそのスタイル、自己演出の方法も引き継いだ。ランドルフは当時最も有名な演説家であった。彼が発言のために立ち上がると、議会のティールームが空っぽになったという。小柄のランドルフが熱狂のあまり狂ったように目を丸くして毒舌を吐く姿を見て、労働者階級のファンは彼を〝ランディー少年〟〝生意気野郎〟などと呼んだ。そして「もっとやれ、ランディー！」と叫んだ。その姿はＰ・Ｇ・ウッドハウスが書いたユーモア小説に出てくる、グッシー・フィンクノットルのマーケット・スノズベリー・グラマー・スクールでの授賞演説を髣髴とさせた。もっともフィンクノットルはランドルフのように怒鳴り立ててはいなかったが。

ランドルフは表現の名人だった。たとえば自由党党首で首相を務めたグラッドストンをあるときは〝慌て者の老人〟と呼んだ。またあるときは、ウェールズにある自宅ハウオーデン・キャッスルで気晴らしに薪を割る習慣のあるグラッドストンを表現して「グラッドストンが汗をかくために、森が泣く」と表現した。チャーチルは同様の演説のテクニックを使った。ほとんどの演説は事前に文章としてすべて書き出して記憶し、本番では原稿を読まなかった。そのようにしてチャーチルは彼が生きた時代のみならず、ほかのどの時代においても最高に輝かしい政治演説の名手となったのである。

しかし、ランドルフ自身はどこで演説の仕方を習ったのだろう。誰がランドルフの見本だったのだろうか。

父と息子の二人のチャーチルは、保守党最大の魔術師で日和見主義者とされるベンジャミン・ディズレーリに完全に心酔していた。ランドルフは〝神〟ディズレーリの信奉者で地上における神の代理人だった。ディズレーリが亡くなったとき、ランドルフはディズレーリを記念した「桜草連盟《プリムローズ・リーグ》」の設立を支援した。桜草は偉大なビクトリア朝のダンディーな指導者で、ディズレーリが好んだ花だったからだ。

ランドルフは「夢」のなかで息子にこう語る。「私は常にあの年老いたユダヤ人、ディジーを信じていた。彼には将来が見えていた。イギリスの労働者を政治の中央に持ってくる必要があった」。チャーチルは自分と父を「旧約聖書に登場する預言者エリヤのマントを担う人」と書いている。つまり二人はディズレーリの継承者だったのだ。

実際にディズレーリからランドルフやチャーチルへと継承されたものには見るべきものがある。

社会改革への関心のみならず、ディズレーリとチャーチル親子に共通していたのはジャーナリズム（ウィンストンの場合は小説もあった）、演じることへの情熱、修辞をちりばめた演説、歴史感覚、帝国主義、君主主義、ある種の露悪趣味、そして慢性的な日和見主義であった。

昨今、ディズレーリは過小評価される傾向があるように思う。元保守党議員のダグラス・ハードが良質だがやや批判的なディズレーリ伝を書いた。彼の問題意識は、ディズレーリとそりが合わなかった保守党党首で首相も務めたロバート・ピールのような、仕事は遅いが「効果的な」政治家と比較して、ディズレーリが実際に何を達成したのかということだった。

このような見方は、ディズレーリにとってはもちろん、現代のイギリス政治の土台となった伝統に対しても公平ではない。もしディズレーリがいなかったら、ランドルフ・チャーチルはいなかったであろうし、ランドルフによる手本やモデルがなかったら、ウィンストン・チャーチルはいなかったであろう。スタンリー・ボールドウィン首相がチャーチルを財相にしたとき、チャーチルは喜んで「私はまだ父が着ていた財務大臣の式服を持っているんです」と言ったという。

チャーチルが父親にそっくりだったとか、ある種のコピーだったというわけではない。あらゆる重要な面で、彼は父とは大きく違っていたし、はるかに善良な人間だった。

ランドルフはかなり恥ずべき人物で、ある意味ではチャーチルはけっして父のようにはなれなかった。彼が梅毒にかかるというのは想像もできないことである。チャーチルの両親のどちらも異性関係が華やかなことで有名だったが、作家ミュリエル・スパークによればチャーチルはそうではなかった。

チャーチルが、ランドルフのように怒りにまかせて従者に暴力をふるったりするとは思えない。また、ランドルフのように我が子に残酷な内容の手紙を書くことも想像できない。一八七三年、ランドルフは皇太子を脅迫しようと画策し、これに気づいた皇太子が決闘を申し込んだという事件があったが、チャーチル自身はこのような類の常軌を逸した行動はけっしてしなかった。

この奇妙できわめて不快な顛末は、今や図書館の埃にまみれた棚の隙間に忘れ去られているが、チャーチルが政治家としての経歴を開始したときには、まだ事件を覚えている人たちがいた。息子は父に比べてどれだけましだろうと思ったに違いない。

ランドルフの兄、ブランドフォード伯爵がイーディス・アイルスフォード夫人という女性と大不倫をしていたことからすべてが始まった。写真を見ると、イーディスは鼻がやや長かったが、色っぽい女性だったようだ。彼女はブランドフォード、夫、それに〝バーティ〟という愛称で呼ばれた、でっぷりとした王位継承者、つまり皇太子とも関係があった。当時はそういう時代だったのである。

イーディスはアイルスフォード伯爵と離婚し、ブランドフォードと同棲しようと決めた。ランドルフはどういうわけか、兄がこの女性と別れるべきであると考えた。離婚裁判で名前が出るだけで家柄に不名誉をもたらすという懸念もあった。

ランドルフは一計を案じた。皇太子に離婚を阻止させようとしたのである。当時の皇太子は、社会における道徳の手本と見なされていた。ランドルフはバーティがイーディス宛に書いた書簡の一部を手に入れた。ランドルフによれば、それはかなり刺激的な内容で、バーティとイーディスの親密さを暗示していた。もし外に漏れれば、バーティは王位を継承することはできなくなってしまう！

ランドルフは皇太子に、あなたがイーディスに書いたラブレターを出版すると脅した。そうなれば大スキャンダルの発覚である。女王に事の次第が伝えられると、当時首相だったディズレーリが介入せざるをえなくなった。怒り狂った皇太子はランドルフに対し、決闘を迫った。これに対してランドルフは「臣下が将来の国王の命を危険にさらすなどは恐れ多いことです」という皇太子を侮辱するような返事をした。

最終的に、この事件のせいでチャーチル家はアイルランドに追放された。ランドルフの父、マールバラ公は総督に格下げとなり、ランドルフが私設秘書となった。チャーチルが子供時代をダブリンですごすことになったのはこういうわけである。この事件の結婚や恋愛関係は、そのすべてが最後には悲劇で終わった。

私はこの不幸せな話を、チャーチルが確実にランドルフから引き継いだ特質の証拠としてあえて書き記している。その特質とは下劣さではなく、悪く言えば蛮勇、よく言えばリスクをとる勇気である。皇太子を脅迫して自分の兄の離婚を止めようとするなど、ランドルフはどうかしていた。

政治家としての経歴の最後に、自分に代わって財務大臣を務められる人間はいないから、「辞職するぞ」という脅しが通用すると考えたのも正気の沙汰とは思えない。

ジョージ・ゴッシェンが財相として自分の代わりに入閣したとき、ランドルフは「ゴッシェンを忘れていた」と述べた（実際、初代ゴッシェン子爵となるこの人物は、今やランドルフに忘れられていたということでのみ記憶されている）。しかしランドルフから息子が受け継いだのはこうした勝負師の資質であった。そしてそれは息子の政治家としての成功に必要不可欠なものであった。

一九四〇年五月、ウィンストン・チャーチルが権力の座に就くと、多くの人間は心底驚いたが、当然の成り行きだと感じた人間も少なからずいた。一九三六年、入閣を拒否されたときでも、スタンリー・ボールドウィンは戦時の首相として、チャーチルを保留しておく必要があると述べていた。

一九三九年になると、「チャーチルでどうか？」というスローガンの選挙ポスターがロンドンに貼られた。候補者たちが「チャーチルを呼び戻そう」を合い言葉に、補欠選挙に出馬し始めていた。開戦後の一九四〇年五月、戦争の指導方針に関する下院審議、あのノルウェーを巡る議論の直前に、チャーチルの信奉者であるハロルド・マクミランがロビーでチャーチルに声をかけ、「新しい首相が必要だ。あなたしかいない」と述べた。

最終的に首相の座を得たときにチャーチルは、「私は運命とともに歩いている感じがする。私のこれまでの人生は、今この瞬間、この試練のための準備だった」と言った。彼は本人だけでなく、他者の目から見ても実際に、首相になるために生まれてきたかのようだった。

政治家及び軍人として、チャーチルほど長きにわたって戦ってきた人間はいなかった。チャーチルほどの器のある人間、あるいは事の重大さにふさわしい人間はほかに見当たらなかった。なぜあれほど多くの人々がチャーチルを戦時の首相として認めたのか、それにはさらなる理由があった。

驚くような波瀾万丈のすごろくゲームのような彼の人生を通じて、チャーチルがランドルフの流儀を踏襲していたことを人々は知っていたのである。政党に対する貴族的な嫌悪感や英雄願望だけではなく、自分自身と自分の理想に賭け、彼以外の誰にもできない大博打を打つ意志があることを知っていた。

平時にはこのような行為は災難になる。しかし、危険を冒さずして戦争には勝てない。勇敢でなければ危険を冒すことはできない。これこそが最終的に、人々がチャーチルに見た彼の本質である。そして、保守党の主流派や宥和主義者たちにどんなにあざ笑われようと、一九四〇年にチャーチルを待望した人々がいた理由だった。

チャーチルのそれまでの政治経歴は、元々持っていたこのような資質の発露だった。チャーチル自身も指摘している点だが、この資質が彼の人格を決定づけた。チャーチルが偉大な肉体的かつ精神的な勇気を有していることについて、疑う余地はなかった。

第5章

命知らずの恥知らず

一九一九年七月一八日、ロンドン南部クロイドンの夕刻は美しく晴れわたっていた。戦争は終わり、チャーチルは政権に復帰していた。不名誉なガリポリの戦いもはるか昔のことだった。陸軍・空軍大臣としての忙しい一日を終え、わくわくした気持ちでいた。飛行訓練の時間である。

日が落ちるまであと数時間のところ、チャーチルはロンドンの南にある飛行場に車を走らせた。飛行教官のジャック・スコット機長とともに、デ・ハビランド・エアコー社のDH4機に乗り込んだ。真鍮の接合金具と高価な木製プロペラが付いた複葉機である。二席ある運転席の前部にスコットが座り、チャーチルは後ろに座った。チャーチルは正式なパイロットの免許を持っていなかったが、離陸を自分でこなせるほどの経験があった。

しばらくのあいだ、規則通りに物事が進んでいるようだった。機体は野原をブーンという音を立てて飛び、エンジンは快調で、地上にいるクルーの頭上約七〇～八〇フィートまで上昇した。チャーチルとスコットは人目をひいたことだろう。イギリスで最も有名な政治家が、その大きな頭を革の飛行帽とゴーグルに収め、当時のイギリスの技術の粋を集めた航空機に乗って、天に向かって飛翔していた。ギリシャ神話のイカロス以降、空を支配し、空気より重い機械に乗って、重力に逆らい、空を支配した最初の人間の一人であった。

複葉機がそこから落下すれば命取りになる高さまで到達したとき、異変が起こった。

当時、クロイドン飛行場は高いニレの木の茂みに隣接していた。木との衝突を避けるため、上昇するパイロットは二度、機体を横に傾ける必要があった。最初は右に傾け、次に左に傾ける。チャーチルは最初のターンを問題なく行った。風が上下の翼をつなぐ支柱をヒューッと音を立てて通り過ぎた。速度計が六〇ノットを記録した。空中停止を防ぐにはちょうどよい速度だった。

左に機体を傾けると、繊細な垂直安定板と補助翼がチャーチルの動きに従った。彼は教えられた通りに、機体のバランスを保つために操縦桿《かん》をゆっくりと中央にしてそれを後ろに思い切り、一フィートほど引いた。ここで何かがおかしいことに気付いた。

機体は四五度の角度に傾いたままだった。チャーチルの指示に機体は何の反応も示さず、さらに左に傾いた。速度計の数字が急速に下がっていた。チャーチルはすぐに自分とスコット機長が危ない状況にあることを察知した。

「コントロールが効かなくなっている」。チャーチルはスコット機長に言った。スコットは高度な経験と能力を持つ男だった。ひどい墜落で負傷したこともある。このとき、チャーチルはスコットが自分の操縦を無視していることがわかった。操縦桿とペダルは彼が掌握し、それらを引いたり押したりして横滑りから抜け出すための十分なスピードを得るために機首を下に向けた。この状況でできる唯一の戦略である。もう少し高く飛んでいたら、これが効いていたかもしれない。しかし彼らは地上からほんの九〇フィートのところにいた。

機体がコントロールを失って下降するなか、チャーチルは陽が降り注ぐ飛行場を眼下に見た。不吉な、黄色がかったギラギラする光だった。その一瞬――このときのチャーチルにはそれ以上の時間がなかったが――頭のなかでこうつぶやいた。「おそらく私は死ぬのだろう」。おそらくそうだった。

ここでわれらが英雄を一、二秒間、人だかりがするクロイドン飛行場の地面に向かってまっ逆さまに急降下するにまかせてみよう。チャーチルがそれまでにくぐり抜けてきたリスクについて振り返ってみよう。彼は恐れを知らない飛行士としてだけでなく、あらゆる栄光を手に入れようとする自己顕示欲にとりつかれていたがために、統計的に不利と思われる勝負にも挑んできた。

チャーチルが飛行にとりつかれたのは第一次世界大戦以前、彼がまだ海相だったときである。一九一三年初頭、チャーチルはイギリス南東部ケント州シェピー島のイーストチャーチにある海軍航空基地を訪れ、その雰囲気に魅了された。冒険映画『ビグルス・時空を越えた戦士』の主人公のようないでたちの人々が落ち着いた様子で、世界最初の水上飛行機（チャーチルが編み出したとされている呼び方）を試乗して天空に猛然とぶつかっていた。口ひげを除けば、アメリカの初期の宇宙計画を描いた『ライトスタッフ』の訓練風景そのものだった。

チャーチルはすぐに隊員たちの取り組んでいることに将来性を見た。独自の性格やチームスピリットを備えたまともな部署がほしいと思った。そこでのちに英空軍となる組織の立ち上げを開始したのである。「私たちは飛行においてスティーブンソンの時代にいる」と宣言した。蒸気機関の発明者、ジョージ・スティーブンソンのことである。「われわれの飛行機はまだ脆弱だが、いつの日か頑強なものとなり、わが国にとって価値があるものになるだろう」。あまりにも感動したチャーチルは、実際に自分も飛行機で飛び立ちたいという思いにかられ、操縦を学ぼうとした。

これがいかに無謀なことであったかを理解するために、このとき、飛行の最初の夜明けからほんの一〇年ほどしかたっていなかったことを指摘しておこう。ライト兄弟が、奇妙な機械装置で米ノースカロライナ州キティーホークからついに飛び立つことができたのは一九〇三年のことだった。そこでとくに壮健でもない三九歳のチャーチルが、今からすれば、ほとんど飛行機とは思えないシロモノで飛ぶために授業料を払おうとしている。巨大なカンバスでできた奇妙な箱型の凧を乳母車の車輪の上に搭載し、芝刈り機をくっつけて、全体をロープや革の紐で縛ったような恰好であった。

こんなものに乗ったら確実に墜落しそうだった。実際、一九一二年には、五〇〇〇回に一回の飛行が操縦士の死に結びついたという記録がある。現在の基準でいけば、正気とは思えないほどの危険度だ。時として根拠もなく危険だといわれている別の交通手段と比較してみてほしい。たとえばロンドンを自転車で走って死に至る割合は一四〇〇万分の一回である。チャーチルが取ったリスクの大きさがわかるだろう。

現在はこのような飛行機に乗ることは安全上許されないだろう。政府の閣僚幹部であればなおさらだ。初期の教官の一人に、二三歳の貴族、スペンサー・グレイがいたが、墜落事故のために命にかかわるような大怪我を負って引退した。

友人たちは飛行機乗りを止めるよう、チャーチルに懇願した。父方の従兄弟に当たる第九代マールバラ公、〝サニー〟は手紙にこう書いた。「もし君が空の旅を続けるのであれば、今後、こうして私から君に向けて手紙を書く機会もそう多くは残されていないだろう。本当に君は妻、家族、友人に対してそのような生命の大きな危険を伴う『余暇時間のすごし方（君がどんなふうに呼ぼうとも）』を慎む義務があると思う。君は間違っている」。友人のF・E・スミスはチャーチルには「分別がない」「家族に対してあんまりだ」と告げた。

チャーチルのいとこ、レディー・ロンドンデリーは「道義に反する」と言い、妻のクレメンティーンは打ちひしがれていた。チャーチルは時として妻にも内緒で飛行した。一九一三年一一月二九日、チャーチルはクレメンティーンにこう告白した。「じつは今日、ちょっと空を飛んできちゃったよ」。まるで食糧貯蔵室から子供のおやつをくすねて食べてしまった、とでもいうように。

チャーチルの新しい飛行教官は、またもさっそうとした青年、ギルバート・ウィルドマン＝ラシントン機長であった。自分の誕生日であった一一月三〇日、チャーチルは一日中、ラシントンとともに空中で時をすごした。若き機長は、フィアンセのアーリー・ハインズ嬢に向けて、自分の熱狂的な生徒についてこう書いた。「一二時一五分、ウィンストンに指導を開始したが、あまりにも夢中になっていたので、飛行機から降ろすのに苦労した。実際、四五分ほどを昼食に費やしたことを除けば、三時三〇分まで飛行機で飛んでいた。彼はきわめて有望で、今後も私から教育と訓練を受けたいそうだ」。

ある日、ラシントンの飛行機に乗ったまま短い昼食をとったチャーチルは、そこに若い女性の写真があることに気がついた。「結婚式はいつかね？」と聞くと、ラシントン教官は式のためにお金を貯めていると答えた。フリーランスのラシントンにとって、チャーチルに飛行訓練をすることはいい稼ぎになっただろう。しかし、結婚式は実現しなかった。三日後、訓練に使ったその飛行機で横滑りをして命を落としたからだ。

チャーチルがラシントンに書いた奇妙な書簡がある。おそらく、訓練のあった日の夜に書かれたものであろう。チャーチルはなぜ、垂直尾翼の方向舵をうまく使えないのか、なぜあんなにも固いのかをたずねた。「多分その理由は私が自分自身に逆らっているからだろう」とチャーチルは謎めかして書いた。ラシントンはそれに対する返事として、たしかにそうですねと書いた。自分が方向舵を使ったときは問題がなかった。「ご自身に逆らっているからでしょう」と人生最後となる飛行のために再度離陸する前にラシントンは書いた。

奇妙な話だ。自分に逆らうとはどういうことなのか？　それは何を意味しているのだろう？　チャーチルは、原始的なフラップやレバーがどんなふうに動くのかを本当に理解していたのだろうか？　いや、当時飛行機の構造をちゃんと理解して操縦していた人などいたのだろうか？

ラシントンの死後、チャーチルはもう飛行機の操縦はしないと妻クレメンティーンに誓った。そして、一九一四年、フランスの名パイロット、グスターブ・ヘイメルをパリから招待し、英仏海峡を渡ってくる勇姿を英陸軍航空隊に見せてほしいと頼んだ後も、その誓いを新たにした。

ヘイメルはパリを発ち、消息を絶った。それでも、その後もチャーチルは飛行機に乗り続けた。しばしばフランスまで飛んでゆき、ヒバリのように空を飛んだと得意げに語り、飛行機がいかに速くて便利かを自慢した。一九一九年になるとチャーチルはまた操縦を始めた。それはクロイドンでの運命的な事件の直前であり、それを予感させる不吉な出来事が何度もあった。

あるときチャーチルはフランス北部上空で飛行中に、嵐の中で完全に迷ってしまった。鉄道の線路が見えるところまで下降してから向きを変えて難を逃れた。その前の月にはパリ近辺のブク飛行場で重大な衝突事故を起こした。長く伸びた草のせいで離陸のタイミングが遅れ、滑走路の端にあった別の道路の端に飛行機のスキー板が打ち付けられた。

チャーチルの言葉を借りれば、まるで「撃たれたウサギのように」飛行機はでんぐり返しし、彼は安全ベルトで吊るされて逆さまになっていた。今や、チャーチルはクロイドン飛行場の土に叩きつけられようとしていた。そのとき自分のこれまでの人生が脳裏を駆けめぐり、自分が長年にわたって向こう見ずであったと反省していたかもしれない。

初期の軍事歴でのチャーチルの人並みはずれた勇敢さを考えると、チャーチルは積極的に危険を求めていったのだという結論になってしまう。アキレスやアーサー王の騎士たちのように、戦いの真っ只中にいたいというだけでなく、とりわけ、そこにいることを他人に見られるという栄誉を切望していたかのようだ。

チャーチルの輝かしい功績の第一号は、二〇歳のとき、カリブ海のキューバ島でのものである。彼は英軍の士官であり、なおかつ同時に前線を報道するレポーターという一風変わった、しかし彼にとっては非常に都合のよい任務に就いた。サンドハースト陸軍士官学校ではきちんと結果を出した。チャーチルは大胆で熟練した馬の乗り手となり、学年一三〇人中で二〇番目の成績で卒業後、第四軽騎兵連隊の最下級の士官に任命された。陸軍士官という仕事は何かと物入りだったため、チャーチルは副収入と知名度を得るための一石二鳥の策としてジャーナリズムに目を付けた。

キューバ人たちが宗主国スペインの植民地支配に対して反乱を起こしたとき、チャーチルはスペイン軍に紛れ込んだ。うわべの理由はデイリー・グラフィック紙に記事を書くためだったが、本当の理由は本物の弾丸が飛び交っているところまで撃たれることなしに可能なかぎり近づくことだった。

すぐに幸運が巡ってきた。二一歳の誕生日、チャーチルがジャングルの中にいるときに銃撃が始まった。後ろにいた馬に弾が当たり、赤い血がチャーチルの栗色のコートに飛び散った。馬は死んでしまった。興奮さめやらぬといった筆致で、弾が「自分の頭から一フィート以内」を飛んでいった様子をチャーチルは記事にして伝えた。次の日、川で水浴びをしていたところ、また発砲音が聞こえた。そのことについても「私たちの頭の上を弾がピューッと飛んでいった」とチャーチルは自慢げに書いている。

これらはそれなりの武勇伝ではあるが、大規模な戦いの経験ではなかった。チャーチルは英軍の一員としての戦地勤務を望んだ。できれば国王の敵めがけて、自ら射撃してみたかったのである。母親の効果的なロビー活動の甲斐あって（女性の魅力を総動員して大佐たちを懐柔したという話もある）、チャーチルは二年後にはビンドン・ブラッド少将が指揮官となるマラカンド野戦軍の宿舎に向かう命令書を得た。

見事な口ひげを蓄えた帝国主義者、ブラッド卿の任務は、インドの北と西の国境部に住むイスラム教徒の部族アフリディ人の反乱軍を鎮圧することだった。ここは現在のアフガニスタンとパキスタンの国境地域である。反乱軍は大英帝国に対して立ち上がった。この地域は今でも世界で最も性質の悪い狂信者たちやテロリストたちの一部を匿《かくま》う場所となっている。当時においても作戦の遂行は楽ではなかった。

アフリディ人たちは激しい反撃に出た。チャーチルの実戦参加への切望はこうしてかなえられた。彼が書いた交戦の描写を読むとぞっとする。すぐ隣にいた兵士たちの身体がバラバラに切り刻まれ、向かってくる部族民たちに発砲した。英軍の歩兵隊は負傷した将校を担架の上に残して散り散りになった。将校は暴徒化したアフリディ人たちによって激しく切りつけられた。チャーチルは何時間も攻撃の的になっていた。

ある時、チャーチルは続けざまにピストルで発砲した後、ピストルを離してライフル銃を手に取った。そのときのことをのちにこのようにレポートしている。

「私は接近戦で四〇回ほど射撃し、そこそこの成果を得た。確かめたわけではないが、四人の男に的中したと思う。とにかく、男たちは倒れた」

時として、チャーチルは、自分が砲火の真っ只中にいたことを誇示するかのようだった。「私は灰色のポニーを走らせた。ほかの誰もが身を隠すために伏せているなか、散兵線に沿って進んだ。愚かかもしれないが、私はいちかばちかの勝負をする。誰か一人でも見ている人がいるときにはとことん破天荒に、とことん気高くふるまうだけである」。

チャーチルは追い込まれると自殺行為に近い勇敢さを見せた。身体にナッツオイルを塗りたくれば砲弾をかわすことができると信じているキリスト教千年王国説の信者たちが一九八〇年代のケニア北部にいたが、まさにそれに近い感覚だ。マラカンドでの手柄は、現在の兵士であればビクトリア十字勲章か、少なくともかなり重要なメダルに相当しただろう。チャーチルは褒章に値するような行為に何度も打って出て、結果をものにした。

第5章
命知らずの恥知らず

一八九八年、スーダンの首都ハルツームとナイル川を挟んで西岸に位置するオムダーマンで、チャーチルは英軍による最後の騎兵隊の突撃に参加した。またしても植民地の抑圧者の側で、イギリスの支配に異を唱えたスーダンのイスラム教徒マフディー軍の反乱の鎮圧支援を行った。マフディー軍の最も大きな不満の一つは、黒人の奴隷制度を廃止しようとするロンドン政府の動きであった。このときも母ジェニーはチャーチルが兵隊兼レポーターとして配属されるよう奔走した。軍部の上層部にとっては不愉快な根回しである。しかもチャーチルの役割は重要度を増していた。ブラッド卿よりもはるかに隆々とした口ひげを蓄えたキッチナー将軍にスーダンのイスラム教徒の軍隊の場所を実際に告げる偵察役となったのである。

作戦の目的は、イスラム教徒の指導者を敗退させ、チャールズ・ゴードン英大佐の殺害の恨みを晴らすことだった。一三年前、ハルツームで大佐が無残に串刺しにされた事件は、当時の世界に衝撃を与えた。一八九八年九月二日午前八時四〇分、チャーチルは総勢六万人のダルヴィーシュ軍に向かって馬を走らせていたが、すでに英軍が彼らを一時間以上にもわたって銃撃していた。チャーチルとその部隊は一五〇人にのぼる土着の槍兵軍を相手にするものと思ってやってきたが、敵はライフル銃兵であった。

ダルヴィーシュ軍は突然ひざまずき、イギリス軍槍騎兵の別部隊に発砲を開始した。どうすべきか？　逃げるか、それとも攻撃するか？　イギリス軍は攻撃することを選んだ。チャーチルは、ダルヴィーシュ軍の方向に一〇〇ヤードもない場所を担当していたが、自分が一二人もの槍兵たちでぎゅうぎゅうの谷間に突進していっていることに気づいた。

そこで彼は何をしたのか？　もちろん戦い続けたのである。ひどい混戦で、ダルヴィーシュ軍の多くがボウリングのピンようにひっくり返っていった。チャーチルはマウザー銃を一〇発放ち、自分も馬も無傷で攻撃を終えた。峡谷を突き抜け、ダルヴィーシュ軍と英軍とが互いを切り刻むなかを動き回った。

チャーチルは「敵の兵士に乗りつけ、ピストルを顔面めがけて発射し、数人を殺害した。三人は確実に死んだが、二人は重傷、残る一人はたぶん逃げおおせただろう」。こうして書くと、戦闘が一方的であったような印象を持たれるかもしれない。結局のところ、英軍にはマキシム機銃があり、敵は持っていなかった。

しかし、そう考えるのは戦闘の危険性を大きく過小評価している。イギリスの兵士三一〇人のうち、二一人が命を落とし、四九人が負傷した。チャーチルはのちにこう語っている。「私の一生において最も危険な二分間だったといっていいだろう」。

いや、果たしてそうだったのだろうか？　チャーチルはこの後で第二次ボーア戦争（一八九九～一九〇二年）で戦い、幾度となく屈強なオランダ人農夫たちから砲火を浴びた。オランダ人はパシュトゥン人やダルヴィーシュ軍よりも射撃が上手であったし、より優れた武器を持っていた。チャーチルとボーア人の戦いの全容についてここで繰り返す余裕はないが、複数の本が出ている。少なくともそのうちの二冊はチャーチル自身の筆によるものだ。

つまるところチャーチルは二四歳のレポーターとして、このイギリスにとって不幸な戦争に参加したのである。この戦いでは、南アフリカの歴史小説家ウィルバー・スミスが書いたアフリカ南部の草原を舞台とする小説のページから出てきたような、奇妙な声を発するひげもじゃの奴らが大英帝国に屈辱を与えた。一九〇〇年、チャーチルはとんでもなく危険な状況に自分を追い込み、ついに新聞の一面を飾ったのだった。

チャーチルは南アフリカのナタール植民地のコレンソと呼ばれる場所まで装甲列車に同乗した。敵に攻撃を受けて、列車は脱線。このときチャーチルは攻撃の的になりながらきわめて冷静に振る舞い、自分自身の安全を顧みず反撃した。毎度のことながら、弾丸を浴び、毎度のことながら、奇跡的に生き延びた。いったんは敵に捕まったが、捕虜収容所から逃亡し、貨物列車に飛び乗って、森に隠れた。ハゲワシに驚かされ、炭鉱に隠れ、ロレンソ・マルケス（現在はモザンビークの首都、マプト）にたどり着いたときには英雄として歓迎を受けた。

その後チャーチルは首に懸賞金をかけられた状態で自転車部隊に同行してプレトリアを抜け、デュウェツドープという町で再び撃たれてあやうく殺されそうになった。さらに、第二次ボーア戦争のダイアモンド・ヒルの戦いでは「人並みはずれた勇気」を見せた……。読者諸氏はそろそろおわかりだろう、私がこの章でお伝えしたかったことが。

さらに続けてもいい。一九一五年に陸軍に入ると、ガリポリ戦の後、西部戦線に向かい、膠着状態の塹壕のあいだにある中間地帯に三六回も出ていった。時にはドイツ戦線にあまりにも近づいたために、敵の会話が聞こえるほどだったという。チャーチルは爆弾や弾丸にいかに無頓着だったかという話もできるが、もう十分おわかりだろう。

チャーチルは、青年時代、というより一生を通じて、並外れた勇敢さを見せた。彼に向かってどれほど多くの弾やミサイル弾が発射されたことだろう？　一〇〇〇発？　自分の手で何人を殺したのだろう？　一二人？　いや、おそらくもっと多いだろう。ナポレオン戦争で軍功を重ねたウェリントン公爵以降、チャーチルほど実戦を経験した首相はいない。暴力で歯向かってきた途上国の戦闘員そしておそらく非戦闘員に対して個人的に殺意を行使した首相はいない。

チャーチルのように四つの大陸で銃撃を受けた首相もいない。ここまでくれば、賢明な読者諸氏には、チャーチルの勇敢さは疑いないものと納得していただけるだろう。とはいえ、なぜ彼がそのような性格だったのかを知りたいとも思われるだろう。

チャーチルの原動力は何だったのか？　彼の性格で非常に面白い点であり、同時にその精神的強さの源ともいえたのは、自分の動機について非常に正直であったことだ。マラカンドでの行動を説明する母への手紙には、目立ちたがり屋であることを自覚していると書いている。勇敢で気高い行為のためにチャーチルは観客を必要とした。チャーチルは他者の評価を求めていたのである。

チャーチルは自分でもそれを認めている。「私はさまざまな点において、とくに学校では臆病者だったので、勇気があるという評判を得ること以上に強い願望はない」。まさに三つ子の魂百まで、である。元気いっぱいのチャーチル少年は、小柄な子供であった。ハーロー校の荒っぽく雄々しいことで名高いサッカーのチームには入っていなかった。彼はクリケットにさえそれほど熱心でなく、他の少年たちからクリケットのボールを投げつけられて森の中に隠れてしまったこともある。このときの記憶は長い間チャーチルの心に残った。友人たちに自分を見下され、自分には何かが足りないように感じた。父のランドルフから認めてもらえなかったときと同じように。

私が思うに、チャーチルのこの自己批判は正しくない。彼は小学生時代も臆病者ではなく、相当勇敢だった。全寮制の学校に最初に送られたのは七歳のときのことだった。ハーバート・スナイド＝キナーズリーという名前の、体罰をいとわない残忍な人物に預けられた。ほんのちょっとした規則違反で少年たちを杖で二〇回も叩くような（三回で血が出た）、厳格な高教会派の異常者だった。

チャーチルは学校では情けないほど不幸せだったが、この体罰についてけっして不平を述べたことはなく、実際にかかりつけの医者が打ち身に気付かなかったら、彼が体罰を受けていたことも公にはなっていなかっただろう。さて、チャーチルはどうしたのか？

ある日、スナイド＝キナーズリーはチャーチルが砂糖を持ち出したという理由で体罰を与えた。怒ったチャーチルはスナイド＝キナーズリーの麦藁帽を手に入れると足で蹴ってぼろぼろにした。私は彼のそういうところが好きだ。彼は学校で臆病者だったわけではまったくないのだ。泥んこになって戦うようなチーム競技では力を発揮しなかったかもしれないが、学校対抗のフェンシングのチャンピオンだった。先輩の少年たちをプールに突き落としもした。一〇代のときのチャーチルの真の勇気の決定的証拠をご所望の方には次の有名なエピソードを紹介したい。イングランド南部ドーセット州で、弟やいとことウサギ追いをしたときのことだ。

子供たちはチャーチルを、溝の上に架かった橋の上で両方向から挟み撃ちにした。チャーチルはもみの木の上部が橋の高さであることに気づき、機知を働かせてある計画を思いついた。木に飛びつき、枝を使って落下速度を緩めながら橋の下に飛び降りようと思ったのである。その通りにいけばよいアイデアだったが、大失敗に終わった。意識を取り戻すまでに三日、ベッドから出られるようになるまでに三カ月を要した。

このエピソードにはチャーチルの性格の非常に多くの要素を見て取ることができる。想像力、蛮勇、即断力だ。チャーチルの勇敢さとはうわべのものではなかった。努力して身につけた仮面でもなかった。チャーチルはもとからそのようにできていたのだ。つまり、向こう見ずの血が流れていたのである。私たちにレギュラーガソリンが入っているとしたら、チャーチルにはハイオクガソリンが入っていたようなものなのだ。

チャーチルを止めるものは何もなかった。クロイドン飛行場での事故でも彼は懲りなかった。地上に向かって急速に落ちてゆく複葉機に話を戻そう。時速五〇マイルで滑走路に機体が叩きつけられ、まず左翼がばらばらに壊れた。そしてプロペラが地上に埋まった。

チャーチルは前方に激しく打ち付けられ、ぺちゃんこにされた。耐えられないほどの圧力がかかった。流れ出てきたガソリンが身体を覆い、ここでチャーチルは再び、これで死ぬのだろうと思った。しかし、チャーチルがへたばる直前に、優秀なスコット機長が電流のスイッチを切った。

チャーチルは機体から抜け出て、もう二度と飛行機の操縦をしないと誓った。この誓いは、第二次世界大戦の半ば、チャーチルがもともと自分がどんな人物かを世の中に示す必要が出てきたとき、そして飛行機に乗る危険など顧みないような態度がイギリスの抗戦に欠かせないものになるときまで、おおむね守られた。

∫

もちろん、チャーチルはこれみよがしに振る舞うことを楽しんだ。母や新聞記者、市民の前でだけではなく、とくに自分の行動を最も愛情深くかつ忠実に記録した人物、つまり彼自身の前で。何を語るにせよ、やるにせよ、チャーチルは、ジュリアス・シーザーのように、自身を記者のように客観的に見る目を持っていた。

しかし、だからといって、それが彼の勇敢さを減じることはなかった。だからこそ、一九四〇年以降、あれほど明白に疑いもなく果敢に行動し、他の政治家にもそれを求めることができたのである。アトリーやイーデンもたしかに戦争で戦ったが、その名声はチャーチルの名声とは同じではない。

チャーチルについて人々が確信していたことがある。それは彼自身がやらないようなことを英軍に要求することはないということだ。

そして、チャーチルにはほかの政治家と比べてさらなる優位性があった。彼は自分の個人的な体験や経歴によって人を触発しただけではなかった。人々の心を湧き立たせ、自らの勇気を伝染させる言葉の才があった。

第6章

ノーベル文学賞を受賞した文才

「ああ、これが」。ついにウィンストン・チャーチルの書斎に立ちながら、私はそう思った。こんなふうにやっていたのか。チャートウェル邸のスタッフに特別な許可をもらい、私はロープの囲みを越えて、机のすぐ脇まで来た。チャーチルが使っていた黒縁の丸眼鏡がある。ロンドンのボンドストリートで売っている、ジョン・レノンスタイルの眼鏡だ。書類に穴を開けるパンチもある。ナポレオンの胸像があり、これはネルソンの胸像よりかなり大きい。いくつかの写真で見たことがある文鎮の数々。

椅子の右の肘掛けにひどく毛羽立っている部分があって、この部分を奇妙な手つきでつかむチャーチルの恰好を思い出す。おそらく肩を脱臼した後遺症だろう。この毛羽立ちをよく見るためにかがんだところ、スタッフからそれ以上近づかないようにと丁寧に注意された。私が椅子の座り具合を試そうとしているとでも思ったのだろう。

私は迷うことなく後ろに下がる。もう十分だったからだ。

ここは単なる田舎の大邸宅ではない。ケント州の森林地帯の絶景、魚が泳ぐ池、クリケット用の芝生、映画館、絵画を描くためのアトリエなど、有閑紳士なら誰もが思いつきそうなあらゆる洗練された設備がある。しかし大胆に改装されたこのエリザベス朝様式の荘園は、休息の場などではない。一つの機械《マシン》なのだ。

戦車や水上飛行機の発明に貢献し、原子力爆弾を予見した、才能あふれる頭脳の持ち主がこの邸宅の設計者であったのも不思議ではない。イギリス南東部のケント州、ウェステラムにあるチャートウェル邸は世界で最初のワードプロセッサーの一つだった。邸宅全体が文章を生成する巨大なエンジンだったのだ。

階下には、天井から緑色のシェードのランプが複数ぶら下がる部屋がある。壁には複数の地図がかけられ、電話交換機がある。ここにチャーチルは、多いときには六人ものリサーチャーを置いていた。オックスフォード大学の駆け出しの個別指導教員、主任研究員などで、なかには学問的な成功を約束されているような者もいた。リサーチャーたちはここに集まり、役に立ちそうな情報を求めて、本や書類をひっかき回した。

チャーチルにとって、リサーチャーたちは『ニーベルンゲンの歌』のなかでジークフリートとともに戦った仲間、ニーベルング族であり、小妖精であり、ギリシャ神話に出てくる鍛冶の神へーパイストスの工場で働く小人たちだった。今でいえばチャーチルの個人的な検索エンジン、グーグルだ。もっと多くの本を探す必要があるときは、廊下をそっと伝って図書室に向かう。そこには六万冊にのぼる、大部分が革表紙の本が保管されている。これがチャーチルのデータバンクだ。何らかの事実や原本が必要になったら、スタッフを呼ぶ。パソコンの「実行」キーを押すように。スタッフは一人ずつ階上に向かう。書斎に入ると、口から文章を吐き出しているチャーチルがいる。

チャーチルにはかなわないと思う理由はたくさんあるが、その一つは彼が閣僚としての職務を昼となく夜となく果たし続けていた点だ。シャンパン、ワイン、ブランデーとともに豪勢なディナーを食し、午後一〇時になってようやく気分も新たに楽しげに執筆を開始したという。

∫

ジャーナリストも含めた多くの書き手の声を代弁すれば、ランチの後で執筆をするのは十分に可能だ。ワインを一本空けた後でも、というか空けたからこそ書けるという場合もある。しかしディナーで酒を飲んだ後は無理だ。長い一日を終え、アルコール付きのディナーの後で、第一級の著作を生み出すことができる人間を、私はチャーチル以外に知らない。

チャーチルのアルコール代謝経路は特別だったに違いない。さらに驚くのが、チャーチルはほとんどの場合、実際に執筆していないという点だ。文章を口述筆記させていたのである。まず考えをまとめ、それからタバコとアルコールをたっぷり楽しんだ。おそらくモノグラムがついた上履きを履き、ターンブル&アッサー社があつらえた、薄紫のベルベット製の奇妙なつなぎ服を着ていただろう。木製の床板を歩きながら、熟考された文章をうなる。これがチャーチル流執筆システムのほんのさわりの部分である。

チャーチルは火がついていない葉巻をなめたり噛んだりしながらしゃべり続け、タイピストは追いつくのに懸命だ。これが夜半過ぎになっても続いた。時として、チャーチルは、狭く質素な寝室にまでタイピストを連れてゆき、タイピストたちが顔を赤らめ、声を上げるなか、衣類を脱いでアーミテージ・シャンクス製の埋め込み式風呂に入り、文章を生み出し続けた。タイピストたちは床に座り、チャーチルが好んだ、音をたてないように特別に細工されたキーボードをパタパタと打った。

タイプ打ちされた文章をチャーチルは手書きで修正する。青インクを使い、筆記体で欄外に注を無数に書き込んだ書類が数多く残されている。修正原稿は見やすいように活字に組まれるが、これで終わりではない。

ここで部屋を横切り、壁に立てかけられている、直立で表面が傾斜したライティング・デスクに向かってみよう。まるで紳士クラブに置いてある新聞の読書スタンドのようだ。チャーチル流ワープロが最後の仕上げを行ったのがここである。私たちがマイクロソフトのワードを使って簡単に行っている儀式のことだ。チャーチルは強調するために文節の場所を変えたり、形容詞を変えたりと、推敲を重ねる。ともかく自分の労作をみがき上げる過程が楽しくて仕方ないのだった。その後で、推敲し尽くした原稿を活字にするために再びスタッフに渡す。

とんでもなく費用がかさむ執筆活動だったが、この方法でチャーチルはディケンズよりも、あるいはシェークスピアよりも多くの言葉を生み出した。実際、二人の作品を合わせたよりも多くの文章を書いたのである。非常に多くの堅実な中流階級のイギリス家庭、とくに古い世代の家庭の本棚には、ブリタニカ大百科事典の隣に『世界の危機』『英語諸国民の歴史』『第二次世界大戦』『マールバラ公とその人生』をはじめとするチャーチルの多くの作品が並んでいるはずだ。実際に読まれたかどうかは別として。

これだけのものを世に出していれば、チャーチルを作家としては素人だと無視したり軽んじたりしたくなる向きもあるだろう。実際、悪く言う者はあとを絶たない。イブリン・ウォーなどは、チャーチルのことをいつもこき下ろしていて、「似非古典派の大家」「さしたる文学的才能はなく、言いたいことをわかりやすく書いているだけ」と述べている。ウォーは、チャーチルの記した父ランドルフの伝記を読んだときにも、「ごまかしのうまい弁護士が書いたようなもので、文学作品と呼べる代物ではない」と切り捨てた。

一九六〇年代後半になると、ケンブリッジ大学の歴史家で「社会史」の開拓者であるJ・H・プラムをはじめとする学者たちは、チャーチルの歴史の素養を攻撃した。彼の『英語諸国民の歴史』について、プラムは「労働者階級や産業技術の議論がまったくない」と不満を述べた。「経済、社会、文化史について驚くほど無知である」。チャーチルの散文スタイルは「妙に古臭く、どこか場違いだ。まるでニューヨークの五番街にあるセント・パトリック大聖堂のようだ」とも。

チャーチルのノーベル文学賞受賞という素晴らしい業績については、これを冗談として受け取るのが慣例となっている。スウェーデン人が第二次世界大戦中に中立を維持したことへの償いとして、イギリス人に文学賞を与えるという見苦しい行為に及んだのだという人もいる。ピーター・クラークのようなチャーチルに同情的な歴史家でさえも、受賞は実力とは関係ないと言っている。「一九五三年のノーベル文学賞の受賞者ほど、その著作に注意が向けられなかった年は珍しい」。いささか横柄すぎる評であるばかりか、的外れもいいところである。

過去一〇〇年のノーベル受賞者のリストを見てみよう。前衛的な日本の劇作家、マルクス主義者でフェミニストのラテンアメリカ人。ポーランド人の具象詩人。それぞれが称賛に値する文学者には違いないが、チャーチルほどには彼らの著作は読まれていないといえる。

なぜイブリン・ウォーはチャーチルの作品を嘲笑したのだろうか？　一九三〇年代、ウォー自身がチャーチルに倣って、一九三五〜三六年の第二次エチオピア戦争を取材するために戦地に向かった。彼はその経験をもとに二〇世紀文学の金字塔『スクープ』を書いたが、彼の戦地報道はチャーチルの報道が与えたほどのインパクトをジャーナリズムに与えなかった。

ウォーは少々嫉妬していたのだろうか？　私はそう思う。チャーチルは二五歳までにウォーよりもはるかに有名になっていたばかりではなく、書くことで巨額の報酬を得ていたからだ。多くのジャーナリストにとって収入を比較されることほど不愉快なことはない。

一九〇〇年までに、チャーチルは五冊の本を上梓し、そのうちのいくつかはベストセラーになった。そのうえ、イギリスで最も稼ぐジャーナリストになっていた。ボーア戦争の報道では一カ月に二五〇ポンドを得ていた。現在でいえば月に一万ポンド相当だ。一九〇三年、チャーチルは父の人生について書いてほしいと言われ、八〇〇〇ポンドもの報酬を提示された。これがいかに法外な額であったかは、当時所得税を払う栄誉を有していた人はイギリス内で一六〇ポンド以上の収入がある一〇〇万人しかいなかったといえばおわかりいただけるだろうか。

出版社がこれほどの金額を払ったのはチャーチルの青い目に魅了されたからではない。チャーチルが国民に人気があり、部数を出せるからだった。表現力豊かで生き生きとした文章を書き、筆が立ったからであった。チャーチルは第一級のレポーターであった。一九〇〇年四月、モーニング・ポスト紙に掲載された報道記事を読んでみていただきたい。

チャーチルと仲間の騎馬偵察隊が、敵のボーア人を打ち負かすために南アフリカの草原にある岩山を確保しようとする場面だ。


最初から競争だった。両陣営がわかっていた。近づいてみると、ひときわ乗馬に長けたボーア人五人が地の利を確保しようと死に物狂いの決意で前に出ようとする姿が見えた。私は「無理だ」と言ったが、負けを認めたり、無為を決め込んだりする偵察員はいなかった。やるべきことは単純明快だった。

われわれは目指す丘の頂上から一〇〇ヤード、正確には一二〇ヤードのところに設けられた鉄条網に到着した。馬から降り、鉄条網を切って重要な岩を占拠しようとしたそのとき、フレーレの鉄道の切り通しで目撃したような、恐ろしく、毛深く、ぎょっとするようなボーア人の頭部と肩が目に入った。一〇人以上いた。一体その後ろに何人いるのだろう？

奇妙な、不可解といってもいいような間があった。いや、実際はそんな間などなかったのかもしれないが、そのあいだにたくさんのことが起きたように記憶している。最初に動いたのはボーア人側だった。一人は長く垂れ下がる黒ひげを蓄え、チョコレート色のコートを着ていた。もう一人は赤いスカーフを首に巻いていた。われわれ偵察隊員のうち二人がもたつきながら鉄条網を切っていた。もう一人は自分の馬から狙いをつけようとしていた。マックニールのしっかりした声が聞こえた。「無理だ、元の丘に戻ろう。走れ！」

このとき、マスケット銃がものすごい音を立てて発射され、ヒューッ、ブーンという弾の音が飛び交った。私はあぶみに片足を置いた。射撃に怯えた馬が暴れた。飛び乗ろうとしたサドルは馬の腹部に移動していた。馬は群れから離れ、狂ったように駆け去った。偵察隊のほとんどがこの時点で二〇〇ヤード先に行っていた。私はただ一人、馬もなく、敵の射撃から最も近いところにいた。いかなる種類の援護からも少なくとも一マイルは離れていた。

唯一の慰めはピストルだった。以前のように野ざらしで丸腰状態で捕まるわけにはいかなかった。運がよくても障害が残るほどの重症を負うだろう。私は向きを変え、ボーア人の射撃手たちから逃れるために死に物狂いで走りだした。この戦争で二度目の逃走だ。私は心のなかでこう思っていた。「もはやこれまでだ」。走っていると、突然、一人の偵察兵の姿が見えた。左方向から私のほうに向かってきた。男は背が高く、海賊船のどくろのバッジをつけ、蒼ざめた馬に乗っていた。ヨハネの黙示録に出てくる「死」の象徴のような姿であったが、私にとっては生きる望みであった。

男がこちらを通り過ぎるとき、私は「乗せてくれ」と叫んだ。驚いたことに男はすぐに停止した。「わかった」と彼は短く言った。私は男がいるところまで駆け寄り、今度はしくじることなく、一瞬にして男の後ろのサドルに座った。

そして馬を走らせた。私は両腕を男の身体に回し、馬のたてがみをつかんだ。片手は血まみれになっていた。馬も手ひどい痛手を負っていたが、勇敢な生き物だ。立派に全力を出し切っていた。追ってくる弾が金切り声をあげ、距離がだんだんと長くなると、頭上でヒューッと音を立てた。

「怖がるな」と私の恩人は言った。「弾は当たらない」。私が黙っているとこう続けた。「かわいそうな馬。なんてかわいそうな。破裂弾で撃たれている。悪魔のような奴らめ！　必ず仕返しをしてやる。哀れな馬よ」。

そこで私は言った。「心配するな。君は私の命を救ってくれたのだから」。「そうだな、でも心配なのは馬なんだよ」。これで私たちの会話は途切れた。

私が聞いた弾の数から判断すると、五〇〇ヤードを過ぎてしまえば撃たれることはないようだった。走る馬に狙いを定めるのは難しいからだ。それにボーア人は息切れをし、落ち着きをなくしていた。次の岩山の角を曲がると、再び辛くも逃げおおせたという安堵の気持ちがわいてきた。

この文章は、『ローマ帝国衰亡史』を書いたギボンでもなければ、似非古典派でもない。むしろ、ビクトリア朝の冒険作家H・R・ハガードの一節のように、簡潔でパンチが効いていて、短く力強い文で綴られており、読者を惹きつけてやまない。ダイナミックな動きを捉えることにかけて彼は、現代の解説者の多くなどよりはるかに優れている。しかも彼は、「私」という一人称主語をじつに巧みに使いこなす。

チャーチルは子供向け雑誌、「ボーイズ・オウン」のような文体で書くことができた。また、やろうと思えば児童向け物語集「ワンダーブック・オブ・デアリング・ディーズ」の一説のように書く腕もあった。しかし、チャーチルはジャーナリストとしてさらに多くの技を持っていた。瞑想的な文章も書けたし、イスラム原理主義の悪、戦争の凄惨さも言葉にすることができた。時には怒りを文章で表現した。自国側への怒りも含めて。

イギリス・エジプト軍がマフディー教徒と戦ったオムダーマンでチャーチルが敵軍に突撃した

話はよく知られているが、その直後の文章は、視覚と嗅覚にありありと訴えてくる。機関銃で撃たれた死体が縦三列に並び、まだ生きている兵士もすでに腐敗が進み、喉が渇いて今にも死にそうな兵士がナイル川に向かって痛ましい様子で地を這っている。一本足で三日間、一マイルを歩いた兵士もいれば、足を失ったまま一日に四〇〇ヤードを進む兵士もいた。

古代ローマ帝国時代から、勝者が書いた歴史作品は臣下の苦しみを涙ながらに長々と語るのが長い間テーマとなってきた。これで征服する側の勝利を強調する。しかし、チャーチルの著述はこれをさらに極端にしたもので、英国当局、彼らの発表する自分たちに都合のよい言説を積極的に批判した。『負傷したダルヴィーシュ軍は思いやりと配慮ある扱いを受けた』とするのはあまりにも真実とはかけ離れており、ほとんどお笑い種《ぐさ》である」と書いた。

チャーチルはホレイショ・ハーバート・キッチナー将軍の戦時の行動について公に暴言を吐いた。キッチナーがマフディーの墓の神聖を汚し、頭部をトロフィーとして維持し、しかもそれを灯油の缶に入れていたらしいと書きたてたのである。チャーチルの批判は間違ってはいなかったが、悪意に満ちた尊大な書きっぷりだった。

というのも、キッチナーは軍の最高司令官であり、チャーチルは戦闘で彼を個人的に補佐する役割を担っていたのである（ただし、キッチナーがチャーチルを認識していたかどうかは定かではない）。しかもキッチナーは前途有望な軍人であり、実際、第一次世界大戦では英軍の指揮官となる人物であった。

キッチナーは配下の若い成り上がり士官であるチャーチルにばかにされたのである。このようにチャーチルが将軍たちを怒らせたのは、彼が状況次第であちらについたりこちらについたりするご都合主義のためだ。軍人の地位を使って軍事行動を起こし、その後で、ジャーナリストとして軍隊をこきおろす。とはいうものの、キッチナーも迂闊だったというべきである。チャーチルは以前にも兵士兼ジャーナリストという身分で戦闘に参加したことがあり、後になって軍指導部を批判したのは有名な話だったからだ。

たとえばビンドン・ブラッド少将は親切にも指揮下にあるマラカンド野戦軍にチャーチルを受け入れたが、チャーチルは母への手紙のなかで遠征を激しく攻撃し、いわば恩を仇で返した。「遠征は財政的に甚大な損害をもたらし、道徳的には許されるものではなく、軍事的には議論の余地があり、政治的には大失敗だ」。見逃せないのは、チャーチルがこうした批判を私信にとどめず、公開したことである。彼がデイリー・テレグラフ紙に書いた最後の記事は、一八九七年一〇月一六日、パキスタンのノウシェラからの特派報告で、悲観的な分析で締めくくっている。「非常に残念だが、部族との合意は長続きしないだろう……彼らは制裁されたが制圧されてはいない。彼らは敵対的であり、無害ではない。彼らは依然狂信的で、野蛮である」。

テレグラフ紙の読者がこの記事を読んで明るい気持ちになるとでも思ったのだろうか？　チャーチルは遠征について、より前向きなことも書きはした。しかしあれほどの派手な、時には常軌を逸した勇敢さにもかかわらず、上官たちがチャーチルをビクトリア十字勲章に推薦しなかったのも無理はない。キッチナー将軍はスーダン戦にチャーチルを連れて行くことを嫌がった。一八九八年にチャーチルの母ジェニーの友人に「チャーチルを連れて行ってくださいね。記事を書かないことを保証しますわ」と言われて諦めたようである。うまく丸め込まれたわけだ。

ジェニーがこの女友だちに、あるいは英軍の友人たちに対して、どんななりふり構わない約束をしたのかは定かではない。しかし、彼女の息子は一人のジャーナリストとして最も重要な資質を備えていた。つまり彼にとっては読者が第一であった。

チャーチルは自分が見たまま、虚心坦懐に書いた。もちろん、彼は反帝国主義者でも、反西側の活動家でもなかったし、ベトナム戦争を報じた記者たちのように良心の呵責に苛まれることもなかった。チャーチルは大英帝国を熱心に信奉していた。しかし、だからといって自分が目撃したことをなかったことにすることはできなかった。ボーア軍は戦意や戦術の面で勝っていたし、英軍が使うマキシム機関銃は残酷な武器だった。

チャーチルの描写の基本的な誠実さを疑う人はいない。のちに英外交官ハロルド・ニコルソンは、「嘘をつけない」のがチャーチルの多くの美徳の一つだとも言っている。この判定には若干のただし書きが必要だ。チャーチルは戦時の事情について、時にはたしかに水増しして書くことがあった。しかし、ジャーナリズムにおいては、純粋に真実に近づこうとしていた。

お高くとまった批判者たちは放っておこう。チャーチルのマラカンド戦やスーダン戦の優れた報道の半分に値するほどの戦時報道をいつイブリン・ウォーは書いたか？　チャーチルが文筆家として生き延びたのは、彼の文章をいまだに人々が口にするのは、あらゆるスタイルで文章を書くことができたからだ。ギボン風の文章も書けば、アングロサクソン風の力強い文章も駆使した。

誰もが覚えているチャーチルの名言がある。ドイツ軍がイギリスをたやすく征服するだろうと見たフランスのペタン将軍はチャーチルに対し、三週間でイギリスは「鶏のようにその首を捻られるだろう」と述べた。これに対しチャーチルは「鶏を舐めるな。捻れるものなら捻ってみろ(Some chicken, some neck.)」と返した。そしてドイツ軍がいよいよ本土に攻めてくるというときに行ったスピーチにおける「われわれ島の民は、海辺においてこれと戦う(fight them on the beaches)」、戦時の首相として承認したときのスピーチにおける「私は血と労苦、涙と汗(blood, toil, tears and sweat)以外に捧げるべきものを持たない」、戦闘機のパイロットを称えて述べた「人類の対立の歴史において、いまだかつて、かくも多くを、かくも多くの人間が、かくも少ない人間によって救われたことはなかった」など、誰もが知っているフレーズがある。

たしかにチャーチルの文章には仰々しさが目につくが、じつは人々が記憶している彼の言葉は、計算された要約の傑作だといってよい。彼は新しい機械を愛し、新しい言葉を愛した。アメリカから伝えられた「離れ技《スタント》」という語をはじめて耳にしたときも、すっかりこれを気に入り、「スタント、スタント」と繰り返し、口の中でこの語を転がしながら、機会があれば真っ先に使うと宣言したのである。

チャーチルは、近年最高の言葉の発明家の一人だった。今日、世界の指導者たちが危機的な状況について議論をするとき、「サミット」の場で「中東」について話したり、あるいはロシアが新たな「鉄のカーテン」を引く危険性を取り上げたりすることがあるだろう。この三つの造語はチャーチルが発明した、あるいは流行させたものである。チャーチルは形容詞の使い手だった名文家のエドワード・ギボンのように書くこともできたし、時には崩したギボン調も使った。いずれにせよ、彼は常に創造力と機知に富んでいた。

文筆の才能は子供時代から見られた。実際、チャーチルが学校では万年劣等生だったわけではない。一八八四年、英南部ブライトンにある、パブリック・スクール入学を目指すための予備校でも、古典ではトップだった。ハーロー校で最初に書いた、イエス・キリストの出現を予告した洗礼者ヨハネの時代のパレスチナについてのエッセーを例にしてみよう。古代ユダヤのパリサイ派について言及している部分だ。「パリサイ派の欠点は多くあった。だが欠点がほとんどない人などいるだろうか？　もしキリスト教の美点をすべて備えた人がパリサイ派を不道徳であると断言するなら、パリサイ派を否定することで自身がパリサイ派と同じことをやっている」。

これぞチャーチルである。パリサイ派は他者に対して非常に厳しい評価を下す人たちだった。しかし私たちが同じように彼らを厳しく批判すれば、まったくパリサイ派と同じ愚を犯していることになってしまう！　まさに逆説だ！　一二歳か一三歳そこらでもチャーチルには警句のセンスがあった。チャーチルは長じてインドに行き、そこでは午後の長時間をギボンの『ローマ帝国衰亡史』やマコーリーの『英国史』を読みふけるのだが、そのはるか前の少年時代に、叙事詩『古代ローマ詞藻集』の一二〇〇行を暗記していた。

チャーチルは自分の脳の〝メモリチップ〟に、英語のリズムのすべてを刻み込んでいた。それが六万五〇〇〇語とも推測される語彙（大部分の人の語彙はこの半分か三分の一）と合わさると、それは彼の複雑に絡まり合った志や野望を実現するための強力なツールとして機能した。

チャーチルにとって、書くことは自己を演出し、宣伝するための方法だった。彼は自分でスポットライトを調節することができたのだ。ほかの若い軽騎兵とは違い、チャーチルには自分の勇敢さを伝える、手に汗を握るような長い物語があった。自分で書けばよかったのだ。父親同様、常に不安定だった懐具合を何とかするためにも文才を生かした。

∫

チャーチル家はどう考えても貧しくはなかった。しかし多くの公爵家がそうであったように、十分な現金収入があったとはいえない。その資産は大体がブレナム宮殿に紐付けされていたのである。母ジェニーは男性の取り巻きの長いリストは持っていたが（彼女が征服したのは二〇〇人といわれている。ただ、チャーチルの伝記を書いたロイ・ジェンキンスは「あまりにもきりがよすぎる数字だ」と語っている）、彼らの好意を現金化することはあまり得意ではなかった。一時、チャーチルは自分と弟のジャックの遺産が使い込まれないように、母親に対して訴訟を起こしている。

たしかに、著作から得られた収入は今日の水準からいっても巨額だった。初期の成功がその後も続き、一九二九年から一九三七年の間、平均一万二八八三ポンドを稼いだ。有望なプロの作家が望む収入の一〇～一二倍である。しかし、出費のほうも巨大だった。

酒屋の請求額だけでも、当時の男性肉体労働者の収入の三倍であった。チャートウェル邸を維持するための支払いもあった。ここの快適さの一つは、ネロ皇帝風の丸い屋外スイミングプールで、一年中二四度程度に維持されていた。このため下院で使われているものと同じ規模の石炭ボイラーが必要だった。

チャーチルの人生に対する態度にはケチ臭いところがみじんもない。かつてこのように自慢したことがある。友だちとの食事では欠かさずシャンパンを注文するのだと。それでも、時には生活費を得るために何でも書かざるをえなくなった。一時、日曜紙、ニューズ・オブ・ザ・ワールドから、「世界の偉大な物語を語り直す」という題名でいくつかの古典の小説をまとめ、焼き直す仕事を引き受けたこともある。

チャーチル自身が告白しているように、この仕事は「芸術」としては評価されなかったが、そんなことはどうでもよかった。一作品あたり三三三ポンドが支払われたのだから。厳密にいえば、チャーチルに三三三ポンドが支払われ、実際に書き直しを行った忍耐強い秘書、エディー・マーシュには二五ポンドが支払われた。その後は収税吏にごっそり持っていかれるのが常だったが、ピーター・クラークの著作によってチャーチルの見事な脱税工作が明らかになった。

チャーチルは閣僚になっても当然の権利として執筆活動を続けた。たとえば、一九二四年の財相に就任後もまだ『英語諸国民の歴史』を書いていた。しかし、それにもかかわらず、チャーチル（あるいはどこかの有能な会計士）は、節税上の理由から財相となったとたん「著者」ではなくなったことにして、全額二万ポンドの文筆業による収入は「資産売却益」として分類することに決めた。

これによってチャーチルは課税を完璧に免れたのである。ポル・ロジェのシャンパンで乾杯だ。サミュエル・ジョンソンの言葉を引用し、「とんでもない愚か者でもないかぎり、金以外の目的で物を書く人間などいない」とチャーチルはよく言ったものだ。しかし、もちろん、彼の場合はそうではなかった。チャーチルはお金のためだけに書いたのではなく、書きたいから書いていた。

チャーチルは創造的で憂鬱質な性格であった。書くこと（あるいは絵を描いたり、レンガを積んだりすること）はうつ病の「黒い犬」を寄せ付けないための方法でもあった。一日に二〇〇個のレンガを積み、二〇〇〇語を書くことから得られる解放感のために物を書いた。

とりわけ、チャーチルがジャーナリズム、歴史、伝記の書き手であったのは、軍事理論家クラウゼビッツの表現を借りれば、それが他の手段による政治の継続であったからだった。矢継ぎ早に生み出された文学作品は、たとえそれがインドの独立に対する反対であっても、あるいはヒトラーに対する油断への警告であっても、遊説の際の最も強力な武器であった。

チャーチルは他の政治家には真似のできないやり方で、出来事や人物に思うままに感情と彩りを盛り込んで、劇的に表現することができた。ネヴィル・チェンバレンは、チェコスロバキアはイギリス国民がほとんど知らない遠くの国だと口をすべらせてしまった。チャーチルは文学的センスと想像力を駆使して、チェコスロバキアについて考えたこともないイギリス国民にもこの国の悲劇に共感させることができた。

一九四〇年五月、チャーチルは首相官邸にやってきた。彼はこのときまでに歴史について大量に書いたり読んだりしてきたために、最新の出来事について独自の見解を持ち、文脈のなかで捉え、イギリスがいま何をするべきかがわかっていた。歴史家のJ・H・プラムは、チャーチルの物の見方は、イギリスの偉大さについての生半可な理解、独りよがりの信奉であるとして嘲笑した。

プラムはチャーチルの著作について「ホイッグ党のお家芸であるたわごとがどの章でも繰り返される」と述べ、チャーチルの全生涯を導いた、彼の信念を攻撃しようとした。それは、国王から自由を勝ち取った歴史であり、独立した民主的な議会の発展がもたらしたイギリスの繁栄や自由には特別な価値があるという考え方であった。

プラムは吐き捨てるように言った。「過去の歴史や栄光なんて紙芝居みたいなものだ。そんなものを見ても何もわからないし、未来の参考にもならない」。さて、私は現在の世界を見て、プラムが正しいとは思わない。旧ソ連の周辺を見てみよう。「アラブの春」の諸国では何が起きているだろうか。チャーチルが掲げた理念のために戦っている人たちがいること、その理念は戦う価値があるものであることは、多くの人が認めるところだろう。

チャーチルは言葉の力によって、一九四〇年当時、唯一無二の存在になった。そのことを裏付ける二つの例を最後に挙げることにしよう。プラムでさえ認めているように、マールバラ公の研究において、チャーチルはオーケストラを指揮するかのように材料を収集し、構成する能力を発揮した。オランダからパリへ、パリからロンドンへ、ロンドンから世界の七つの海へと頭を切り替えていくことができた。チャーチルは本能的にどのテーマにいつ目を向けるべきかを知っていた。同時に、物語の核心を動かしていた。チャーチルは戦争にも同じようなやり方で臨んだ。

最後に、チャートウェル邸の書斎にいるチャーチルの姿を再び思い浮かべてみよう。部屋の中を行ったり来たりし、タイピストのピアマン夫人か秘書のエディー・マーシュに口述筆記をさせている彼を。頭のなかで最適の言葉を組み立て、舌のベルトコンベアーに載せて、印刷される通りの順番で出していくには、並外れた精神的鍛練が必要だ。

口頭での訓練を際限なく繰り返すことで、チャーチルは作家としてだけではなく、演説家としても自分を向上させたに違いない。チャーチルの著作は今日ではそれほど読まれていないかもしれないが、イギリスを元気づけたのは彼の演説の力だった。

次章で見ていくように、近代の最高の演説家も常に流暢に、また立派に話したかというとそうではなかった。

第7章

演説の名手は一日にして成らず

下院に立つわれらが英雄チャーチルの姿を見てみよう。彼の口からは生涯忘れられない演説が滔々と吐き出されている。彼自身の脳裡にしっかりと刻み付けられることになるこの瞬間、チャーチルは聞き手に固唾を呑ませ、唖然とさせる新しい手法を見つけたのであった。

一九〇四年四月二二日、まだ若いながら押し出しのいいチャーチルは、絶好調だった。この年、二九歳。血色がよく、頭部には赤茶色の柔らかな髪がまだあり、元気一杯ではじけんばかりだった。与党保守党の下院議員として、議長の気を引くために忙しく議場を動き回りながら、その年だけでも数十回にわたって発言した。軍事費の見通しについて、砂糖の輸出にかける報奨金の廃止を議論した「ブリュッセル・砂糖会議」について、そして南アフリカの中国人移民労働者の処遇など幅広い問題について発言していた。チャーチルは次第に議員として頭角を現しつつあった。

チャーチルの写真は好意的なコメントとともに新聞に定期的に掲載された。人々は握り拳を手のひらに叩き付けたり、両手を腰に当てたり、のちによく知られるようになった両手を使って手刀を切ったりしながら、自党への生意気な攻撃を行うチャーチルの姿を目にした。保守党は次回選挙での敗戦色が濃厚になっていたが、上り調子のチャーチルを自由党が引き込もうとしていた。となると、ゆくゆくは入閣の可能性もあった。

そこでチャーチルは議場で自分の前方に座る保守党議員の発言を論破した。その様子はまるで元気いっぱいに野原を散策する人が実を結び始めたアザミの茂みをぴしゃりと叩いて種をあたり一面に飛ばすかのようであった。チャーチルは保守党を〝偽物〟呼ばわりし、「保守党民主主義」の何たるかを忘れてしまったのだとバルフォア首相に向かって吐いた。チャーチルの前に答弁していたバルフォアは、その冷酷そうな瞼の奥で何を考えているのか表情に出すこともなく彼の演説に耳を傾けていたのだろう。

周囲の保守党議員たちは野次を飛ばしたり、ベンチをひっかいたりしながら、チャーチルの一撃を何とか止めようとしていた。声援を送っているのは労働党議員だったが、チャーチルの答弁内容を考えると無理もなかった。

チャーチルの主張は今日の保守党員が考えるところの保守主義には程遠い。マーガレット・サッチャー元首相が聞いたら怒り狂っただろう。それどころか近年のいかなる労働党政権でさえチャーチルの言うことに共鳴しないだろう。チャーチルはストに参加する労働者集団がストをしていない労働者の家庭を訪問することを可能にすべしと主張した。これはストへの強制参加を事実上容認することにほかならない。チャーチルは労働組合は訴追から保護されるべきで、労組員が違法な扇動行動を行ったときでも罰金を科されないようにするべきだと考えていた。

これは社会主義というよりも新無政府主義であり、現代の保守党員から見ればとんでもない思想かもしれないが、時代の文脈を考えてみてほしい。当時の貧困は現在よりもはるかに悲惨であり、労働者は今では考えられないほど経営側の抑圧にさらされていた。このときのチャーチルの演説は四五分間続き、絶好調だった。

演説が佳境に入ると、チャーチルは社会のしかるべき階級が議会に代表されていないとして下院全体をこき下ろした。「一体どこに労働者がいるのか?」とブレナム宮の御曹司でもあるチャーチルが問いかけた。企業の経営陣、学者、軍人、鉄道業者、地主や醸造主の影響がこれほどあるにもかかわらず、と続けた。そのありさまは侯爵家の血を引くその手で憎悪に満ちた目で睨んでいる保守党議員たちを撫でまわし、神経を逆なでしているかのようだった。

「労働者階級の影響はまったく話にならないほどであることを認めざるをえない」「そしてその責任を負うのは……」。ここまで言ったところで、チャーチルの声が止まった。

数人が不思議そうにチャーチルの方を見た。「誰が責任を負うのか?」「どんな責任なのか?」「誰に?」。下院はチャーチルの答えを待った。

一秒がゆっくりと過ぎた。チャーチルが演説を再開する。「その責任を負うのは……」。しかしそのとき異変が起きた。

ストと労働者の関係について話していたチャーチルの内側で、皮肉にも一種の精神のサボタージュが起きていた。いわば記憶のなかで野良猫ストが突然起きたのである。

彼の頭の中にある巨大な荷物置き場では、荷物係がストを起こしていた。チャーチルの舌のベルトコンベアーがゆっくりと動くが、一言も出てこない。再び演説をやり直そうとしたが、無駄だった。チャーチルはどうしても次に何を言いたかったのかを思い出せなかった。

丸三分間、チャーチルは下院に立ちつくした。保守党議員たちは大笑いし、野党席からは励ましの声があがった。三分間もの沈黙！　下院はいかなるときも議員にとっては過酷な空間だ。二、三秒でも口ごもれば、議場が嘲笑でいっぱいになる。チャーチルはあなたがこの章をここまで読むのにかかった時間よりも長い間、一言も発することができないままでいた。

最悪の事態だ。生き地獄だな。議員たちは互いにささやき合い、床を見つめた。「やつの父親、ランドルフにもこういうことがあったな」「かわいそうな若造よ、父と同じ道を歩んでいる。恐ろしい若年性認知症だろう」。とうとうチャーチルはベンチに腰を下ろした。「ご清聴、感謝します」。絶望したチャーチルはそう言って、頭を両手でおおった。

翌日、どの新聞もチャーチルの失敗をいっせいに書きたてた。有名な神経の専門家が原因究明のために呼ばれた。専門家によれば、それは「大脳作用の障害」によって生じたとのことだった。

誰だって大脳作用に障害をきたすことくらいあるだろうから、そういっておけば無難である。しかし、じつはチャーチルがこの日直面した問題は別物だった。

チャーチルは過去一〇〇年で最も偉大な演説家で、間違いなくイギリスが生んだ最も偉大な雄弁家である。あのキング牧師をも世界一の演説家の地位から引きずり下ろすほどの存在だ。チャーチルは、あらゆる年齢層の人がその演説内容や手法を真似する唯一の政治家だ。

「これぞチャーチル!」と言って、私たちはあごを突き出し、おなじみの歌を歌うような声で「われわれは海辺でも戦うだろう……」という、あの有名なスピーチを朗誦する。劇作と言えばシェークスピア、演説と言えばチャーチルだ。演説の名手として知られる古代アテネの政治家ペリクレスにアブラハム・リンカーン米大統領を足して、コメディアンの要素を少々加えたのが最高峰の演説家としてのチャーチルだ。

神業のような天賦の才を持ち、全能の神ゼウスとその娘で修辞の神とされるポリムニアから生まれた人間離れした才能の持ち主。私たちはそんなふうにチャーチルを見る。しかしこれは部分的にしか正しくない。

実際には、チャーチルは独学で演説の達人となったのであり、生まれつき人前で話すのがうまいわけではなかった。デビッド・ロイド・ジョージでも、キング牧師のように天性の雄弁家でなかったチャーチルは、即興で話すことができなかった。彼の演説は、気持ちが高揚して心の底から自然に出てきた言葉ではけっしてなかった。

チャーチルの演説は努力や準備の賜物である。語句は修正され、舐めるように推敲された。名演説家として知られた父の幻影が常に眼前にちらつくなか、年を経るにしたがって、チャーチルの父のようになりたいという気持ちは募っていった。

ハーロー校では、チャーチルは上級生とも忌憚なく議論するようになった。サンドハースト陸軍士官学校の準大尉だったときには、売春婦がロンドンの繁華街レスター・スクエアにある帝国座のバーをひんぱんに訪れる権利を、情熱的に弁護したものだ。「帝国座の淑女たちよ！」と一九歳で女性を知らなかったチャーチルは大笑いする仲間のあいだでスツールに立って呼びかけた。

「君たちの自由を支持する！」

売春婦の営業の自由というこのトピックが、なぜイギリスの最も偉大な政治家を初演説に駆り立てたのかは謎である。

チャーチルはこれによって彼女たちから何らかの報酬を受けとったのかもわからない。おそらく悪ふざけだったのだろう。ただ注目を集めたかったのだ。その意味では成功といえる。演説は新聞で報道されたのだ。

二三歳になったチャーチルは十分に経験を積んだ演説家として自信をつけ、『弁舌の足場』という題でエッセーを書くほどだった。非常に尊大で、自信満々の文章だが、生前には出版されなかった。この中でチャーチルは明らかに自らの成功と見なす弁論術を分析している。「聴衆の注意を引くためには、若干の不愉快ではない程度の吃音や障害が時として役に立つことがある」。

自分が舌足らずな話し方をするがゆえにこう書いたのかもしれない。チャーチルは自分の舌に閉塞性靭帯があると言っていたが、そのような症状はほかに聞いたことがない。

チャーチルは続けて、自分の特徴的な演説手法がいかに聞き手に影響を及ぼしたかを記している。「喝采がさらに大きくなって繰り返され、熱狂はまたたくまに高まり、聴衆は暴走する感情に激しく揺さぶられ、行き場を失った情熱に身を震わせる」。これまでにも政治家が使ってきた技がまさにこれである。運命はこの技をチャーチルの最大の敵で、一九四〇年以降、言葉のうえでも戦うことになるドイツの独裁者にも与えた。

しかし、これが本当にチャーチルの技量だったのだろうか？ 聴衆は感動のあまり、風に吹かれたポプラの葉のように震えたのだろうか？ 制止できない感情に揺さぶられたのだろうか？ チャーチルの下院の初演説は一般的には成功であったと評価されている。しかし少なくともそのときの聴衆の一人はチャーチルが少し貧弱に見えたと証言している。「学者風で軟弱」。聞き手がチャーチルを父ランドルフと比較するのは避けられず、ランドルフを知っている人はチャーチルに対して常に好意的であるとはかぎらなかった。

「チャーチル氏はやや舌足らずであることを除いても、父親の声も立ち振る舞いも引き継いでいない。彼のアクセント、話し方、外見もいまいちである」と、あるジャーナリストが論評した。別のジャーナリストは基本的にはチャーチルに好意的な記事のなかでこう書いた。「チャーチル氏はまだ演説に慣れていない。おそらくずっと慣れることはないだろう」。

チャーチルからすればこのような批判はおそらく不満であっただろう。というのも演説には大きな自信を持っていたからだ。インド滞在中に書いた小説『サヴロラ』では、美化した自分を重ねた主人公サヴロラがどのようにして演説を書き上げるかを書いている。

さてどんなことを言うか？　サヴロラは無意識のうちに次々とタバコを吸っていた。煙の向こうには、聴衆の心に深く突き刺さる演説のサビを語る自分がいた。高邁な思想と素晴らしい笑顔、まるで無教養な人にもわかりやすく、素朴きわまりない人にも訴えかける力を持つ、的確な話し方で表現しよう。日常の雑事から人々の心を解放し、生き生きとした気持ちにさせる演説だ。サヴロラの考えが言葉の形になってゆき、文章となってつながり始めた。文章をつぶやいてみる。自分がつくった言葉のリズムに心が揺さぶられ、本能的に頭韻を踏んだ。発想が発想を呼び、まるで小川が迅速に流れて、水の上で光がその姿を次々と変えていくかのようだ。サヴロラは一枚の紙を手に取り、鉛筆で急いで書きつけた。そう、ここが演説の要点だ。同語反復で強調できないだろうか？　サヴロラは文章を殴り書きし、線を引いて消し、みがき上げ、書き直した。演説時には聴衆の耳に心地よく響き、感覚が研ぎ澄まされ、心が刺激されるだろう。なんと楽しい作業だったことよ。サヴロラの頭の中には語るべき言葉のカード、語りかけるべき世界、守るべき価値が詰まっていた。

作業をするうちに、数時間が過ぎた。家政婦が昼食を持って入ってきた。サヴロラが黙々と忙しそうなのを見て、心得ている彼女は邪魔をしようとはしなかった。手をつけないままの食事がテーブルの上で冷えてゆき、時計の針が時を刻みつつゆっくりと回った。すっくと立ち上がったサヴロラは、自分の考えや言葉に完全に没頭し、小刻みに歩を進めながら部屋の中を歩き始めた。低い声で一段と強調しながら独り言を言っている。突然立ち止まり、その手でテーブルの上を強く打った。演説終了だ。

一〇枚を超える文章、情報、数字でいっぱいになった紙は、サヴロラの朝の仕事の結果であった。それがテーブルの上にひとまとめになっている様子は無害で価値のない、ただの紙の束に見える。それでも、ラウラニア共和国のアントニアオ・モララ大統領は爆弾よりもこの紙を恐れたに違いない。言論の恐ろしさを無視できるほどの愚か者でも臆病者のいずれでもなかったからだ。

私はここに引用した描写が好きだ。チャーチルが政治家としてのキャリアの初期にどのように演説を組み立てていたかが伝わってくる。何よりも先にくるのは言葉への関心だ。重要なのは言葉であり、自分が望むようなリズムを出すために言葉を積み上げ、望むような効果を達成することの喜びであった。

演説の構成上の論理や中身というよりも、音の響きが問題なのだ。いわばソーセージ自体ではなく焼けるジュージューという音が大事ということだ。

しかしそのことでチャーチルは非難された。つまり話している内容を心から信じていなかったのだとする致命的な指摘である。一九〇四年四月、チャーチルが下院で言葉に詰まり、大恥をかいたのには非常に単純な理由がある。彼は本心から話しているわけではなかった。労組との長年にわたる取り組みの結果として蓄積された、深く詳しい知識をもとに話していたわけではなかったのである。

チャーチルは記憶を頼りに話していた。サヴロラのように演説の草稿を書き、オウムのように一語一句をそのまま暗記した。演説中に保守党議員から四五分間にわたって反撃を受けた後で、チャーチルは次に何を言うのかを忘れてしまった、あるいは自分が口にしていた社会主義的な心情に対する無意識の嫌悪感に負けてしまったのかもしれない。

チャーチルは二度と同じ間違いを犯さなかった。その後は文章をタイプで打った原稿を携え、黒い角縁のめがね越しに堂々とそれを覗き込んだ。チャーチルの演説は基本的に文学的な性質を持っていたという点で、荘重典雅なキケロの弁論のようだった。つまりは朗読である。

チャーチルは下院では大きな成功をおさめた。財務大臣としての演説で、経済についても噛み砕いてわかりやすく説明した。それでも、政治家としての経歴の大半において、聞き手は何かが欠けていると思っていた。たしかに弁舌は華々しかったが、チャーチル自身の真意や誠意がそこにあっただろうか。一九三六年、ロイド・ジョージはチャーチルを「雄弁家だが演説家ではない」と評した。彼はある語句がどう響くかのみを考え、どのような影響を聞き手に及ぼすかを考えていないというのだった。一九〇九年、自由党議員エドウィン・モンタギューもアスキスへの書簡の中でこう書いている。「ウィンストンはまだ首相の器ではない。首相に必要な決定力を欠いている。演説で聴衆を喜ばせ、満足させ、夢中にさせるが、彼の話は記憶に残らない」。

チャーチルを最も熱心に支持する人々でさえチャーチルの気質について同様に感じていた。ビーバーブルック卿は一九四〇年にチャーチルの首相就任に力を貸した人物の一人だが、一九三六年に「国が耳を傾けるような、真っ当な誠実さがチャーチルには欠けている」と述べている。

チャーチルの常として、自分の欠点は潔く認めた。言葉に夢中になってしまう性癖についても自覚しており、「私は演説の主張内容よりも、言葉がどんな印象を与えるかのほうに注意を払う」と正直に述べている。

この性癖のために、おそらく、チャーチルは今こんなふうに記憶されている。古風で、大言壮語マニアで、たとえば嘘のことを「用語上の不正確さ」と表現することを面白いと考える人物であり、思慮に欠けた極度の偏見から、ヒンドゥー教徒は「繁殖力が強いために破滅を免れている汚らしい人種」などと言ってはばからない人物だったと。

チャーチルは、ドラマチックな言葉を愛するがあまり、良識がなく、誠実さに欠けた、最終的に納得させる力がない人物と思われていたのかもしれない。

すべてが変わったのが一九四〇年である。当時の国際状況は緊張を強めていた。イギリスが直面していた危機の度合はチャーチルの大げさな演説に見合うほどのものになっていた。島国の住人の心の底にある侵入者を撃退したいという本能を呼び起こす役割を与えられたチャーチルのスピーチは、あっという間に時代の声となった。敵の脅威は重大で差し迫ったものだったので、チャーチルの演説は言葉通りに人々に届いたのである。

チャーチルは史上最も壮大な演説でこの歴史的危機に対処した。演説の出来具合でいえば必ずしも傑作というわけではない。ヒトラーとチャーチルを並べ、ユーチューブで二人の演説の動画を見てみるといい。扇動力だけを見れば、ナチスの指導者がチャーチルのはるか上をいくのは明らかだ。

ヒトラーがナチスの宣伝担当者ゲッベルスを前座として使い、聴衆を反ユダヤの熱狂状態に煽ったのは本当である。サーチライト、音楽、トーチなど、すべてが会場を盛り上げるために使われた。しかしここが演説の秘訣だったのではない。我慢できる範囲内でヒトラーを見ていただきたい。彼の催眠術のような手法を。ヒトラーは話し出す前に、最初に耐え難いほどに長い間を起き、それからきわめて穏やかな調子で演説を始める。このとき、両腕を組んでいるが、声の調子を上げるにしたがって腕をほどいてゆき、演説の盛り上がりにぴたりと合わせて手を鋭く動かす、あの奇妙な動きが入る。

ヒトラーは前にあるテーブルの上に紙を置いているが、ほとんどこれには頼らない。一切メモなしですべてを話しているように見える。聴衆がどんな反応をするのかを見てほしい。若い女性たちの顔には幸せそうな笑みが浮かび、男性たちは興奮して叫んでいる。ヒトラーに向かって一丸となって腕を上げて敬礼するその様子は、まるで巨大な海底生物のようだ。

ヒトラーが聴衆全員をクライマックスに導くさまを見てみよう。短い、動詞抜きのフレーズは文法的には無意味だが、強い想起力を持つ。これは演説においては非常に効果がある技術として後世の政治家に受け継がれ、これをとりわけうまく使ったのが野党時代に（政府の最優先課題を三つ挙げるなら）「教育、教育、教育だ」と連呼したトニー・ブレア元英首相である。

今度はわれらがチャーチルを見てみよう。手にしたメモには一連の俳句のようなものが書きつけられているが、その一つひとつに動詞が入った完全な文だ。チャーチルの身振りはヒトラーと比較すれば硬く、ときどき片方の腕を投げ出すタイミングは若干ずれている。

話し方についてはどうか。残念だがチャーチルの下院演説の音声記録はないので、放送の録音で判断するしかない。うなり声が多いが、けっしてわめくわけでもわけがわからないことを言うわけでもない。どちらかといえば語句がしりすぼみとなって、消えていく感じだ。おそらく下院ではもっと活力を持って話しただろうが、なぜチャーチルの演説が必ずしもよい評価を受けなかったかがわかる。

じつは、歴史学者リチャード・トイが最近出した『ライオンの咆哮』と題する優れた著作が記すように、イギリスが「チャーチルの下に一丸となった」という件はちょっとした神話である。例によって、作家イブリン・ウォーは一九六五年にチャーチルが亡くなると、死人に鞭打つような発言をしている。チャーチルの下で「『イギリスが一丸となった』だって？　よく言うものだ。

一九四〇年に私は一兵士だったが、チャーチルの演説を兵士たちがどんなに嫌っていたことか」。ウォーによれば、チャーチルは盛りを過ぎたラジオのパーソナリティーのような存在だった。チャーチルは演説をするとき酔っぱらっていたとか、ぐったりしていたという説もある。また、人前で話すには年をとりすぎていた、目立とうとして無理をしていた、と言う人もいる。トイは北部マンチェスター出身の元事務員A・N・ジェラードのチャーチル観を本の中で紹介している。「チャーチルが演説をするとき、期待に応えることを求められていると自負し、後世に引き継がれるような質の高い演説、たとえばリンカーンのゲティスバーグの演説を目指しているような印象を与える。私に言わせればチャーチルは無残に失敗したと思う」

トイは病院のベッドでチャーチルの演説を聞いた負傷兵士たちが「とんでもない嘘つきめ」「まったくのでたらめだな」と叫んでいると書いた。チャーチルのある演説を最後まで聞いた日記作家M・A・プラットの叔母は「この人、話が下手だね」と言ったという。

チャーチルが保守党色が強過ぎる、過度の反共産主義者だ、好戦的過ぎるということで嫌った人たちがいた。こうした人々は政府の世論調査のなかで忌憚なく意見を述べている。これほどの多くの反チャーチル派がいて、イギリスが最大の危険にさらされたときの偉大な戦争指導者を無邪気にもこき下ろしていたとすると、こちらとしてはトイの議論を正面から否定したいという誘惑にかられてしまう。

イギリス国民の相当多数から健全な批判を受けていたからといって、チャーチルの名声が大きく減じられるわけでは断じてない。あの戦争は何だったのだろうか。少なくともチャーチルに言わせれば何のための戦争だったのか？　何のためにイギリス国民は戦っていたのか？　チャーチルは、イギリス国民はイングランド地方に古くから存在してきた数々の自由のために戦っており、この自由のなかでも上位に来るのが、恣意的で裁判なしの逮捕におびえることなく時の政府について言いたい事を言える権利だった。もちろん、そんなチャーチルの演説に不快感を表す者もいた。名演説はえてして一部の人間を苛立たせるものなのだ。

チャーチルをリンカーンと比較してこき下ろした底意地の悪いA・G・ジェラードにタイムズ紙の一八六三年の記事を読ませたいものだ。あの有名な「人民の、人民による、人民のための政治」で知られるゲティスバーグでのスピーチについて、タイムズはこう書いている。「気の毒なリンカーン大統領のつまらない話でゲティスバーグの儀式は台無しになった」。

実際には、チャーチルの演説を激しく非難したりけなしたりするイギリス国民は山ほどいたのだろう。その数がナチスだったらけっして許さないほどにのぼったとしても不思議ではない。しかし、トイの本の巻末にある統計を見ると、チャーチルの演説は多くの人がその放送を聴き、非常に高い支持率があった。国民はチャーチルの言葉で景気づき、元気づけられ、活力を得ていた。

チャーチルの演説を国民は首筋に鳥肌を立て、目に涙を浮かべて聞いた。ビタ・サックビルウェストはある夜、ラジオでチャーチルの演説を聞いたとき、背筋がぞくぞくしたという。嫌悪や困惑からではない。興奮と共感からである。

戦時中、チャーチルは国民の心に直接語りかける言葉を見つけた。それ以前はおそらく理解できなかったやり方である。彼はいつも正確に真実を語ったわけではなかった。外交官で歴史家でもあるハロルド・ニコルソンによれば、チャーチルが英海軍のおおまかな規模について語ったときカナダの湖水に浮かぶ蒸気船も数に入れていたという。

ドイツの潜水艦Uボート討伐の海上作戦の責任者、A・G・タルボット大佐はチャーチルによるUボートの撃沈数について異を唱えたところ、チャーチルはこう答えた。「タルボットよ、この戦争でUボートを沈ませる二人の人物がいる。君が大西洋で沈没させ、私が下院で沈没させる。問題は、君がUボートを沈ませる速度がちょうど私の半分であることだ」。しかし、国民はチャーチルがおおむね真実を語っており、イギリスが直面する課題についてたしかに隠し立てはしていないと感じていた。

国民はチャーチルのジョークを好んだ。笑いで生活の心配事から解放されたからだ。チップ・チャノン下院議員はチャーチルの「軽率さ」が場違いと感じていたが、大衆の多くはチャーチルがおどけてナチスを〝ナーチス〟、ヒトラーを祖母の名前から取った〝シックルグルーバー氏〟、フランスのペタン元帥を〝ペータイン〟と呼ぶことを楽しんだ。チャーチルはなにより、国民が聞いてすぐに理解できるような言葉で話しかけた。一九四三年、ニコルソンは国民に話しかけるときの「必勝方法は、名文句を続けた後で急に親しみやすくかつ会話調に変える、この組み合わせを使うことだ。チャーチルはさまざまな計画を立案したが、必ず成功したのが唯一これだった」

と述べた。

戦時中のチャーチルは一八九七年に書いたエッセー『弁舌の足場』の主要な教えの一つである、短い言葉の繰り返しを採用した。青年チャーチルが何十年にもわたり、年老いた戦時の指導者に話しかける声が聞こえてくるようだ。六四歳となった自分の化身のしわだらけの耳にささやく姿である。

エッセーのなかで若きチャーチルはこう書いていた。「聴衆は日常的に使われる、簡潔で素朴な言葉を好む」「簡潔な表現はそうでない表現に比べてより古い時代に由来していることが多い。国民性に根差したそれらの言葉は、時代が下ってラテン語やギリシャ語から導入された言葉よりもはるかに強い力で訴求してただちに理解される」。

これは戦時の偉大な演説の数々を生み出す教訓である。一九四〇年のバトル・オブ・ブリテン作戦後に用意された「最善のとき」の演説原稿を見ると、チャーチルが実際に「解放された」を消して「自由になった」という、より日常的な言葉に書き換えていることがわかる。

ニコルソンが触れた、「名文句を続けた後で急に親しみやすくかつ会話調に変える」という演説必勝法の完璧な例として「バトル・オブ・ブリテン」についてのあの不滅のセリフに注目したい。時は一九四〇年八月二〇日、制空権を争う戦いは最高潮にあった。実際のところ、イギリスにはもう増援部隊が残っていなかった。どの航空機も空中にあり、ドイツ軍を撃退しようとしていた。

チャーチルの軍事首席補佐官だったヘイスティングス・〝パグ〟・イスメイは、ロンドン西部のアックスブリッジにあった英空軍の司令基地で戦闘の様子を観察しながらチャーチルと午後を過ごした。そのときのことをのちにこう語っている。「私は恐ろしさで吐き気がしていた。夕闇が迫り、戦闘が徐々に下火になった。私たちは（首相の公式別荘）チェッカーズ邸に向かって車を走らせた。チャーチルが最初にこう言った。『話しかけないでくれ。これほど感動したことはないんだ』」。

五分ほどして、チャーチルは身を乗り出し、あの有名な一文を口にした。「人類の対立の歴史において、いまだかつて、かくも多くを、かくも多くの人間が、かくも少ない人間によって救われたことはなかった」。

チャーチルはたんに感情が胸いっぱいになったがために沈黙を要求したわけではなく、同じ状況で優れたジャーナリストだったら誰でもやることを実行していた。すなわち、自分の感情を言葉にして表現しようとしていたのである。

「人類の対立の歴史において」と、この文章は高邁なトーンで始まる。大げさで、いかにもチャーチルらしく、「戦争」を回りくどい言い方で表現している。次に、簡潔な、古英語ならではの当意即妙の言葉が続く。次の六つの言葉が何と大きな役割を果たすことか。

「かくも・多くを」（so much）。かくも多くを救われたのは誰なのか？　チャーチルはここで感謝の念を表す。空軍兵士たちがイギリスを、生ぬるいビールを、郊外を、村で開催されるクリケット競技を、民主主義を、図書館を、そしてイギリスをイギリスたらしめる、ドイツの空軍機によって死の瀬戸際の危機にあったすべてを守ってくれたことへの感謝の念だ。

「かくも・多くの人間が」(so many)。「多くの人間」とは誰を指すのだろう? チャーチルはイギリスという国全体ばかりか、国境を越えた場所でイギリスの存続に命がかかっている人々、ひどく虐げられたフランス人、アメリカ人、そしてヒトラーの敗北を望むすべての人々を指している。

「かくも・少ない人間に」(so few)。少人数で多勢に対抗する戦いに特別の勇敢さがあると考えるのは非常に古くからある見方だ。シェークスピアが書いた『ヘンリー五世』の中で、ヘンリー五世は「少人数のわれわれ」「少人数の幸福なわれら」と述べたが、チャーチルの頭のハードドライブには歴史家・詩人のマコーリーによる詩集『古代ローマ詞藻集』の中の一二〇〇行の詩があった。古代ローマの伝説上の勇士ホラティウス・コクレスがエトルリア軍団によるローマへの進撃を阻むため、橋の上で行った演説もその一つだ。ホラティウスはこの橋を埋める「一千の敵を三人で防いでみせよう」と宣言した。

チャーチルが「人類の対立の歴史において……」を朗誦すると、聞いた人は誰もが銃を持つ何百万人もの兵士と比べて、はるかに少数の英空軍のパイロットを思い浮かべた。パイロットたちは空中に上がり、その多くが帰還することはなかったが、彼らが戦争の行方を決定したのである。

「かくも多くを、かくも多くの人間が、かくも少ない人間によって救われたことはなかった」は、非の打ち所がないフレーズだ。聞いた途端に凝縮された言葉が思い出され、リズムも完璧だ。修辞学の面から言えば、これは首句反復をともなう典型的な下降型三重文肢構造《トリコロン》である。三つに区切られた語は、どんどん短くなっていく。

So much been owed by
かくも多くを救われた
So many to
かくも多くの人間が
So few.
かくも少ない人間に

逆に文章がどんどん長くなっていく上昇型三重文肢構造の例ならば、第二次世界大戦でイギリス軍がロンメル将軍率いるドイツ軍に勝利した、一九四二年のエジプト、エル・アラメインの戦いでチャーチルが発した比類なき言葉はどうだろう。

Now this is not the end.

さてこれが終わりではない

It is not even the beginning of the end.

終わりの始まりですらない

But it is, perhaps, the end of the beginning.

しかしきっと、これが始まりの終わりなのだ

チャーチルがこれをロンドン市長の晩餐会で披露したとき、聴衆は喜びと驚きで歓声をあげた。チャーチルは締めくくりの句読点を「交差配列法」にして変化をつけていた。お互いに関連する

二つの節を反転させる技法のことだが、チャーチルは「始まり」と「終わり」という言葉の位置を取り替えることで、聴く者の高揚感をさらに高める、完璧な古英語の一節を紡ぎ出している。

私が修辞学上の工夫についてこだわるのは、偉大な演説というものがいくらかは修辞学に基づいていることを認識するのは大切だと思うからだ。古代ギリシャの修辞学者、ゴルギアスの時代から、この学問をおしなべて胡散臭いものと見る人々がいた。彼らは修辞学などというものは議論の弱さを隠すためのものだとか、聴衆を煙に巻いているだけだ、などというのである。

しかし、ユーチューブでヒトラーの演説動画を見ると、そのテーマや演説の構造において、チャーチルの「海辺で戦う」演説に酷似していることがわかる。「われわれはけっしてひるまない、けっして疲れない、けっして諦めない」。

とはいえ、彼らの演説は似て非なるものである。

ヒトラーが狙ったのは何か？　征服と復讐だ。彼の演説が誘発する感情は何か？　妄執と憎悪だ。チャーチルが狙ったのは何か？　実際のところこれは難しい問いである。生存のためという理由を除くと、チャーチルの演説の世界観には、気分を高揚させる何かがある半面、不思議な曖昧さがあるからだ。

チャーチルは「より広大な土地とよりよい日々」や、「広大な、太陽が降り注ぐ高原地方」を獲得しようではないかと訴える。「圧倒的により大きな時代」という言い方もしている。「より偉大な時代」とは一体なんのことだろう？　肥満と関係ありそうな表現にも聞こえる。そして「より広大な土地」とは？　イングランド東部のノーフォーク州を指しているのか？

　チャーチルは自分が何を望んでいるのか本当はわからなかったのだろうと思う（戦争がいったん終わってしまうと、この点が政治上深刻な問題となった）。善良性、幸福、平和、といった一般的に望ましいとされる資質や状態や、自らを育んだ社会の存続といったことはもちろん望んでいただろうが、それ以上の何かが果たしてあったのだろうか。しかし、ヒトラーの演説とは異なり、チャーチルの演説は聞き手の良心に訴えかけるものだった。

　チャーチルに疑念を持った人が少なからずいたことはたしかだ。しかし、チャーチルは修辞学のスキルを使うことで、教養のある人もない人も含めた何百万人もの国民の心に勇気を吹き込み、未曽有の脅威を撃退することができると確信させた。

　ヒトラーは言葉の力でいかに邪悪なことができるかを示した。チャーチルは言葉の力が人類を救うことを示した。ヒトラーの演説とチャーチルの演説との違いは、ヒトラーは自身を万能に見せたが、チャーチルは聴衆の万能感を引き出したことだろう。

　世界にとって幸運なことに、あの戦争のさなかに、イギリスには、絶対に負けないと吠えるチャーチルがいた。チャーチルの演説は彼に不朽の名声だけでなく、不朽の人気をもたらした。チャーチルが拍手喝采を愛したのはもちろんだが、彼にとって演説をすることは、絶え間なく身体的興奮を追求する一環でもあったのだろう。

　チャーチルはリスクを、露出を、アドレナリンを、そして称賛を欲した。こういう人間は少なからず存在するし、それが目的化している人間も多い。彼らは人気者だが、プライベートではしばしばとんでもない人間である。

チャーチルの場合は断じてそうではなかった。広く大衆を魅了したばかりではなく、最も親しい人からの愛情も勝ち取ったのである。

第8章

尊大にして寛大

ロンドンでは一年の九四パーセントは雨が降らない。この日は残念ながらそんな日に当たらなかった。私はずぶぬれになった。青いスーツが水を吸い込んで黒っぽく光る。自転車から降りて見事な造りのポートランド石灰岩の玄関口に入ると、靴からズブズブと変な音がした。

自転車でロムフォード・ロードに向かう道の界隈は、チャーチルがここを通ったときからずいぶん様子が変わっている。そこで話される言語も文化も。モスクや、サリー、ケバブ、携帯電話関連のあれこれを販売する店が並ぶようになった。私はロンドン北東部ワンステッドにある、シティー・オブ・ロンドン自治体の墓地に来ている。

「ある人のお墓を探しに来たのですが」と私は墓地の門番に伝える。ここは墓だらけですよという返事が返ってくる。「女優のアンナ・ニーグルがここに埋葬されているよ」とハンチング帽の男が親切に教えてくれる。「元サッカー選手のボビー・ムーアも、切り裂きジャックの犠牲者も何人かいるよ」。ほかにも数千人がここに眠っている。

見わたすかぎり、ビクトリア朝時代に生きた人の大理石、斑岩、花崗岩でできた墓石や記念碑でいっぱいだ。墓石に刻まれた名前が風雪で摩滅しているものもある。しばし私は空港の駐車場で遭遇した悪夢の再来を予感して不安になる。つまりこの墓地の手入れが行き届いた通り道を行きつ戻りつしながらずぶぬれになって時間だけが過ぎていくのではないかと。

すると、目指す墓らしきものが見えた。私は芝生の上を墓に向かって水たまりの中を音を立てて進んだ。たしかにこれに違いない。四角い柱礎の上に簡素な十字架がある。その前方の長方形の部分には最近手が入った跡があり、ユリの球根が二、三かけら置かれていた。誰かが多少なりとも面倒を見ていたのだ。私は柱礎の下部にある名前を読むためにかがみ込んだ。

「ウィンストン・スペンサー＝チャーチル」とそこには書かれていた。

もちろん、チャーチルの肉体がこの墓の下で朽ちているのではない。チャーチルはここではなく、オックスフォード州のブレイドンに眠っている。この墓にはチャーチルが心の底から愛していた人物が永眠しているのだ。

私はしばし立ったままでいた。雨は止んでおり、しずくが上空の栗の木からゆっくりと落ちている。この墓の下に眠る人物のチャーチルとの情熱的な関係や、チャーチルの彼女に対する感情について思いをめぐらせた。

私はある使命を帯びてここに来た。どんな有名人にとっても重要な問いに対する答えを見つけるためである。それはどんな人間にとっても「最重要な」問いといってもいいだろう。チャーチルの場合はとくにそうだ。というのも非常に多くの人が（けっして政治家やジャーナリストだけではなく）、チャーチルの人生を、ひそかに、あるいはおおっぴらに自分の人生の模範、手本、インスピレーション、ロール・モデルとしているからだ。だからこそ彼の本質について深く知る必要がある。

ある晩、私は友人たちにチャーチルのことを話していた。いかに彼が勇敢であったか、言葉の天才であったか、不屈のエネルギーを持っていたか。友人の一人が、くつろいだ恰好で無頓着にこう聞いた。「わかったよ。でも、実際に会ったらどんな人物だったと思う？　つまり、いいやつだったのかな？」

実際に会ってどんな感じだったのかお話ししよう。つい二、三カ月前、私はチャーチルとある意味で遭遇していたのである。

∫

ケンブリッジ大学にあるチャーチル公文書館の建物に入った途端、私は驚きの声をあげそうになったのを慌てて呑み込んだ。公文書館のディレクター、アレン・パックウッド氏が私を迎えに来てくれたのだが、義手を差し出しているように見えたからだ。もちろん礼儀を思い出し、私はパックウッド氏の義手と握手をしたが、それはブロンズでできていた。

「今、あなたはウィンストン・チャーチルの手を握ったんですよ」と言われた。チャーチルの手の複製は非常に繊細にできていて、感銘を受けた。形のよい指は、長くも太くもなかった。この手で五二歳までポロ競技用の木槌を力強く振り上げ、モーゼル銃を撃ち、水上飛行機の舵を取り、無人地帯の鉄条網を引きちぎったのだ。

この手が、国の指導者としてのその五本の指が、ベルリンを破壊した書類に署名し、ナチス政府に止めを刺したのだ。「彼の手は小さかったんです」とパックウッド氏が言った。チャーチルの手は母親の手とほぼ同じ大きさだったようだ。チャートウェル邸のガラスのケースに収められた母ジェニーの手の複製を見るとわかる。むしろチャーチルの手のほうがより繊細だ。

「血色のよいピンク色の手でしたね」とパックウッド氏が言う。「お風呂が大好きだったからでしょう」。小さいのは手だけではなかった。ロンドンにある議会の建物の向かい側にあるパーラメント広場には、杖を持ち、前にかがみ込んだ姿勢のチャーチルの銅像がある。何かをかき集めるような仕草の腕や、野牛を思わせる肩を見て巨人であったかのような印象を与えているが、伝記を書いたマーティン・ギルバートによれば、実際にはチャーチルは五フィート八インチ［約一七〇センチ］、ウィリアム・マンチェスターやノーマン・ローズなどのほかの伝記作家によれば、せいぜい五フィート六・五インチ［約一六六センチ］であったという。

チャーチルが近衛騎兵隊の列の前を歩く写真が何枚かある。執事が穿くようなズボンを身につけ、歩を進めている姿だ。かかと部分を見ると、シークレットブーツをはいていると噂される俳優のトム・クルーズの足元を連想させる。最も優れたチャーチル派の作家アンドリュー・ロバーツに、チャーチルはかなり背が低かったのではないかと聞いてみると、ロバーツはそれほど驚いた様子ではなかった。「それについては君とまったく同意見だよ！」

身長が一六五センチかそれ以下だった著名人にはほかに誰がいるだろう？　世界史上でも最大の暴君や異常人格者たちがあてはまる。初代ローマ皇帝アウグストゥス、ナポレオン、ムッソリーニ、スターリン。

ヒトラーも五フィート八インチ［約一七〇センチ］ほどだった。ここで名前を挙げた人物全員が、「背の低い男性症候群」、つまりは背の低いという劣等感を補おうとする思いが強すぎることから生じる攻撃性を持っていたといわれる。チャーチルもこれに悩まされていた節がある。

チャーチルはたしかに、何というか、短気なところがあった。ロバーツは、ヒトラーとチャーチルを比較した結果、部下に対しては、おそらくヒトラーのほうがチャーチルよりも思いやりがあり、配慮が行き届いていたのではないかという大胆な見方をしている。チャーチルの場合は自分が口述する間、スタッフを一晩中起こしておいたばかりか、彼らが間違えでもしようものならあからさまに不機嫌になり、「一体君はどこで教育を受けたのかね？」「なぜ本を読まないんだ！」などと怒鳴った。

しかも、怒鳴る対象は自分の部下だけではなかった。一九二〇年代にはネヴィル・チェンバレンと論争していた折、ボールドウィン首相の部屋でツカツカと歩きながら怒鳴り散らし、げんこつを振り回していたという記録が残っている。ここで、チャーチルの性格を表す逸話を集めてみよう。昨今の地方検事が自分の手柄をこれみよがしに見せびらかすのに倣って、私もここでチャーチルの人間性に関するすべての「証拠」を吟味してみたい。些細なこともそうでないことも全部含めて。

チャーチルはイギリス近代史上最も偉大な人物とされる一方で、他人に対しては、特有の嫌らしさを発揮することがあったという説がある。

チャーチルの敵（そして時に友人たち）の言い分はこんな具合である。チャーチルは甘やかされた子供のように振る舞ったが、彼はほんの小さい頃から、物事を自分の思い通りにすることに慣れていたことは事実である。一二歳のときには、バッファロー・ビルのワイルドウエスト・ショーをどうしても観に行きたくて母親をねっとりと説き伏せるような手紙を書いている。

お母様が約束してくれたように、僕はバッファロー・ビルのショーを観に行きたいのです。行けなかったら本当に残念です。残念という言葉では足りません。あれだけ約束してくださったのに行けないとなったら悲惨なことです。もう二度とお母様の約束を信頼することはないでしょう。でも、お母様は僕をあまりに愛しているからそんなこと絶対しませんよね……。

このあとも手紙は延々と続く。これはバッファロー・ビルについての三通の手紙のうちの最初のものだ。チャーチルの意志の強さを示すだけでなく、「自分は母親にこれほど愛されているのだから」という特権意識が垣間見える。一四歳になるとすでに、学友の一人――ミルバンク男爵家の一員だった――に自分が浴槽でくつろいでいる脇で口述筆記をさせるまでになっていた。のちにガリポリで命を落とすことになるこの気の毒なミルバンクは、チャーチルの浴槽の脇に立った多くの筆記者の最初の人物であった。

チャーチルの義理の妹レディー・グウェンドリン・〝グーニー〟・バーティーによれば、チャーチルには「東洋風」を好む傾向があり、召し使いが靴下をはかせてくれるときほどうれしそうなことはなかったという。第一次世界大戦で塹壕線に入ったときには見事な勇敢さを示したが、戦場でも驚くほどの贅沢をしていた。

チャーチルとともに前線に送られたのは、個人用の浴槽、大判のタオル、湯たんぽ、フォートナム・アンド・メイソンの食料が詰められた箱、厚切りのコンビーフ、スティルトンチーズ、クリーム、ハム、鰯、ドライフルーツ、大きなステーキパイであった。桃のブランデーやさまざまなリキュール類は言うまでもない。チャーチルの妻はかつて主治医にこう言った。「夫は庶民の暮らしというものを何も知らないのです。バスに乗ったこともないのですから」。

チャーチルはロンドンの地下鉄に乗ったのも人生で一度きりである。飛行機も自分で操縦したチャーチルだが、地下鉄はうまく乗りこなせなかった。地下鉄の駅で道に迷ったチャーチルは、人の助けを借りてようやく外に出ることができた。

さあ陪審団のみなさん、チャーチルは短気で甘やかされていたばかりか、いじめっ子でもあったといわれています。サンドハースト陸軍士官学校でのうさんくさい事件といえば、ブルースという名前の準大尉を若い将校たちが集団でいじめ、最後には退学に追い込んだ一件がありました。チャーチルが博愛精神を発揮し、おびえる準大尉をかばった形跡はない。逆に、チャーチルがいじめの首謀者だったという説もあるほどだ。

過保護で短気でいじめっ子。それより性質が悪いことといえばなんだろう。たとえば、チャーチルには本当には友人がおらず、自分の出世のために他人を「利用した」だけだ、とも言われた。『迫り来る嵐』（二〇〇二年）というテレビ映画の中で、外務省のラルフ・ウィグラムという若い役人が妻に説得されて、チャーチルの私邸、チャートウェル邸に行き、ドイツの再軍備の実態について説明する場面があった。この情報をチャーチルは再軍備に消極的なボールドウィン政権を攻撃するために容赦なく、かつ効果的に利用することになる。

ウィグラムはその職を賭して関連書類を政府内から持ち出した。最後にはチャーチルに情報を漏洩した疑念を持たれ、外務省の出世コースから外された。ドラマの中で家族は犠牲を強いられ、上司から脅しを受けたウィグラムが自殺したとほのめかされている。彼はチャーチルの野望のために犠牲になった哀れな人物であったとでもいうように。

チャーチルが友人を裏切ったという話もある。これこそ最悪の罪と思われても仕方ない。南アフリカ・プレトリアのボーア刑務所からのあの有名な脱出の際に、ハルデーンとブロッキーという名前の二人の男性が行動を共にすることになっていたが、一説によれば、チャーチルは約束を守らず、自分だけで行ってしまったという。

攻撃的。過保護の甘やかされっ子。暴君で裏切り者。ほかに補足したいことはあるだろうか？最後の容疑はチャーチルがあまりにも身勝手、そして自己中心的過ぎて、人間性が疑われるというものだ。

たとえば若い女性が晩餐会に招かれて、チャーチルの隣席に座ったとしよう。そのような場でさえ、チャーチルはたった一つのこと、つまり自分のことにしか関心がなかったという。アスキス首相夫人マーゴットがこう言っている。「自己中心的な人は誰でもそうですが、ウィンストンはしまいには人を退屈させてしまうのです」。

裁判官、これが有罪の証拠です。

よろしい。ウィンストン・レナード・スペンサー＝チャーチルは、甘やかされて育った暴君で裏切り者、自己中心的で、おまけに退屈で、すべての面においてクズであったと。さて、ここで被告弁護人を呼ぼう。便宜上、その役割はこの本の著者が喜んで引き受けたい。

まず、チャーチルが自分のスタッフの前で暴君のように振る舞ったという主張についてである。もちろん、チャーチルは人使いが荒かった。軍事顧問となった憐れなアラン・ブルック参謀総長は、戦時中あまりにこき使われて気がおかしくなりそうだったという。ブルックは自分の感情を抑えるために黙って鉛筆を折ったりしていた。しかし、チャーチル自身がどれほどのストレスを抱えていたか考えてみてほしい。勝つ見込みがまったくない戦争を指揮していたのだ。

チャーチルは自分の振る舞いについて気が付いていないわけではなかった。「私の同僚の多くが私と良好な関係にあるかというと、どうだろうな」と述べている。時として、チャーチルは長時間の口述筆記を停止し、アシスタントたちが寒がっていることに気付いて自分で暖炉をたいたりもした。

チャーチルに最も忠実で、それゆえ酷使された秘書の一人、バイオレット・ピアマンが亡くなると、チャーチルはピアマンの娘への送金を怠らなかった。主治医の妻が財政困難に陥ったときにも援助した。友人がボーア戦争で傷を負ったときには、チャーチルは袖をまくり、自ら移植用の皮膚を提供したのである。麻酔薬は使わなかった。

これが自己中心的な愚か者がする行為だろうか？　チャーチルが二〇代のときの恋人、パメラ・プラウデンはこう言った。「彼と付き合うと最初は欠点ばかりが目に付くわ。でもその後は一生涯、美徳を発見しながらすごすことになるのよ」。

西部戦線の薄汚い塹壕内で贅沢を尽くして、大隊のほかの兵士に対して偉そうに振る舞っていたという話もあるが、何とばかばかしい言いがかりだろうか。

一九一六年一月、チャーチルが統括部隊に到着したとき、現場に幾分かの反発があったことは事実だ。「誰だよ、この政治家は」とロイヤル・スコットランド・フュージリアーズ連隊はぼやいた。「ほかの大隊に行ってもらうことはできなかったのか？」。チャーチルは、まずはシラミの多さについて滔々と愚痴を述べた。歩兵隊はシラミの発生、性質、棲息圏、古代や現在の戦争における影響についてのチャーチルの長い解説を驚きながら聞いていた。

次に、チャーチルは集団シラミつぶし作戦のために未使用の醸造タンクをフランス北部ムーラナッカーに運ばせた。作戦は成功裏に完了。チャーチルへの尊敬の念がうなぎのぼりとなった。チャーチルはまた、兵士への処罰も少なくした。食事を共にした者には分け隔てなく自分の贅沢品を分配した。アンドリュー・デワル＝ギブが〝X大尉〟のペンネームで出版した『前線のチャーチル』を読んでみるといい。デワル＝ギブは自分自身の目で見た現状を記録している。

もし兵士が食事室を出るときに「くつろいだ、幸せに満ちた表情で葉巻をくわえていなかったとしたら、それは彼がノンスモーカーであったからで、チャーチル大佐のせいではない」とデワル＝ギブは言う。チャーチルは桃やあんずのブランデーも同じように部下と分け合った。チャーチルの塹壕にはたしかに浴槽はあったが、デワル＝ギブによれば細長い石鹸箱のようだったという。しかも、チャーチル以外の多くの人もこれを利用したのである。チャーチルによる塹壕の統治にはどこか民主的でかつ家庭的なところがあったという。大隊がくつろぐさまを、デワル＝ギブは次のように描いている。チャーチルは壊れそうな椅子に傾いた姿勢で座ってポケット版シェークスピアを読み、蓄音機に合わせて拍子をとっている。将校たちはぶらぶらと歩きまわったり、太陽の下で本を読んだりしている……。

ドイツ製あるいは時としてイギリス製の砲弾が毎日のように爆発するなか、兵士たちの間に多くの死傷者が出ていた。そんな兵士たちに大衆演芸場の歌を歌わせたのはチャーチルであった。デワル＝ギブ大尉の趣味からすれば、なかにはやや「粗野」なものもあったが。チャーチルは戦場においてもできるかぎり笑うことを勧めた。ジョック・マックデビッドという若い将校はこんなふうに思い出している。「一時のことだったが、チャーチルは将校や兵隊たちの士気を驚くほど盛り上げた。あの性格だったからできたんだな」。

これぞ指導者のあるべき姿だろう。自分が指揮をする部下の安寧のために十分な心配りをするのである。戦場でのチャーチルはいじめっ子ではなかった。サンドハーストでの気の毒な準大尉ブルースの処遇についてのデマはとるに足りない話と考えていいだろう。

チャーチルの人間性についての嫌疑のほとんどは、急進的なジャーナリストで下院議員（外国好きのどうしようもない御仁）のヘンリー・ラボーチャーが広めたものであった。ラボーチャーは筋金入りの反ユダヤ人主義者であったばかりか、すべての同性愛的行為を刑法で禁じるというとんでもない動議を議会に提案した。彼によるチャーチルの批判には根拠がないといってよい。チャーチルが同性愛者の作家、オスカー・ワイルドを思わせるような行為に夢中になったという、いわれのない主張については、弁護士があっさりと棄却し、裁判に勝ったチャーチルは大きな損害賠償金を受け取った。

チャーチルは本当に若きラルフ・ウィグラムを「利用して」彼の仕事人生を無謀にも破滅させ

たのだろうか？　ウィグラムが自殺を図ったのかどうかは明確ではなく、いずれにせよ、外務省に勤めるウィグラムがチャーチルに情報を漏洩したのは、ドイツの軍備拡張の恐ろしさや政府の独善の実態を明るみに出したかったからだ。

ウィグラムの行為は道徳的な義務感にかられたゆえのものであり、チャーチルに騙されたからではない。ウィグラムの葬式の後、チャーチルはチャートウェル邸で哀悼の昼食会を開き、ウィグラムの妻エイバに大きな配慮を示した。そしてその後も長年にわたり、連絡を絶やさなかった。

プレトリアの刑務所から一緒に逃亡するはずだったハルデーンやブロッキーを置いて行ったからといって、必ずしもチャーチルの評判に傷がつくわけでもない。当時の日記や書簡などから判断すると、逃亡する当日の夜になって二人が怖気づいたことがはっきりしている。

脱出の夜、チャーチルは便所に行き、そのまま壁を飛び越えて、庭で二人がやってくるのを一時間半待っていた。当局に見つかるかもしれない危険があった。二人は最後までやってこなかった。チャーチルを責めても仕方ないだろう。無事に脱出した後、チャーチルは逃亡の協力者全員に金時計を贈った。当時のチャーチルに手痛い出費だったはずだ。そこまでしたのは一種の罪悪感からだろうか？　いやそうではない。持ち前の衝動性や気前のよさからそうしたのである。

最後に、チャーチルが身勝手だったというよくある嫌疑を取り上げてみよう。つまり彼が、ほかの人にはあまり関心を持たなかった、パーティーではまったくつまらない人物だった、自分のことを自慢するだけだった、という話である。もちろん、チャーチルは自己中心的で自己陶酔的であった。本人も認めているところである。しかし、だからといって他人に関心がない、あるいは他人を大事にしないということではない。

チャーチルが妻のクレメンティーンに宛てて書いた手紙は、まるで母親が赤ん坊が間違っておもちゃの動物の塗料を舐めてしまわないかと心配しているかのような細やかな内容である。チャーチルは自分が受け取るはずの二〇万ポンドの遺産を事実上騙し取った母ジェニーにも優しかった。母が自分と同い年の軍人ジョージ・コーンウォリス＝ウェストと再婚した日、チャーチルは彼女の肩に腕を回し、お母さんが幸せであってくれればそれでいいよと告げている。

戦時中、官邸に住まわせていた実弟ジャックには際限なく気前がよかった。こうした数々のエピソードからチャーチルは感傷的といえるほど心温かい人物であったことが浮かび上がる。彼はチャートウェル邸で飼っていた動物にも愛情を降り注いだ。もちろんこの点だけで彼が心優しい人間だったという気はない。ヒトラーでさえジャーマン・シェパードのブロンディをかわいがっていたのだから。しかし、チャーチルの愛情は動物以外の存在にもふんだんに注がれた。

チャーチルはきわめて涙もろかった。ドイツ軍による電撃戦の合間にカナリヤの餌を買うためにロンドン市民が行列をつくっているという報道に涙し、何の因果か、フランスの艦隊を攻撃する羽目に陥ってしまったと下院で話すとき、感極まってむせび泣いた。アレクサンダー・コルダによる、不倫の愛を描いた『美女ありき』（一九四一年）を観ても泣いた。彼はこの映画を一七回観ているのだが。安っぽい音楽を愛し、自分が好きな歌を大声で歌ったりした。つまり、パーティーをしらけさせるような人物とはほど遠かった。

感情を表に出さないことをよしとする階級や社会の中で、チャーチルはおおっぴらに感情を表現した。そしてイギリスの政治家としては最も特異な点だが、彼はけっして根に持つことをしなかった。人々は彼のこの寛容さに応えた。チャーチルのために働くのは骨の折れることではあったが、同僚たちは忠誠心と惜しみない献身を与えた。

一九三二年、チャーチルはニューヨークで遭った交通事故で危うく命を失いそうになった。帰国後、ダイムラー車を贈られた。手配をしたのは友人ブレンダン・ブラッケンで、資金は一四〇人の友人たちや取り巻きからかき集めた。

現在の政治家で、ダイムラーはおろか、日産マイクラ［日産マーチ］の新車を買えるほどのお金をカンパしてくれる友人や称賛者を持つ人がいるだろうか。ただし、チャーチルの妻は、夫の友人たちをいつも認めているわけではなかった。保守党議員F・E・スミスは大酒飲みで、新聞王ビーバーブルック卿はあやしげなビジネスに手を染めているといわれていた。チャーチルにダイムラーの車を贈ったブラッケンはじつに奇想天外の人物で、自分がチャーチルの私生児であったという珍妙な噂を広めようとしたりした。

ブラッケンは年齢をごまかし、実年齢よりも年下であると自称して学校に入学までした。また、アイルランド人であることを隠し、オーストラリア人だと主張した。そうはいっても情報大臣にまでなれたのだからそれなりの人物だという見方もできるかもしれないが。チャーチルは友人たちを見捨てず、友人たちもチャーチルを見捨てなかった。

デワル＝ギブの本の中で意外だったのは、塹壕でのチャーチルがジョン・アーバスノット・フィッシャー提督を好意的に語っていることだ。フィッシャーは卓越した海軍指揮官だが、一九一五年のダーダネルス海峡突破作戦で右往左往して一貫性を欠き、作戦の遂行を大きく遅延させて大惨事につながった。

「チャーチル大佐はフィッシャー卿の話をよく持ち出して私たちを楽しませてくれた」とデワル＝ギブ大尉は書いている。「彼はフィッシャーを大いに尊敬しているようだった」。チャーチルの心の広さを示す逸話だろう。フィッシャーの奇策や奇行によって、海軍大臣だったチャーチルの政治生命は大いに傷つけられたのだから。

数日間の休暇を得て塹壕を後にしたチャーチルは、ダーダネルス作戦の途中で反対の意を表明して辞職したフィッシャーを海軍本部に戻すべきだという演説を下院で行い、議員の大部分を唖然とさせた。チャーチルはとうとう焼きが回ったと。彼がフィッシャーをかばう必要はなかった。当のフィッシャーはチャーチル夫人に、ご主人がしょっちゅうパリに飛ぶのは愛人に会いに行くためなんですよと告げるなど、じつに不誠実な行動を取っていた（事実ではなかったようだ）。

まともに考えれば、チャーチルは老いぼれのフィッシャーを見捨ててもよいくらいだった。しかし、チャーチルはそうしなかった。フィッシャーを慕い、尊敬していた。そしてそのことを言葉にしたかったのだ。

チャーチルには古代ギリシャ人が「メガロサイキア」と呼んだ素朴な「魂の偉大さ」があった。熱心なキリスト教信者ではなかったチャーチルは、新約聖書の難解な形而上学には目もくれなかった。高位聖職者から「教会を支える人物」などと持ち上げられると、「むしろ飛び梁のようなものですが」とすぐさま真顔で異議を唱えた。教会の外壁を支える屋外に張り出した梁のことである。

チャーチルの道徳観はキリスト教以前のそれといってもいいかもしれない。ホメロス的な雄大さがあったとさえいえるだろう。彼の不変の関心は、自分自身の、そして大英帝国の栄光と名声にあった。何が正しいか、自分は何をするべきかを深く理解しており、自分自身を語り手としてのもう一人の自分が常に追いかけ、評価していた。

ということで、今私はロンドン東部の雨に濡れた墓地にいる。ここに埋められているのは、そう、チャーチルの乳母だ。墓碑銘にはこう書かれている。「一八九五年七月三日、六二歳で亡くなった乳母エリザベス・アン・エベレストの思い出のために、ウィンストン・スペンサー゠チャーチルとジョン・スペンサー゠チャーチルによって建立」。

他の記念碑と比べると、感情がほとばしり出ているような追悼文ではない。愛という言葉はどこにも入っておらず、天使が彼女に休息するよう歌ってもいない。実際に、約六〇センチの十字架は墓地のなかでもひときわ小さく、きわめて平凡なものだ。なぜこの墓がここにあるのか。ある意味では身も蓋もない理由からである。しかしそれもチャーチルの性格が基本的には善であることを示す証拠である。

前の章で紹介したように、チャーチルの母ジェニーは子供たちによそよそしかったが、魅力的な女性であった。肌にぴったりした乗馬服に身を包み、チャーチルの部屋にさっと入ってきてお休みのキスをした。それ以外は子供たちと何のかかわりも持たなかった。チャーチルが望んでいた惜しみない愛情を彼に与えたのは、ケント州メドウェーからやってきた、やや大柄な中年女性、エベレスト夫人であった。チャーチルの伝記作家たちの多くが、ふくよかなビクトリア女王のようにも見えるエベレスト夫人の素晴らしい写真をきちんと掲載している。レースの帽子に黒いドレスを着た夫人は、スカートの後ろを膨らませるための腰当てやペチコートがあるせいで、ピラミッドかそれこそエベレストのように、裾広がりの姿で写っている。

「乳母が私の親友だった」とチャーチルは書いている。「エベレスト夫人が私の面倒を見てくれ、私の望みをなんでもかなえてくれた。なにか困ったことがあったとき、真っ先に打ち明けたのは夫人だった」。チャーチルはエベレスト夫人を〝ウーム〟や〝ウーメニー〟と呼んだ。彼女がチャーチルに書いた心のこもった手紙がたくさん残っている。虫歯のときはヘロインを飲むこと、東からの風には気をつけること、電車が動いている間に乗ろうとしないこと、暑さを避けること、借金をしないこと、悪い友人を持たないこと……などと書かれていた。

ハーロー校で終業式にはチャーチルの両親はどちらも来なかったので、代わりにエベレスト夫人が出席した。チャーチルは夫人と一緒に街を歩いた。他の男子生徒たちはそれを見てクスクス笑っていたが、チャーチルは誇らしげに腕を組んだ。彼には堂々と自分がよいと思うことを行う勇気があった。似たような逸話はほかにもある。

チャーチルが一七歳で弟のジャックが一一歳のとき、両親は乳母をお払い箱にしようとした。イギリスの上流階級の家庭では年老いて働けなくなった乳母でも家に置くのが常だったが、チャーチルの母はエベレスト夫人に何の支払いもせず、放り出そうとした。

これにチャーチルは激怒した。弟にはまだ乳母が必要だと主張し、妥協案としてエベレスト夫人はロンドンにいるチャーチルの祖母の公爵夫人の家で働くことになった。しかし二年後にはそこも追い出されることになった。そのときもチャーチルは手紙で解雇を申し渡すとは何事だと激怒し、自分の母親を「残酷で意地悪」と非難した。

チャーチルの怒りもむなしく、エベレスト夫人はロンドン北部クラウチ・エンドに引っ越した。チャーチルは比較的少額の収入から夫人に財政的支援を施した。夫人はチャーチルに継続して手紙を書き、サンドハーストにいたチャーチルを元気づけた。「外で十分な運動をなさいませ。そうすれば薬はいりません。紳士であってくださいませ。まっすぐで、正直で、公正で、親切、つまり非の打ちどころのない紳士ということです。私の可愛いお坊ちゃま、どんなに愛していることか。私のためにもよい子でいてくださいね」。

一八九五年、エベレスト夫人の健康は悪化する。七月二日、チャーチルはサンドハーストで、夫人が「重症」という電報を受け取った。クラウチ・エンドに来てみると、夫人が気遣っていたのはチャーチルのことだけであった。雨で体が濡れていたチャーチルが「上着を脱ぎ、それが完全に乾くまで夫人は落ち着かなかった」という。

チャーチルはエベレスト夫人に医者と看護婦を見つけたが、その後で午前中の行進に参加するためにオールダーショットに急いで戻らなくてはならなかった。行進が終わるとすぐさまチャーチルはロンドン北部に取って返した。夫人は混迷状態に陥り、チャーチルに見守られながら午前二時一五分に亡くなった。

チャーチルは夫人のために葬式や花輪、墓石を準備した。自分の乏しい資金源から葬儀の費用を全額負担した。まだ二〇歳であった。

チャーチルの乳母エベレスト夫人のおかげで、世界がどれだけ恩恵を受けたかは計り知れない。チャーチルに善人であれ、親切に、誠実であれと教えた人がいたとすれば、それはたしかに彼女にほかならない。あれほど雄大で寛大な道徳観にチャーチルを導いたのは彼女ではないかと私は思っている。

こんなこともあった。あるとき、七歳のチャーチルは乳母と一緒にブレナム宮殿の敷地内を歩いていた。「草むらに蛇が這っていました」とチャーチルは父への手紙で書いた。「僕は蛇を殺したかったけれど、エベレストが殺してはだめだと言いました」。さすが、エベレスト夫人である。

夫人が亡くなったとき、チャーチルは絶望し、彼女ほどに信頼でき、頼れる女性には二度と会わないだろうと思ったかもしれない。しかし、この点ではチャーチルは間違っていた。次章では、クレメンティーンと結婚するというチャーチルの素晴らしい決断、そしてまさに永遠の謎であるところの、彼の女性関係に目を向けてみよう。

第9章

妻クレメンティーン

私たちは今、八月のさなかのブレナム宮殿の広大で起伏に富む公園にいる。そこで、アルテミス神殿の外でしばし立ち止まり、テレビの自然番組のレポーターのようにひそひそ声で話すことにしよう。ここはイギリスの貴族が子孫を仕込む場所としてよく知られている。夏特有の通り雨が降る午前も半ばである。この優雅で愛らしい、イオニア式柱がある神殿の中で、昔から続いている求愛の儀式が頂点に向かっているはずであった。

神殿内の後方にあるベンチの上に、三三歳の商務長官ウィンストン・チャーチルと大きな黒い瞳が美しい女性クレメンティーン・ホージェーが座っていた。チャーチルはこの場所を非常に注意深く選んでいた。宮殿は生家の富、権力、血筋を示し、眼前の湖がロマンチックな雰囲気を演出している。神殿の両側は歩くとざくざくと音を立てる砂利道で、誰かが近づいてきたらすぐにわかるようになっていた。

チャーチルの口から今にもある質問が突いて出るところである。クレメンティーンは神殿の意味を十分に理解していた。アルテミスはギリシャ神話に登場する狩猟の処女神だ。そして今、一人の処女が追い詰められているわけである。

神殿の後ろの苔の上をこっそりと歩いて近づき、二人の話に耳を傾けてみよう。シーッ、静かに……。

チャーチルが何かしゃべっているようだ……まだしゃべり続けている。クレメンティーンは下を向いて座ったままだ。視線の先はチャーチルの高揚した顔ではなく、神殿の床の上で歩を進めるカブトムシだ。敷石の一つの割れ目から次の割れ目にゆっくりと動くカブトムシを見ながら、クレメンティーンは正直なところ、「この人、本当に申し込んでくれるのかしら」と思っていた。二人が神殿に来てから三〇分が経過していたが、チャーチルはまだ気持ちを打ち明ける勇気を出せないでいた。

生物学者がチャーチルの恋愛事情を研究したなら、発情期が年一回できわめて性衝動が低いとされるパンダのほうがまだ積極的であると結論づけるだろう。チャーチルがクレメンティーンに初めて会ったのはこの四年前で、必ずしも好印象を与えたわけではなかった。のちに彼女と再会し、それからはとんとん拍子に話が進み、プロポーズの意思を伝える何通もの手紙を送った。チャーチルは次の一挙一動について作戦を練ったが、これはお手の物だった。

五日前の一九〇八年八月七日、チャーチルはブレナム宮殿にクレメンティーンを招待する手紙を書き、あからさまなほのめかしを入れた。「あの美しい宮殿や庭であなたにお見せしたいものがたくさんあります。お話ができる場所がたくさんありますし、お話ししたいこともたくさんあります」。翌日、チャーチルはまた手紙を書いてクレメンティーンに乗るべき列車を伝え、「あなたの神秘的な魅力をたたえたまなざしの秘密を心から知りたいと思っています」と告白した。

手紙のなかで、わざと自分を卑下するように、自分が女性との付き合いに苦労しており、「私は女性関係については間抜けで不器用で、しかも生来気ままで人には打ち解けない人間なのです」などとぼやいた。「だから自分は孤独のままでいる」というわけだ。何とも思わせぶりではないか！

立派な家庭に育った女性にとって婚前交渉などもってのほかというエドワード朝イギリスの決まりごとや慣習からすると、こうした婉曲表現ははっきりと結婚の申し込みを示唆していた。

しかし、である。クレメンティーンはブレナム宮殿にすでに三日間も滞在していたのに、まったく進展はなかった。チャーチルはクレメンティーンに向かって突進したり、飛びついたりはしなかった。ソファーに座り、クレメンティーンの美しい肩に突然腕を回したときも完全に無言で、咳払いさえしなかった。気の毒なクレメンティーン。見えざる試験に落第したかと心配になったことだろう。さて宮殿を発つ日の朝になったが、チャーチルはまだベッドで寝ていた。じつは（クレメンティーンは知らなかったが）、チャーチルのいとこのマールバラ公爵がじきじきにチャーチルの寝室まで行って起こし、プロポーズしたいなら起き上がって、さっさと行けとけしかける始末だった。

午前一一時になって、チャーチルはようやくクレメンティーンを見つけ、きれいに刈り取られた茂みや裸身のギリシャ彫刻がある整形庭園を二人で歩いた。左に曲がり、ボートハウスのあたりをさまよった。ボートハウスでは波が桟橋に打ち寄せる美しい音をたてていた。二人はまるでプロポーズのために特別に設計されたかのような、木陰の細道を抜け、隠れ場を通りすぎた。

神殿に来て完全に二人きりになり、若い女性にとっては苦痛になるほどの長い時間が流れた。まだチャーチルからプロポーズはなかった。クレメンティーンはのちに、チャーチルのようにゆっくりと進むカブトムシを見ていたときの気持ちを記している。『あのカブトムシが次の割れ目まで行って、ウィンストンが結婚を申し込まなかったら脈はない』と思っていました」。もしこれが賭けであれば、チャーチルがプロポーズしないほうに賭ける人がほとんどであっただろう。

今日、アルテミス神殿の後ろに行ってみると、ごく最近ここの静けさを楽しんだ〝デイブ〟と〝サラ〟が残していった落書きがある。見事な鉤十字を刻み込んだ人もいる。ハートのマークが二つか三つある。デイブがサラに愛を告白するのに三〇分もかけたなどとは考えられない。イギリス国民の性格を考えると、ここで戸外の秘め事がさぞや盛んに行われてきただろうが、そんな幸せな恋人たちはこの同じ場所でのチャーチルの振る舞いを知ったら奇異に思うに違いない。

チャーチルは三四歳まで童貞だったという人もいる。だから神殿であれほどはにかんでいたというのである。チャーチルは、ほかの世界的な指導者ほど女性あるいは女性との性的な関係に重きを置いていなかったというのが定説になっている。称賛、食事、酒、葉巻、スリルなどへの欲望が人一倍強かったわりには、性的に淡泊だったともいわれている。クレメンティーンとの婚約が決まる矢先に、ある新聞はチャーチルを「独身主義者」と決めつけていた。つまり彼は同性愛者かもしれないという見方もあったのだ。

ある女性がロイド・ジョージに向けた手紙のなかでこう書いた。「誰もウィンストンを特定の女性に縛り付けることはできないようですわね。女性にもてるタイプではないといいますか……。女性に偏見があるようにも思います。ウィンストンがもし女性のために多少のことは我慢するような男性と思われたなら、今よりずっと人気者になっていたでしょう。いつか彼も変わるかもしれませんが、まあ、変わらないでしょうね」。

チャーチルは女性差別主義者だったのだろうか？　チャーチルに偏見を持たれていたと感じる女性たちがいたとすれば、筆頭は婦人参政権論者だろう。「このけだもの！」と叫びながらチャーチルを犬用の鞭で攻撃したのはテレサ・ガーネットであった。「なぜ女性を正当に扱わないの？」と。彼らはチャーチルが当初、女性に参政権を与えることに否定的であったことが許せず、彼を殴り倒した。演説に容赦なく野次を飛ばし、いいところで鈴を鳴らして邪魔した。

チャーチルはこのような攻撃に対して常に礼儀正しく対応した。今では、当時のチャーチルに対する女性たちの態度はちょっとやりすぎだったと大部分の人が認めている。チャーチルが女性の参政権について当初保留する態度を取っていたのは男性優先主義だったからではなく、純粋に計算づくであった。女性は保守党に投票する傾向があったからだ。とにかく、チャーチルは最終的には見解を変え、一九一七年には三〇歳以上のすべての女性に参政権を拡大する法案に賛成した。

歴史学者たちも今やチャーチルがエドワード・ヒース元首相のようにセックスに興味がない人物だったという見方はほとんどしていない。まったくの誤解と言わざるをえない。チャーチルは生涯を通じて女性を傍に置くことを愛し、その美しさを堪能し、女性を追いかけ、いいところを見せようとしたからだ。七〇代半ばになっても、南仏の海岸でハリウッドの若手女優の気を惹こうとして宙返りをしたりして、クレメンティーンの機嫌をそこねていたそうである。

女性にそれほど関心を持っていないと評されたわりには、チャーチルには若い頃から多くの女性とのすったもんだがあった。チャーチルが一八歳のときの相手は美貌のポリー・ハケットだった。二人は公園を歩き、チャーチルは砂糖漬けプラムを彼女にプレゼントしている。なかなかのロマンチストではないか。

その後、チャーチルはメイベル・ラブという名前のショーガールを追いかけたが、二人のあいだに何が起きたかについては誰も語ろうとしない。チャーチルは、インドにあったハイダラーバード藩王国の総督代理の娘パメラ・プラウデンにメロメロとなった。「今までで最高に美しい女性」とまで言っている。彼女を喜ばせようと象に乗せてデートしたりもしたが、その甲斐もなくふられてしまった。

エティー・グレンフェルという既婚女性とも何かあったようだ。チャーチルはまた、芸能一家、バリモア家の女優エセルにもアプローチしていた。ミュリエル・ウィルソンという女性を追いかけ、一週間、二人でフランス国内を車で旅行したこともある。また、アスキス首相の娘バイオレットとのロマンスもあった。彼女のほうがチャーチルに夢中だったようで、チャーチルはクレメンティーンとの結婚の二週間前になって、アスキス家が休暇で滞在していたスコットランド・アバディーンシャー州のスレインズ・キャッスルに行き、彼女をなだめたほどである（おそらく彼女を邪険に扱えば、政治上の悪影響があることをチャーチルは恐れたのだろう。結局、出世には彼女の父親が頼りだった）。

チャーチルとバイオレットは世間の人が考える以上に深い関係で、肉体関係があったという説もある。二人のあいだに本当は何があったのかは誰にもわからない。私たちが名前さえ知らない女性たちとも何かあったかもしれない。しかし正直、どうでもいい話だ。

チャーチルが同時代の人々に女たらしだと思われなかったのにはさまざまな理由からだが、最もわかりやすいのは多忙のせいとする説だろう。生活習慣だけを見れば、チャーチルはユーモア小説家P・G・ウッドハウスが書いた『ジーブズの事件簿』シリーズに出てくる金持ち紳士バーティー・ウースターを地でいっていた。ウースターは朝寝坊で、アパートに一人暮らし、クラブにいる仲間たちと葉巻を吸い、恋人ではないがしなやかで知的な女性たちに囲まれている。チャーチルには献身的な秘書のエディー・マーシュがウースターの執事、ジーブズのようにまとわりついていた。しかし、生産性を比べると、チャーチルはウースターとは正反対だ。ウースターのジャーナリストとしての経験は、「身なりのよい紳士が着ているもの」と題するたった一つの記事のみだった。そしてその記事は叔母のダーリアが編集し、『奥様の寝室』という雑誌に掲載された。

一方チャーチルは二五歳のときにはすでに五冊の本を出版し、現役の下院議員であり、ジャーナリストとしていくつもの戦場から報道記事を書いて送った経験があり、入閣を目された数人の若者の一人だった。先の神殿のベンチでクレメンティーンの隣に腰を下ろした頃にはすでに作家として数百万単位の言葉を生み出しており、その多くが人気と高い評価を得ていた。これで女性とつきあう時間がいくらでもあったというのだからちょっとした奇跡である。

チャーチルの手紙のやり取りを見れば、初期の恋愛歴がうかがえる。一九四〇年にチャーチルが首相に就任したとき、パメラ・プラウデンは、「二人乗りの二輪馬車に乗った日々」について愛情を込めて書いている。どういう意味だろうか？　チャーチルは送り狼だったのだろうか？しかし、結局そういう詮索は失礼であるばかりか意味がない。重要なのはチャーチルがカブトムシに打ち勝ってクレメンティーンにプロポーズしたことであり、チャーチルの表現を借りれば、二人が「その後幸せに暮らした」ことなのである。

クレメンティーンは当時二二歳。家庭はどちらかといえば経済的に苦しく、享楽的であった。というのも、彼女の母親レディー・ブランシェ・ホージアーには多くの不倫相手がいて、クレメンティーンは誰が本当の父親なのかわからないほどであった。クレメンティーン自身もチャーチル以前に三回、婚約していた。新聞各紙は彼女の美しさについて書きたてたが、恋敵のバイオレット・アスキスはクレメンティーンの外見以外の特長について非常に辛辣だった。

怒りで煮えくりかえるバイオレットが友人に宛てて、近く行われるチャーチルとクレメンティーンの結婚についてこう書いている。

私がいつも言ってきたように、チャーチルの妻は彼にとって飾り食器棚ほどの存在でしかありえないでしょうし、彼女はそれを気にかけるほどの頭もないでしょう。チャーチルが最終的に彼女の驚くべき愚かさをいまいましく思う日がくるのかどうか。それはわからないけれど、可能性は十分あるでしょうね。でも、今のところは彼女、少なくともお手製の服を着なくてもよくなってほっとされていることでしょう。彼も多少は愛情を感じているようです。私の父（首相）は、この結婚は二人にとって災難になると見ています。

傷心の若い女性らしい言い分である。しかしクレメンティーンは食器棚程度どころか、非常に賢明な女性で、結婚は災難どころか大成功だった。クレメンティーンは驚くほどの忠誠心と支援を惜しまなかった。クレメンティーンがいてこそのチャーチルであった。

昨今では、夫の代理を務め、夫の野心を世の中に投影する道具となることが政治家の妻たる者の役目であるという考え方は時代遅れのものになった。しかし、夫を信奉したばかりか、際限なく夫と政治を議論したのがクレメンティーンであった。チャーチルを強く信じるあまり、時には体を張って戦った。

婦人参政権論者がチャーチルを列車の下に突き落とそうとしたとき、側にいたクレメンティーンは傘でこの女性を叩いた。一九二二年一一月には、選挙運動中に虫垂炎にかかったチャーチルの代わりにスコットランド・ダンディーの選挙区まで出向き、夫は戦争を挑発する政治家ではないと勇敢に伝えた。この選挙戦では勝てなかったが（チャーチルは次のように振り返っている。「私はこの選挙戦で官職、議席、政党、盲腸を失った」）、次の総選挙でもウェスト・レスター選挙区民にクレメンティーンは再び強く主張した。「多くの人がチャーチルといえば軍隊を想像するでしょう。でも私は夫を非常によく知っています。彼はけっして好戦的な人間ではありません。じつは、一番得意なのは和平調停なのです」。

外国との関係においてのみならず、台所や寝室でもいかに平和を築くことが大切かを知っている善男善女の心に響くよう、十分に考え尽くされた訴えであった。チャーチルの政治家としての経歴が徹頭徹尾保守党であったとしたら（実際、心は常に保守党員であったが）、クレメンティーンのほうはその出身や気質において、自由党人そのものであった。チャーチルの自由党への移籍は結婚のはるか前に起きたことでクレメンティーンは一切関与していないが、夫の生来の攻撃性を懐柔し加減したのはクレメンティーンであるというのが多くの認めるところである。

第9章
妻クレメンティーン

一九二一年、クレメンティーンは書面でチャーチルに警告を送った。「乱暴で、野蛮なやり方こそがいいのだとあなたが思い込んでいる様子を見るにつけて、私は悲しく、残念な気持ちになります」。クレメンティーンは、夫を気遣い、見守る一方、夫から十分な尊敬を受けていた。その関係を象徴するような素晴らしい内容の手紙を紹介したい。書かれたのは一九四〇年、ドイツ軍を撃退する航空戦「バトル・オブ・ブリテン」が進行中の頃である。尋常ならぬ危機感がチャーチルの振る舞いに出るようになった。

一九四〇年六月二七日

ダウニングストリート一〇番地
ホワイトホール

親愛なるあなたへ

あなたに知っておいていただきたいことがあります。怒らないで読んでくださいね。
あなたの側近の一人（忠実な友人）が私のところに来て、あなたが同僚や部下から大体においてひどく嫌われているようであると伝えてくれました。原因はあなたの辛辣、かつ横柄な態度だと言うのです。秘書官たちはまるで学校の男子生徒のように振る舞うことを決めて、「言われたらやるだけ」で、肩をすくめながらあなたの前から逃げ出すようにしているそうです。それより上の位の人たちは、あなたにある案を提案すると（たとえば会議で）、あなたが非常に軽蔑的態度を示すので、現在のところ良い案も悪い案も出てこなくなっていると聞きました。私は非常に驚き、動揺しました。それは、これまでずっと、私はあなたの同僚や部下があなたを愛していることを知っていたからです。私はあなたの側近にもそう言いました。すると、あなたが変わってしまったのは「重圧のせいだろう」と彼は言いました。愛するウィンストン、あなたの立ち振る舞いが悪化していることに気がついていたことを告白しなければなりません。あなたは以前のような優しい人ではなくなってしまいました。

あなたは部下に命令する立場にあります。部下が失敗すれば誰でもクビにすることができます。国王、カンタベリー大主教や下院議長を除けばですが。

ですから、この強大な権力に上品な振る舞い、思いやり、そしてもし可能であれば超然と備えていてほしいのです。あなたはよく「平静な心なくしては人心を掌握することはできない」と言っていましたね。私はイギリスのためにあなたの下で働く人々があなたを愛さないばかりか、称えもせず、尊敬もしないことには耐えられません。

それに、短気や無礼からは最高の結果は生まれないと思うのです。逆に嫌悪感、あるいは奴隷精神につながるのは必至です（戦時中に国内で反乱でも起きようものなら大変です！）。

どうかあなたを愛し、尽くし、見守るこの私をお許しください。

クレミー

この手紙を日曜日にチェッカーズ邸で書いたのですが、破って捨ててしまったので、書き直したものを送ります。

クレメンティーンは手紙の最後に猫の小さな絵を添えている。これは夫婦が互いにつけた愛称を表している。クレメンティーンは猫を意味する「プッシー」で、チャーチルは小型犬「パグ」、あるいは豚の意味で「ピッグ」であったために豚の絵を描いて手紙を締めくくっていた。実際に、チャートウェル邸で二人は互いに動物の鳴き声で挨拶をしたものである。ドアを開けてチャーチルが「ワン、ワン」と吠え、クレメンティーンは「ニャーオ」と応じた。

クレメンティーンは夫の人生と仕事に深く関わった女性であった。たんに夫に愛情を振り注いだだけでなく、夫を中傷する者に対しては、猛女ぶりを発揮した。一九三〇年代、クレメンティーンが何人かの友人たちと列車に乗って旅行していたとき、あるラジオ番組の出演者がチャーチルの名誉を傷つけるような発言をした。同行していた上流階級の女性が、当時蔓延していた対独宥和策の支持者だったので、ラジオの発言に「まったく賛成ですわ！」とつぶやいた。クレメンティーンはそれを聞いて客車から飛び出し、謝罪を受けるまで戻らないと言った。一九五三年、クレメンティーンはハリファックス卿とある昼食パーティーに出席していた。ハリファックス卿は保守党の状況についてやや非難めいたことを述べた。クレメンティーンは「もしイギリスがあなたに頼っていたら、戦争に負けていたことでしょう」と言い、かつての宥和主義者をやりこめたのである。

クレメンティーンはチャーチルの人生に献身することで犠牲を払ったと自負していた。自分の墓碑銘にはこんな文句が入るだろう、とかつて言ったことがある。「あまりにも多くのことを要求されて、常に疲労していた女性、ここに眠る」。娘のメアリーには、忙しすぎて四人の子供（幼児のときに亡くなったマリーゴールドを合わせると五人）の育児の喜びを味わうこともできなかったことを打ち明けている。

クレメンティーンは一日のほぼすべての時間を夫のために費やした。メアリーによれば、母にとってチャーチルは「第一、第二、第三の優先事項」だった。まさに犠牲的行為であった。クレメンティーンと四人の子供たちは、自分たちがチャートウェル邸の太陽王、チャーチルの周りを回り続けることを運命付けられた小さな天体のように感じていたのではないだろうか。チャーチルは猛烈に多忙であったため、時として、クレメンティーンは忘れ去られたように感じていた。

チャーチルは臆面もなく情熱的な手紙をクレメンティーンに書くこともあった（浴槽から出たところの裸のお前をつかまえたいのだよ、と書いた手紙もある）。その一方で、一九一六年三月、チャーチルが塹壕に行ってしまったときにクレメンティーンが書いた哀調を帯びた手紙がある。「私たちはまだ若いけれど、時間はあっという間にすぎてしまう。愛が冷め、残るのは友情だけ。穏やかだけれど、刺激も温かみもないわね」。おっと、これはこれは。

少なくとも一度、クレメンティーンはほうれん草が載った皿をチャーチルの頭めがけて投げつけたことがある。あまりにも自己陶酔のすぎるチャーチルに皿を投げつけるという行為には喝采を送るむきも少なからずいるだろう。ただし、当たらなかったのは幸いだった。夫婦ともに不倫を重ねる親がいた。見方によっては不幸せな家庭で育った点も共通している。チャーチルあるいはクレメンティーンは、五六年間の結婚生活のなかで、一度も不倫の誘惑を感じたことはなかったのだろうか？

そういう噂がないわけではないが、チャーチルが浮気をしていたとしたら意外である。クレメンティーンに一途だったこともあるが、そういう性質ではないからだ。社交界の花であったデイジー・フェローズは「華やかで、上品で、冷たそうな美貌」を持つ女といわれた。一九一九年、チャーチルがベルサイユ宮殿で第一次世界大戦後の和平会議に出席していたところ、フェローズとばったり会った。フェローズは「私の小さな子」に会うためにお茶を飲みに来ないかとチャーチルを誘った。チャーチルが到着すると、小さな子などいなかった。長いすにはトラの毛皮が広げられ、その上にフェローズが全裸で横たわっていた。チャーチルはその場をそそくさと逃げ出した。

クレメンティーンといえば、「バリ島の鳩」の話がよく取り沙汰される。ついにチャーチルとの生活が大きな負担となり、クレメンティーンはフランス南部、アルプス山脈、西インド諸島などへ長期の休暇によく出かけた。とりわけ一九三四年には大旅行を決行した。ギネスビール創業者の子孫、モイン卿が所有する豪華蒸気船に乗って、南太平洋を横切る三万マイルの旅である。ボルネオ、セレベス島［スラウェシ島］、モルッカ諸島、ニューカレドニア、ニューヘブリディーズ諸島［現バアヌツ共和国］、そしてバリ島である。クレメンティーンはバリ島から夫に手紙を書いた。「魅惑的な島です。美しい寺院とどの村にもある緑の植生が共存しています。踊り手たちの素晴らしいこと。島民たちは至福の人生を送っています。一日に二時間だけ働き、残りの時間は楽器で遊んだり、踊ったり、神殿に供え物をあげたり、愛を営んだりしたりしてすごしています！　完璧な生活とはこのことではないかしら？」

当時チャーチルはインド法案をめぐって政府と取っ組み合いの戦いをしており、夜中の採決のあと、疲れ果てて帰宅していた。彼がクレメンティーンに自宅で提供できた人生は必ずしも楽園的なものではなかった。おそらくチャートウェル邸では日々の性の営みはバリ島に比べると優先順位が低かったのであろう。

一九三五年四月、クレメンティーンは荷物の中にあらゆる種類のお土産を詰めて帰国した。体重も減って、健康そうになった。

クレメンティーンが持ち帰った美しい貝殻を観賞用の池に入れると、貝殻は黄色がかった緑色を放った。最高のお土産はバリ島から持ち帰った一羽の雄鳩であった。娘のメアリーによると、魅力的なピンク・ベージュ色の小さな鳥で、サンゴ色のくちばしと脚を持っていた。「ロブスターを入れるためのわなかごを上等にしたような、美しい枝編み細工の鳥かごに入っていたわ。クルー、クルーと鳴いて、自分が気に入った人には東洋風に礼儀正しくお辞儀をしたの」。この鳩はクレメンティーンとボートで一緒になった美術商のテレンス・フィリップのプレゼントだった。クレメンティーンはフィリップに男性として魅力を感じていたふしがある。というのも、鳩が死ぬとクレメンティーンは碑文を自ら手がけたからだ。碑文はチャートウェル邸のバラ園に設置された日時計に記載された。

バリの鳩ここに眠る

あの静かな男性のもとを遠く離れて
あてもなくさまようことの空しさよ
しかし彼方には島がある
私はまたそこに思いを馳せる

この詩句は旅行作家フレヤ・スタークの提案で、一九世紀の文芸批評家、W・P・カーの著作から取ったものだ。碑文からは明らかにクレメンティーンの不倫が読み取れるという人もいる。つまり、チャーチルはクレメンティーンがその元を去った男性にあたり、彼女は自分が間違っていたことを認めている。しかし、鳩は、愛と美の女神アプロディーティーの聖なる鳥であり、世界の向こう側にある熱帯の島で彼女がもう少しで送るはずだった別の人生を思い起こさせる。この鳩は陽気な小鳥であっただけではなく、クレメンティーン自身が愛撫されたよき日の象徴でもあったために丁重に埋葬された。最初で最後の、ただ一回だけの浮気の象徴、それがこの鳩であると。

これは本当だろうか？　彼女は本当に美術商と不倫をしていたのだろうか？　その可能性はあるかもしれないが、フィリップは実際には同性愛者であったという説もある。クレメンティーンの帰国から二年の間に、フィリップはチャートウェル邸を数度訪ねているが、二人の間にバリ島で何があったにせよ、鳩同様にそれはすでに死んでいた。ニューヨークの美術商ウィルデンステインの下で働いていたフィリップ自身も戦時中に亡くなった。

おそらく、クレミーとこの上品な男性との間には単なる浮気よりも少し深い何かがあったのだろう、というのは考えすぎだろうか。しかし、バリ島の鳩の件については二つはっきりしていることがある。一つには、鳩が何を象徴していようとチャーチルはこの件について知っており、理解し、許していた。そうでなければ自宅の庭に妻の休暇中の恋を象徴する祭壇の設置を許すはずがない。

二つ目はフィリップがクレミーに何をしたにせよ、どんな思いを抱かせたにせよ、クレメンティーンと夫との間の愛情にはまったく何の影響も与えなかったということだ。彼女は家に向かうヨットから夫に宛てて手紙を書いた。「私の愛するウィンストン、私が出した航空便が軽やかに飛んでいきます。ヨハネがイエスの到来を予告したように、この手紙が私より先にあなたの元に届くでしょう。そして私があなたを愛し、あなたの腕に抱かれることを待ち焦がれていると伝えてくれるでしょう」。これがほかの男性との猛烈に熱い情事の最中の女性が書いたものに聞こえるだろうか？　もちろんそういう可能性もあるが、私が思うにはこの場合はそうではないだろう。

チャーチルはこんな返事を書いた。

私の愛する子猫ちゃん、あなたのことをよく考えます。長い人生をともにしてきたこと、この楽しい谷間でこれから何年もともにすごすことを考えるとうれしい気持ちになります。私は時折政治についてやや幻滅することがあり、あなたに慰めてもらいたく思います。しかし、この旅はあなたにとって大きな経験であり、冒険でもあり、人生に新たな背景と、より大きな意味を与えたと感じています。ですから長い旅行であったからといってあなたを恨んではいません。でも今は帰ってきてほしいと切に思っています。

この手紙からは、チャーチルが自分の妻に対してひどい要求をしてきたことを自覚している様子が感じ取れる。また、彼女の不在はもう十分すぎるほどで、どうしようもなく彼女を必要としていることがわかる。チャーチルはクレメンティーンとフィリップとの戯れの恋をなぜ許したのだろうか、何か許すべきことがあったと仮定しての話だが。理由は彼が彼女を愛していたからだ。世界は彼女に大きく感謝しなければならないだろう。チャーチルの死後、イギリス政府も彼女の功績を認めて、爵位を与えた。

クレメンティーンがいなかったら、チャーチルはその偉業を成し遂げることができなかっただろう。彼女はしっかりと根を下ろした家庭の土台を彼の人生に与えた。チャートウェル邸、その九人の使用人と二人の庭師を管理しただけではなく、四人の子供たちのあくなき精神的、物理的要求にこたえた。家庭や家族をきりもりするという面においても彼女は間違いなく成功をおさめた。

ダイアナ、ランドルフ、サラ、メアリーという四人の子供を育て上げるのは楽ではなかったに違いない。子供たちは全員が常に幸せというわけではなかったが、全員が立派な勇気ある大人に育った。時間のあるときは愛情あふれる父親だったウィンストンもさることながら、なによりもクレメンティーンの影響が大きい。

クレメンティーンはチャーチルの行き過ぎた行為に抑制をかけ、他人のことをもっと考えるように諭し、自己中心的な性格を改善し、彼の愛すべき側面、そして人々の称賛の対象となる美徳を引き出した。一九四〇年にこのことが持つ意味は重大であった。イギリスは大衆が理解できる指導者を必要としていた。好感が持てて、ぶれない、本物のリーダーを求めていた。

戦時に国を導く者として、チャーチルは国民の共感を得る必要があった。国民もチャーチルの思いを共有する必要があった。イギリス国民は共感どころか、彼を自分たちの代表、イギリス国家の象徴と見るまでになった。チャーチルにとっては幸いなことであった。

18歳のウィンストン・チャーチル。
キャンフォード・マグナのおばの家にて
――1892年――

父、ランドルフ・スペンサー・チャーチル
——1921年——

母、ジェニー
——1921年——

シドニー・ストリート包囲戦。
警察とスコッツガードに囲まれて
現場にあらわれた
チャーチルと秘書のエディー・マーシュ
——1911年——

ドイツ軍によるブリストルの空爆被害を
妻クレメンティーンと在英アメリカ大使、
ジョン・ギルバート・ウィナントとともに視察するチャーチル
——1941年——

チャーチルとクレメンティーン。
選挙運動中、チグウェルにて
——1945年——

第10章

代表的英国人

一九四〇年七月末。戦況はイギリスにとって絶望的な状態だった。英海外派遣軍の最後の部隊はとっくの昔にフランスからほうほうの体で逃げ帰ってきていた。ドイツ軍はイギリス空軍を殲滅させようとしていた。チャーチルはイングランド地方北東部ハートルプールの防衛体制の視察に出向いた。ここは第一次世界大戦でドイツ海軍から砲撃を受けた町だ。

チャーチルは、米国製のトンプソンM1928を持つ、あるイギリス兵士の前で足を止めた。兵士の手から銃身を摑むようにして銃を抜き取った。そして、イギリスの沿岸をパトロール中の兵士のように銃口を下前方に突き出した。このとき撮られた写真はチャーチルのドイツへの抵抗の意思を示す重要なイメージの一つとなった。

じつのところ、この写真があまりにも強烈で人目を引いたため、両陣営はプロパガンダとして大いに利用した。ナチスの宣伝大臣ゲッベルスはすぐにトミー銃を持つチャーチルの写真をチラシに印刷し、戦争犯罪人かつ悪党、そして米マフィアのアル・カポネよろしく凶器を見せびらかすことを楽しむ人物だと非難した。

イギリス側も背後の鋼鉄製ヘルメットをかぶった兵士たちの姿を削除したうえで、この写真を活用した。写真が伝えるメッセージはドイツ側とはかなり違っていた。ありとあらゆる種類のコーヒーカップ、ティータオル、ポスターなどに使われた写真に写っているのは、いまだに山高帽などというものを被っている風変わりなお爺さんの姿である。この老人こそがイギリスの命運を握っているのだった。チャーチルはこの帽子を一九一九年、ロンドンのセント・ジェームズにある「ロック」で購入したという記録が残っているが、当時でもとっくの昔に流行遅れになっていた代物である。

そんなチャーチルの帽子姿はアメリカの喜劇役者、スタン・ローレルのようで笑いを誘った。水玉の蝶ネクタイと縦縞のスーツはいなかの弁護士のように見える。しかし、このポスターは見ている人にこんなメッセージも伝えた。このチャーチルという男は何度も実際に銃を使った経験がある。スライドを引き、弾を込めて撃つことができる。

実際、チャーチルはトミー銃の撃ち方を知っていた。月並みな表現ではあるが、この写真にはどこか象徴的意味があった。というのも一九四〇年当時、チャーチル自身が文字通り、イギリスの象徴となっていく過程にあった。

チャーチルはイギリス精神、つまりは不屈の魂そのものに生まれ変わりつつあった。あのふっくらと丸みのある頬、陽気さが漂う上向きの唇、実直そうな目を思い浮かべていただきたい。二〇〇年以上にわたり、ヨーロッパのどんな敵に対しても、荒っぽくも陽気な典型的イギリス国民として描かれるあの恰幅のいい紳士〝ジョン・ブル〟がチャーチルにのり移ったかのようだった。チャーチルは一八世紀のナポレオン時代から出版物やプロパガンダで使われたこの典型的イギリス人像を思い起こさせる資質をふんだんに備えていた。

ずんぐりとした体型、陽気で騒がしく、贅沢な暮らしを愛し、多くの人がうんざりするくらいの愛国心がある。しかしこの度を超えた愛国心こそ、第二次世界大戦の危機の最中において、最も必要なものだった。チャーチルのライバルとされた政治家ハリファックス、チェンバレン、外交官スタッフォード・クリップス、イーデン、アトリー。彼らの愛国心はその域には達していなかった。

当時、ほかのイギリスの政治指導者がトミー銃を手にし、その姿を写真に撮られていたらただではすまなかっただろう（実際に、今でも銃を手にして写真を撮られるのは政治家にとっては絶対のご法度とされている。銃に触ろうものなら広報担当者が金切り声を出すだろう）。どの政治家も銃を持って様になるほどの威厳に欠けていたし、チャーチルのような個性、外見、カリスマ、切れ味を持っていなかった。

戦時に国を主導し、深刻な不安感が広がるなかで国民を一つにまとめるには、政治家は、深く感情に訴えかける手法で「国民とつながる」必要がある。抗戦する理由を論理的に訴えるだけでは十分ではなかった。勇敢であれと強く勧めるだけでは不十分だった。

国民を振り向かせ、励まし、焚き付ける必要があった。国民を笑わせ、さらに敵を笑えるようにできればなおよい。国民を動かすには、チャーチルは国民とイギリスの基本的な国民精神ともいうべきものを通じて、どこかで一体になる必要があった。

ではイギリス人の主たる特徴とは何か。イギリス人たち自身にいわせればこういうことになろう。まずはどこかの国の人々とは違って、素晴らしいユーモアの感覚がある。シェークスピアが『オセロ』で酷い飲酒の歌をイアーゴやカッシオに歌わせてからというもの、イギリス人はオランダ人を泥酔させ、デンマーク人を酔い潰すほど酒が強いことを誇りとしてきた。イギリス人はまた、過度にやせている人には若干の不信感を持つ傾向がある（今やイギリスは世界第二の肥満大国だ）。そして一般的に、イギリス人は、自分たちの国は奇人、変人、変わり者の宝庫であると考えている。

チャーチルの山高帽の下には、ユーモア、大酒のみ、肥満、変わり者という四つの特徴すべてが収まっていた。一九四〇年時点でのチャーチルの役割を考えると、興味深いのは彼のこうした性格がどれだけ作為的だったのかという点だ。すべてが完全に無意識に自発的に発生したのだろうか？　あるいは、チャーチルは本当に自己演出、情報操作の達人だったのだろうか？

公の場でのチャーチルの光り輝くような個性は、チャーチル本人とその関係者がつくった伝説であったという見方をする人は少なからずいる。ただひとついえるのは、チャーチルの不遜さ、時に棘のある機知といった性格はまさにジョン・ブルそのものであった。

チャーチルの唐突で、痛快で、皮肉っぽい振る舞いについての逸話にはことかかない。彼はそういう話の宝庫であるともいえる。しかし調べてみると、その大部分は真実ではなさそうだ。少なくともチャーチルらしくはない。

たとえば、チャーチルが清廉なメソジスト教会の司祭の隣に座っていたときの話がある。二人はカナダで、あるレセプションに出席していた。美人で若いウェイトレスがやってきて、トレーからシェリー酒のグラスを差し出した。チャーチルはグラスを手に取ったが、司祭はこう言った。

「お嬢さん。私はシェリーよりもあなたがほしい」。

ここでチャーチルは女性に手招きして言った。「お嬢さん、ちょっとお待ちを。シェリーかあなたかということでしたら私も……」。私が間違っているかもしれないが、これは本当の発言ではなく、ユーモア誌に載っている大人のジョークからとったもののように思える。チャーチルの発言とされたのは、そうしたらもっと面白くなるからだろう。

こうした話が光るのはチャーチルのイメージを際立たせるからだ。チャーチルはいかにもこういう人物だと人々が思っていたのである。逸話のいくつかはチャーチル以外にありえないと思わせるものだが、それにしても信憑性に欠ける。たとえば北極圏に向かうイギリス軍のライフルの銃口に使うための特別な「さや」についての話もそうである。さやはコンドーム・メーカーが製作し、長さは一〇インチ半［約27センチ］であった。チャーチルは引き渡し物品をチェックし、新しいラベルをつけるよう命じた。「外箱、内箱、そして一つひとつの包みに以下の文句を入れたラベルを貼るように。『英国製、サイズ＝中』。ナチスがこれを奪ったときに、思い知るのだろう。どちらが優越した人種であるのかを」。こんな下世話な話を紹介することをお許し願いたい。しかし、似たような話はほかにもたくさんある。

近年の調査で、長い間チャーチルの逸話と信じられてきたものの一部も根拠がないことが明らかになった。私のお気に入りだったナンシー・アスターについての逸話もどうやらこの類のようだ。米バージニア州生まれのアスターはのちに渡英し、イギリス初の女性国会議員（下院）となった。つねに自分の見解をはっきりと主張する人物で、英独開戦前の一九三〇年代にはヒトラーのことを有能で立派な人物だと評していた。

アスターはチャーチルにこう言ったといわれている。「ウィンストン、もし私があなたの妻だったら、コーヒーに毒を入れてやるわ」。チャーチルはこう答えたという。「ナンシー、もし私が君の夫だったら、そのコーヒーを飲むだろう」。この素晴らしい切り返しはチャーチルのものではないことはほぼ確実になっている。仮にそうだとしても、誰かの受け売りだったと思われる。

チャーチルの伝記作家マーティン・ギルバートはこの発言はチャーチルではなく親友の元財相F・E・スミスのものだとしているが、その後の調査で、一九〇〇年に発行されたアメリカのシカゴ・トリビューン紙の「今日のジョーク」というコーナーに書かれていたことがわかった。アメリカ滞在中の若きチャーチルがたまたまこれを見つけ、アスターへの反撃に使えるように取っておいたのだろうか。そういうことでもないだろう。たんに誰かがジョークを使いまわし、もっと面白くするためにはいかにもと思えるような有名人が言ったことにしたという可能性が高そうだ。

これは私の両親から聞いた話だが、チャーチルは一度、文章を前置詞で終えることに対して苦言を呈した傲慢な公務員を叱責したことがあったという。この時チャーチルは、無理やり言葉の順序を変えて「これは英語の種類であるところの、私が我慢できない」（これは私が我慢できない種類であるところの英語だ）と言ったそうである。

私はこれを実話だと思ってきたが、そうではなく、ストランド誌に掲載された、誰が書いたかわからないジョークの一つだった。チャーチルが言ったことにすれば、もっと面白くなると誰かが思ったのだろう。チャーチルの言葉として知られている「将来、ファシストたちは自分たちを反ファシストと呼ぶだろう」も実際は彼のものではない。

聞く人の政治的信条によっては間違いなく深い意味を持つ言葉ではあるが。

さらに、第二次世界大戦中、イギリスに亡命していたフランスのシャルル・ドゴール将軍との関係についてチャーチルが言ったとされる辛辣な一言も実話ではないことを知り、私はがっかりして涙が出そうになった。チャーチルはドゴールとのやりとりに疲れ果て、うんざりしてこう言ったといわれる。「これまでに私が持った最も重い十字架はロレーヌ十字だった」。ロレーヌの十字架とは、ドゴールが率いた自由フランスのシンボルである。実際にこう言ったのは駐仏外交官だったスピアーズ将軍だった。といっても誰かこの将軍のことを覚えている人はいるだろうか？

劇作家ジョージ・バーナード・ショーが自分の芝居の初日の切符二枚をチャーチルに送ったときの話も有名だ。「友人もご一緒にどうぞ。あなたに友人がいればの話だが」というメッセージがついていた。チャーチルは球を打ち返した。初日には行けないが、二日目には行けそうだ。「もし二日目の公演があればの話だが」と。

しかしこれもつくり話である。ケンブリッジ大学の博識なアレン・パックウッド教授がショーとチャーチルが書いた書簡を見つけ、こんなやりとりはなかったと完全に否定している。チャーチルは自分が言ってもいないありとあらゆるジョークまでもブラックホールのごとく吸い込み、それらは結局、彼が言ったことになってしまうのである。そこで当然、チャーチルが本当にあれほど機知にとんだ人物ではなかったのではないかという、私に言わせれば見当違いの疑問も出てこよう。

チャーチルが毒舌家であったという話と同様、大酒飲みであったという話も割り引いて聞く必要がありそうだ。実際にチャーチルは早朝からウイスキーと水を飲んでいたが、彼の娘によるとこれはグラスの底にほんの少しジョニーウォーカーをたらすだけのごく薄いもので、酒というより「マウスウオッシュ」に近いものであったという。

彼のトレードマークでもある葉巻について言えば、執事やそのほかのたくさんの関係者によると、チャーチルが最後まで吸いきるのは非常に珍しく、たいていは一本の葉巻の半分か三分の一を灰皿の中に残していた。タバコが自己演出になることをチャーチルは熟知していたのである。一九四六年、米ミズーリ州フルトンで演説を行ったときのことだ。チャーチルは会場近くで車を止めるように命じ、ポケットから葉巻を一本取り出すと、火をつけないままくわえた。

「トレードマークを絶対に忘れるな」とチャーチルはまさに自身のトレードマークとなったうなり声で言った。シェークスピアの『十二夜』に出てくる、自堕落なトビー・ベルチとは大違いで、チャーチルは、自分なりのやり方でだが、驚くべき自己鍛錬を見せた。ダンベルを使って体を鍛え、誰よりも熱心に働いて仕事を片付けた。こうしたことすべてを考え合わせると、彼の派手で多弁なスタイルは計算ずくのパフォーマンスで、どこかから拝借した場合もあったのだろう。たとえば、占領下の欧州で反ナチスの国民が自由を意味する「vrijheid」[フラマン語で「自由」]という言葉を建物に書きなぐっていたのにヒントを得てチャーチルがあの二本の指をV字型に立てる「勝利のV」の仕草を思いついた一件がある。

チャーチルはもったいぶった気取り屋だったのだろうか？　そうではなかった。ただし誰しもが多かれ少なかれ自分が自分に与えた役割を演じているものではある。チャーチルがほかの人と違ったのは、公的な姿、つまり彼のイメージが、現実の本人と驚くほどに一致していたことだ。

チャーチルは欧州大陸からVサインを拝借したのかもしれないが、いかにも彼らしいのはこれを自己流にアレンジしたことだ。この二本指のサインをくるりと反転して手のひらを相手に向け、敵に対して「失せろ」という意味も表現した。また、どう見てもチャーチルの飲酒量は相当なものだった。一日にポル・ロジェのシャンパンを一パイント飲み、これにランチには白ワイン、ディナーには赤ワイン、夕食後はポートワインかブランデーを飲んだ。一九三六年には賭けに敗けて一年間、ウイスキーを飲まなかったが（薄めたものは除く）、アルコール飲料の大量摂取はやめなかった。チャーチルの私設秘書の話によれば、普通なら再起不能になるほどの量であったという。

また、チャーチルは、男らしさを示すために思わせぶりに葉巻を手にしていたわけではない。秘書の話によれば、チャーチルは大きなキューバ製の葉巻を一日に八本から一〇本吸っていた。数インチは火をつけないままで残し、最後にはその大部分がチャートウェル邸の庭師のパイプに詰められることになったが、このペースで吸えば年間三〇〇〇本、生涯二五万本というじつに大量の摂取量となる。

酒や葉巻の大量摂取にもかかわらず、チャーチルは八〇代で血圧一四〇／八〇を維持した。彼の身体は災厄までも呑み込んでしまうイギリスという国の象徴であるかのようだった。シェークスピアの『ヘンリー四世』に出てくる、陽気でユーモアがあるフォルスタッフを連想させるエピソードもある。チャーチルがどのように家で食事をしたかを伝える文章だ。チャーチルにインタビューするためにチャートウェル邸にやってきたある男性によると、チャーチルはすべてを一度に食べたがったそうだ。とくに何を先にということはなかった。フォーク一杯に突き刺したステーキ・アンド・キドニー・パイを食べ、葉巻を吸い、チョコレートをむさぼるように食した。ブランデーをごくりと飲み、パイにまたフォークを突き刺す。その間絶え間なくしゃべり続けていた。

チャーチルのユーモアのセンスやウイットについては、驚いたことに逸話の多くがまったくの真実であった。このために多くの出どころの怪しい話までもがチャーチルに結び付けられることになった。砂粒というか、石ころのまわりには本物の真珠がまざっていたのだ。

チャーチルには膨大な数の真実の逸話が存在するため、真偽の見きわめが難しい。それをいいことに、つくり話の達人がさらなる逸話を加えた。一九四六年、チャーチルが少々「疲弊し、感情的」になっていたときに、大柄な女性議員、ベッシー・ブラドックに会ったのは本当である。ブラドックは筋金入りの労働党員で、かつて保守党議員の一部はマシンガンで撃たれてしまえばいいと言ったことがあった。

チャーチルに向かってブラドックはこう言った。「ウィンストン、あなた酔っていらっしゃるわね」。チャーチルは「あなたはぶさいくでいらっしゃいますね。私の酔いは朝には覚めるだろうがね」。この表現は今では許されないほどひどいものだが、挑発したのはブラドックのほうなので、自業自得である。とにかく、チャーチルは完全に酔っていたわけではなく、ボディーガードのロン・ゴールディングによると、チャーチルはほんの少し「ふらふらしていた」だけだった。チャーチルの返事は即答であったのでなおさら効果的だった。

チャーチルの友人のF・E・スミスはかつてこう言った。「チャーチルは気の利いた即興のコメントを準備するために人生最良の時を費やした」。ふと出たこの発言だが、デイリー・エキスプレス紙による「史上最高の侮辱ランキング」で首位となっている。

チャーチルのトイレにまつわる話は本当だった。「ロード・プリビー・シール〔君主の私的な印章を管理する役職〕に伝えてくれ。今便所《プリビー》に封印《シールド》されていて、一度に一つの糞しか処理できないと」。チャーチルは大声でそう言ったという。

ここでも、チャーチルの「交差対句法」、つまり言葉の順序を思いもかけない方法で変えることへの愛着が見て取れる。たとえば「終わりの始まり／始まりの終わり」「私は自分の創造主と会う準備があるが、創造主が創造物であるところの私に実際に会うという大きな試練に対し準備ができているかどうかは別の問題だ」。「私たちは建物を形成し、建物が私たちを形成する」「アルコールが私から取り出したことよりももっと多くを私はアルコールから取り出した」。ほかにもいくらでも似たような例がある。

時には、根っからのつくり話に見えるものがじつは本当だったこともある。実際にチャーチルの口から出た言葉だったと。アメリカで講演旅行中に冷たいフライド・チキンを出されたときのことだ。

「胸肉をいただけますか」とチャーチルは女性の接客係に言ったらしい。「チャーチル殿、アメリカではムネ肉、モモ肉とは言わず、白身の肉、赤身の肉という表現を使います」と彼女が答えた。翌日、その接客係の女性は主賓のチャーチルから見事なランの花を受け取った。花に添えられたカードにはこう書いてあった。「これをあなたの〝白身の肉〟の上につけていただければ光栄です」。

この話は絶対に嘘だろうと思っていた。しかし、チャーチルの孫シリア・サンディーズが本当だと教えてくれた。「どこで聞いたのですか?」と聞くと、「本人から」とのことだった。これには反論できない。

チャーチルのユーモアは抽象的かつ口語的である。巨大な英語の語彙を駆使したうえに、英語からの借用語を多数取り混ぜたフランス語「フラングレ」の史上最高級の使い手でもあった。ドゴールに対し、英語で「精算する、始末する」という意味の「liquidate」をそのまま使って次のように脅したという。「友よ、よく覚えておいてほしい。私を裏切ったらあなたを liquidate するだろう」。

全体がそのままチャーチル製ではないとしても、「始末する」のあたりは本当にそう言ったらしい。これらの話はどれも面白いだけでなく、唖然とするほど無礼なものであった。チャーチルは労働党の指導者ラムジー・マクドナルドを「臆病な羊の皮をかぶった臆病者」と呼んだりもした。さらに、英国議会の名物ともいえる毒舌のなかでもとびきりの、侮辱的発言を行った、辛辣な発言で有名だった父ランドルフが聞いたら、息子よ、あっぱれだと誇りに思ったことだろう。

子供の頃、有名なリングリング・ブラザーズ・サーカスに連れて行ってもらったことがある。奇人や怪物の見世物を出すサーカスだ。プログラムのなかで私が一番見たかったのは『驚異の骨なし』であった。両親はこれが子供に精神的にダメージを与えると判断したため、私は五〇年間待たなければならなかった。そして今やっと、国務大臣席に座っている『驚異の骨なし』を見ることができた。

厳格な労働党議員スタッフォード・クリップスは、今となっては信じられないことだが、戦時中には一時チャーチルのライバルとしてもてはやされた。チャーチルは思い上がった様子のクリップスを見てこう言った。「彼のご加護がなければ、神でさえやっていけないらしいよ」。これは一六世紀に迫害された英プロテスタントの聖職者、ジョン・ブラッドフォードが処刑される者を見て言ったとされる「神のご加護がなければ、私も殺されていただろう」という言葉のパロディーである。チャーチルは同僚に対しても無礼な態度をとった。一九四五年、閣僚のラブ・バトラーの周りに集まった保守党の初当選議員たちを、チャーチルは「たんなる女々しい男たち」と言い捨てた。あるときは、秘書アンソニー・モンタギュー・ブラウンから、バトラーとイーデン外相がチャーチルに会うために部屋の外で待っていると告げられると「消えうせろ、せいぜい二人でいちゃついているがいい」と答えた。

待っている二人に自分の声がはっきりと聞こえていることがわかっていたので、チャーチルはブラウンが部屋を出た後、「文字通りにとらないでくれ」と叫んだという。これはチャーチルにまつわる、多くのまことしやかな古い冗談の一つで、チャーチルの重要な政治的姿勢を示している。それは、ブルドッグのような、あるいはジョン・ブルのような手に負えない好戦性だ。チャーチルのこうした性格は万人受けしたわけではないが、戦時においてはこのうえなく陽気で、弁が立ち、ヒトラーとナチスを懲らしめてくれる人物が求められた。チャーチルのようにヒトラーを〝シックルグルーバー伍長〟、ナチスを〝ナーチス〟などと面白おかしく呼ぶような人間を。

　民主主義国家を戦争に動員させるには指導者も民主的でなくてはならない。チャーチルは同時代の政治家の誰よりも民衆に近かった。軽妙な見出しをつける大衆紙サンが見出しでやるような語呂合わせや言葉遊びをチャーチルは好んだ。社会主義者のユートピアを〝行列天国《キュートピア》〟と呼び、飼っている鶏の小屋を自らの生家、ブレナム宮殿をもじって〝チキナム宮殿〟と名付けたりした。鶏と言えば、一九四一年一二月、カナダ・オタワに行ったときのエピソードがある。チャーチルは自分がいかに仏ビシー政権のペタン首相や徹底抗戦か否かで揺れたフランス国民にひどい仕打ちをしたかを話した。「フランスが何をしようと、イギリスは一国でも戦い続けると警告すると、フランスの軍指導者たちは首相と優柔不断な内閣にこう言ったらしい。『三週間でイギリスは鶏のようにその首を捻られるだろう』。鶏を舐めるな。捻れるものなら捻ってみろ！」

　聴衆は笑った。それはチャーチルが抜け目なく北米の聞き手に向けてアメリカ英語的な言い回しを使っていただけでなく、厚かましさやずうずうしさをも意味する「首」という言葉を使った絶妙な言い回しだったからだ。

チャーチルのいかにもイギリス人らしい最後の一面は、日常的に使っていた風変わりな言い回しである。彼は自分にしっくりくるような独自の言葉を作った。たとえばマウントバッテン伯爵を陸上・水上・空中のいずれの戦闘にも機能を発揮できる〝トリフィビアン〟と呼んだり、武器貸与法に基づくアメリカからの支援を「非非道徳的」と表現した。この言葉が使われたのは後にも先にもこのときだけだ。チャーチルはホチキスの針やペーパークリップの代わりに両端に金具がついたタグを使っていた。そしてこれを使って書類をまとめることを〝クロップする〟と言っていた。

チャーチルはよく「クロップをくれ！」と大声で言い、秘書のメアリー・シアバーンには「私が〝クロップ〟と言ったらだな、シアバーンさん、クロップのことなんだよ」。新たに雇われたばかりの秘書キャサリーン・ヒルはチャーチルにクロップを要求され、ドイツの歴史家オンノ・クロップが書いた『スチュワート家の没落』という一五巻もある本を渡したという話は有名だ。このときチャーチルは「何だこれは!?」と言ったという。

チャーチルはアメリカのコメディアン、ローレル＆ハーディが被っていたような時代遅れの帽子を愛用していただけでなく、自分でデザインした服を実際に着て人々を驚かせた。その一つが青と赤のビロード製つなぎ服だ。これを着たチャーチルは年を取った赤ん坊のように見えた。

この風変わりな服装に身を包んだチャーチルがワシントンの報道陣の前に姿を現したときの素

晴らしい写真がある。チャーチルは、プレイボーイ創刊者のヒュー・ヘフナーがパジャマ・パーティーに向かうときのようなにやにやした顔をしていた様子を髣髴させる。山高帽以外にも変わった帽子を次々と着用した。チャーチルが気に入らない帽子はないとまでいわれたが、そこまではなかった。塹壕でスコットランドのグレンガリー一族に由来するフェルトやウールでできた縁なし帽グレンガリーを被った自分の姿を鏡で見たチャーチルは「何だこれは！」と叫び、帽子を脱ぎ捨てたという。

膨大な数の靴を持っていたイメルダ・マルコスの帽子版がチャーチルだった。トップハット以外にも、マリンキャップ、消防士の帽子、ロシアのアストラハン産の子羊の毛皮製の帽子、フランスの軍帽ケピ、熱帯地方でかぶるヘルメット型の帽子トーピー、柔らかなフェルト製の中折れ帽子フェドーラやソンブレロも持っていた。あとアメリカインディアンの頭飾りさえあれば、ビレッジ・ピープルのメンバー全員を一人で演じることができただろう。生涯を通じてチャーチルは人を楽しませるのが好きなショーマンであり、外交的で、芝居がかっていて、人を笑わせた。サンドハースト陸軍士官学校で仮装舞踏会に出るために仮装をしたときの写真がある。詳細にメークアップを施し、注意深く白い顔用ペイントを塗っている。扮したのは道化のピエロだった。

チャーチルは自分の個性を投影する方法を知っており、戦時のイギリス国民は心の中に自分たちのイメージを投影できる人物を必要としていた。断固としていて、好戦的な一方で、朗らかで元気付けてくれるような人物だ。チャーチルだけがその役割を果たすことができた。なぜなら、彼がまさにそのような人物だったからだ。

イギリス国民は、ある意味で、彼の変わった習慣やユーモアを通じて、なぜイギリスが戦っているのかを理解した。馬鹿げた帽子、つなぎ服、葉巻、そして過度のアルコール消費を通して、チャーチルは自分の政治哲学の核心を、身をもって示したのである。それはイギリス国民が自由に人生を生き、自分がやりたいことをやりたいようにやるという譲ることのできない権利であった。

チャーチルを見れば、彼の生き方とナチスのぞっとするような生真面目さ、画一性、尊大さとの間の大きな違いが見えてくる。なにより、ヒトラーが禁酒家だった。人生を不幸にする欠陥である。

身をもって実践した個人主義とその強烈なキャラクターによって、チャーチルは「この戦争は何か」を表現した。戦争が終結した後の一九四五年の総選挙では労働党指導部をゲシュタポと同等視するという過ちをおかしたあげく選挙に負けてしまったが、戦争遂行にはチャーチル流のキャラクターが間違いなく必要であった。

一九四四年三月末、チャーチルは再度、トミー銃を抱えている姿を写真に撮られた。のちに米大統領となるアイゼンハワーとノルマンディー上陸作戦用の軍隊を視察した際のものである。今回は、チャーチルは実際に銃の狙いを定めている。銃を肩の上に載せ、フランスの方を向いている。前回と同じ縦縞のスーツに山高帽といういでたちだ。偶然とは思えない。四年前の写真をわざわざ思い出させ、「だからあのときこの戦争には勝てると言っただろう」とでも言っているかのように見える。

チャーチル的な資質《ファクター》こそ、イギリスが彼を選んだ理由である。人の支配を受けない人物、変幻自在な政治姿勢が政党政治の制約を打ち破ることができる人物として見られることが、チャーチルにとってはほかのどの政治家よりも重要だった。

チャーチルが左右両派を引き付けることができた理由の一つは、政治家としての第一歩を社会改革者として踏み出し、そして労働者の福祉を向上させるために実績を残したからであった。

第11章

時代を先取りした政治家

アドルフ・ヒトラーはマンチェスターにあるミッドランド・ホテルの写真を見ていたく感銘を受け、イギリスを屈服させ、支配者階級を銃殺するか鎖をつけて連れ去った暁にはナチスの本部にしようと考えた。たしかに、何とも素晴らしいホテルである。エドワード朝ゴシック様式の粋をつくした壮大な赤レンガの建物だ。三一二の客室、ミシュランの星をとったレストラン、ヘルスセンターがあり、部屋には最新式のティーメーカーが備わっていた。私もここに何度か宿泊したことがある。早朝には素晴らしいイギリス式朝食のルームサービスを利用した。ボリュームもたっぷりで、その日は一日中空腹とは無縁だった。

このホテルは、一時期ウィンストン・チャーチルの仮の住まいでもあった。一九〇六年、マンチェスター・ノースウエスト選挙区で選挙戦を行っていたチャーチルがここを拠点としたのである。

下院議員は選挙区に「自宅」を置くべきという道徳的なプレッシャーはなかった頃の話だ。当時でさえも、いやたぶん当時だったからこそ、ミッドランド・ホテルは贅沢の限りが尽くされていた。オープンからまだ三年しかたっておらず、その建築費は一〇〇万ポンドを超えたという。ホテルには講堂まであって、三一歳のチャーチルが立候補したマンチェスターの一角にある貧困地区とは際立った対比を見せていた。

ある寒い冬の夜、チャーチルは忠実な秘書、エディー・マーシュとともにのんびりと街に出た。ホテルからそれほど遠くないところにある貧困街でチャーチルは「こういうところに住んだらどんな気持ちがするんだろうね」と感想を述べた。そしてあたりを見回しながらこう言った。「美しいものは一つもなく、おいしい食べ物には一切ありつけず、知的な会話など望むべくもない暮らしなんて！」

この発言は世間の反感を買った。貧しい人を見下している、と。チャーチルはあまりにも世間離れしているために、低収入の人がまともな会話をすることを想像できないのだと。貧しい人々についてあまりにも無知であるために、まともなものを食べていることが信じられないのだと。

この話はマーシュのつくり話ではなさそうだが、チャーチルが一字一句その通りに言ったかどうかは定かではない。いずれにしてもこの一件は、チャーチルは昔からいくぶん保守反動のエリート主義だったという説の裏付けとなっているのはたしかである。

結局のところ、チャーチルは優生学を信じており、さまざまな機会において路上生活者の隔離、不適格者への不妊手術を支持するような社会進化論の信奉者であった。人間は質的に異なる「人種」に分かれると実際に発言してもいる。現在の私たちからすれば知性を疑われるような発言だ。また、外国人に関しても当時はそれが普通であったとはいえ、今ではタブーであるような表現をした。

妻のクレメンティーンに宛てた手紙のなかで、チャーチルは彼女の帰宅の準備のためにチャートウェル邸で子供たちが「黒人のように」働いていると自慢した。一九三〇年代の日中戦争を「黄色い人たち同士の喧嘩には興味がない」と言って無視した。

チャーチルは英領北アイルランドの統一を目指すアイルランド共和軍の政治組織シン・フェイン党に「爆弾を落とすか、マシンガンで攻撃する」ことを望んだ。同党の代表者は今日、ウィンザー城の祝宴に招待されるまでになっている。チャーチルはロシアのボルシェビキは「粗野な人間」で、共産主義は「精神及び倫理上の深刻な病」と述べた。また、こんなことも言った。「ボルシェビキを承認するのなら、異常性行為も合法化してもいいぐらいだ」。今日の常識からいえばありえない発言だ。

こうした表現を大幅に控えないかぎり、現在のイギリスでチャーチルをどの公務にも任命する人はいないだろう。チャーチルはマハトマ・ガンジーに譲歩することは「トラに猫の肉を与えるようなものだ」とも言った。故ガンジーは今やインド建国の父として尊敬されている。熱心な菜食主義者であったガンジーにとって、この表現はとりわけ不適切であった。

これ以上保守派らしいふるまいがあるだろうか？　こういう話もある。労働党によると、一九一〇年、内務大臣だったチャーチルはウェールズ地方トニーパンディの町でストライキ中の炭鉱労働者たちを押えつけるために軍隊を送った。一九一一年、リバプールでスト中の港湾労働者たちに対し、チャーチルが軍隊の派遣に許可を与えたのは事実である。一九二六年のゼネストでは、大量のスト破りの印刷工やジャーナリストを使って、激しくストを批判する政府のプロパガンダ紙「ブリティッシュ・ガゼット」を発行した。スト期間中、ＢＢＣは閉鎖されるべきと主張し、「若干の流血もやむをえず」という論調で、運輸労働者たちの「首根っこを押さえ」たがった。チャーチルの好戦的な手法は労働党や労組や、同僚の自由党にも非難された。

ここまで聞いて、まだチャーチルは左派系リベラルの腰抜けというイメージをお持ちだろうか？　ＢＢＣの放送を禁止する？　暴動やモノを壊したぐらいで、スト中の港湾労働者を撃つだって？　ゴルフクラブのバーで酔っぱらった男性が言うようなことではないか。しかしこのチャーチルが、過去二〇〇年間で最も進歩的な法律の一部をつくったのも事実である。ロイド・ジョージとともに、チャーチルは福祉国家イギリスの誕生に大きく貢献した。

チャーチルの第二次世界大戦での功績があまりにも有名なので、社会改革者としての偉業がかすんでしまっているが、今日も燦然と輝き、仰ぎ見られるべき功績である。チャーチルはロイド・ジョージから多大な影響を受けた。実際、ウェールズ出身の弁護士、ロイド・ジョージは、チャーチルが敬意を表して従った数少ない人物の一人であった。しかし、チャーチルの社会政策は彼自身のアイデアを全力で実現しようとしたものである。

始まりは一九〇八年の職業局法案で、これは低賃金で悪条件、いわゆる「苦役労働」で働く労働者の支援を目的としていた。その大部分はロンドンのイーストエンド、イングランド地方北部のリーズやマンチェスターで洋服を縫う女性たちだった。賃金はとくに東欧からの移民労働者によってさらに低くなっていた（今日でも同じことが起きている）。職業局法案は一定の職業に対し、法定最低賃金を設定するためのものだったが、それは伝統的な自由党員、たとえば閣内にまだ残っていたグラッドストン派の議員たちにとっては未知の概念だった。チャーチルやロイド・ジョージは自由党の新勢力であり、急進派だった。

この方策がなぜ必要なのかについて、チャーチルはこう説明した。

女王陛下の国民のどの階級にとっても懸命に働いた代償が生活できないくらい低い賃金であるということは、国家的悪であります。私たちがいうところの搾取労働が発生する場所では、労働組織がなく、交渉権もなく、良い雇用主は悪い雇用主に、悪い雇用主は最悪の雇用主に出し抜かれているありさまです。その業界に全生活を依存する労働者が、副業として低賃金に甘んずる労働者に取って代わられています。このような状況が広がっている状態は、進化への道ではなく、堕落への道です。

生活賃金についての議論は今でも続いている。失業をなくすため（当時の失業率は八パーセント、失業手当はほとんどない状態だった）、チャーチルはイギリス初の職業紹介所の設置に欠かせない存在となった。一九一〇年頭までに、チャーチルと妻のクレメンティーンは一七カ所の職業紹介所を視察している。今度、現在の職業紹介所「ジョブセンター・プラス」を目にすることがあったら、チャーチルがこれを始めたということに思いを馳せてみてほしい。

チャーチルはウィリアム・ベバリッジを初めて政府の職員として雇い、職業紹介所の制度設計を依頼した。ベバリッジはイギリスの社会保障制度の構築を促した「ベバリッジ報告」によって一九四〇年代に戦後の福祉国家をつくり上げた人物だ。改革の初期のチャーチルの強力な後押しに対し、ベバリッジは敬意を表している。最初の職業紹介所についての文章のなかで、制度構築までの「当初の重要な数カ月は、所轄大臣の人格によってどれほど社会立法の成り行きが変わるかを如実に示すものだった」と書いた。

チャーチルは失業保険の創設者でもあるが、これは失業手当の前身となった。これは勤労者が週に二・五ペンス、雇用主が二・五ペンス、納税者が三ペンスを払うという拠出共済の仕組みである。もし失業したり病気になったりしたとき、決められた支払いを行っていれば、現在の価値にして週二〇ポンド相当を受けとる権利があった。それほど大きな額ではないが、最初の一歩である。「保険は〝均等の奇跡〟によって国民を救済する」とチャーチルは述べた。

もちろん長期的には、そのような奇跡は起きなかった。今日の失業手当は納税者がしぶしぶ払った税金で賄われている。共済の原則は多かれ少なかれ忘れられてしまったが、現在の失業手当はチャーチルが手がけた体制の直接の子孫である。

こうした改革は当時すべて論争の的になり、保守党の神経を逆なでした。しかしこれらは一九〇九年と一九一〇年の予算案をめぐる論戦の前哨戦にすぎなかった。デビッド・ロイド・ジョージ財相が主導したいわゆる「人民予算」は、現代イギリス史の決定的な出来事の一つであった。これは富の再配分のための明白な試みであり、不平等との闘いだったが、必然的にチャーチルのような貴族や地主階級への攻撃と見なされた。ロイド・ジョージは自由党の社会保護政策の財源として富裕層へのとりわけ土地課税を強化することを提案し、土地の売却益に二〇パーセントを課すべきと主張した。

保守党には強い敵意が蔓延し、保守党上院議員は予算案を通さないと脅した。チャーチルは待っていましたとばかりに、ロイド・ジョージとチームを組み、寄席の芸人さながらに全国を遊説して回った。

一九〇九年、貴族出身のチャーチルは、一定の土地課税は当然としても、土地の細分化につながるほどの重税は不公平だと述べた。この少し前にチャーチルはドイツ軍の大演習を視察し、皇帝に会うためにドイツを訪れていた。ドイツではイギリスで見られるようなはなはだしい階級格差は見られなかった。チャーチルはドイツの小規模農園をいくつも視察したが、富裕層は邸宅を壁で囲んだりはしていなかった。チャーチルはドイツとイギリスを比較してこのように言っている。「ドイツの状況を見ていると、イギリスの貧しい人々がいかにとんでもない不便や負担に耐えているかがわかる。この国は地主層が所有する庭園や宮殿が地を覆い尽くすようにしていて、村や産業を圧迫している」。

大きな公園！　巨大な宮殿！　それらが貧しい人の住む場所を奪っている！　ブレナム宮殿の御曹司がよく言えたものだと多くの人が感じた。チャーチルが不平等は階級間闘争につながると警告を発すると、国王エドワード七世は私設秘書を通じてタイムズ紙に寄稿して反論した。チャーチルはそれでもひるまず、予算案を投げ出そうとした貴族院に攻撃の矛先を向けた。チャーチルには貴族院議員の親戚が多くいたにもかかわらず、である。一九一〇年一月になっても「人民予算」をめぐる論争は続いた。チャーチルは「創設時の役割を完全に終えた封建制の遺物であり、とっくの昔に用済みになった勢力だ。有権者からの強烈な一撃で完全に息の根を止められるだろう」と切って捨てた。

チャーチルがこの恥ずべき存在、つまり世襲制によって議会に座る男たちを非難してから、一〇〇年以上が過ぎた。貴族院にはいまだに世襲制の議員たちがいる。それを思うとチャーチルは急進的だったか、あるいははるかに時代に先駆けていたと言えるだろう。

予算案を否決した貴族院の扱いを巡って国会は紛糾し、憲法をめぐる議論にまで発展したが、最終的にジョージ五世が国王大権で新貴族創設を可能とすることに同意し、これによって貴族院における自由党員が保守党員を上回ることができるようになったのである。これで土地所有者の貴族議員らの勢力が弱まり、ロイド・ジョージとチャーチルは目的を達成した。イギリスでその後一〇〇年に及ぶ富の再分配が始まった。

内相に就任したチャーチルは、少なくとも保守党からすれば左派そのものだった。同省の前任者の多くが量刑を長期化しようとするなかで、これを軽減し、独房監禁の使用を減少させたほか、刑務所では政治犯とそのほかの犯罪者とを区別するようにした。今日でも多くの右派がこれに反対している。チャーチルは共産主義や同性愛を言葉のうえでは攻撃したが、法の適用という点では非常に寛容であった。生涯を通じてチャーチルは人の性的指向について、いい意味で無関心であり（秘書のマーシュが同性愛者であることをチャーチルは当然知っていたと思われる）、当時犯罪となっていた行為への量刑を限定しようとした。ある男性が同性愛の罪で一〇年間の懲役を言いわたされたと聞き、チャーチルは省内の官僚にこう書いた。「受刑者はすでに懲役七年という過酷な実刑判決を二件も受けている。罪状はライムジュースの窃盗とリンゴの窃盗だ。こういう境遇の男性が刑務所で不自然な習慣を身につけるのはありうることなのではないか」。この議事録からはチャーチルの生来の慈悲深さとエドワード朝のイギリスの司法制度の残忍性が読み取れる。

保守党がチャーチルは若年層の犯罪に対して甘いと攻撃すると、チャーチルはオックスフォード大学の男子学生が羽目をはずすことで知られる「ブリンドン・クラブ」を持ち出して反論した。右派の保守党議員ウィンタートン卿が下院で、チャーチルが何人かの若い犯罪者を刑務所に入れることを拒否していると攻撃したときにこう答えたのである。「イギリスの国状にご注目いただきたい。毎年、七〇〇〇人もの貧困層の若者たちが投獄されているが、その罪状といえば、閣下がもし大学で行っていれば、一切問われることのなかった類のものである」。シャンパンでどんちゃん騒ぎをすることを単なる犯罪とひとくくりにされることに腹の虫がおさまらない下院議員もいただろう。しかも、チャーチルは大学にも行っておらず、名誉あるブリンドン・クラブのメンバーになれるはずもない人物であった。しかし、常識ある人々のほとんどがもちろん、チャーチルの意見に共感しただろう。

現代の労働党は、第一次世界大戦前のチャーチルのストや暴動への呵責のない対応を激しく非難してきた。一九七八年、労働党のジム・キャラハン首相はチャーチル家はウェールズ地方トニーパンディの炭鉱労働者に対して「復讐心」を抱いていたと述べた。つい二〇一〇年にも、サウス・ウェールズ地方議会は地元の軍事訓練キャンプにチャーチルの名前が付けられることを阻止しようとした。今でも一九一〇年にチャーチルが無防備の労働者に対して残忍にも軍隊を送ったと非難する労働党議員もいるが、まったくわかっていない。

当時の記録によれば、トニーパンディに送られた軍隊が自制して振る舞ったことがはっきりしている。当時、保守党はチャーチルを甘すぎる、軍隊を保留状態にしていると非難していた。一九一一年、チャーチルはリバプールで暴れまわっている港湾労働者たちを押さえるために軍隊を送った。このとき軍隊が発砲したことも事実だ。しかし、労働者たちによる破壊行動の被害は甚大であり、事態を鎮める必要があった。チャーチルは個人的にはスト参加者に同情していた。トニーパンディの炭鉱労働者についても「非常に貧しく、情けないほどの賃金であり、今や飢餓の寸前だ」と述べている。ロンドンでストを行っていた港湾労働者について、「きわめて悲惨な状況にありました。ストで勝ち得た大幅な賃金増によって、過度に逼迫した労働者たちの健康と生活が改善されるでしょう。彼らは今も昔も、私たちの文明において重要な役割を持つ存在なのです」と国王に報告した。

チャーチルは、企業の経営層に対して厳しく、幾度となく労働組合のほうに味方した。一九一七年、軍需大臣だったチャーチルは、スコットランドのクライド海軍基地で軍需労働者たちのストに直面した。チャーチルは軍需省で労働者たちにお茶とケーキをふるまい、一二パーセントの賃上げで問題を解決した。労働者の苦境をいくらかでも緩和するための軍需法案も提出した。「労働組合に所属したり、労働闘争に参加したりすることで、いかなる労働者も不利な扱いを受けるべきではない」。

一九二六年のゼネストでは、チャーチルはたしかに危機を終結させるために力を尽くしたが、具体的にとったアプローチはどちらかといえば融和的なものであった。その年の夏と秋を通じて、炭鉱所有者たちに対して困窮を極める労働者にせめて最低賃金は支払うように働きかけた。資本主義者たちは「強情」かつ「不条理」と言い放った。またも、チャーチルは保守党の怨嗟の的になった。これが経営者側の権利に干渉する動きだと受け止められたからだ。

この手の話はほかにも山ほどある。チャーチルを左派系議員の偉大な神殿に入ることを正当化する材料として、年金受給開始年齢を七〇歳から六五歳に下げたことが挙げられる（つい最近、この過度に寛容な措置を元に戻すはめになったが）。また、鉄道国有化を繰り返し要求し、戦争成金への不労所得税の課税を求め、一九七〇年代に過激派の労組指導者たちの大好物、「ティータイム」の休憩を企業に導入させた。

つまるところ、チャーチルは右だったのか、左だったのか？ 本当のチャーチルがありのままの姿を見せるときがきた。チャーチルは共産主義に近かったのか、あるいは保守主義だったのか？

オペラ作家、ギルバート・アンド・サリバンの作品の一節にこんな箇所がある。「この世に生まれてきたすべての男の子とすべての女の子は、小さな自由党員か、小さな保守党員のどちらかである」。

社会主義の運動組織「フェビアン協会」の中心人物シドニー・ウェッブとその妻ベアトリスは、チャーチルをその時代の最も進歩的な政治家として称賛した。ほぼ同時期に、チャーチルと同じ自由党の下院議員チャールズ・マスターマンはチャーチルを「古風で変わらない保守党員」と宣言した。どちらかの見方は間違っていたはずだ。

もちろん、今も昔もこの謎を一言で片付ける人はいる。チャーチルは風見鶏だったのだと。状況に応じて異なる発言をしてきたので、新聞王ビーバーブルック卿はチャーチルを、「すべての問いに対するすべての答えを持つ男」と評した。あるいは、アスキスに言わせれば「信念がない」人物だった。

無力で羊のようなアスキスのチャーチル批判をどの程度まともにとらえるべきかは判断しかねる。アスキスは常にチャーチルに不当な仕打ちをしてきたし、閣議中に社交界の華、ヴェネシア・スタンリーに感傷的な手紙を書くような人物だ。飲みすぎたあげく、閣議運営をチャーチルに何度となく丸投げした人物でもある。チャーチルは一九〇五年から一九二二年にかけて、ほぼ継続して責任ある高い地位についてきた。一七年間の政治家歴は現在の政治家の大部分を簡単にしのぐ。これでもまだチャーチルの経歴の初期の話だ。財相、さらに首相になるよりも前の話なのだ。

もちろん、チャーチルはある時期のある問題に対する答えに対し、別の時期に言ったことと整合性に欠けることを言うことも時にはあった。しかし、チャーチルには政治的な一貫性がないと非難する人々は、チャーチルの政治思考の深さや微妙さを過小評価している。私はチャーチルには非常に明確な政治的アイデンティティー、ぶれない原則があったと思う。

チャーチルは反動主義者であると同時に自由主義者だった。というのも、彼は基本的には帝国主義的なビクトリア朝のホイッグ党員だったからだ。イギリスの偉大さ、大英帝国の存在、自分が生まれ育った国の秩序を大体のところにおいて維持するべきであると信じていた。チャーチルはまた、科学や技術上の進化を信奉し、国民の生活を改善するには政府が介入してもよいし、むしろ積極的にするべきだと考えていた。

とりわけ、チャーチルは大英帝国とその領土の振興と保護、そして国民福祉の振興と保護という二つの目的に関連性があると信じた。つまり、後者が前者を助けると考えたのだ。これがホイッグ党的保守党主義の基本である。

本章の冒頭で述べた冬のマンチェスターのあの晩、チャーチルが外に出たときにどんな生活ぶりを目にしたかを想像してみてほしい。一九〇二年、社会改革者シーボム・ロウントリーがイングランド地方北東部の都市ヨークの貧困層の運命について書いた本を読んだチャーチルは「身の毛がよだつ」思いをしたと述べている。一九〇六年までに人口が急増し、マンチェスターのスラム街のみすぼらしさはヨークと比べてもむしろ酷いくらいだった。

チャーチルとマーシュは水道も下水も通っていない家の並びを目にした。一部屋に一〇人が住んでいた家もあった。一歳の誕生日を迎えるまで生きる赤ん坊は四人に一人を割っていた。このスラムで、チャーチルは、普通に私たちが貧困を耐えると言ったときに想像できるレベルの貧困とは質的に異なる、絶対的貧困の状態にある人々に会った。打ちひしがれるほどに、すり減るほどに、絶望するほどに貧しい状態で人々は生きていた。今日の低所得者たちが当然の権利として享受しているさまざまな支援は当時一切存在しなかった。

ロウントリーは、貧困の定義について非常に厳格だった。彼の定義による貧困とは、いかなる交通手段をも使う余裕がなく、親戚を訪ねたり、郊外に行ったりするときには歩いていくほかはないという状態だった。また、手紙を書いても郵便切手を買えない、タバコやアルコールはもちろん、子供に人形、ビー玉、お菓子を買ってやることもできない、ほとんど着の身着のままで、一日たりとも仕事を休むことができない――こういう状態を「貧困」とした。実際、チャーチルが政治家になりたての頃は、これが都市部に住む貧困者の実態だった。現在では想像できないほどの汚物と窮乏のなかで生活する人々が、全人口の実に二五パーセントを占めていたのである。チャーチルが貧困者の生活を評したとき、彼が本当に言いたかったのは、自分の生活とあまりに違うことにショックを受けたということである。そして、できうるかぎり貧困者の身になって考えようとしていた。

チャーチルには貧困者を気にかけ、助けようとするためのありとあらゆる理由があった。一部は自己中心的な理由であったが、必ずしも利己的とは言えない理由もあった。どんな政治家の動機を研究する場合でも、理想主義的なものと利己主義的なものの見極めが最も興味をそそられるところであり、また、難しいところでもある。多くの動機にはその二つが混ざっている。

チャーチルは貧困層の生活改善のために何かをしたがっていた。それは私に言わせれば、彼がイギリスと帝国領土を信じていたことと関係がある。ドイツでは上司と労働者とが協力して結果を出す様子を見た。イギリスの支配階級のすべての人がそうであるように、チャーチルはドイツで発展する主力産業を目にした。イギリスが国としてドイツと競争するならば、イギリス経済には、健康で、意欲的な労働人口が必要であることが見えていた。

チャーチルはボーア戦争で戦った経験があり、一八九九年に、軍隊の求人担当者が労働者階級の志願者たちの五〇パーセントが子供の頃の病気や栄養不良で不適格となったことに衝撃を受けたことを知っていた。チャーチルは帝国を運営する体力のある軍隊を望んでいた。

さらに、貧困層の状況を改善しようと望んだのには政治的な予防措置の意味があった。もし貧困者たちが屈辱的な扱いを受け続ければ、堪忍袋の緒が切れるだろうと予測できた。二〇世紀の初頭は驚くような政情不安の時代であった。ストが多発し、その多くは暴動に発展し、労働者層と警察との長い戦いが続いていた。

レーニンは、一九一〇〜一四年の間に、イギリスには革命の機運が忍び寄っていたと述べている。レーニンは正しかった。チャーチルは革命家とは正反対の位置にいた。そして、自分が所属している社会の少数派の地位がいかに不安定なものかを知っていた。自分が育ってきた貴族社会について、チャーチルは「一握りの人間の世界」と言った。「そう、ほんの一握りの」。あるいは、チャーチルの言いまわしを拝借すれば、「社会的な対立の分野で、かくも多くを、かくも少数の人間が、かくも多数の犠牲によって得ていたことはいまだかつてなかった」のである。

チャーチルは保守主義者であったからこそ急進的だった。すべての分別ある保守党員が知っていることを知っていた。つまり、現状を維持する唯一の方法は現状を変えることであると。あるいは、政治思想家エドマンド・バークが言うように、変化の手段を持たない国家は存続しえないのである。チャーチルはこれを理解していた。反動主義的でいて一目置かれる存在になる唯一の道とは、踏み込んだ自由主義者でなくてはならなかった。自由党の政治家チャールズ・マスターマンが言ったように、「チャーチルは情け深い上流階級が正直で謙虚な労働者階級に恩恵を分配する形を望んでいた」。ちなみにこれは、現在の都市部に住む、多くの心優しい自由主義者たちが暗黙裡に支持している考え方である。

チャーチルが社会改革を支持したいま一つの理由がある。経済的利益、軍事的利益、大英帝国の利益、もちろん貧困者たちの利益に加えて、それが自分の利益にもなったからだ。政治家として駆け出しの時代から、チャーチルは三角測量を実践していた。つまり、左右から見て中央の位置にいれば、最も広範囲から支持を得ることが可能になると考えたのである。一九〇二年、チャーチルはイギリスの政治問題の解決に当たれるのは強力な中道政党であると論じた。「保守党主義の下劣な身勝手や無神経さからも、急進的な大衆の盲目的な欲求からも自由になれる」からだ。また、「信条としては保守主義で、心情としては自由党」であることが重要だとも言っている。

これはチャーチルの世界観であると同時に政治的な立ち位置である。チャーチルは保守主義と自由主義を融合し、港湾でコンテナを運搬する巨大なストラドルキャリアのように両足を広げ、それぞれのサイドを踏みしめて立つことを目指した。政治家になりたての頃から、それが自分の役割だと自覚していた。そして、第二次世界大戦がそれを実行に移す機会を彼に与えた。

チャーチルが風の向きによって態度を変えたというのは、不公平だろう。もしそうであったとしても、保守党よりは一貫性があった。一九〇四年に友人で政治家のヒュー・セシルに宛てた（結局投函されなかった）手紙に、チャーチルは保守党、保守党員、そしてそのやり方についての嫌悪感を表明していると書いた。その主たる理由は保守党が自由貿易の大義を忘れたからだった。当時、自由貿易は都市に住む貧しい人々に安い価格の食べ物を提供するために欠かせないと思われていた。保守党は父ランドルフが提唱した「保守党民主主義」を葬ったのだ。これは言ってみれば、富裕層と労働者との間の一体化を目指す思想であった。

チャーチルはおおむねぶれない自由貿易主義者だった（一九三一年にインド独立に反対したり、輸入したアメリカ映画への税金を主張したりするくらいのことはあったが）。保守党に戻ったのは、党が自由貿易に回帰してからであった。チャーチルは単なる自由貿易主義者ではなく、資本主義者だった。一九二四年にはこんなふうに言っている「現在の資本主義は文明の基礎だ。多くの現代人に生活必需品を行き渡らせる唯一の手段である」。富裕層への無意味な迫害に対して、チャーチルは繰り返し反対の声を上げた。一方で、人間の顔を持つ資本主義、つまりは思いやりのある保守主義を支持した。

チャーチルは政治家としての道を歩み始めた当初から、自由市場と資本主義が引き起こす苦しみを緩和することを標榜していた。暴動者やスト参加者にとってはたしかに厳しい闘争相手だったが、同時に交渉をまとめるために彼自身の魅力と細やかな配慮を発揮できる調停の達人でもあった。

一九五〇年代に入ると、スト参加者への柔軟な態度はあまり望ましいことではなくなった。イギリスはチャーチルが政界に入ったときと比べるとより豊かになり、貧富の差は以前に比べてはるかに縮小していた。チャーチルが二度目に首相になった一九五〇年代に、労組に譲歩しすぎたせいで一九六〇年代や七〇年代の停滞につながったともいわれている。

第11章
時代を先取りした政治家

しかし第一次世界大戦の前の数年のイギリスにおいては、チャーチルの直感は正しかった。一九二〇年代、三〇年代の欧州の修羅場を思い起こしてほしい。ロシアでは共産主義の流血の革命が起きた。東欧でも共産主義の反乱が発生した。そして、ファシストの独裁者たちが欧州大陸で猛威を振るった。

この時期に大混乱、あるいは憲法の名の下に忌まわしい行為が行われなかった国はほとんどなかった。イタリアには独裁者ムッソリーニが、ポルトガルにはアントニオ・サラザールが、ポーランドにはユゼフ・ピウスツキが、オーストリアにはドルフースがいた。クロアチアにはファシズム政党ウスタシャらがおり、ドイツにはヒトラーがいた。当時のイギリス首相、スタンリー・ボールドウィンおじさんは、こうした輩と比べると小さな町の銀行の頭取か何かのように見えた。

さまざまな要因から、イギリスでは欧州大陸のこうした国々の運命とは一線を画することが可能であった。たとえばイギリスはほぼ一〇〇〇年の間、侵攻されたことがない。また、イギリスの制度は深いルーツを持っている。成熟した議会制民主政治、クリケットなどの伝統的スポーツ、こうしたもののほかにイギリスが欧州の不運に巻き込まれずにいられたことの一つの要因として、若きチャーチルやその友人ロイド・ジョージの知恵や洞察があったことを挙げてもよいだろう。二人は人民の不満を和らげ、貧しき人々の怒りに耳を傾ける時が来たと判断した。目の前にある社会の不正義に対し、国家が財源となる回答をどの国よりも先駆けて提供することで、反抗を回避したのである。

その意味で、チャーチルはイギリスをファシズムから一度ならず二度救ったといえるだろう。一九〇六年、彼がマンチェスターのスラム街を歩き回ったことには重要な意味があった。今そこに行ってみると、粋で小さなバーや洒落た洋服に身を包んだ現代風の若者たちがいて、マンチェスターの急成長するテクノロジー分野の立役者であるかのような顔をしている。彼らにあなたの政治的信条は何かと聞いてみればいい。答えは多かれ少なかれ「人間の顔をした資本主義」的なものになろう。

チャーチルは大英帝国やその経済にとって、また政治家としての自分にとっても利益になるという理由だけで労働者を助ける戦略を採ったのではない。彼は心から労働者に同情していた。労働党がなんと言おうと、チャーチルが労働者に酷い扱いをしたことは一度もない。

最後に、チャーチルの精神状態についての疑問に対する答えを探らなくてはならない。今日チャーチルを語る際に外せない点である。一九四〇年にイギリスの舵を取ろうと準備をしたとき、チャーチルの動機がどれほど純粋なものであったかを私たちはしっかりと知っておく必要がある。

生存をかけた戦いは、おそらく人類というものを形づくった行為であり、いま私たちが生きている過保護な世代の大部分にとっては馴染みのないものだ。チャーチルは戦うという行為についてどのように考えていたのだろうか。チャーチルの本質《ファクター》とは、戦争を仕掛けることへの強い意欲だったという人もいるからだ。いや、そういう人のほうがむしろ多数派ともいえる。この件については次章で詳しくとりあげることにしよう。

第12章

報復にはノー、毒ガスにはイエス

ギリシャの哲学者ヘラクレイトスによれば「戦争は万物の父」である。たしかに戦争はチャーチルを英雄にした。しかしチャーチル自身が戦争の父だったのだろうか？　一部でいわれるように、彼は猛烈な勢いで嬉々として、次から次へと戦争を戦ったのだろうか？

「すべての戦争を終わらせるための戦争」といわれた第一次世界大戦の終結時に時計の針を戻してみよう。一九一八年八月九日、史上最も恥ずべき戦争は、当時の人々が予想もしなかったような大殺戮の最終段階に入ろうとしていた。イギリスは海外派遣軍の六〇〇台の戦車を動員し、フランス北部アミアンで目がくらむほどの勝利を達成すると、有刺鉄線を通り向け、ぬかるみとずたずたになった死体を踏み越え、一日に八マイルもの距離を進行していた。数千人のドイツ人が殺害され、さらに数千人が捕虜になった。

チャーチルはこの時期しばしばそうだったように、この日もフランスにおり、ベルショク城に陣取っていた。表向きは軍需大臣として物資の分配を直々に監督するためだったが、実際には戦闘の中心から離れていることに耐えられなかったのである。チャーチルは海外派遣軍の第四軍本部に向かって車を走らせるなか、五〇〇〇人にものぼるドイツ軍兵士の横を通り過ぎた。彼らはショックで目もうつろになり、頭を垂れ、肌は爆弾のすすで黒ずんでいた。車が通り過ぎるとき、チャーチルは兵士たちの「惨めな様子には同情を禁じえなかった。戦闘の恐怖をやっとのことでくぐりぬけた後、休憩も食事も与えられることなく何マイルもの戦場を行進するなど気の毒なことだと思った」。

これは少々不自然な話である。イギリス軍の戦績は目覚ましいものだったが、一九一八年八月当時、勝利を決定的にするような材料は見当たらなかった。チャーチル自身も戦況は厳しいという見方をしており、早くても一九一九年以前には終わらないだろうと予想していた。ドイツ軍にはイギリス軍を破壊し続ける力があり、実際に最後の最後まで戦い続けたのである。

これほど多くの、敗北し、捕らえられた敵兵の姿を見て、チャーチルは高揚感でいっぱいになり、ドイツ兵がついに撤退したことへの強い喜びを感じたはずである。しかし逆にチャーチルはドイツ兵の惨めさに心を寄せた。連合国側の勝利は夜明け前の微光ではなかったことがだんだん明らかになってくる。ドイツ軍はこの戦争に負けようとしていた。チャーチルは凡百の政治家とは違い、そのことを見抜いていた。

チャーチルは徹底して報復という行為を嫌った。狭量な者に対しては寛容で、報復に対しては和平で応えようとした。一九一八年一一月一一日の午前一一時、ドイツは休戦条約に署名した。当時ドイツは混乱状態にあった。皇帝は逃げ出し、インフルエンザが猛威を振るっていた。共産主義者による反乱が複数の都市を麻痺させていた。イギリスがドイツの港湾封鎖をしたこともあって、多くの国民が飢餓の一歩手前にあった。

一一月のある夜、チャーチルはロンドンでF・E・スミス法務長官、ロイド・ジョージ首相などの友人たちとディナーを楽しんでいた。そこへドイツ国民が飢餓状態にあるというニュースが伝えられた。ロイド・ジョージはかつての敵の窮状など放っておけばよいという考えだったが、チャーチルは食料を積みこんだ一二隻の船をすぐに送るべきだと言った。

ドイツの状況は悪化していた。チャーチルは下院で、女性、子供、老人に対して飢餓という〝武器〟を使うのは忌むべきことであると不満を述べた。できるかぎり早く海上封鎖を解除し、ドイツと平和条約を結ぶことを望んでいた。

最終的に、両陣営はベルサイユ条約に合意したが、その内容は巨額すぎて支払いができないほどの賠償金をドイツ側に求めるものだった。こうした仕打ちは根本的にばかげていると見たチャーチルは、ロイド・ジョージや米大統領ウッドロー・ウィルソンと衝突した。ベルサイユ条約の内容はドイツにとって過酷だった。実際にチャーチルは「ベルサイユ条約の経済条項は有害かつ愚かな内容であったために明らかに意味のないものになった」と述べている。チャーチルの先見の明、そして彼の本質と本能を物語る言葉である。

著作『第二次世界大戦』の序文には、国家は「戦争には決断を、敗北には闘魂を、勝利には寛大を、平和には善意を見せるべきだ」という、有名な言葉がある。これはたんなるうわべだけの言葉ではない。チャーチルは本当にこの通りに行動した。チャーチルに向けられた最大の中傷の一つは好戦的で、喧嘩好きで、戦闘好きなあまり、きな臭さを嗅ぎ取っただけでじっとしていられなくなり、鼻息を荒くして、目をぎょろぎょろさせて興奮していたというものだ。

人々がなぜチャーチルのことをそのように思ったのかを理解するのはたやすい。二〇世紀の最初の半世紀に起きた歴史的な出来事を思い出してみよう。

人間がこれまでに経験した、最も恥ずべきかつ破壊的な紛争となる第一次そして第二次世界大戦が大きな位置を占める。第一次世界大戦では世界中で合計三七〇〇万人が亡くなり、そのうちの一〇〇万人がイギリス人だった。西部戦線の一部であったフランドル地方の野原では、有能な若い世代が消えていった。その多くは粉砕されて塵となるか、仏ベルダンにあるような、無名の兵士のための巨大な骨壺に入った。

第二次世界大戦ではもっと多くの人が殺された。六〇〇〇万人の死者のうちで五〇万人はイギリス人である。イギリスは物理的にも精神的にも猛攻撃を受け、富の四分の一を失った。これほどの大惨事を目にすると、当時国を率いていたのは一体誰だったのかと改めて問わざるをえない。今日では半ば忘れられているともいえるが、チャーチルは両方の紛争の運営において欠かせない存在だった。実際に、戦争の記憶が風化してくると、二つの世界大戦が一続きの出来事のように思えてくる。同じ場所、同じ形式、ほぼ同じ理由で戦い、同じ人物が舵をとっていた。この一一年にわたる殺戮の間、チャーチルはイギリスの政治上の、そして軍事上の司令塔であった。二〇世紀の初頭においてイギリスは世界中で最大の軍事大国だったが、第二次世界大戦終了時には、首相の名声を除いてほとんどすべての栄光を失った。チャーチルは第一次世界大戦で艦隊を準備し、イギリスの唯一の戦略上の貢献（これがさらなる惨事につながった）を主導した人物であった。そして現代から見れば常軌を逸したとしか思えないようなやり方で、自ら第二次世界大戦の指揮を執ったのである。

チャーチルは戦争を指揮しただけでなく、戦争を志向した人物であったという評価がある。戦争好きが高じてわざと他国をけしかけ、その機に乗じて自分も有名になったというのである。先に紹介した保守党議員の妻もこのように見ていた。一九三四年、夫宛の手紙のなかで、彼女はチャーチルを血に飢えたドイツのゲーリング司令官と変わらないと書いた。「イギリスが直面する多くの問題の平和的な解決に確実に害を及ぼす力を持つ人物」と彼女はチャーチルを評した。

今日、チャーチルは道徳的な潔白さの権化として受け止められている。独裁に立ち向かう勇気を持ちながらも温厚で、人間的で、民主的で、血色がよく基本的に善良で、イギリス人的な冷静さを持ちあわせていた、というイメージである。おおむね真実といっていい。しかし、戦争直前には、多くの人がチャーチルに邪悪なカリスマ性、暴力を行使することを躊躇しない残忍性を見ていた。今でも、その陽気なイメージの下には『スター・ウォーズ』のダース・ベイダーか、あるいはその上に君臨するダース・シディアスのような本性が隠れていたと考える人がいる。

少し前に米ニューヨーク・タイムズ紙のベストセラーリストにコラムニスト、パトリック・ブキャナンによる興味深いチャーチルこきおろし本が入っていた。この本のなかで、ブキャナンは一九一四年にチャーチルに「戦争をしたいという欲望」があったと批判している。イギリスは一九三九年、無為を決め込み、ナチスが欧州全体を奴隷化させておけばよかったと主張した――これを「主張」と呼べればの話だが。ブキャナンはチャーチルがプロイセン王国の皇帝《カイザー》や高級軍事官僚《ユンカー》たちよりもはるかに好戦的であったと書いた。そして、一九一四年までに「チャーチルはドイツ軍の誰よりも多く戦争を経験してきた」と付け加えた（これはおそらく事実である）。

別の超保守主義者の見方を紹介しよう。サンデー・テレグラフ紙の元編集長パレグレイン・ウォーストーン卿は、最近次のような記事を書いた。「ウィンストン・チャーチルほど、戦争を美化するのがうまく、戦争を始めることに臆面もなく熱心である政治家はほとんどいない。すべてのチャーチルの著作は、戦争を賛美し、美化し、恐怖を最小限に見せる内容である」。実際に第二次世界大戦で戦ったウォーストーン卿は敬意を払われてしかるべきだ。しかし、残念ながら彼の見方は事実に反しているし、チャーチルの性格の複雑さを反映していない。

チャーチルが戦争に興奮したという点は認めよう。もとより戦争というドラマに、その壮大さに、感動し、憧憬を抱く性質ではあった。第一次世界大戦勃発前夜の一九一四年八月三日、エドワード・グレイ外相が下院での演説で「欧州の灯りが消えた」と述べたとき、チャーチルは涙を流した。アスキス首相はチャーチルの当時のこの反応に批判的だった。「ウィンストンは顔に出陣化粧を施しながら開戦を待ち焦がれている……。そういうことがいちいち私には悲しく思われる」。これよりはやや寛大だったのがアスキスの妻マーゴットである。「ウィンストンは塹壕に行きたくてたまらないようね。戦争という、何か大きくて、わくわくするような、楽しい出来事を夢見ている。生まれつきの兵士だわ」。チャーチルはマーゴットに向かって、戦争は「じつに面白い」とうっかり口を滑らしている。すぐその後で彼女に口止めをしてはいるが。彼はまた、「平和こそ最も望んではならないものだ」と言ったという証言もある。そのほかにも多くの人がチャーチルの戦争に対する意欲、興奮、そして決意に満ちた目の輝きを記憶している。

チャーチルが戦争を愛したことは疑いもない真実だ。彼にとって戦争なくして栄光はなく、ナポレオン、ネルソン提督、そして自らの先祖であるマールバラ公と自分が並び称されることもなかった。戦争や戦闘の危険性が男性たちを高揚させ、何でもない日常を輝かせることを知っていた。だからこそ、若いときに戦争の記事を横目で追いながら、向こう見ずにも戦争に飛び込んだのである。戦争はアドレナリンを放出させた。実際に戦闘に参加して頭に血が上っているときは、全力で敵を倒そうとした。ハーロー校ではフェンシングの審判がチャーチルの突進攻撃に気づいていた。チャーチルは戦うときは相手に一歩も譲ってはならず、手段を選ぶべきではないと考えていた。正論である。彼は暴力を使う際には容赦をしなかった。

最近、イギリスでは当然のことながら誰もが嫌悪感を抱くシリアの化学兵器の使用について、高尚な国際的な議論があった。この議論のなかで、イギリスの国民的英雄チャーチルが、第一次世界大戦中に毒ガスの使用を奨励した件について言及した人はいなかった。チャーチルはガリポリでトルコ軍に向かって毒ガスを使うことを望んだ。軍需大臣としてのチャーチルの大きな貢献の一つは、一九一八年の一カ月間で、イギリス軍が発射する砲弾の三分の一にマスタードガスを使ったことだ。実際、チャーチルはマスタードガスの使用には非常に熱心で、これを第二次世界大戦でも使おうとしたが、部下の大将らがチャーチルをなだめた。

チャーチルはガリポリで何千人もの兵士を死に追いやったばかりではなかった（息子ランドルフがイートン校に到着したとき、生徒の一人に「あなたの父が僕の父をダーダネルスで殺しました」と言われたという）。一九四〇年には同盟国であったフランス艦隊の破壊を命じ、ドイツでじゅうたん爆撃を行った。現代の政治家が考えられないほどの決断を、活力と自信をもって下した。しかし攻撃を受けたときに懸命に戦うことと、戦争好きが嵩じて開戦の原因を自ら探しに行くことには雲泥の差がある。攻撃と抵抗は違う。少なくとも、攻撃と反撃は別物である。

チャーチルがビクトリア時代後半の帝国戦争で個人的な称賛を求めたのはたしかだ。それでも自分が入隊した当時の戦争の大義に同意したわけではない。キッチナー将軍がスーダン解放を目指してエジプト軍と戦った際のマフディーの墓の扱いに対する嫌悪感、あるいはパキスタンの北西辺境地域での「犯罪的で、臆病な」戦争の批判を思い出していただきたい。チャーチルはいわれのない帝国主義的攻撃や好戦的愛国主義を嫌った。たんなる植民地拡大のための戦争の意義を信じなかった。チャーチルはこうしたリベラルな考え方をビクトリア朝の戦場からエドワード朝の政府へと持ち込んだ。

一九〇六年二月のある朝、植民地省の閣外大臣であったチャーチルをある女性が訪ねてきた。秘書のエディー・マーシュが追い払おうとしたが、彼女は相手にしなかった。背が高く、なかなかの美人で名前はフローラ・ルガードといった。彼女は、大英帝国の〝ブーディカ〟とも言おうか。ブーディカとは、その昔イングランド地方東部を治めていたイケニ族の女王である。夫プラスタグス王の死後、侵略されたローマ帝国軍に対し、反乱を起こした女傑だ。フローラはタイムズ紙の元植民地報道編集者で、「ナイジェリア」という国名を発案した人物でもあり、女丈夫として鳴らしていた。彼女は先住民の虐殺者として悪名高いフレデリック・ルガード卿と結婚したばかりであり、自身の使命はこの〝男の子〟（チャーチルのことを彼女はそう呼んだ）にどうやって西アフリカを正しく運営するかを教えることだと考えていた。その方法とはつまり、彼女と彼女の夫に任せることだった。時にはロンドンから、時には現地で直接、手入れの行き届いた最高の近代的武器を好きなだけ使って自分たちの思い通りに統治することを望んでいた。

チャーチルに接見したフローラは、〝男の子〟が自分や夫のことを熟知していたことを知った。チャーチルは、垂れ下がったひげを蓄えたフレデリック卿が現地の草の掘っ立て小屋に火をつけ、数千人もの無防備な部族民を破裂弾や銃弾で殺害していたことも知っていた。彼は「慢性的な流血」は「ばかげており、不穏だ」と報告していた。「この地におけるわれわれの取り組みが、大英帝国運営の常識に暗い人たちのせいで、原住民の殺害や土地の収奪といったふうに不正確に伝えられている」。チャーチルはフローラに、あなたのやり方を認めないときわめて丁重に告げた。結果、統治についての考え方の違いによる争いとなった。チャーチルはルガード夫妻が西アフリカの「蒸し暑いロシア」で皇帝《ツァー》と皇后《ツァリーナ》になる目論見を粉砕し、夫妻を香港に追いやった。フローラはことあるごとにチャーチルは間違っていると抗議し、銃による統治、しかも彼女の銃による統治のみがアフリカのような場所では有効なのだと言い張った。

　チャーチルはナイジェリアにしがみつく必要はないと考えており、撤退に賛成だった。チャーチルが大英帝国を信奉していたのは事実で、一九〇七年に植民地省副大臣としてケニアにいたときはその一部を併合したりもした。しかし、マキシム銃ではなく鉛筆で地図上に線を引くことでそうしたのである。征服のための戦争、あるいは侵略のための戦争には賛同しなかった。一九一四年においても、一九三九年においても、イギリス人の参戦にそうした目的はなかった。

　チャーチルはたしかに第一次世界大戦直前の数年間の海軍増強を指揮した人物である。まさにその通りだ。しかし軍国主義者として政界に入ったわけではなかった。一九〇一年、議員としての初演説は保守党を大きく苛立たせた。奇妙なことにボーア人を支持していたからだ。「私がもし戦場で戦っているボーア人だったら……」と言った後で、「戦場で戦っていたいと思う」と続けた。保守党の下院議員たちは「ちょっと、これは」とあきれた表情になった。「私たちを敵に

郵便はがき

おそれいりますが
52円切手を
お貼りください。

1028641

東京都千代田区平河町2-16-1
平河町森タワー13階

プレジデント社
書籍編集部 行

フリガナ		生年（西暦） 年	
氏　名		男・女	歳
住　所	〒 TEL　（　　）		
メールアドレス			
職業または 学校名			

ご記入いただいた個人情報につきましては、アンケート集計、事務連絡や弊社サービスに関するお知らせに利用させていただきます。法令に基づく場合を除き、ご本人の同意を得ることなく他に利用または提供することはありません。個人情報の開示・訂正・削除等についてはお客様相談窓口までお問い合わせください。以上にご同意の上、ご送付ください。
＜お客様相談窓口＞経営企画本部 TEL03-3237-3731
株式会社プレジデント社　個人情報保護管理者　経営企画本部長

この度はご購読ありがとうございます。アンケートにご協力ください。

本のタイトル

●ご購入のきっかけは何ですか?(○をお付けください。複数回答可)

1 タイトル　2 著者　3 内容・テーマ　4 帯のコピー
5 デザイン　6 人の勧め　7 インターネット
8 新聞・雑誌の広告（紙・誌名　　　　）
9 新聞・雑誌の書評や記事（紙・誌名　　　　）
10 その他(　　　　)

●本書を購入した書店をお教えください。

書店名／　　　　（所在地　　　　）

●本書のご感想やご意見をお聞かせください。

●最近面白かった本、あるいは座右の一冊があればお教えください。

●今後お読みになりたいテーマや著者など、自由にお書きください。

どうもありがとうございました。

まわしたいのだろうか？」」と。

政治家になった当時から、チャーチルは父ランドルフと同様、過度の軍事費歳出を軽蔑する姿勢を見せた。一九〇八年までに、チャーチルは、社会保障を充実させるために、ドレッドノート型戦艦への歳出増大に反対する運動を行っている。海軍大臣に就任したときには、たしかに軍事費について見方を変えていた。自分が管轄する部署を拡大するのが大臣の役目であった。当時、すでにドイツの軍備拡張が明らかに問題視されていたが、戦争に向かう速度を鈍化させようとしたのはチャーチルだった。まさに彼こそが軍艦建設競争の休戦、つまり両側が猶予期間《モラトリアム》を設けることを提案した一人だった。

開戦直前にも、ドイツのアルフレート・フォン・ティルピッツ海軍元帥のところに行って、直接説得を試みようとしたのもチャーチルである。しかし外務省がこれを阻んだ。開戦の前夜、チャーチルは事態を収拾するために欧州の指導者と会合を持ち、議論を重ねた。こうした会合をチャーチルはのちに「サミット」と名付けた。

チャーチルは戦争を待ち望んでいたわけでなく、殺戮を誇ったりもしなかった。一九一六年、塹壕から戻ってきたチャーチルは、想像を超えた戦争の恐ろしさを目にした後で、第一次世界大戦を題材にした詩人ウィルフレッド・オーウェンやジーグフリード・サスーンに対する冷ややかな嫌悪を滲ませて演説を行った。チャーチルは、不潔きわまりない塹壕や乱雑に建てられた戦死者の墓を目にした。亡くなった兵士たちの寡婦に手紙を書くのが仕事の一つとなった。チャーチルはまた、刻一刻と規則正しいスピードで兵士たちが殺されていくのを目にした。「私たち国民が夕食を食べ、家路に就き、床に就く間、一体どんなことが戦場では起きているのでしょうか？」と議員たちに問いかけた。「一〇〇〇人もの男たち、イングランド、ブリテン島のわれらが同胞が叩きのめされて、血みどろのぼろきれのようになっているのです」。

チャーチルはけっして新たな戦争を望んではいなかった。その悲惨さは十分経験していた。一九一九年、陸軍大臣のチャーチルは一〇年ルールを設けて軍事費を削減しようとした。欧州で今後一〇年間は戦争は起こらないという前提で、軍事費を設定するやり方である。一九二〇年代、財務大臣となったチャーチルは再び国防費削減運動を行ったが、このときは削減を決定する直接の権限を持っていた。一九三〇年代後半になってもチェンバレン支持派はイギリスの軍備が不足しているのをチャーチルのせいにしていた。

一九三〇年代末、チャーチルは当然ながら、拡大するドイツ空軍の規模に釣り合うようにイギリスの国防費を増やすよう、ほかの閣僚を急き立てていた。だが、チャーチルの態度が好戦的で、戦争のことばかり考えていたとはいえない。チャーチルは未来の遺体安置所を垣間見た凶事の予言者、カサンドラの立場で話した。一九三八年、ドイツによるチェコ併合の引き金をひいたチェコ危機を巡ってイーデン外相が辞任後、チャーチルは眠れぬ夜を過ごした。「夜明けの光が窓からゆっくりと入ってきた。死の幻影が眼前に迫ってくるようだった」。

歴史家は第一次世界大戦の原因についていつまでも議論を続けるだろう。実際のところ、この

第12章
報復にはノー、毒ガスにはイエス

最悪の出来事に対して完全に責任がないと主張できる国はないといっていい。ただ、チャーチルは原因をつくった一人ではないということはいえるだろう。戦争勃発の非は、それがすべてとはいえないまでも、実質的にはドイツ及びその軍国主義、拡大主義にあった。一九一四年にサラエボでたとえ何が起きたとしても、ドイツ皇帝がベルギーやフランスを攻撃する理由にはならない。イギリスにとって過去五〇〇年の勢力均衡という外交政策のルールを踏襲するのが唯一の選択肢だった。つまり、大陸をどこか一つの国が支配することを防ぐことである。

第二次世界大戦はドイツの熱狂的な指導者で、復讐心にとりつかれた人物が引き起こしたものだといって差し支えないだろう。チャーチルとドイツ皇帝、あるいはチャーチルとヒトラーの道徳的側面における同質性を多少なりとも指摘するような論客は、事実にまったく反する指摘をしている。チャーチルは戦争を避けようとしたのである。戦争を避けるために戦ったのである。

チャーチルは戦争を避けるためだけではなく、戦争の人間への衝撃を最小限にする目的で、科学技術イノベーションを推進することにエネルギーを注いだ。チャーチルの最も興味深く魅力的な一面である。

戦争は多くを生み出す父となる。しかし、チャーチルの場合、苦しむ者への同情から多くを生み出した。

第13章

戦車の発明者

今日の午後、森の中を歩いていると、奇妙な感覚におそわれた――一つには、それがいともたやすいことだったからだ。誰も私を制止する人はいない。粗末な門にかけられた針金の輪を持ち上げるだけで、この呪われた森に入ることができた。

鳥がさかんにさえずり、木々は柔らかな葉を芽吹かせている。人っ子一人見当たらない。ここはフランスとの国境からそれほど遠くない、南ベルギーのプロウグステエールの森だ。苔むした地面を踏みしめてさまよいながら、私は一〇〇年前ここにはどんな光景が広がっていたかを想像した。

かつてここはイギリスではよく知られた森だった。新聞を読める者なら誰でもその名前を知っていた。本来の名前ではなく兵士たちが呼んでいた名前を。ここは西部戦線のプラグストリートである。一〇〇年前、木々は根元だけを残すまで撃たれ、枝はずたずたに裂かれ、鳥の声は途絶え、地面は爆発物や毒物で覆われていた。チャーチル中佐が夜間パトロールに出て、〝赤ちゃん象〟ほどの音をたてただけで、哨戒隊の残りの人員を震え上がらせた場所だ。哨戒隊がこっそりと前線に向かう途中で通り抜けたかもしれない塹壕の跡が見える。今は黒くぬるぬるした水で満ちている。兵士たちは木々が吹き飛ばされた森の端まで息をひそめて歩いたに違いない。時には指揮官が夜中に単独で無人地帯やドイツ戦線のすぐそばまで足を延ばしたことだろう。

あそこに見えるのが無人地帯だ。地図で見ればわかる——野原を横切る、不自然なほど細く南北に伸びた小道だ。一方には、赤身肉で有名な肉牛、ベルギー・ブルーの姿が見える。盛り上がった臀部の肉がステーキには最高だ。遠くの耕された褐色の畑には今年欧州連合（EU）が補助金を大量につぎ込んだであろう何らかの農作物が植えられている。その間には小さな舗装道路が走っている。私の地図によればこの道がドイツ戦線につながっている。私は古いトヨタ車に戻ることにした。

ある軍事演習をやってみよう。チャーチルとイギリス陸軍が五年もの恐ろしい年数をかけて成し遂げた偉業である。これを私は一分もかけずにやり終えるつもりだ。ワンボックスカーのエンジンをかけて、運転を始める。気付けにステラ・ビールを一飲みし、ゆっくりと進んでゆく。

まずは轍のでこぼこの上をがたがた走り、舗装道路に出た。時速一五マイルから、二〇～二五マイルにスピードを上げ、塹壕や爆弾でできた穴の上を越えていく。抗し難い気持ちでそのまま有刺鉄線を突き抜ける。砲弾、弾丸——突進するトヨタ車とその二・四九リットルの動力装置を止められる者はいない。

一〇〇年前には、両戦線のいずれの側でも、疲弊し、衰弱しきった兵士たちが泥でいっぱいになったたこつぼのような塹壕から頭を出し、見えない敵と見つめ合い、飛び出していったのだろう。さあ、演習は終わりだ。達成感もなく私はドイツ戦線に到着した。ドイツ兵たちが必死に反撃を試みるなか、私は予備防御線や傷病テントをやすやすと通り過ぎた。恐怖に襲われたドイツ兵がパニック状態でライフルをつかみ、簡易トイレから慌てて飛び出してくる。

私はクラクションで勝利のラッパを小さく吹き、誰にも邪魔されずにUターンを実行した。ドイツ皇帝の軍隊を後にして、東から西に、今通ってきた哀れなほど短い五〇〇ヤードを引き返し、プロウグステエールの森に戻る。途中で道の端に車を止めて、耕作地に入った。かつてここに入って生きて帰った人間はいなかった。

その理由はこれだ。至るところから毎年耕作のシーズンになると、幾千もの錆びついた古い金属の断片が表面に出てくる。

何かの導火線のようにも見える、鉄片と錆の奇怪な瘤状の大きな塊は、持ち上げると驚くほど重い。こっちにあるのは薬きょうを保存するケースで、ほかにもいろいろなものが落ちている。これらが何なのか私にはわからないが、こうしたさまざまな遺物は膠着した戦況を雄弁に物語っている。森を後にすると遮るものは何もなく、広々としたフランドル地方の空の下に平原が広がるだけだった。

どんなに豪胆、気力、あるいは武勇なるものを若い兵士たちが見せたとしても、決まってその身体はこっぱみじんにされた。彼らは戦闘技術が非対称的に進化するさなかに居合わせてしまった。人類はものすごい速度と爆発力で人体を射貫く金属の発射体を発明する一方で、それに対して防御する術はなかった。この酷い状態が三年間も続いた。

塹壕戦でまったく敵陣に攻め込めないまま部下の兵士たちが亡くなっていく様子を見たチャーチルは、大きな焦燥感を覚え、前線に到着するとすぐさま自分がかかわったある計画がどうなっているかを調べた。

一九一五年一一月、チャーチルは塹壕戦の最高指揮官ジョン・フレンチに長い手紙を書き、さまざまな戦略上の提案を行った。なかには正直に言えば常軌を逸したものもあった。たとえば、チャーチルは兵士にヘルメットから腰までを覆う大きさの、鉄あるいは合金でできた特別な防御盾の支給を提案した。これを塹壕の端に立てて固定し、一五人ずつが横並びになって前方に進ませることを考えた。チャーチルは、古代ギリシャの重装歩兵さながらの恰好でマシンガンに向かうことを二〇世紀の兵士にやらせようとしていたのだった。

チャーチルはまた、兵士が酸素アセチレンガスの切断トーチを装備し、塹壕の前にある有刺鉄線を通り越せるようにすることを提案した。波止場で金属薄板を突き刺すときに使われていたトーチにヒントを得たのである。肝心のガスタンクが爆破された場合のことまで考えていたかどうかは定かではない。しかし、チャーチルの主たる関心は、彼の言葉を借りれば「新しい種類の乗

第13章
戦車の発明者

り物」だった。チャーチルは、これを「移動性のマシンガン展望塔兼有刺鉄線切断機」と呼んだ。それは「いかなる障害物、溝、胸壁、塹壕も乗り越える」能力を持っており、すでに実験段階の七〇台が建造されているとチャーチルはジョン・フレンチ将軍に報告した。

将軍ご自身が視察するべきです、とチャーチルは続けている。「この機械が有刺鉄線を切断する様子を目撃して初めて、確信されるでしょう。自動バインダー機による刈り取り作業に似ています」。チャーチルが指しているのは、現在のコンバインの前身と思われる。

フレンチ将軍がこの軍事用農機具の視察に出かける機会はついに訪れなかった。彼の指揮下で進展がまったくないことに慌てたアスキス首相が、やむをえずフレンチの首を切ったからだ。そこで一九一六年一月、チャーチルは改めて進言した。

新たなタイプの軍事用コンバインの提案が入った書類を、フレンチのあとを継いだダグラス・ヘイグに送ったのである。ヘイグはイギリスの軍事政策の停滞に実質的な責任があるとされる人物で、チャーチルの提案に興味を見せた。少しして、チャーチルは仏北部サントメールにある、イギリス戦略部に行ってこの提案を説明するようにいわれた。戦略部の将官はチャーチルに、海軍が塹壕戦で使用する新しい機械装置を構想していることをヘイグから聞いたと述べた。

チャーチルはもちろんそのことを知っていた。実際のところ、チャーチルは自分の提案を陸軍幹部らが取り上げるまでの相も変わらぬ遅さに愕然としていたのも無理のないことである。チャーチルが塹壕戦の膠着状態の悪夢について知ったのは一年以上前の一九一四年一二月、まだ海事本部にいた頃である。塹壕や有刺鉄線がスイスから英仏海峡の間際まで断続的に延びていた。

チャーチルは、小説家H・G・ウェルズの空想科学小説、そしてそこに出てくる装甲「陸上船」の描写からなにがしかのヒントを得た。一九一五年一月五日、チャーチルはアスキスに手紙を書き、技術上の突破口を見つけなくてはならないと述べた。そして、塹壕で力を発揮する機械の開発にイギリスが着手しなければドイツが確実に先を越すだろうと書いた。アスキスはすぐにこれに応えて陸軍省に調査を命じた。

陸軍は調査委員会を設置したが、このような機械は装甲の重みのために地面に沈んでしまうだけだろうと結論づけた。実用的ではないということで提案は却下されたのである。

たんなる奇抜な案として、この一件はここで終わると思われた。しかし、チャーチルは諦めなかった。そう、このときチャーチルは海軍大臣だった。陸軍の戦略は管轄外で、口出しできることではなかった。しかし、一九一五年一月一八日、チャーチルは海軍の同僚に向けて奇妙な要請をした。

誰か——チャーチルは特定していないが——二台の蒸気ローラーを長い鉄の棒でつなげてほしい。「つまり、少なくとも一二～一四フィートの幅をカバーするローラーをつくるということだ」。次に、チャーチルは海軍省の官僚に、ロンドン近辺の「使いやすい」土地を見つけ、フランス人たちにならって一〇〇ヤードの長さの塹壕を掘るように命令した。最終的な目標は、巨大な機械が塹壕に沿って走るようにするためだった。実際には、巨大な車輪が両方の縁にあるので、塹壕の上を進むことになる。「塹壕を押しつぶしてぺしゃんこにし、中の人間を生き埋めにする」ことを狙っていた。

チャーチルの面目躍如である。しかしこの提案には欠点があった。二つのローラーが違う速度で、あるいは違うギアで走ったらどうなるのか？ 鉄の棒が折れたり、ずれたりするのではないか？ 機械にはエンジンが必要となることまではチャーチルは頭が回らなかった。しかし、問題の核心をとらえたチャーチルの脳内で、巨大な歯車が回る音が聞こえてきそうだ。そう、問題の核心。

泥だ……とチャーチルは思い当たった。いまいましい泥の海だ。このために機械が滑るのだ……これを止めるにはどうすればよいか。そうだ！

「この機械のローラーにくさび型の肋材やくぎを取り付けて、塹壕の両側の土を壊し、ローラーの回転が倍加するようにする。これで必要とあれば通常の車輪では行けない場所にも進んでいけるようになる」。まるで、望遠鏡で覗いた遠い星雲で、星間ガスの雲が分解して惑星を形づくっていくのを見ているようだ。

そして一つのアイデアが生まれた。それとは知らないうちにチャーチルはキャタピラー・トラック（無限軌道トラック）の発想を得ていた。必要なのは「十分に大きな蒸気ローラー二台と、乗組員のための銃弾や敵の侵入を防ぐ部屋だ」。すべてを二週間で終えよというありえないほど厳しい命令を出し、「ＷＳＣ」（ウィンストン・スペンサー・チャーチル）と署名した。

命じられた海軍の技術者の反応が目に見えるようだ。チャーチルは俺たちに蒸気ローラーをボルトで締めさせ、はんだづけさせるつもりだろうか？　それに、公園に実験用塹壕を掘りまくれと？　それでも、エンジニアたちは命令を遂行した。

こうして「陸上船委員会」と呼ばれるものが設置された。H・G・ウェルズの小説からとった「陸上船」という言葉は、チャーチルにとって好都合であった。船に関することであるかぎり、このプロジェクトの指揮を執るのがなぜ海軍であるのかということに何の不思議もないはずだった。一九一五年二月二二日、このプロジェクトの立役者の一人、ユースタス・テニソン・デンコートの指揮の下、委員会が初の会合を持った。テニソン・デンコートは海軍の軍艦建造所の所長で、上司はチャーチルだった。

最初の議論は、主としてこの大きな車がいかに泥の中で横滑りしないようにするかという、チャーチル海相自身が掲げた問題についてであった。委員会では滑り止めをつけた車輪について話し合い、また「無限軌道車」についても議論した。これは車輪の周りに小さな足がたくさんついている奇妙な装置で、それぞれの小さな足が、車輪が回るたびに順繰りに地面を踏む仕組みになっている。二日後、テニソン・デンコートはこれまでの議論をチャーチルに報告した。委員会は驚くべき速さで進んでいた。

委員会が提案したのは、二五トンのモデル機の製作だった。これは「真に軍事的価値があるトラクターで、マシンガンを持つ五〇人を乗組員として乗せ、敵の塹壕を乗り越えることができる」。

チャーチルの構想した陸上船のイメージに近くなってきた。チャーチルは報告を受けたその日に短い返事を送った。「了解。大至急実行に移せ。WSC」。

三月三日までに、二つの設計図ができあがった。一つは後ろに大きな車輪がついたもので、もう一つにはキャタピラー・トラックがついていた。陸軍省から何の認可も受けず、ほかの閣僚と何の相談もしないままに、チャーチルはプロトタイプを注文した。どれがより効率的なのかはまったくわからなかったので両方を注文したのである。キャタピラー型を一二台、車輪つきを六台である。競争を促すため、フォスター社とフォーデン社の二社に発注した。両社は利ざやの一〇パーセントを受け取ることになっていた。全体の経費は七万ポンド、今日であれば五〇〇万ポンドに相当する。現在の国防物資の調達基準からすれば、そしてその後の歴史的な勝利を考えると驚くほど安い買い物だ。

フランドル地方における戦死者が増え続けるなかで、テニソン・デンコートとスタッフは残された問題に躍起になっていた。滑り止め具と無限軌道車のどちらがよいのだろうか？ 「船」の乗組員の安全を犠牲にせず、なおかつ泥の中に沈まない重さを保つためにはどうするか？ 海軍大臣という立場から、チーチャルはテニソン・デンコートたちを急き立て、励まし続けた——ところが一九一五年五月、最悪の事態が発生した。ダーダネルス作戦の失敗を機に、海相を罷免されたのである。

チャーチルの政治家としてのキャリアが横道に逸れ、すべての車輪が空中に向いた状態で溝にはまってしまった。抜け出せる望みはまったくなかった。チャーチルはガリポリ事件を口実に、保守党によって追い出されたのである。その後もチャーチルは陸上船の建造計画にしがみつこうとし、海相職を引き継いだバルフォアに対し、海軍と陸軍省との共同小委員会の委員長に留任させてほしいと頼んだが、何の音沙汰もなかった。

チャーチルは自身のメンターであるロイド・ジョージ軍需大臣を、西ロンドンのウォームウッド・スクラブにある、泥だらけの空き地に設置された実験場に連れて行った。そこでは、煙を吐き、轟音を立てるカブト虫のような戦車が壁や溝にぶち当たって、壊れているものもあった。しかし悲しいかな、陸上船計画はもはやチャーチルの仕事ではなく、公式にも非公式にもチャーチルの出る幕はなかった。チャーチルの創造性に富んだ原動力が失われると、巨大なトラクター開発はしりすぼみとなった。西部戦線ではこれまでのように兵士たちは塹壕を飛び出て突撃し、悲惨な最期をとげた。軍の指導部では、新たな兵器の計画はほとんど忘れ去られたものになった。

この年の秋、チャーチル自身が西部戦線にいた。彼なりの落とし前のつけ方だった。翌年、ロイヤル・スコットランド・フュージリアーズ連隊の第六大隊を指揮する中佐になった。チャーチルは戦場で恐怖と憐憫を直接目にした。チャーチルはダグラス・ヘイグ卿に会ったが、陸上船計画についてあまりにもあいまいな答えしか得られなかったために、長い覚書を書いた。これで計画は再び活気付いたかのように見えた。

一九一六年二月一四日、テニソン・デンコートはチャーチルに喜びに満ちた手紙を書いた。彼はここまで時間をかけてすまないと詫びた。計画全体がにっちもさっちもいかなくなっていたのだ。「貴殿という大きな後ろ盾を失ってからは、岩のような反対意見やさらに性質の悪い無関心さを乗り越えて計画を進めるのは非常に困難でした」。

しかし、結果には満足していると言う。最新の戦車はたしかに頼もしかった。四フィート六インチの垂直な胸壁を簡単に片付け、九フィートの間隔を横断することができた。戦艦のように、六ポンド砲の銃が側面砲塔——脇の膨らんだ部分——に搭載されていた。前方ばかりか舷側砲も発射することができた。「サイがとうもろこし畑を通り抜けるように」たやすく有刺鉄線を突破できるとテニソン・デンコートは自慢した。「とりわけ沼地においては、大昔の大きな怪物のように見えます。ドイツ軍を脅かしてやれたらいいのですが」。

テニソン・デンコートは恥をかかされたチャーチルに向けて、気まずさはありながらも心からの敬意を表して手紙を終えていた。「貴殿の始められた計画が成功したことにお祝いを申し上げます。前線でのお仕事での幸運を祈っております」。

「陸上船」の生産が始まった。機密保全のため、工場勤務者はこれを「ウォーター・タンク」と呼ぶように言われた。メソポタミアの乾いた戦場に送る巨大な給水車というわけだ。それが次第に短縮されて「タンク」になり、今ではタンクと言えば戦車のことである。ロシアでも同じ呼び名だ。

イギリスが生み出した技術的ブレイクスルーのなかでも戦車は特別である。鍵となる発想がイギリス製だったという話ならよくあることだが、開発も実用化もイギリスで行われたのは特筆すべきことだ。一九一七年、イギリスは年間数百台の戦車を製造していた。これは当時の交戦国のなかでは最大である。

この頃までに、チャーチルは再度タンクの製造責任者になっていた。この年の七月にロイド・ジョージがチャーチルを軍需大臣に任命して内閣に戻したのである。新聞は騒然とした。サンデー・タイムズはこのような人事は「政府や帝国全体にとって大きな危険だ」、モーニング・ポストは「あの危険で信用できない人物、ウィンストン・チャーチル氏、体内でブラブラしている遊走腎のようなあの男がまた官庁街《ホワイトホール》に戻ってきた」と書いた。

メディアは完全に間違っていた。チャーチルはこのプロジェクトの成功には欠かせない存在だった。チャーチルは膠着状態を打開するために、飛行機、ガス弾、戦車などの配備に奔走した。それでも殺戮は悪化した。秋に実施された、ヘイグの指揮による正面からの攻撃は見たこともない狂気の沙汰だった。チャーチルやロイド・ジョージの懸念をよそに、ヘイグはベルギー・イープルの攻撃を開始させた。この作戦で約八五万人の兵士が亡くなったが、そのうちの三五万人はイギリス兵士だった。人類がかつて経験したことがないほどに大規模な殺戮であった。ハンニバルのカルタゴ軍が、ローマ軍を殲滅させたポエニ戦争におけるカンナエの戦いの近代版といってもいいだろう。

そして、ついに、十分な台数の戦車がそろった。一九一七年一一月二〇日、フランス・カンブレーの戦いに四〇〇台が導入され、大きな功績をあげた。チャーチルはフル回転となった。戦車委員会を立ち上げ、一九一九年四月までに四四五九台を配備する目標を立てた。戦車工場の労働者たちが横柄な態度をとると、前線に送るぞと脅して黙らせた。そして最高に気分を高揚させる瞬間が到来した。一九一八年八月八日の仏アミアンの戦いで、この怪物が本当にドイツ軍を震撼させたのである。

六〇〇台のイギリス製戦車がドイツ戦線に突入した。塹壕の上をギシギシと音を立てて進み、キャタピラーで泥をつかみ、敵の弾丸を弾き返しながら進んだ。まさにチャーチルが思い描いた通りだった。ドイツ軍のほうは、すぐに戦車を必要以上に恐れる必要はないということを学んだ。ローマ軍がカルタゴ将軍ハンニバルの持ち込んだ象に驚かなくなったように。そして数週間後には、ドイツ軍はイギリスの戦車に効率的に反撃を加えるようになった。しかし、戦車がドイツ軍の士気に損害を与えたことに変わりはなかった。ドイツの軍人エーリッヒ・ルーデンドルフは、アミアンの戦いの初日をドイツ軍にとって〝陰鬱な日〟と呼んだ。この日は第一次世界大戦の「終わりの始まり」と言ってもいいかもしれない。

その日勝敗を決めたのは戦車だった。チャーチルが翌日九日に目撃した、ドイツ軍の絶望的な捕虜たちのことを考えてみてほしい。チャーチルが海軍と共同発明した機械の力でドイツ軍は完敗させられたのである。そこらじゅうに戦車の跡があった、とチャーチルは報告している。

チャーチルは正確にはどのような役割を演じたのだろう。チャーチルには発明や発想の天賦の才があり、物事を実用的で工学的な観点から考える習慣があった。葉巻がばらばらにならないように茶色の紙製チューブ「ベリーバンドゥ」を考案したり、ノルマディー上陸作戦のDデーに海上に浮かべた人工港マルベリー・ハーバーを固定させる方法を考えたりしたのもそうした習慣の賜物だった。子供の頃は要塞を組み立てるのが好きで、弟のジャックと平衡錘投石機《トレビュシェット》をつくり、牛に向かってリンゴを投げたりしていた。

チャーチルは絵を描いたり、レンガを積みあげたり、池や土塁をつくったりすることを楽しんだ。彼の世代では飛行機というものに乗った最初の一人であったばかりか、車を運転した最初の一人でもあった（彼の運転があまりにも恐ろしいので、仲間とつくった政治グループ、ヒューリガンの友人たちは乗客として乗ることを拒んだという）。原子爆弾の可能性を見通し、魚雷を飛行機につけることを考案したりもした。技術のイノベーションとそれによる進歩の可能性に対する情熱は、まさにホイッグ党的な気質であった。チャーチルには物事を視覚化し、わかりやすく説明し、想像力を刺激し、他者の自信を引き出す、素晴らしい能力があった。

チャーチルは科学者ではなかったが、彼の無限に豊富で遊び心あふれる知性が、科学技術研究者たちの実験欲や承認欲に火をつけたのは自然なことだった。そうやって生まれた戦時のアイデアには素晴らしいものも、突拍子もないものもあった。たとえば、氷とおがくずを混ぜて、海上に浮かぶ巨大な航空母艦を建造しようとしたことがあった。発明者は海軍にいたジェフリー・パイクという男だった。彼の名前にちなんで、「パイクリート」として知られるようになった。この物質が、いかに強固なものであるかをマウントバッテン伯爵がチャーチルや米大統領ルーズベルトにとんでもないやり方で見せたことがあった。マウントバッテン卿は一九四三年、英米が秘密裏に開いたケベック会議に凍らせたパイクリートの巨大な塊を持っていき、これを軍から提供されていたピストルで撃ったのである。暗殺でも起きたのかと部屋の外にいた警備員たちが駆け込んできた。弾はパイクリートに当たってガーンという音をたてて飛び、空軍中将チャールズ・ポータルをあやうく殺すところだった。

これが科学的な実験というものである。パイクリートは場合によっては成功していたかもしれないが、実際にはそうならなかった。戦車は失敗かと思われたが、実際には戦況に多大な影響を与えるに至った。チャーチルの想像力に富んだ意欲がなければそうはなっていなかったかもしれない。チャーチルには一つのアイデアに固執し、そのアイデアを実現するまで全力で働きかける能力があった。それはまるで、キャンバス上に自らの構想を描いていく過程にも似ていた。

チャーチルが機械に関心を持ったのは、もちろん攻撃に役立てるためではあった。飛行機、戦車、ガス、爆弾などを勝つためにできるかぎり早くほしがった。しかし、ここでも背後にある動機は自分が目にした破壊行為や悲惨さを減らしたいという思いだった。一九一七年の初頭に「機械は命を救う」とチャーチルは言っている。戦車がその価値を証明する前の話である。「機械の力は人の力の大きな代用品となる。頭脳が流血を減らす。優れた作戦は大量殺戮に対する偉大な希釈剤だ」。

これがチャーチルがガリポリでの側面攻撃作戦を指令した理由であり、第一次世界大戦当時に地域爆撃のパイオニアとなった理由だった。巨大な量のマスタードガスの生産を自ら指示した理由であり、戦車を欲した理由だった。つまりは、金属の砲弾の雨の中を行進し、突進していくことを命じられた兵士たちの死亡率を下げるためだった。

プロウグステエール近辺の野原や道に散在するのは、白い石の十字架が幾列にも並ぶ墓地だ。塹壕戦という、犯罪的に無駄で愚かな行為の象徴である。戦車を発明したチャーチルの役割は、人命を救い、第一次世界大戦の終結を早め、おそらく勝利にも貢献したという意味で疑いなく称賛に値する。

戦車だけではない。ドイツが最終的に降参したのは、主として大蛇にゆっくりと首を絞められるような海上封鎖の結果であった。封鎖は五年間に渡って続いた。一九一八年までにドイツ国民は飢餓の間際まできていた。戦前からの海相だったチャーチルの尽力で、一九一四年の時点で燃料満杯の艦隊が待機していた。陸上戦も海上の艦隊もチャーチルがいたからこそ力を発揮できたのだ。

∫

私はチャーチルがよく訪れていた森に戻る。ほとんど空っぽになったビールの缶と葉巻を手に立ち止まる。一種の放心状態で、亡くなった人々の影と心を通わす。しかし、私はにわかに現実

第13章
戦車の発明者

に引き戻された。ベルギー人の農夫が森の側に駐車した車を見て、出て行けといわんばかりに近寄ってきたからだ。

あなたがこの森の所有権を今そうやって主張できるのは、多くのイギリス兵がその権利を守るために無残な死を遂げたからなのですよ――私はそう言ってやりたい気持ちにかられた。だが、やめておいた。かわりに「ウィンストン・チャーチルという名前を聞いたことがありますか」と聞いてみた。農夫は考え込んでいるようだった。「チャーチルって戦争で戦った人物か?」私は、そうだ、と答えた。

「戦争で戦った人には常に敬意を表するべきだ」と農夫が言った。まったく同感だ。私はステラ・ビールの残りを飲み干し、過去の霊たちがさまよう森を去った。第一次世界大戦では前線で自らの命を危険にさらすと同時に、戦略面ではまったく新しいやり方を思いつき、それを推進した人物はチャーチルただ一人である。一体、どうやって彼はそのようなことをやったのだろう?

チャーチルがあれほど多くの新しい技術の開発を後押しし、たんなる海軍設計者の一人として収まっていなかったのには理由がある。私はこれまでにチャーチルの書いた覚書や書簡を大量に読んできたが、役所仕事の処理におけるスタミナに加えて、目を見張るような細部へのこだわりに驚かされる。

当時の政治家のなかでチャーチルは最高の演説家であったばかりではなく最高の作家であり、最高のジョークを生み出した人物でもあった。最も勇敢で、最も大胆、そして最も独創的な人物であった。こうしたチャーチル的素質《ファクター》のなかでも特筆すべきは、彼が最も優れた政策通であったという点だ。

一九四〇年、首相として戦争を統括するなかでこの点は際立っていた。もちろん、大局観、歴史観という点でチャーチルの右に出るものはいなかった。しかし、チャーチルの伝記を書いたロイ・ジェンキンスを常に驚かせたのは、チャーチルが政策にかけるその作業量であった。

第14章

超人的エネルギー

「すぐ行きなさい。閣下は君をよこすようにおっしゃったんだ。同じことを二度言わせるとご機嫌がわるくなるからね」。執事のインチェスは階段を指さしながら女性秘書の一人をうながした。胸がどきどきするような瞬間である。

二〇代前半、上中流階級が暮らすロンドン郊外の出身とおぼしき、顔立ちの整った女性だ。かかとの低い靴と仕事のしやすいスカート、アクセサリーや化粧も控えめ。そんな感じの人だとしよう。大卒ではないが、速記が得意でタイプは猛スピードで打てる。

長年、チャーチルには階段の下で身を震わせて待機している、男女何十人もの秘書がいた。この女性もその一人だったのかもしれない。だがこの大人物に仕える一団の一員になれたのは一九二〇～三〇年代のことだったとしよう。いつのことだったかはじつはどうでもいいことなのだが。

チャーチルがいるとき、この赤いレンガ造りの大きな家はいつも巨大な活動の場だった。その敷地はちょっとした動物園――正確には建築中の動物園――のように見えた。豚、ヤギ、犬、猫、アヒル、白鳥、黒鳥、ガチョウがおり、大きな観賞用金魚のいる池もあった。そして水力発電所の工事さながらに工夫たちが土を掘り返しており、なだらかな丘の斜面にいくつもダムがつくられていた。

中に入ると、まるでオペラの『フィガロの結婚』の開幕シーンのように人々がせわしなく走り回っている。メイド、運転手、召し使いと料理人。文書の束を運んでいる学者風の青年たち、そして家族の最年少の一員と思われる可愛い金髪の小さな男の子。

さて、階段を昇ってゆき、これらの動きすべての原動力である人物が要求するものに応えるのだ。この人物の精神がなければすべての動きは電源のスイッチが切られたように静まってしまう。「急ぐのだ」とインチェス。そう言われて、ゴム製の角のついた青いリノリウムの階段を上がって、ドアをノックする。書斎と聞かされている部屋のドアだ。扉の向こうから押し殺したような声が聞こえてくる。食器棚に閉じ込められた囚人の叫びのような。

大きな、高い梁の部屋に入る。一方の側には黒い、火の無い暖炉があり、その上にはブレナム宮殿のどことなく陰鬱な絵が掛かっている。一つの壁に向かって立ち机があり、もう一方の壁には座り机がある。床には古びたピンクの絨毯が敷いてある。かすかに葉巻の臭いがする。ところがウィンストン・チャーチル自身がいる気配はどこにもない。

第14章
超人的エネルギー

「チャーチル様？」と震え声でたずねる。

「ここだ！」と叫び声がする。そこで見やると、はるか向こうの角に小さな扉がある。あたかも乾燥戸棚か、酒収納棚への入り口と見まがうような扉だ。ここがイギリスの最大権力者の一人の寝室だとはとても信じられない。

伝え聞くところによると、チャーチル夫人は夜、夫と別室で過ごすことを好んだそうだ。二人の生活のリズムはあまりにも違っていた。いずれにせよ、ここはどう見ても女性の寝室ではない。修道僧の独居房である。

壁には父、ランドルフ・チャーチル卿の肖像画がかかっている。一方の側には小さなバスルームがある。そして背の低いベッドの中はすさまじい光景だ。チャーチルは、あたり一面に散乱している書籍、新聞、文書ケースに囲まれている。すぐそばにはクロームで覆われた大きな壺があり、底には何やらきたならしいものがたまっている。それはチャーチルのたん壺だった。

ベッド脇のサイドテーブルには、ウイスキーの薄いソーダ割りとおぼしきものの入ったグラス、ベッドの上掛けの上には一匹のぶち猫がいて、チャーチルは赤い絹のキモノ姿でベッドに起き上がっている。厳しい顔つきだ。白髪交じりの前髪が斜めに落ち、くわえた葉巻をくちゃくちゃ噛んでいる。こちらに向かって何か言っているようだ。

「何かおっしゃいましたか？」

「書き留めてくれ」と彼は噛みつくように言う。そこでやっと、彼がすでに口述を始めていることに気が付くのだ。

あわてて姿勢を整えてノートブックか便箋の束を取り出し、彼の言葉を記録し始める。と、彼は突然話を止めて恐ろしいしかめ面になる。農道の散歩者に飛びかからんとしている雄牛のような表情だ。

つま先がベッドカバーの下でぴくぴく動き、彼はやかんかおかゆを煮ているソースパンのようなシューシューという小さな音を出す。

筆記者はペンを握ってノートに目を落としながら構える。うつむいたままだ。そして彼はまた話し始める。今度は驚くほど甘ったるい、ねっとりした口調で。

「おおよしよし、かわいい子だね」

女性がぎょっとして見上げると、彼は猫に話しているのだった。そしてぶち猫のタンゴからこちらに向き直って話を続けるのだが、ちょっとした問題が生じる。

葉巻をくわえているせいもあるが、彼には「s」を「sh」と発音する癖があるので、何度も聞き返さなくてはならないのだ。

「そうじゃないんだよ、君！」と彼に一喝されると、圧倒されてしまう。あまりのことでどうしてよいかわからなくなる。

涙が出てくる。すると彼は一瞬にして変わる。全神経を集中させ、にこにこしながら、陽気な青い目でじっと見つめる。「私が癇癪を起こしても気にしなくていい」と言い、少しも機嫌を悪くしているわけではないのだからと言い訳する。彼は何を言おうか思い起こそうとしているだけで、思考の流れを乱されるのがいやなのだ。

そしてまた黙り込む。つま先をぴくぴくさせながら、リズミカルで音楽的な言葉の自然な抑揚を見出そうと一つひとつの文章を練る。そしてそれも終わる。ベートーベンの交響曲の終わりを指示する指揮者のように両手が振り下ろされる。

「見せてくれ」と言われてメモか手紙を渡す。

彼はそれに目を通し、万年筆を取り出し、柄の先のほうを握ってイニシャルをサインする。それで終わりだ。筆記者は放免される。なぜか三〇分後にまた呼び出されるまで。彼はまた別のことを思い付いたようだ。

今度は書斎も寝室も空だ。そのかわり小さなバスルームからパシャパシャする音が聞こえる。何の音だろう。スポンジで体をこすったり、水をかけたりするあいだにドアのそばに小さな椅子を持ってくるように指示してから、チャーチルはもう一通の手紙の口述を始める。彼が今にもずり落ちそうな小さなタオルを腰に巻きつけてバスルームから出てくると、筆記者の女性はキャーッと叫びたいのを押し殺して恐怖のなかで目をつぶる。

目を開くと彼はどうにかまともな姿でまた口述を始めている。手紙は〝KBO〟で締めくくる。それが「死に物狂いでやれ（Keep Buggering On）」という意味であることを筆記者はおいおい知ることになる。彼が同僚たちによく発した命令だ。

こうして一日がすぎていく。チャーチルは男女を問わず助手たちに次々と資料を口述した。新聞記事、スピーチ、覚書はいうに及ばず、何冊かの本を同時に書いていたようだ。

彼の昼食には酒がふんだんに出た。その後で昼寝。目が覚めると絵を描くかレンガ積みをする。カーン氏がレンガ積みの先生だった。あるいはベジックのようなトランプゲームに興じることもあった。そして彼がロンドンに行く用事ができると、音のしないタイプライターを膝に抱えた筆記者は茶色のダイムラー車の後ろに押し込められる。一方には文書ファイルが積み込まれており、もう一方にはルーファスという名の大きな褐色のプードルがいて、舌をこちらの耳に突っ込んでくる。そして葉巻の煙がもうもうと後ろに流れてくるのだ。

それからの二時間、チャーチルは滔々と文章を口にする。語彙と表現の豊かさ、そしてウイットに筆記者は圧倒される。チャーチルは議会に行き、財務省に行き、午後から夕方にかけては膨大な量の文書を処理し、何千語ものあらゆる種類の文書を新たに作成する。その一語一語は助手たちによって細かく保存される。彼らはあたかも女王バチからロイヤルゼリーを集める働き蜂のようだ。

ここまでくると助手たちも疲れてくるが、チャーチルは疲れ知らずだ。助手たちは交代で睡眠をとっているが、彼は食後もまだ仕事をしている。夜になっても勢いは衰えない。まるで彼のバッテリーには、秘密の化学品でも入っているかのようだ。彼がやっと頭をロンドンの宿舎に横たえるのは午前三時をまわる頃だ。しかも翌日も繰り返すのである。彼を知る人は、ウィンストン・

チャーチルに近づけば近づくほど、彼の天才ぶりを確信することになるというが、つまりはそういうことだ。

おそらく、チャーチルを評価するに当たって最大の間違いは、彼を声量豊かな、表看板だけの名士、（葉巻をくわえたロナルド・レーガンのような）アイデアだけのたんなる興行主と見なすことだろう。レーガンはあるとき、自分の生き方について次のように言って有名になった。「大仕事をしても死ぬことはないと人々は言う。しかし私が思うに、なぜその危険をおかすのか？」

これはチャーチルの教訓とはまったく違った。本を書くという仕事にしても、彼は全部で三一冊も書いた。その一四冊は書き下ろしであって、どこかに発表したものの寄せ集めではない。英国議会討議録《ハンサード》に収録されている彼の無数の登録事項を数えてみるとよい。六四年間にわたり、ほぼ切れ目なく議員として毎月何十もの演説、発言、質問をしているのである。公表された演説だけでも一八巻、八七〇〇ページにのぼる。記録や書簡は一〇〇万点の文書として二五〇〇箱になる。

財務大臣としては五回予算案を提出した。そして三時間も四時間も演説した（近年の財務大臣は一時間も演説しない）。そして彼にはスピーチライターというものがいなかった。すべてが自分の言葉だったのである。そして口述をしたり、物を書いたり、人と話したり、絵を描いたり、レンガ積みをしたりする以外の時間、彼は読書によってさらなる知を吸収していた。

彼は少なくとも五〇〇〇冊の本を読んだ。とりわけ彼は詩歌を大量に暗記しており、人々はまるでジュークボックスのようだと言った。ボタンを押すと詩がとうとうと流れ出てきた。シャングリラ・ホテルにフランクリン・ルーズベルト夫妻とともに滞在していたとき、彼がエドワード・リアの滑稽詩を口にして、アメリカ大統領を感嘆させた。

そこでルーズベルトはジョン・グリーンリーフ・ホイッティアーによるアメリカの愛国詩「バーバラ・フリッチー」の有名な一節を引用した。「この白髪頭を撃たなければならないのなら撃ちなさい／でもあなたの国の旗は撃たないでと彼女は言った」。

ルーズベルト夫妻をさらに驚かせたのは、チャーチルがこの詩を初めから終わりまで朗誦したことである。これは南北戦争を題材にした特別にアメリカ的な詩で、チャーチルがハーロー校で習ったとはとても思えないからだ。彼がやすやすとそれをそらんじてみせたのは外交的に見事なことだった。「私と夫は困惑して顔を見合わせました」とエレノア・ルーズベルトは言った。「二人とも、多少はこの詩を思い出せましたが、全部はとても無理だったのです」。

英領インドの政治家で実業家のアーガー・ハーンも、チャーチルが一一世紀のペルシャ詩人、オマル・ハイヤームから長い引用を始めたとき、同じような高揚する気分を味わった。この人物は私を感心させるためにこれを勉強したのだろうか？　いやそうではない。たまたま頭に入っていたのだ。彼はこうした文学的な〝珍味〟を長年にわたり蓄積し、ため込んでいたのである。大量の詩篇がアルコールで洗われた脳の小川の中でそれらは完全に熟成した漬け物のようになっていて、チャーチルはどんなときにもそれを取りだして見せることができた。閣議ではマコーリーの『古代ローマ詞藻集』を、子供たちの前ではシェークスピアを暗誦した。齢八〇歳を超えても記録魔の官僚として知られるジョック・コルビルに向かって古代ギリシャの喜劇詩人アリストパネスの、誰も知らないような詩の一行をさらりと口にしたりした。

一五分でも時間があったら、ユーチューブで一九五一年のチャーチルの党内政治演説の放送本番前の彼の姿を見てみるといい。本番前のカットされたテレビ映像で唯一残っている。スタッフが彼にセリフを繰り返させようと懸命になるなか、これでもかというほどの獰猛な表情でテレビカメラを睨みつけて座っている。そして苦痛を強いるプロデューサーたちについにしびれを切らせ、キリスト教の普及に関するギボンの長い一節を暗唱して仕返しをしたのである。

この天賦の記憶力はリーダーにとって重要である。チャーチルは頭脳に蓄積したこのデータのおかげで議論に勝ち、同僚たちを圧倒することができた。一九一三年、アスキス首相は恋愛の相手だったヴェネシアにこぼしている。三時間の閣議のうち二時間一五分はチャーチルが話していると。チャーチルは難しい交渉に直面したとき、誰もが自然と頼りにする人物となった。人間的な魅力があって親しみやすかったことにもよるが、問題を深く把握していたので、策略と妥協にもたけていたのが主な理由である。彼はアイルランド分離、イスラエルの創立から一九二六年のゼネストにいたるまで、あらゆる交渉を処理した。チャーチルがこれら二〇世紀を形づくった出来事において中心的存在だった理由は、彼が舞台の中央に腕力でのし上がったからというよりも、周囲が彼にはそうするだけの力がある人間だと認めたからである。

チャーチルは数学的、経済的な頭脳の持ち主ではなかった。金本位制に復帰すべきかどうかの論争のときには、「このような非常にテクニカルな問題についての私の理解は限られている」と認めた（やはり財務大臣だった彼の父親も、こんな「小数点のようなもの」についてこぼした）。大勢の銀行家を相手に話をしたときは、「やつらはみなペルシャ語でしゃべっている」と苦情を言った。ただ、チャーチルのこうした発言は全面的に許されてしかるべきだ。それまでの一〇〇年間、銀行家自身でさえ自分たちが言わんとしていることを少しも理解していなかったからだ。

彼が持っていたのはスタミナ、パワー、どんなにうんざりするようなことからも逃げない強靭な精神力だった。「一〇〇馬力の精神力をもったウィンストン・チャーチルが来るぞ」。第一次世界大戦前、誰かがそう言った。第一次世界大戦前には一〇〇馬力といえば相当な力だった。

頭の回転が速く、優れた分析力があっても、特段のエネルギーも仕事への意欲もない人がいる。行動力があっても才能が限られている人もいる。ほとんどの人間は両方をほどほどには持っているが、チャーチルはこれらを大量に持っていた。驚異的なエネルギー、天才的な記憶力、鋭い分析力に加え、一番大事なものを最初に持ってくるように材料を仕分ける容赦ないジャーナリスト的能力があった。さらに、創造性をもたらす稲妻のひらめきが脳内にあった。

父親に認められたいという渇望やある種の誇大妄想にみられるチャーチルの精神構造は、「忙しく働いていること」を必要としていた。精神的に、彼は怠けることができなかったのである。チャーチルの抑鬱症状、あるいは彼が「黒い犬」と呼んだものについては多くのことが語られてきた。ちょっとそのことが過大視されているという向きもある。

とはいえ、一九三〇年代、公務から外れていたチャーチルはたしかに多少抑鬱状態にあった。しかし彼は大体においていいわゆる「創造的循環」にうまく適応していた。すなわち、抑鬱状態↓精力的活動↓創造的活動↓アルコールの力による高揚↓抑鬱状態のサイクルを、誰よりも速く回転させ、膨大なアウトプットを生んだ。その姿はある意味で一八世紀におけるイギリス文壇の大御所、サミュエル・ジョンソンにそっくりだった。自らを鞭打って前進させながら、自身に巨大な要求を突きつけたという意味において。彼はその心境をこう語っている。「私は今日は何も有用なことをしなかったと思いながら床に就くことがいやなのだ。歯を磨かずにベッドに入ってしまったような感じがする」。

チャーチルの態度には古風なところがあった。栄光と称賛に対する欲望と不名誉にたいする恐れに駆られていたのである。しかしこの二面的な感情のなかには、キリスト教的な罪の意識が多分にあった。彼を突き動かす燃料が何から構成されていたにせよ、チャーチルのエンジンは政府の複雑な任務を遂行するためには完璧だった。彼は官僚組織《ホワイトホール》の戦士であり、時には異常なほど詳細にこだわる人間だった。

財務省に在籍していたときには外務省の電報のコストのような細かいことに熱心に取り組んだ。

一九三九年、海軍省に戻ったときには、個々の戦艦に支給されたフード付き防寒コートの数を調べ上げた。海軍の戦艦ではトランプでなくバックギャモンで遊ぶようにと決まって命令した。

もし彼の細部についてのこだわりを知りたいのなら、ケント州にある彼のカントリーハウス、チャートウェル邸の壁に額入りで掛かっているこの驚くべき文書を見るとよい。毎日何十も口述筆記させた政府文書の一つだ。それはささやかな外務省の提案と思しきものに対する怒りの反応だった。それは昔ながらの町の名前を敬うことに関するものである。

首相の個人的な覚書：
通し番号　M387／5A
外務省

①〝A〟における原則に私はまったく同意できない。何世代にもわたり、イギリスでなじみ深いものと考えられてきた名前は、当該地域にいる外国人の気まぐれを考慮して変更されるべきでないのは当然である。名前がとくに重要でない場合は、地元の習慣にしたがうべきである。しかしながら由緒ある「コンスタンチノープル」という名がないがしろにされることは許されない。それがどこかわからないような愚かな人間のために、（イスタンブール）と補足しなくてはいけなくなったとしてもだ。アンゴラ猫の産地として知られている「アンゴラ」

を「アンカラ」などという名前に格下げすることに対しては全力で抵抗する。

②ところで、町の名前を変える人たちに常につきまとう不運について述べておきたい。過去の伝統や習慣を守らない人々が不運に見舞われるのは当然のことだ。私がこの件について発言する権利を持つかぎり、アンカラという地名を使うことを禁じる。アンゴラ（アンカラ）とする場合を除いて。ここではっきりさせておかなければ、何週間もたたないうちにレグホンをリボルノと呼ばされ、BBCはパリをフランス風に〝パリー〟と発音するようになるだろう。英語風の外国名はイギリス人向けに存在するのであって、それを無理して現地風に直す必要はない。この覚書の日付を聖ジョージの日とする。

WSC
23・4・45

この日付に注目してもらいたい。ドイツ人はまだ戦っていたし、イギリス兵の戦死者は増え続けていた。それでもなお、地名に関してこのようなユーモアあふれた覚書を口述するだけの時間を彼は見つけていたのである。

しかし、チャーチルの同僚たちは、細部を見落とさない彼のこのような能力に感謝してもいた。

海軍基地があったスコットランドの入り江、スカパ・フローにあるイギリス戦艦のダミーの写真を見たチャーチルは、煙突の周囲にカモメが舞ってないのはおかしいではないかと言った。これでは恐らくドイツ軍はダミーだと見破るかもしれない。そこで煙突のあたりにたくさんの餌をまいてカモメをおびき寄せた。それによってドイツを欺くことができたと思われる。

こうした疲れを知らないチャーチルのエネルギーは、一九四〇年以降、欠くことのできないものとなっていた。彼は国の運命を選択していたのだ。カリスマ性と人格だけを頼りに、彼はイギリスが戦い続けなければならないと決断していた。といっても国民がそれでついてくるわけではない。国全体を自分の望む方向に引っ張らなくてはならなかった。滑走路上のジャンボジェットを牽引する力持ち、超大型タンカーの向きを変えようとするタグボート、そんな存在だった。ある側近がこう語っている。「沸き立つアイデア、提案を押し通す執念深さ、司令官たちへの鼓舞激励――これらは彼の燃え上がる爆発的なエネルギーの現れだった。それがなければ、軍のみならず文民も含めた巨大な戦争遂行機構を着実に前進させることも、あるいは度重なる挫折や困難を避けて通ることもできなかっただろう」。

もちろん、君の存在なくしてはこうしたことはできなかっただろう。「君」というのは、再び仕事に戻り、またも口述筆記をしている若き女性秘書のことだ。周囲にいる人間をこちらに引き寄せ、自分の巣穴――彼はそれを自分の工場と呼んだ――に引き込むことができたのはチャーチル自身の勝利の一部だった。それ全体が働き甲斐のある素晴らしい工場だった。時には癇癪を爆発させ、苛立つこともあったが、チャーチルは自分を支えてくれる人に思いやりと愛情をもって接し、体調が悪い時には休みを取らせ、治療代を立て替えたりもした。

チャーチルは自分が吸収した大量のデータを処理し、詳細を把握するのを助ける工場を必要とした。言うまでもなくそれが彼をして大きな絵を描ける人物になることを可能にしたのである。長く、みじめな戦争に国が滑り落ちていったとき、彼があれほど強靭だったのは、この男が事実を掌握していたからだ。彼はドイツについての現実を知っていたのであり、ナチスが世界にもたらした脅威を直感的に理解していた。

しかし、チャーチルはあまりにも多くの失敗を重ねていたために、当時の彼の識見は不当に軽んじられていたというのはよくいわれるところだ。私はこうした見方には異議を唱える必要があると常々感じてきた。もちろん彼は第二次世界大戦で陣頭指揮をとる以前にもひどい誤りをおかした。しかし全体としてみれば間違っていたことよりも正しいことをしたことのほうが多かったといえるのである。次章でそれを検証していこう。

第15章

「歴史的失敗」のリスト

ウィンストン・チャーチルは考えてみるだけでも恐ろしくなるような危機一髪を何度も経験した。しかし彼がミュンヘンのホテルのティールームに現れることに同意したときには、危ない橋を渡っているということにまったく気付いていなかった。それは最悪の写真をとられる機会に身を晒すことだったのだ。そこで握手でもしていれば、その後長い間の彼の評判に大打撃を与えていたことは確実である。もしこの会談が実現していたらと考えるだけでもおぞましい。

一九三二年七月、チャーチルはブレナムの戦場を調査するためにドイツに来ていた。マールバラ侯爵家の一員としての人生に彩りを加えようというのが目的だった。彼はミュンヘンにおいて最も粋を凝らしたホテルの一つに泊まっていた。ちなみに、それはネヴィル・チェンバレンと彼の不運な一行が一九三八年の首脳会談の際、滞在することになったレギナ・パラストである。

すでにミュンヘンの街頭ではファシストの青年たちが行進し、ホテルのすぐ脇を通った。革の茶色の半ズボンと波打つように動く腿、ブラスバンドの行進曲、風にそよぐ赤と黒の鉤十字旗を思い浮かべてもらいたい。ホテルのビアガーデンで地元衣装のディアンドルを着てブロンドの髪を耳のあたりに菓子パンのような形に結っている娘たちが、泡立つジョッキをサービスしている様子を眺めているチャーチルがそこにいた。

彼は生き生きとした好奇心に満ちた目で、開け放たれた窓からこのような光景を眺めながらビールジョッキを何杯も空にしていた。この旅にはジャーナリストである彼の息子、ランドルフが同行しており、ナチスの取材をもくろんでいた。ランドルフは父をエルネスト・〝プッツィ〟・ハンフシュテンゲルという変わり者に紹介した。プッツィはひょろ長い四〇代半ばのドイツ系アメリカ人で、ハーバード仕込みの完璧な英語を話した。フランクリン・D・ルーズベルトと同じヘイスティ・プディング（ハーバードの学生が作っていた社交クラブ）のメンバーで、在学中にピアノの腕を磨いた。よく知られているハーバードの歌のなかには彼が作曲したものがたくさんある。

プッツィはおしゃべりで、冗談や皮肉をよく言った。ツイードを着て、当時の流行だったシャツの半分くらいまでしか届かない派手な幅広のキッパータイを締めていた。彼は有力なナチス党員でヒトラーの親友であり、ヒトラーの国際的なPRマンのように振る舞っていた。

ある晩、ウィンストン、ランドルフ、プッツィの三人はピアノを囲んで集まった。チャーチルがいつものように元気いっぱいの調子はずれの声で一緒に歌ったかどうかは定かでないが、プッツィが自分の好きな歌をたくさん知っていることがわかって機嫌をよくしたのはたしかだった。この楽しい音楽の集いの終わりに、プッツィはヒトラーについて熱狂的に語り、彼がドイツに再び活気をもたらしてくれたのだと誉め称えた。

チャーチルは即座にヒトラーの反ユダヤ主義について質した。プッツィはチャーチルの不安を鎮めようとした。「私はそのときできるだけ温和な話にしようとして、問題は東ヨーロッパのユダヤ人の大量流入と各種職業でユダヤ教信者仲間が過剰に大きな存在になっていることだと言った」とプッツィ・ハンフシュテンゲルはのちに語っている。

「ふうん、そうか」とチャーチルは言った。「君の親分に言ってくれ。反ユダヤ主義は〝先行馬〟としてはいいだろうが、そいつに賭けるのはまずいんじゃないかとチャーチルが言っていたとね」。競馬用語を使ったイギリス上流階級独特の上品な言い回しで、ユダヤ人虐待は誤ったことだと指摘したのである。

一つ提案がある、とプッツィは言った。あなた自身がヒトラーに会うべきだ。それは文字通り朝飯前であった。ヒトラーはほかならぬこのホテルに毎日午後五時に来ているようで、二人は名物の黒い森のケーキでも食べながら親睦を深めることができるだろうというわけだ。プッツィはヒトラーがイギリス人一行に会うことを「とても喜ぶ」のは確実だと言った。

チャーチルのジャーナリスト魂がかき立てられた。また、ランドルフにとっても願ってもない機会だった。チャーチルはのちに回顧録にこう書いている。「あのとき、私はヒトラーに対して何の民族的偏見も持っていなかった。彼の信念も経歴もほとんど知らなかったし、彼の性格についてはまったく知らなかった」。

チャーチルとランドルフは二日間待った。あるときはアメリカバーで、あるときは陽のあたるビアガーデンで。イギリスの英雄がミュンヘンの一ホテルで、フリーランスのジャーナリストよろしく貧乏ゆすりをしながら、一四年後に自らの最強の敵となる年下の男に待たされ続けたというのは身震いするようなことである。

仮に二人が会っていたら、チャーチルはのちに世界的な悪の象徴となる指導者と一緒に写真に納まったイギリスの国会議員や貴族の一覧表に加わっていたことだろう。ハリファックス、チェンバレン、ロイド・ジョージ、エドワード八世。これらの人はこぞってその失策を犯したのである。

ヒトラーに会いながら、恥をかかずに堂々としていることができた唯一の人物はチャーチルの議会側近だった国会議員ボブ・ブースビーだけだった。ヒトラーの誇大妄想的挨拶である「ハイル・ヒトラー！」に対して、正しくも「ハイル・ブースビー！」を唱えて有名になった男である。もしヒトラーがホテルのティールームかバーに来ていたら、チャーチルは心のこもったとはいわないまでも、少なくとも丁重な対応を強いられていただろう。そしてそれは一九四〇年には不適切なことだった。

興味深いのは、なぜヒトラーは来なかったのかという問題である。彼はミュンヘンではほかの人には大勢会っている。たとえば彼はイギリスの貴族令嬢でヒトラーファンのユニティ・ミットフォードを夢中にさせ、お茶をごちそうしている。イギリス中で名を知られ、国家の重要ポストのほとんどを務めたことがあり、外交問題では確固とした評判のある人物に、ヒトラーが会わないほうがよいと考えたのはなぜだったのか。

プッツィはこの重大な出会いを仲介しようとするに先立ち、何か話の種になるものはあるかとチャーチルにたずねた。ヒトラーとの会話のきっかけになる問題はないかと。ある、とチャーチルは言った。彼はかねがね心を痛めている点に立ち返った。

「あなたの総統はなぜユダヤ人にこれほど暴力的なのか?」とチャーチルはプッツィ・ハンフシュテングルにたずねた。「悪事をはたらいたり、国に反逆するユダヤ人に憤るのはよくわかる。どんな分野にせよ力を独占しようとするなら、それに抵抗することも理解できる。だが、ただユダヤ人に生まれたという理由だけでその人を敵視する理由は何なのか。人は自分の生まれについてどうすることができるというのか?」

この非の打ちどころのないリベラルな、人道的な、チャーチルらしい言葉を耳に携えてプッツィは総統のところに戻っていった。それ以上の進展はなかった。

「チャーチルは何の役に立っているというのだ」とナチスの指導者はあざけった。「やつは野党にいるのだし、誰も彼に注目していないではないか」

これに対してハンフシュテンゲルは言った。「人々は同じことをあなたについても言っていますよ」。

私が思うに、ヒトラーがチャーチルを避けたのは、彼が政治家として完全に終わったと思ったからだけでない。ヒトラーはこのこわもての、歯に衣着せないイギリス人の声を耳にしたくなかったのである。民主主義にこれほど熱意を持ち、反ユダヤ主義について不可解なほど神経質だったチャーチルの声を。

ヒトラーはチャーチル一行が去るまでレギナ・パラストホテルを避け続けた。二人がこれほど互いの近くにいたのはじつは二度目のことだった——一九一六年には塹壕の中で数百メートルの距離にいた——が、あいまみえることはなかった。もちろん後になって、ヒトラーはナチスの得になるとみるや、チャーチルと公の席で会いたいと何度も招いたが、チャーチルはけっして応じなかった。

ドイツの悪夢が始まったばかりの、まだヒトラーが首相にさえなっていない頃から、チャーチルはナチスのイデオロギーの核心にある邪悪さを見抜いていた。チャーチルのプッツィに対する質問の言葉にはある種の素朴さがある。「人をその生まれの故に敵視するのにどんな意味があるというのか」。月日が経つにつれ、それは憤怒の気持ちに変わっていった。

ナチズムはイギリス社会の一部でも根強い人気があったが、チャーチルはヒトラーが少数者を虐待することに嫌悪感を表明した。彼のドイツでの経験も効いていた。チャーチルは異様な雰囲気のなかで酒を飲み、健康そうに日焼けした若い男女が報復主義の興奮に駆られて行進する姿を目にしていたのだ。

一九三二年一一月二三日、チャーチルは議会で未来を予告するような演説をした。「祖国のために喜んで困難に耐えようという覚悟で目を輝かせ、ドイツの道という道を行進している体格のよいチュートン人の若者たちは、地位を求めているのではない。武器を求めているのだ」。武器を手にしたとき、彼らは失われた領土を取り戻すためにそれを使うだろう、と彼は続けた。フランス、ベルギー、ポーランド、ルーマニア、チェコスロバキア、ユーゴスラビア――これらの国はどれも危険にさらされていると。そしてこう締めくくった。「戦争心理」がヨーロッパ中に蔓延している。イギリス国民に危険の真相を伝えるべきときだ。力強く、逞しいイギリス国民は受け入れてくれるだろうと彼は言った。しかし、物騒な戦争屋がまた国民を挑発しにかかっていると批判した者もいた。

六年後、チャーチルの分析は決定的、圧倒的に正しいことがわかった。彼の一九四〇年における威信の裏付けは、彼がほとんど初めからヒトラーについて正確な判断をしていたという事実だったといっても過言ではない。チャーチルは反ナチズムという馬に賭けたのだ。誰もこの貧弱な馬をまともにしなかった早い時期から。そして彼の賭けは見事に当たったのである。

政治家は誰でもある意味でギャンブラーである。彼らは皆、何が起こるかを予期しようとする。そして自分の判断を最善に見せかけるために、それを歴史の正しい側に置こうとする。一九〇二年、チャーチルは「政治家は明日、翌週、翌月、翌年何が起ころうとするかを予言する能力を持つ必要がある。あとになってなぜそれが起こらなかったかを説明する能力も」と語った。

彼にとって政治的なリスクをとることは、飛行機を操縦すること、パキスタンのマラカンド地方の前線を自動車で走ること、前線の間の無人地帯を這いまわることと同列だった。こうした行動は彼の自信を一方的に深める機会でもあった。自分は特別である、銃弾は自分をかすめて飛んでいき、天使や悪魔が自分の周りを飛び回るが、幸運の女神が依怙贔屓をして守ってくれる――という理論だ。彼はフランスのリゾートにあるカジノでギャンブルをした。ある秘書によれば、シャツの裾をひらひらさせながらタクシーから飛び降りてモンテカルロのカジノに駆け込み、しばらくして家に帰る汽車賃に十分な金を手にして出てきたことがあるそうだ。

チャーチルほど見るからに危険な立場に何度も身を置いた政治家はほかにいない。彼ほど多くの失策に巻き込まれた政治家もいない。武勇伝に花を咲かせるだけでなく、しくじりをものともせず存在感を高めていった。驚くべきは、ミュンヘンのあのホテルですごした一九三二年になっても、賭けるだけの名誉がまだ残っていたことである。

∽

さてここで、彼の一九四〇年以前の経歴の語り草になってきた一連の大失策をもう少し詳しく見てみよう。チャーチルとこれらの出来事の間の相関関係を考える必要がある。彼自身にどの程度責任があったのか、そして、どの程度それ自体が真の災難だったのかである。

アントワープのしくじり

時として同時代の人間よりも、後世の人間のほうが物事をより好意的に見ることがある。一九一四年一〇月、ドイツ軍はオランダ、ベルギー、ルクセンブルクなどの低地帯を呑み込みつつあった。チャーチルはアントワープの防衛を画策した。ここはナポレオンがかつて「イギリスの心臓部に向けられたピストル」と呼んだほど戦略的に重要な港である。だがメディアは弱腰だった。モーニング・ポスト紙は「コストが高くつく失策であり、チャーチル氏は責任を問われなければならない」と論じた。デイリー・メール紙は「貴重な生命を犠牲にした失政の生々しい実例」と書いた。ドイツ軍の猛攻撃のなか、アントワープに乗り込み、ケープを着てヨット帽を被って奔走しているチャーチルは、内閣の同僚たちから見ても完全にどうかしていた。

ある時点でチャーチルは閣僚を辞任し、直接軍の指揮をとりたいと言い出した。将軍に任命してくれとアスキス首相に頼んだのである。閣僚たちは笑いを押し殺すので必死だったとアスキスは語っている。

最終的にアントワープは降伏し、何千人というイギリス兵が捕虜になった。チャーチルはロンドンに逃げ帰り、妻のクレメンティーンから冷たく迎えられた。三人目の子であるサラの誕生に立ち会えなかったからだ。しかし、アントワープ防衛はそれほどばかげた考えだったのだろうか。

一九一四年の秋に何が起きていたかを思い起こしてもらいたい。ドイツ軍はイギリス海峡沿いの各地の港に急進しつつあった。オステンドとダンケルクを失うことはイギリスにとって破滅的だった。そうなれば、ベルギーを中心とするフランドル地帯の部隊を増強することがいっそう困難になるからである。アントワープ作戦の要点はベルギー人に一〇日かそこら持ちこたえるよう説得することだった。息をつく間をかせいで他の港を守るためである。

結果としてそうなったように、チャーチルは六日間持ちこたえた。それで十分だった。他の港は助かったのである。そこで、アントワープ作戦を10段階で評価してみよう。私の見るところでは失策度2としたい。それは実際に成功だったからだ。一方、チャーチルの寄与度は10のうち9と評価できる。彼がいなかったら、ベルギー人が持ちこたえることができなかっただろう。

次はどう見てもチャーチル寄りの評価が難しいとされているケースである。

ガリポリの破局

第一次世界大戦では数多くの大失敗があったが、ガリポリはなかでも最大の軍事的失敗の一つだといわれている。一九一四年、塹壕はスイスからイギリス海峡まで延びていた。チャーチルは余力のあった艦隊を出動させ、西部戦線での流血を回避する方法を探っていた。ではその艦隊をどこに向けるか。まずバルト海が頭に浮かんだが、そこはすでにドイツ軍の支配下にあった。そこでチャーチルはそれまでもたびたび考えていたアイデアを思い出した。「柔らかい脇腹」である。

つまりドイツの同盟国、トルコを攻撃する作戦だ。

チャーチルは艦隊に、地中海と黒海の間にある狭隘なダーダネルス海峡を強行突破させようと考えた。そしてコンスタンチノープルを手中にし、オスマン帝国を戦争から放逐し、ロシアに対する圧力を和らげ、ギリシャ、ブルガリア、ルーマニアを連合国側につける——そうすればドイツを両面から攻撃する道が開ける（チャーチルが得意になって地図上で要所を指さしている様子が目に浮かぶ）。しかし、事はそれほど都合よくは運ばなかった。

全作戦が終了した一九一六年までに、連合国側には約一八万人の戦死者が出た。そのほとんどはコンスタンチノープルに近づくことさえできずにガリポリ半島の海辺か岬で病死した。

とりわけオーストラリア軍とニュージーランド軍の犠牲が甚大だったため、両国にとってガリポリは深い、国民的な遺恨となり、大英帝国に対する不信につながった。アイルランドの部隊も多大な犠牲者を出したことから、この一戦が独立運動を力づけることになったともいわれている。

チャーチルはアスキス首相によって一九一五年五月に事実上解任され、完全に落ちぶれた。

「あの人は嘆きのあまり死ぬのではないかと思いました」とクレメンティーンは語っている。実際、「私はもう終わりだ」と彼はうめいた。だが、ダーダネルス海峡突破という作戦は、本当に見るべきところはまったくなかったのだろうか？

少なくともこの作戦は、西部戦線の膠着状態を打破しようとする試みではあった。チャーチルは、誰かが「有刺鉄線を挟んだ睨み合い」への代案を持ち出さなくてはいけないと考えていた。

たしかにその通りだったのである。

彼は配下の提督たちに恵まれなかった。一人は神経衰弱になった。同僚にも恵まれなかった。とりわけ、年老いたカエル顔の第一海軍卿のフィッシャー卿は何かにつけ一喜一憂したかと思うと大癇癪を起こし、重大なときに職務を放棄してしまった。こうした事情から、作戦のタイミングをうまく計ることができず、そのうえ作戦執行に必要な士気も欠いていた。

しかしそれを斟酌したとしても、作戦のコンセプト全体に欠陥があったことは認めざるをえない。コンスタンチノープルが陥落すれば連合軍はボスポラス海峡から黒海経由でロシア軍に通じ、またブルガリア、ギリシャなどのバルカン諸国が連合国側につくだろうというあまりに都合のいい前提に基づいていた。これら行き過ぎた楽観主義についてチャーチルは責任を負わなければならない。

実際には艦船は沈み、提督たちは狼狽し、兵士は浜辺で機関銃掃射か、赤痢で死に、そして大英帝国を蹴散らしたムスタファ・ケマルがトルコ国の英雄として台頭した。ガリポリ作戦についての評価は失策度10、そのうちチャーチル寄与度10である。彼がいなければこの作戦はなかった。事が時間をかけてうまく展開していったなら、成功もありえただろう。しかしこの眩暈のするほどの大失敗は、チャーチルが間違った判断をしただけでなく、この戦いで個人的な手柄をたてたいという欲望に駆られているという印象を人々に与えた。

これは、弾丸などものともしないチャーチルのエゴの強さを物語るものだ。彼は一九一九年末にまたもやそのエゴを剥き出しにするのである。

ロシアでの失策

チャーチルの共産主義に対する憎悪は常軌を逸していた。彼はそれを疫病、悪疫、精神的奇形と考え、ボルシェビズムを「不潔なヒヒ」と呼んだ。一九一八年一一月二六日、ダンディーの地元有権者を前にした演説でこのように語っている。「ボルシェビズムが獰猛なヒヒの群れのように都市の荒廃とその犠牲者の死骸の間を飛び跳ね、大騒ぎしているうちに、広汎な地域で文明の火は完全に消えてゆきます」。チャーチルがヒヒにどんな恨みがあったのかは不明だが。

多くの人が忘れているが、一九一七年の革命の最初の一、二年の間、レーニンとトロツキーの権力基盤は非常に不安定なものだった。国内には多数の反革命勢力——白ロシア人、アメリカ人、フランス人、日本人、チェコ人、セルビア人、ギリシャ人、イタリア人、そしてかなりの数のイギリス人部隊——があふれていたのである。チャーチルはイギリス陸軍省から反革命勢力に熱烈な声援を送っていた。

初めのうちはやや用心していたが、勝てる戦争だと見るや、きわめて懐疑的なロイド・ジョージに向かって、共産主義者は敗退しつつあると話した。イギリスの士官たちに鼓舞され、チャーチルから資金と支援を受けた白ロシア人は、顕著な勝利を収めつつあったのである。「今や何者も、ボルシェビズムやボルシェビキ体制を維持することはできません」と彼は勝ち誇ったようにロイド・ジョージに言った。ある段階では、イギリス部隊に新種の毒ガス（そう、毒ガスだ）を与えることによって、問題に片をつけることも考えた。一九一九年一〇月には、反ボルシェビキ将軍たちの前進に興奮するあまり、自らロシアと戦う寸前までいった。

手筈は整えられた。チャーチルはレーニンに真っ向から対抗する者としてロシア入りし、民主主義の素晴らしさを宣言しようとしていた。ところがどうしたことか、すべてが間違った方向に行ってしまった。トロツキーは強行に反撃を仕掛けてきた。「私はヒヒに負けるつもりはない！」とチャーチルは叫んだが、結局のところ負けであった。

反ボルシェビキ勢力は遁走し、イギリス部隊はぶざまに敗走した。共産主義の専制政治が本格的に始まった。ヒヒは類人猿になったのだ。

有名な漫画家デビッド・ロウはチャーチルのことを無能な大物狙いのハンターとして描き、キャプションには「ライオン狩りに出かけたが、持って帰ったのは腐ったネコだけ」と書いた。四匹のネコには名前がついている。シドニー・ストリート（一九一一年、ロンドンで起こったギャングによる銃撃戦に当時内相だったチャーチルが直参した件）、アントワープの失策、ガリポリの失敗、ロシアでのへま。

しかしロシアの件でチャーチルはそれほど責められるべきなのだろうか。というのも、彼は実際、ほとんど成功したのである。反ボルシェビキ将軍ユデニチはペトログラード間近まで迫った。白軍の将軍デニーキンはモスクワからわずか五〇マイルのところにいた。もしチャーチルが望んただけのありったけの支援をこれらの遠征隊に与えることができていたら――もしロイド・ジョージと内閣があれほど用心深くなかったとすれば――おそらく、実際に共産主義を誕生と同時に葬り去ることができていただろう。そうすればロシアと東ヨーロッパの諸国民は七〇年間に及ぶ専制政治に苦しまなくてすんだだろう。収容所も赤の恐怖も、富農の虐殺も、大量粛清もなかっただろう。結果は失敗だったかもしれないが、意図したことは間違っていなかった。

そこで、ロシア遠征の採点は次の通りだ。失策度5、チャーチル寄与度10。彼の作戦は総論としては正しかった。

チャナクでの大へま

チャーチルはこの「チャナクでの大へま」によって内閣を退陣に追いやり、ロイド・ジョージの政治生命に終止符を打ち、自身が一九〇四年に入党した自由党にダメージを与え、議席を失った。

一九二二年九月、ムスタファ・ケマル（アタチュルク）の軍がガリポリ半島のイギリスとフランスの連合軍に迫り、危機が拡大した。英仏軍はチャナク、別名チャナッカレに駐屯していた。古代遺跡のトロイに至近の町である。ロイド・ジョージ首相は徹底した反トルコ、親ギリシャ派で、イスラム教徒に対する十字軍的な戦いを始めようとしていた。彼はチャナクがジョニー・ターク［第一次世界大戦中、前線のイギリス兵士がトルコ兵を呼ぶのに使った言葉］に一撃を与えるのに絶好のチャンスだと考えた。

このときなぜかチャーチルは自身の考えを翻してロイド・ジョージに賛同した。これは奇妙なことだった。チャーチルは父と同様、どちらかといえば親トルコだったからである。そして、私的生活でもそうであったように、外交においてもいかなる種類の宗教的な動機にとらわれることはなかった。そういうことから考えても、彼がチャナクでトルコと戦うことに賛成した背景には、ダーダネルスでの屈辱の恨みを晴らし、自身の心の傷を癒やしたいという思いがあったように思う。あまり褒められた動機ではない。

しかし幸いなことに、ロイド・ジョージもチャーチルもトルコ攻撃に踏み切ることに失敗した。チャーチルは一九二二年九月一五日、当該国政府への事前通告なしに、トルコでの軍事行動はカナダ、オーストラリア、ニュージーランドの支援を受けていると新聞に発表した。三国は不快感を示した。ダーダネルスでのチャーチル主導の殺戮にこれ以上自国の兵士を送る特段の熱意はなかった。

メディアも一般市民も騒然となった。デイリー・メール紙の見出し「新しい戦争を止めよ!」が多かれ少なかれ当時のムードを要約していた。保守党員たちはロイド・ジョージにもチャーチルにも愛想を尽かし、カールトンクラブに集まって、連立を解消して「一九二二年委員会」を結成することを決めた。ロイド・ジョージにかわって首相に就任したアンドリュー・ボナ・ローは、イギリスは世界の警察官になることはできないと言った。翌年、病身だったローの後を継いだスタンリー・ボールドウィンが自由党にとどめをさした。チャナク危機は外交によって解決された。しかし内閣は倒れ、チャーチルは失脚した。チャナクは大目にみて失策度4、チャーチル寄与度5と評価する。なぜなら、筋書きはロイド・ジョージと一緒に書いたからだ。しかし政治的影響は甚大だった。

したがって、彼の復活は二重の意味で驚くべきものだった。この時期を振り返ると、彼がイギリス政治において欠くべからざる存在であったことを感じないわけにいかない。彼は自由党の崩壊によって葬り去られるには重要すぎる存在であり、無視するにも大きすぎる存在だったのである。彼は、間もなくして自身が二〇年前に離党した保守党に戻ることについて、ボールドウィンと話をしている。ボールドウィンは一九二四年一一月の選挙で、大勝利を収めたにもかかわらず、かつて保守党を捨てた当時四九歳のチャーチルに手を差し伸べて彼を財務大臣に任命した。チャーチルは仰天したものの、承諾した。財務大臣になったことを妻に伝えたチャーチルは、「からかっているのではないことを妻にわからせるのが大変だった」と話している。

財相チャーチルの功績がなんであったにせよ、それは誤った金本位制への復帰によって台無しになった。

金本位制への復帰

金本位制への復帰はレートからして間違っていた。今や誰もがこれが破滅的な誤りだったことを認めている。ポンドの価値は戦前のレート四・八七ドルに固定された。これは通貨の過大評価を意味し、イギリス産業に致命的な結果をもたらした。イギリスからの輸出品は世界市場における価格競争力を失ったのだ。企業は従業員のレイオフや賃金カットでコストを下げようと試み、その結果ストライキ、失業、経済の大混乱が引き起こされた。そして一九二九年に株価が大暴落した。それでも金本位制という過酷な体制から脱することはできなかった。

最終的にポンドは外為市場で投機的な攻撃の波に何度もさらされ、一九三一年、ついに金兌換の停止に追い込まれた。一九九二年にポンドが法外な高値をつけられて欧州為替相場メカニズムから締め出されたのとちょうど同じである。チャーチルは大惨事の責任をすべて引き受け、ジョン・メイナード・ケインズは「チャーチル氏の経済的帰結」という告発を書いた。たしかに金本位制復帰を決めたのは財務大臣チャーチルであり、責任を免れない。

われわれにできるせいぜいのことは、彼の責任を軽減できる点がないかどうか探ってみることくらいだ。第一に、彼自身は直観的に金本位には反対だった。彼は強いポンドがイギリスの企業や産業にもたらす問題を見抜いていた。一九二五年二月、彼は次のように述べて金本位計画に反対している。「私は金融界がより謙虚になり、産業界がより満足することを望む」。彼は決定に先立ち、財務省の担当官たちにメモを送り、金本位への支持を説明できるかどうかたずねたが、彼らの要領を得ない回答には大いに不満だった。

担当者たちは「安定性」がどうこう、といった話をした。だが、もしイギリスの商品の競争力を削ぐような体制がどうやったら製造業を利することになるのか。チャーチルは本人の了承を得たうえで、ジェニングズ・ブライアンの一八九六年の熱烈な金本位制批判を引用した。「このいばらの冠を労働者に押し付けるべきでない。人類を黄金の十字架にはりつけにすべきでない」。

彼は文句なしに正しかったが、困ったことにわれこそは経済学の権威と自負している多くの賢い連中に囲まれていたことだった。そして彼らは金本位制こそ恐ろしくよいアイデアだと信じていた。なかで誰にもましてこのうえなく自信満々だったのはイングランド銀行の総裁、着こなしにも隙のないモンタギュ・ノーマンだった。「私は君を黄金の財務大臣にしてやるよ」と彼はチャーチルに言った。しかし幻想にとらわれていたのはノーマンだけではなかった。

金融街シティーも金本位支持だった。労働党もそうだったし、スタンリー・ボールドウィン首相自身も、世の中の流れに乗って金本位制を実施するのが得策だろうと考えていた。最後の手としてチャーチルは一九二五年三月一七日、ダウニング街一一番地の財相官邸で歴史に残る晩餐会を開催し、反対論を展開してもらうべくケインズを招いた。しかし悲しいかな、ケインズは風邪のため出席できる状態でなかった。金懐疑論者のチャーチルは多勢に無勢、しぶしぶ譲歩したのだった。

問題は、チャーチルは当初の判断が間違っていなかったにもかかわらず、結局金本位制復帰を決めてしまったことだ。彼は金融専門家といわれているあらゆる人間よりも正しく物事を見ていたのである。イギリスの最近の金融史を記憶している人にとっては、彼はサッチャー首相とまったく同じ立場にあった。彼女はナイジェル・ローソンとジェフリー・ハウという二人の財務大臣にだまされて、一九八九年に破滅的な欧州為替相場メカニズムに加盟してしまった。

チャーチルもサッチャーも固定為替レートという金融の拘束衣について正しい直観を持っていた。二人とも長い間抵抗したあげく、〝専門家〟の意見に屈してしまったのだ。金本位制復帰については、その後に起こった経済的混乱を考慮して失策度は10とするが、チャーチル寄与度は2くらいにとどまるだろう。チャーチル以外の人間が財務大臣だったら、迷わず金本位制を決めたことだろう。チャーチルが決めたのは迷った末のことであった。

金本位制によって生じた経済的混乱も一因となり、チャーチルと保守党は一九二九年、またも政権から追われた。労働党ははじめて国会の議席数で保守党を上回った。こうして再び彼は一〇年以上を「荒野で」すごすことになった。彼は追い回すべき新たな〝キツネ〟を必要とした。つまりは戦うべき新しい大義である。彼はスタンリー・ボールドウィン率いる保守党を含め、ほとんどすべての人を激怒させるネタを見つけた。彼のすべての失策の中で今もって最悪のものとみられるインド関連のそれである。

インドをめぐる失政

チャーチルはインドの自治を認めるいかなる動きにも抵抗することを自分の使命にしていた。そしてそれを現代の価値観からすればありえないほど尊大かつ傲慢なやり方で実践したのだった。

一九三一年、チャーチルはガンジーを〝半裸の坊さん〟と呼んで公然と非難したことで知られる。彼はこの非暴力的抵抗のパイオニアがイギリス国王兼インドの帝王の名代だったアーウィン卿（のちにヒトラーに対し宥和政策をとったハリファックス）と交渉をしながら、同時に市民的不服従を組織しているのは「吐き気をもよおす」と言った。あたかもガンジーが一種のテロリストであるかのような言い様である。チャーチル自身、銃を携えたアイルランドのナショナリストと交渉することに何の疑問も持たなかったことを考えると、いちゃもんをつけているような印象も否めない。

彼は流血を予言した。インド人の自治能力の欠如、不可触民の悲惨さ、回避しがたい民族間紛争などについて、おどろおどろしい表現で語った。チャーチルは妥協を許さない帝国主義者的ロマン主義者の急先鋒だった。イギリスのインド統治の断固とした擁護者であり、ベランダに座ってハイボールをするという、バラ色の頬をしたすべてのイギリス人に神が与えられた権利と、インドを保有する栄光を守ることを自らの使命とした。

彼は少々読みを誤ったのだという好意的な見解もある。すべての勢力は――ほとんどの保守党員ですら――インドにより本格的な独立を与えることに賛成だった。チャーチルは何を狙っていたのだろうか。彼の動機は完全に純粋なものではなかったように思う。たしかに彼はインドを失うこと、それが大英帝国の「威信」を傷つけることに憤りを感じていた。ランカシャー綿の輸出市場の喪失は言うに及ばずである。この意味で彼の目的は利己的で極端な愛国主義のあらわれだったように思える。

チャーチルは実際にはインドに大した関心を持っていなかった。最後にインドを訪れたのは一八九九年のことである。当時若手将校だった彼は、バラを育てたり、蝶を集めたり、ポロを楽しんだり、ギボンを読んだりするのにほとんどの時間を費やしたのである。インドについてとくに知識があるわけでもなかった。ある下院委員会の席では、彼にしては珍しく一般論に終始した。身も蓋もない話だが、彼のインドに対する強硬姿勢には、政治的な思惑があったのである。

彼はスタンリー・ボールドウィンの後の保守党党首を狙っていた。そのためには保守党右派のご機嫌をとる必要があった。右派たちはかつて自由党に鞍替えしたこの出戻りを大して買っていなかったのである。インドは彼の保守反動的な資格証明を誇示するのにかっこうのネタだった。彼は集会で長く派手な演説をした。ちょうど今日のイギリス独立党員のように、ここぞとばかりに自分と自分の支持者に対する自虐的な発言をした。「われわれ保守党は知性を欠く一種の劣等人種で、主として軍人、あるいはイギリスのために戦ったごろつきで占められているのです」と得意げに言った。

この作戦は失敗だった。インド法は可決された。労働党は保守党の同意を得て、のちに世界最大の民主主義国家で経済強国になるインドに、より広汎な自治を認める道を歩んだ。チャーチルは立場を失った。事の成り行きが彼を不利にした。唯一の救いは敗北の中で彼らしい気品を見せたことだった。一九三五年、ガンジーに幸運を祈るメッセージを送った。「どうか成功してください。そうすれば、私は貴殿がさらに多くを成し遂げることを支持します」。もう一つ念頭におく価値のあることは、彼の予言が完全な誤りではなかったことである。一九四八年にイギリスの支配が終わると、インドでは数百万人の死者を出すすさまじい国内民族紛争が起きた。そしてカースト制度の問題は今日に至るまで続いている。

だからといって、今見れば非現実的なまでに逆行的なこの政策を擁護することはできない。インドの不始末は失策度5、チャーチル寄与度10と評価する。

一九三五年にはボールドウィンが首相に返り咲いた。しかし、今回はチャーチルは——とくにインドについての——反抗的な態度が行き過ぎていたという理由で入閣できなかった。ということは、彼にはまた何かをやらかす余地ができたということだった。また自分から仕掛けて、舞台中央に返り咲くためのネタが見つかったか？　それがあったのだ。

国王退位の危機

一九三六年秋には、国王エドワード八世が、ウォリス・シンプソンという名の離婚経験のあるアメリカ女性と情事を重ねていたことが広く知られるようになった。今日では奇妙なことに見えるかもしれないが、当時このようなことは弁解の余地がないほど不適切な振る舞いだった。教会や伝統に敬意を払う古き良きイギリス紳士であったスタンリー・ボールドウィン首相は人知れず苦悶していた。彼の結論はこうだった——王は離婚歴のある女性と結婚することはできる、しかしその前に王位を捨てなければならない。

若き王の苦境は絶望的で、浮氷に乗っているような気分だった。退位が不可避であることもわかっていた。彼は誰か導いてくれる人を必要とした。経験を積んだ、世の中でも一目置かれている人物を。彼はチャーチルのところに行った。ほかに誰がいただろう。二人はすでに互いを知っていた。王はブレナムに滞在したことがあり、チャーチルは王とはウマが合った。王のためにいくつかスピーチを書いてやったことすらあった。

チャーチルは王とウィンザー城で昼食を共にし、そして面白おかしい（多分酒に酔った状態で）手紙を書き、この事態をどう切り抜けるべきかを説明した。その手紙には、今は国を出るときではないという賢明な助言も含まれていた。チャーチルは非公式な「国王党」の党首になり、一二月八日、フランス料理店での豪華なランチの後、下院で自分の考えの一端を明らかにしようと決めた。

彼の見解では、問題の核心は、心の問題であって、国王は国王であり、もし閣僚たちがシンプソン夫人を問題とするのなら、辞任すべきなのは国王でなく閣僚たちであった。しかし、残念なことに、チャーチルは下院のムードを完全に読み間違えていた。そして議員たちにやじり飛ばされたあげくに降壇した。ほとんどの議員たちは過去数日、地元の有権者たちから王の不倫についての厳しい意見や小言を聞かされていたのだ。

議場のやじがあまりに騒がしく、チャーチルは最後まで話をさせてもらえないまま着席せざるをえなかった。ハロルド・ニコルソンはこう言った。「昨日ウィンストンは議会で完全にしくじった。彼は信頼を取り戻すために二年間忍耐強く頑張ったが、それが五分で台無しになった」。今度こそチャーチルは本当に終わったというのが、彼の友人たちを含む多くの人々の結論だった。この退位危機の失策度は6、うちチャーチル寄与度は10だ。もちろん現代の価値観でいえばチャーチルの言い分がもっともだったとしてもである。

昨今の選挙民は、君主が離婚者と結婚すると決めたとしてもまったく問題にしないだろう。考えてみれば、現王位継承者も彼の妻も、離婚歴があるのだ。しかし、当時は絶対に通らない話だった。そしてチャーチルはまたまた見限られたのである。彼の進歩的で同情的な直観は、超君主論者のおべっかであると見られたのだ。

このときチャーチルはすでに六一歳で、時代遅れの役立たずのように人々の目に映った。まるで砂利の上で力なくバタつきながら、エラから得体のしれない何かを吐き出すエドワード朝時代の生きた化石だった。この時点で彼が三年半以内に首相になろうとはまず誰も信じなかった。

∫

さてここで、チャーチルの大失敗のリストを見直すことにしよう。政治家の勲章として、これほど豊富で驚くべきものは類をみない。これらは、チャーチルの性格について何を物語っているのだろうか。何よりも明白なのは、彼には「それ」、つまり人々が「特質」と呼ぶものが備わっていたということだ。ここに挙げたどの失敗をとってみても、凡庸な政治家であれば永久に葬りさられていたであろう。チャーチルがともかく進み続けることができたこと自体、逆境から立ち直る能力の証である。まるで彼のエゴと士気を絶縁体で守る防弾服のようなものがあったかのようだ。

チャーチルが非常に外向的だったこと、生まれつき自分を表現することを得意としていたことも役に立った。彼は敗北を内面化させることがなかった。ガリポリを別にすれば、内臓をえぐられるほどの自責の念にかられることもなかった。顕著な失策を何度繰り返そうと、自己像を根元から変えることを許さなかった。人は他人を判断するとき、当人自身の自己評価に引きずられがちだが、チャーチルにはそうした人間本来の弱さがなかった。

彼は何度も立ち直った。あまりにも多くの信ずるべきことがあったからである。多くの人はもっともらしく、多少の怒りを込めて、もしチャーチルが一九四〇年に運よく首相に選ばれなければ、大したこともできずに負け犬として終わっただろうという見方をしてきた。しかしそれは見当違いである。

近代の政治家で、チャーチルほど多くを達成した者はいない。彼は福祉国家を創設し、刑務所を改良し、海軍をつくり上げ、第一次世界大戦の勝利に貢献し、財務大臣を務め、ほかにも多くのことを手がけた。しかもこれは第二次世界大戦前の、「負け犬」と言われていた時期の話なのである。彼は多くを構想し、実践したがゆえに、挫折もあったのは当然である。チャーチルが数々の失敗から立ち直ったのは、人々が彼の行動の裏にある本質を直感的に認めたからだった。

これは、失敗といわれていることについても、往々にしてチャーチルがじつは正しかった、という話に終わらない。ガリポリには健全な戦略の芽となるものがあった。ソビエト共産主義は本当に野蛮だった。金本位制度は「専門家」たちが主導した。チャーチルの典型的な失敗から見えてくるものは何だろうか。平凡な人間の経歴にとどめを刺してしまうような大失態と彼の失敗にはどんな違いがあるのか。

もうお気付きかもしれない。チャーチルは自らの失敗によって吹き飛んだ地位の硝煙漂う残骸から這い出してきたときでさえ、個人的に腐敗していたという評判は一切立たなかった。スキャンダルのかすかな臭いもしなかった。大失敗によって高潔な人格が傷つけられるところまでいったことは一度もなかった。彼はきわめて安全な人間だったわけだ（最近は多少疑問の声があがっているが）。しかし、私が言いたいのはそこではない。

彼は一度も嘘をついたり、人を裏切ったり、陰険なことをしたりしたことはない。金銭に対しても淡泊だったことはいうまでもない。彼が自分の立場を決めた基準は、（a）それが正しく思えたから、もしくは（b）自分のキャリアを前進させる役に立つと考えたからのいずれかだった。結局のところ、（a）（b）二つの計算を同時にすることには何の恥ずべきこともなかった。両方とも当てはまる場合は、政治的に正しい決断だろうと彼は考えた。

チャーチルは安易に決断に達したのではない。膨大な調査と熟考の末のことだった。彼が直観的に物事の本質を見抜くことができたのは、彼の吐き出す情報量の多さゆえだった。一九一一年、戦争勃発の三年前、チャーチルは帝国防衛委員会に提出する長いメモを書き、戦争の最初の四〇日間の道筋を正確に予測した。どこでどのようにフランスが退却するか、どこでドイツが立ち止まるか。

ヘンリー・ウィルソン将軍は、この文書は「馬鹿げた空想だ――こんなくだらないものを書いて」と言った。しかしそこに記された一語一語は日付に至るまで現実のものとなった。ドイツは四一日目にマルヌの戦いで敗れ、膠着状態が始まった。彼が書いていたのはSFではなかった。窓の外を眺め、鉛筆をなめていたのではなかったのだ。

誰もが戦争はクリスマスまでには終わっているだろうと話しているとき、チャーチルはこの戦いは四年間続くだろうと予言した。チャーチルはまた、ベルサイユ会議の失敗を見越していた。彼が物事を正しく見通すことができたのは、ほとんどすべての政治家よりも情報を持っていたからだ。一九三〇年代の半ばには彼はホワイトホールと軍部から秘密の説明を受けていた。外務省高官のラルフ・ウィグラムをはじめとする官僚や軍人は、対独宥和に不安を感じ、ドイツについて警報を発してくれる人を必死に求めていたのだ。

チャーチルは時には首相のボールドウィン自身以上に状況を把握していた。ドイツ空軍の強さについて優れた知識を披露し、首相に恥をかかせたこともある（ナチスはボールドウィンの主張よりも多くの航空機を保有していた）。チャーチルはドイツで何が起こっているかを熱心に追っていた。

一九三二年以降はユダヤ人迫害について絶えず議会に注意喚起し、ナチスのイデオロギーについて警告した。ヒトラーが一九三三年一一月の選挙で票の九五パーセントを得たとき、彼はナチスが「戦争は栄光であると宣言」し、「野蛮人と異教徒の時代以来例をみないような流血の形式を子供たちに教え込むだろう」と言った。

チャーチルが鳴らす警鐘の音はどんどん高くなっていった。彼は何が起ころうとしているか、恐るべき明瞭さで見通していた。彼はヒトラーの本性を、老いた哀れな側近、プッツィ・ハンフシュテンゲルよりもはっきりと理解していた。ミュンヘンで一緒に騒いだあのプッツィである。

このピアノ弾きの広報マンはとうとうゲッベルスの機嫌を損ね、明らかに反愛国的な発言を弄したとしてユニティ・ミットフォードによってヒトラーに告発された。一九三七年、プッツィは恐怖の命令を受けた。パラシュートを身に着けて飛行機に乗り、内戦に引き裂かれたスペイン上空で飛び降りるというものだった。共和国側の前線の向こうに着地し、フランコ将軍のファシスト勢力を助けるため、秘密工作員として行動せよと命じられたのだ。

生きて戻れる任務とは思えなかった。拒否すれば銃殺されるだろうと思い、言われた通りにした。飛行機は離陸し、スペインに向かった。エンジン音をとどろかせながら何時間も飛び回った。その間ハンフシュテンゲルはパラシュートを身に着けたまま後部座席に座り、恐怖でわれを失っていた。

怖いのは飛び降りることだけではなかった。無事着地して生き残ったとしても、スペイン共和国勢力に捕まり、おそらく八つ裂きにされるのだろうと彼は思った。とうとう飛行機はエンジン不調で着陸した。そしてまだドイツ内にいることがわかったのである。ただ旋回しているだけだったのだ。

すべてはヒトラーとゲッベルスのぞっとするようないたずらだった。もっともなことだが、プッツィは永久にナチズムに別れを告げることを決め、イギリスを経てアメリカに逃亡した。チャーチルはヒトラー自身の広報マンさえ気づいていなかったことを見抜いた。ナチス体制の根本的な残酷さである。

チャーチルと他の人たちの根本的な相違は、彼が自分の洞察に基づいて行動したことである。何が起ころうとしているかが見えていただけでなく、その流れを変えようとした。ほとんどの政治家は出来事に流されるだけである。彼らは不可避に思えること、つまり運命に自身を合わせる。そして往々にして自分の立場をできるだけよく見せようとし、稚拙な方法で、何であれ起こったことについて自分に功があったと主張しようとするのである。

チャーチルは何が起こるべきかについて断固とした考えを持っていた。大英帝国の維持、民主主義の促進、イギリスの威信の強化などである。そしてこれから起こる出来事がこれらの理想に合致するよう、そのコースを曲げようと超人的な力を発揮した。自分の父親の時計を見つけ出すために川を浚渫し、せき止めることまでした少年時代の彼の姿を思い出してもらいたい。

あれほど多くの大失敗をしでかしたのもこのためである。なぜなら彼はあえて歴史の姿全体を変えようと試みたからだ。彼はキャビンドアを突き破って入り、故障した飛行機の操縦桿をもぎ取ろうとしたのである。彼は、運命の女神がコートをかけた、大きな釘であった。

一九四〇年のイギリスあるいは世界にとって何よりも無用だったのは、懐手をして座っているだけの、何もしない人間だった。世界が必要としていたのは、世界を大惨事から救うためにわが身を投げ出す、ほとんど超人的な意志と勇気を持つ人間だった。チャーチルは一九四〇年に政権を握ったとき、ほっとしたと語っている。なぜなら今度は――ガリポリやロシアのときと違って――物事を動かす権力を完全に掌握していたからである。彼が首相と国防相を兼任することを選んだのはこのためだった。

ここまでの議論は、国内外のライバルと較べると、チャーチルがスター・ウォーズ・トップ・トランプゲームの「最強カード」に匹敵する存在だったというものである。彼は仕事量、言葉による表現力、ユーモア、洞察力いずれにおいても当代随一だった。彼は技術的な創造性においても、まったくわが身を顧みない勇敢さにおいてもライバルたちを圧倒した。もしこの素晴らしいゲームで遊んだことがある人なら、チャーチルは最大の「フォースファクター」の持ち主であるという意味がおわかりだろう。次章では、彼が第二次世界大戦においてこのカードをどのように使ったかを見ていくことにする。

第16章

同盟国フランスの艦隊を撃沈

そのとき、フランスの水兵には怒る間もなく、終末に向けて心の準備をする瞬時も許されなかった。一九四〇年七月三日午後五時五四分に砲撃が始まり、まったく信じられないという思いに圧倒されるばかりだった。目の前にいるのはイギリスの戦艦である。朝到着したとき歓呼で迎えたイギリスの水兵たちが乗っていた。彼らは同盟軍だ。ジブラルタルでは上陸許可時間に一緒に町にくりだして騒いだ、まさにその連中だった。

彼らは友人のはずだった。それが何ということだ。その友人たちが一〇分間にもわたって自分たちの頭上に死の雨を降らせているではないか。今もって海軍による史上最大の艦砲集中射撃の一つとされている。当時世界最大の戦艦だったイギリス海軍の巡洋艦フッドの一五インチ砲から最初の一発が発射され、これら四分の三トンの砲弾は時速二五〇〇マイルのスピードで青空に優雅な弧を描いて飛んだ。

視界は良好で目標物は静止していた。状況は申し分なかった。それから他のイギリス戦艦が加わると、爆撃音があまりにも大きくなり、生き残ったフランス水兵は耳から出血したと報告されている。戦艦ヴァリアントは戦艦レゾリューションと並んで砲弾を発射した。

半裸の砲手たちは熱さに耐えながら撃ちまくり、巨大な鉄の砲身が熱で赤味を帯びていた。彼らはほどなく射程をとらえ、フランス艦を次々に見つけ出した。港の入り口はイギリス軍機によって機雷がまかれたばかりだったので、フランス側はどうすることもできなかった。一人のイギリス水兵が何年も後に語ったところによると、それは「樽の中の魚を撃つようなもの」だったという。

フランス側の目撃者は、炎の幕と海に落下する火の玉、頭を失った人体、火傷や怪我があまりにもひどいので仲間に「オレを殺してくれ」と悲痛な懇願をする兵士のことを語っている。そのうちイギリスの砲弾がフランスの最新鋭戦艦ブルターニュの弾薬庫に命中し、火山が大噴火したかのような大音響がとどろいた。

港の上空にはきのこ雲が立ち上り、何分もたたないうちにブルターニュは転覆した。乗組員の一部は、揚げ物油のように泡立つ黒く汚れた海に飛び込み、燃える油から逃れるため息を殺して海中に潜って泳いだ。乗組員のほとんどは命を落とした。

雲一つない一九四〇年のあの日、イギリス軍はアルジェリアの町オランに近いメルセルケビールの要塞化した波止場に、全部で一五〇発の砲弾を撃ち込んだ。砲声が止むまでに、五隻のフランス戦艦が損傷し、一隻は撃沈された。一二九七人のフランス海軍兵が戦死した。大殺戮が起こったのである。多くの人はこれを戦争犯罪と呼ぼうとした。

フランス全土に怒りの感情がわき起こった。ナチスのプロパガンダ組織が煽る必要もないほどの憎しみだった。イギリスが殺意をもってフランス人に砲火を浴びせたのは、一八一五年のワーテルローの戦い以来のことだった。猛火の中で溺れるフランス水兵、あるいは血に飢えた魔王としてのイギリスの戦争指導者を描いたポスターがいたるところに貼り出された。ロンドンとヴィシー新政権の関係は終わった。メルセルケビールの記憶はあまりにも恐ろしく悲惨な出来事であったため、英仏関係において今日に至るまでタブーになっている。

自分だったらあのような命令はけっして下さなかっただろう、と海軍提督ジェームズ・サマビルは言った。イギリス軍兵士は自分たちがしてしまったことについて煩悶した。本当にあんなことを命じられたなんて信じられなかった。何世代にもわたってフランスの学童たちは、この殺戮を命じた一人の人物がおり、彼があの凶悪な最後通牒を急いで書き上げたのだと教えられてきた。本当のことである。

次の日、チャーチルは下院で説明を求められたとき、あらゆる方面からの非難を覚悟した。実質的に無防備な標的、しかも戦争状態にないフランスの海兵に対して最も殺戮的な近代兵器による攻撃を浴びせたのだから。

チャーチルは満席の議場で発言するべく立ち上がったとき、「何という不名誉だ」と感じたと、のちに認めている。タイプで打った演説のメモが手の中で震えた。彼はあの惨事に至るまでのすべてを語った。そして自分の行為についての判断の一切を、議会、そして「国民、アメリカ、世界と歴史」に委ねると言って発言を終えた。

彼が席に戻ると、想定外のことが起こった。驚いたことに、否定的な沈黙はなく、それどころか議員たちから歓声が上がった。彼らは立ち上がり、下院では何年も見られなかったような歓喜の光景のなかで、手にした議事日程表を振っていたのだ。

閣僚たちが周りに集まってきて、チャーチルの背中を叩いていた。一三〇〇人に近いフランス人が死んだのである。今から考えると、このような反応は不可解かつ不謹慎である。

他の議員たちが喜ぶなかで彼は座っていた。黒い上着にストライプのグレーのズボン姿で、背を丸め、あごを両手に埋め、頬からは涙が流れていた。

この悲劇を理解するためには、チャーチルがいかにフランスを愛していたかを知らなければならない。彼の主治医チャールズ・モランが観察したようにチャーチルにとって「フランスとは文明そのもの」であった。

チャーチルはフランスのベルエポック時代に育った。パリは彼の両親が結婚した場所であり、光と限りない気晴らしの街、彼がギャンブルで勝ったカネを――本や「他の方面に」――散財した場所だった。ウィンストン・チャーチルほどの愛国的イギリス人でも、フランス的な生活の質の高さを認めるのに恥じるところがなかった。ワイン、食べ物、チーズ、シャトーの優雅さ、カジノの楽しさと品のよさ、コートダジュールでの海水浴の歓び、そしてその自然の美しさを描く歓び。フランス語は彼が話せるようになりたいと試みた唯一の外国語だった。しかしそれよりもさらに深い思い入れがあった。

チャーチルはフランスの偉大さを信じていた。そして首相になったばかりの数週間で、かつてナポレオンに率いられた軍隊の屈辱的なまでの弱さを目の当たりにしてひどく落胆した。何しろ彼はナポレオンの胸像を机の上に置いていたくらいのフランスびいきだったから。フランスをドイツとの戦争に引き留めるためにあらんかぎりのことをした。フランスの政治家と将軍を鼓舞し、ニュースで伝えられる戦況が悪化すると、自身でフランスに四回も飛んで行き、勇ましい英語訛りのフランス語で落ち込んでいる指導者たちを激励した。こうしたフランス訪問は命の危険さえ伴ったにもかかわらず。

あるとき、彼が専用機フラミンゴでフランスから戻る途中、ルアーブル付近で漁船を機銃掃射していたドイツ軍機二機を避けるため、パイロットが急降下した。六月一二日のことだったが、その三六時間後、フランス人から再び電話があった。今度はフランス中部の都市トゥールで緊急の会議を求めるものだった。彼はノースロンドンの空軍基地、ヘンドンに向かったが、悪天候で離陸できないことがわかった。

「とんでもない」と三六歳の飛行士は言った。「何が起ころうと飛びますよ。こんな深刻な状況のとき天気など気にしていられません」。一行は雷雨のなか、トゥールに着いた。今の航空技術をもってしても、冷や汗ものである。チャーチルに同行してきたビーバーブルックとハリファックスにとっては身の毛のよだつ体験だったに違いない。

滑走路はドイツが新設したばかりのものだった。着陸した飛行機に乗っているのが誰であるか知らないフランスの地上勤務員はのうのうとしていた。チャーチルは自分がイギリスの首相であり、車を用意するように命じた。

県庁に着いたが、まだ歓迎すべき一行とは思われていないようだった。彼らの正体を誰一人として知らなかった。イギリス代表団の一行は近くのレストランに連れていかれ、コールドチキンとチーズにありつくまで廊下を歩き回った。気の毒なハリファックス。こういうのは彼の外交スタイルではなかった。

やっとのことでフランス首相ポール・レノーが姿を現し、イギリスはフランスが降伏することを許してくれるかと悲しげにたずねた。チャーチルは、意気消沈したフランス人たちに活を入れるために、英語訛りのフランス語でお得意の荒療治をまたぞろ試みたが、何の反応もなかった。

フランスは持ちこたえられなかった。六月一四日、ドイツ軍は脚をまっすぐに高く振り上げるグースステップでシャンゼリゼを行進していった。うつろな目をした、出っ歯の、根っからの敗北主義者、ペタン将軍がフランス側の責任者だった。完全な降伏だった。フランスは北アフリカから戦い続けるチャンスを捨てた。イギリスは次にフランスが何をするか、とりわけフランス艦隊がどうなるのかを案じていた。

フランス艦隊はイギリス海軍に次ぐヨーロッパ第二の規模で、ドイツ海軍よりも大きかった。フランスはイギリスの戦艦よりも優れた最新鋭の戦艦も持っていた。もしこれがドイツの手中に落ちれば、イギリスにとっては致死的だ。しかも率直に言って、彼らがドイツの手中に落ちるのを止める者はいなかった。ドイツがマジノ線（独仏国境を中心にフランスが構築した対独要塞線）を圧倒した素早さからすると、ドイツ軍戦車から安全なところはどこにもなかった。

もしイギリスが戦い続けるのなら、チャーチルはフランス戦艦がドイツの手にわたるリスクを除去しなければならなかった。さらに考慮すべきことがあった。イギリスが本当に戦い続けるというのであれば、彼が率いるこの国は、本物の戦闘要員で構成されていることを世界に示さなければならなかった。すなわちイギリスは、勝つために必要なことはどんなことでもするということを。これは肝心なことだった。国内外に懐疑的な勢力がいたからである。

彼の立場がいかに脆弱なものだったかを思い出してもらいたい。保守党にどれだけ不信感をもたれていたかを。野党労働党の党首ジョージ・ランズベリーは戦争に反対であることを理由に辞任した。そして議会には与野党を問わず、ランズベリーと同じ意見の議員が多数いたのである。上院は戦争反対の連中であふれていた。ブロケット卿、ロンドンデリー伯、ポンソンビー卿、ダンビー伯のようなきわめつきの対独宥和派に加えて、「戦争はユダヤ人とフリーメーソンの陰謀だ」と言い放った、派手好きの人気者、ウェストミンスター公ベンダーなどである。当時は保守党の首相が公爵や伯爵の意見を今よりも尊重していた時代だった。

いずれ国を売ることになる人間はほかにもいた。当時、政務外務次官だったラブ・バトラーは、スウェーデンの外交官に対して、もしヒトラーが正当な条件を提示するなら、イギリスは取引をすべきだと言ったのを聞かれている。チャーチルの盟友とされていたビーバーブルックでさえ、交渉による平和が好ましいと思っていた。いつの時代においても人は戦争より金儲けに関心があるのだ。

チャーチルに最も近い位置にいた官僚にすら懐疑派がいた。無理もないことだった。彼らはつい最近までネヴィル・チェンバレンに仕えていたのである。チャーチルの個人秘書であるエリック・シールは自分のボスとその〝大げさな演説〟を批判した。彼は新しい首相に魅了されなかった数少ない人間の一人だった（「氷の上からシール［アザラシという意味］を連れてこい」とチャーチルはよく言っていた）。

さらに悪いことに、誰よりも大事な聴衆のなかに懐疑派がいた。ホワイトハウスとアメリカ議会である。アメリカの有権者は大差で参戦には反対だった。ある世論調査によれば、賛成派と反対派は一三対一の割合だった。ルーズベルト大統領はアメリカをいかなるヨーロッパの紛争にも「巻き込む」ことはないと約束し、その約束を破ればその年一一月の大統領選挙でツケを払うことになると知っていた。

今日では、ネヴィル・チェンバレンがヒトラーへの抵抗を異様と思えるくらいに拒んだことを、表向き非難するアメリカの保守政治家は多い。また、宥和政策という概念自体が、アメリカ政界では一種のタブーになっている。その理由についてはわからなくもない。しかし思い出してみていただきたい。一九四〇年五月と六月、当時反ユダヤ的暴政として広く知れわたるようになっていた体制にイギリスが単独で立ち向かったとき、アメリカ上院には本気になって助けようとしなかった、少なくともただちに助けることを躊躇した議員がいたのだ。

アメリカの戦争長官はハリー・ウッドリングという熱心な孤立主義者だった。彼は五月二三日から六月三日のあいだ、すでに余剰物資として処理されていた軍用物資のイギリスへの輸送を意図的に遅らせた。これらの物資はイギリスに売却される前に競争入札にかけるべきだと主張したのである。折しも一〇〇年間で最大の軍事的惨事となったダンケルクの戦いでイギリス兵が海辺で戦死しているときだった。

上院外交委員会は船舶と航空機の売却を阻んだ。戦争省は困窮したフランスがすでに支払いを済ませている爆弾を手渡すことを拒絶した。デイビッド・ウォルシュという上院議員はイギリスが買うことになっていた二〇隻の高速魚雷艇の契約を破棄した。ナチスによる海上からの侵略の見通しが高まっていたときだっただけに、役立ちそうな武器だったのだが。

もちろんはるかに同情的なアメリカ人もいた。メディアの多くがそうだったし、大統領自身がそうだった。しかしルーズベルトができることは中立法の規定、そして当時の世論によって制約されていた。そもそも慎重な性格でもあった。五月一五日、チャーチルは首相に就任してわずか一週間たつかたたないかというときにルーズベルトに手紙を送り、老朽化したアメリカの駆逐艦という形でかまわないからといって軍事的支援を要請した。

この要請は、もしかしたら十分な分別をもってしたためられていなかったのかもしれない。チャーチルは駆逐艦を求めて懇願し、それとない脅しで結んだ。もしイギリスが負けたら、ヒトラーが全イギリス海軍を没収し、それらの戦艦をアメリカに対して使うことを阻むものは何もないだろう。あの重要な二国間関係についての初めての本格的なやりとりにおいて、チャーチルは相手がどのように反応するか想像することに失敗したのだった。

ルーズベルトはこの手紙を一読し、媚と脅しの入り混じった必死の文面から、おそらくイギリスは他のヨーロッパ諸国と同じ道をたどるのではないか、そうなった場合、結局はその砲弾がアメリカに向けられることになる駆逐艦をイギリスに送ることに何の意味があるのかという結論に達した。

チャーチルは不注意にも自分自身の意図に反する主張をしてしまったのだ。彼は興奮してしまい、イギリスは負けるのではないかというワシントンの不安を和らげることをしなかった。イギリスとその戦争継続能力について疑問を抱いていたもう一人の重要な人物がいた。フランス艦隊の提督フランソワ・ダルランである。

ダルランは厄介な客だった。彼はイギリスのフランス支援の仕方が不適切だといって怒るあまり、すっかりイギリス嫌いになってしまった。まず彼をなだめ、フランスが戦っているのはイギリス人ではなくドイツ人であることを思い出させなくてはならなかった。六月初めに行われた戦没者の葬儀でチャーチルと会ったとき、彼はフランス艦隊がドイツの手中に落ちることはないだろうと請け合った。だがダルランの言葉をどうして信用できたろうか。

ダルラン自身は十分尊敬に値する人物だったかもしれない。自分の艦隊がドイツによって使われるなどありえないと本心から信じていたかもしれない。しかし、ありえないことが次々と起こっていたのだ。ドイツの手が届く範囲内にいるかぎり、フランスの戦艦がナチスの旗を翻すのは時間の問題のように思えた。チャーチルはそのリスクを冒すことはできないと考えた。

チャーチルの行動については手厳しく批判的している歴史家もいる。リチャード・ラムは優れた研究のなかで、チャーチルはあまりにも残酷で性急だった、フランスとの問題解決のために提督たちにもっと時間を与えるべきだったと言い、チャーチルは戦争の後、一九五一年に首相に返り咲いていたことを利用して公式の歴史を美化し、実質的に自分の〝大量殺人〟に対する批判を封じたと指摘している。

ブルドーザーのように物事を進めたチャーチルだが、その過程におけるすべての責任は間違いなく彼にあった。フランスが陥落するやいなや、彼はスマートで高速の近代的フランス戦艦がドイツの手に渡ったときに引き起こされる危険に取り憑かれた。六月二二日の戦時内閣で、彼はリシュリュー、ジャンバール、その他の戦艦の性能に注目し、これらは爆撃されるか、イギリスの機雷によってそれぞれの港に閉じ込められるべきだと強く主張した。フランスの艦長たちに、自ら武装解除しなければ裏切り者として扱うと迫った。

ハリファックスは他の閣僚の先頭に立ってチャーチルを落ち着かせようとしていた。「話し合いを成功させるためにあらゆる努力をしなければならない」と言った。しかし二日後、チャーチルはまたもや同じことを繰り返した。独仏の休戦協定が発効し、フランスは戦争から手を引いた。問題の戦艦はどうなるのか？

海軍の要人たちもフランスに対して暴力を行使することには反対した。ふだんはチャーチルのイエスマンである第一海軍卿のダドリー・パウンドすら、フランスに対する作戦には賛同できないと言った。誰もが家畜小屋の入り口にいる牛のようにチャーチルに向かって大声を上げて突きかかった。イギリスの提督たちはジブラルタルで会議を開き、すべての海軍将官、さらに北アフリカのフランス港にいる海軍連絡将校全員にも意見が求められた。フランスの艦隊に対して何らかの軍事行動を起こすべきか？

専門家たち、現場の将官たちはノーだと言った。力の行使の脅しは「悲劇をもたらし」、フランスをイギリスに敵対させる公算のほうが大きい。しかし彼らの抗議は無駄だった。チャーチルは将官たちのためらいを独裁者の無関心で踏みにじった。チャーチルはこの段階では実質的に軍事独裁者だったとラムは主張する。

七月一日の作戦開始までには、幕僚長たちと内閣は事態をチャーチルと同じ目で見るように強いられていた。フランス艦隊を武装解除させる、あるいはそれができなければ撃沈するというカタパルト作戦である。フランスもイギリスとの約束を守るために最善を尽くしたが、それはチャーチルにとって問題ではなかった。フランス海軍は港にいる戦艦と潜水艦の底に穴を開けて沈没させ、残りはドイツに占領されたフランス領内から出た。リシュリューと二四隻の他の戦艦はブレストからモロッコに向かい、ジャンバールはサンナゼールから出航し他の戦艦はロリアンの港を去った。

休戦前、イギリスはフランスに対し、もしフランス艦隊がドイツ軍力の圏外、北アフリカかツーロンに移動するならよしとすると確約していた。そして不誠実なイギリスは、またもやその約束を破ろうとしていた。

七月三日、イギリスのジェームズ・サマビル率いる機動部隊は、メルセルケビールの外に到着した。フランスの水兵たちは、間もなくイギリス軍と一緒に公海に出て再びドイツと戦うことになるだろうと、心を躍らせていた。するとイギリス軍機が上空に現れ、港の入り口に機雷を落とし始めた。フランスの疑念が高まった。

イギリスの使者がフランス提督のマルセル・ゲンスールと交渉するために派遣された。はじめ、ゲンスールは会うことを拒否した。一介の艦長と話をするのは沽券にかかわると思ったからだ。だが〝フーキー〟・ホランド艦長はチャーチルからの最後通牒を携えていた。

フランスは、艦隊を沈没させるか、イギリスの港か西インド諸島に向かわせるよう告げられた。さもなければ結果を覚悟せよ、というものだった。こうしてその日もすぎてゆき、緊張が高まった。

ホランドはフランス艦艇に囲まれたハシケに乗って浮かんだり沈んだりしていた。一四時四二分、ついにゲンスールは「名誉ある話し合い」のためにイギリスの代表団を受け入れる用意があると合図をした。一六時一五分、ホランドはフランスの旗艦ダンケルクに乗船し、交渉が始まった。

ゲンスールは彼にダルランからの指令を示し、もしドイツが戦艦を捕獲しようとすれば、アメリカに向かって航行するか、船底に穴をあけて沈没させると明言した。「このことが前からわかっていたなら、事態はまったく違っていただろう」とホランドは言っている。ゲンスールはさらに言った。それが指令の範囲を超えることを意味しても、艦隊の船すべてを武装解除する用意があると。しかし時は遅すぎた。

ダルラン提督は海軍の増強部隊を送ったが、到着するかは知る由もなかった。イギリスとフランス艦隊の間に全面的な戦闘が始まろうとしていた。チャーチルは短い電報を送った。「問題を早急に決着させよ」。水兵たちの運命は定まった。砲撃が始まった。

彼がのちに語ったように、「あれは恐ろしい決断だった。国を救うために自分自身の子供の命を奪うようなことだった」。情を排した論理で測れば、チャーチルの決断は一〇〇パーセント正しくもあったのである。

いずれにしても、フランス人は自分たちの戦艦が今や実質的にドイツの手に落ちたか、そうでなくてもせいぜいナチスとの交渉材料でしかなくなったことを認識すべきだった。チャーチルに批判的な歴史学者のラムは、ドイツはフランス艦隊を「監視」あるいは「監督」するという意味で「管理《コントロール》」していたにすぎないと指摘する。「出入国管理」などという場合の「管理」である。

しかしそれはありえない話だ。ドイツはパリを手中に収めたのだ。彼らは軍靴でフランスの首根っこを踏みつけたのだ。究極的には、ドイツ人はフランスの戦艦を使って自分たちのしたい放題をフランス人にやらせることができただろう。フランスのイギリスに対する保証は価値のないものだったのであり、それを認めてしかるべきだったのだ。ダルランと彼の提督たちはプライドを呑み込み、見せかけの自律性を捨て、チャーチルの言う通り、イギリスの港か、カリブ海に逃げ込むべきだった。そうしていたら、ダルランはヒーローになっていただろう。

首相としてのチャーチルの義務は自国の主権へのいかなる脅威も取り除くことだった。そしてメルセルケビールで冷酷非情に振る舞ったことは正しかった。翌週、英独の大空中戦、バトル・オブ・ブリテンが始まったからだ。

∫

あの麗しい夏の間じゅう、イギリス人は世界史のなかでも、最も決定的な戦いの一つを目にしようと首を長くして待っていた。イングランド南部の上空で戦いを演じる戦闘機が吐く飛行機雲に世界の命運が託された。撃ち落とされて黒こげになったドイツ兵が庭先をふらついているのを目にし、郊外の道路に飛行機のかけらを発見したりした。

人々はイギリス空軍の護衛戦闘機が目を見張るようなアクロバット飛行をするのを見た。あるときは敵を撃ち落とし、またあるときには恐ろしい炎の中、絡み合った金属の塊の中に墜落するのを。毎週毎週、人々はこの先何が起きるのかを感じていた。イギリス空軍に対するこの攻撃は、イギリスへの本格的な侵攻の前触れであると。イギリスがヒトラーの征服計画の次の標的になっていると考えるべき理由が十分にあった。

チャーチルは国民の結束を強め、戦争遂行の支援を得るために、脅威を誇張したと言われることがある。だが本当にそうだったのだろうか。彼は一九四〇年六月時点で、脅威は極めて切迫していると考え、ロンドンから程近い首相別邸、「チェッカーズ」の射撃訓練場で、拳銃とマンリカライフルの練習を始めた。いつドイツ軍が上陸してくるかを計算するため、毎日潮の流れを調べた。

ドイチェ・アルゲマイネ・ツァイトゥング紙は七月一四日、ロンドンはワルシャワに次いで灰燼に帰するだろうと予言した。七月一九日、ヒトラーは国会で演説し、イギリスに平和か「終わることのない苦難と悲惨」かの選択を呼びかけた。そして、いわゆる「アシカ作戦」を考案した。イギリスの南岸への多方面からの海上侵攻である。

もしヒトラーが制空権と制海権を手中にしていたら、この作戦を間違いなく実行しただろう。オランダ海岸から一九一八艘のバージを集結させ、それらを使ってイギリス海峡越しに軍隊を送ることができていたら、イギリスが長期にわたって戦いにもちこたえられたかどうかは疑問である。陸軍はダンケルクで壊滅していた。防衛施設も最悪の事態に備える態勢もなかった。

イギリスは九〇〇年間にわたり、外部から侵略されたことはなかった。したがってロンドンはヨーロッパ最大の、広大な都市だった（チャーチルは首都を太った牝牛と呼んだ）と同時に、最も無防備な都市でもあった。わずかに残っている壁や銃眼のついた胸壁はローマ人がつくったもので、使える状態にはなかった。

ヒトラーにとってイギリスを攻撃することは戦略的に重要きわまりないことだった。東に向かいロシアと対決する前にイギリスを叩き潰さなくてはならなかったのである。一九四〇年七月においてて、すでにチャーチルには戦争の全体像と勢力関係がはっきりと見えていた。第一次世界大戦の姿を予知したときとまったく同じだった。

「ヒトラーは侵略するか失敗するかしかない。もし失敗すれば、彼は東に向かうに決まっており、そして負けるだろう」とチャーチルは七月一四日、チェッカーズで語った。彼は戦争の全体像についてたしかな、透徹した理解力をもって、イギリスが屈せずに持ちこたえることができるなら、ヒトラーは敗退するだろうと見た。なぜなら、ナチスといえども二つの戦線で同時に戦うことはできなかったからである。

イギリスが戦い通せたのは、チャーチルのおかげである。とりわけ重大な局面においてはそうだった。あの夏の彼の指導力には魔法のようなものとしかいいようのない何かがあったのは明らかである。彼の演説の詩的な表現、ときにはシェークスピア流の言い回しを聞いて、人々は高貴な感情を呼びさまされ、高揚した。今自分たちが行っていることは、これまでになく正しく、重要なことであると人々は感じた。

チャーチルはイギリス的であることと自由の重要性についてはあえて口にしなかったが、美しい天気だけで十分だったのである。六月のイングランドより美しいところはどこにもない。たぶん、あの穏やかな美しさが、チャーチルの言葉によって鼓舞された人々の気分をいっそう高揚させたのだろう。脅威は撃退されなければならない。そしてこの島の住民は死ぬまで戦い抜く運命にある。国民はチャーチルの言葉によって、自分たちは空軍のパイロットたちと同じように、ヒーローの小さな一団なのだという気持ちになった。虐政と困難に耐える、テルモピュライの戦い（紀元前四八〇年、スパルタとペルシャ軍の戦い）からロルクズ・ドリフトの戦い（一八七九年、南アフリカのズールー戦争でのイギリス軍とズールー軍の戦い）に至るまでの物語――少数の者が多数者に立ち向かった、永遠に精神を高揚させる物語の主人公であると。

感情の高ぶった高揚ムードのなかで、イギリスはじつに驚異的な成果を上げた。過去一二〇〇年の歴史で、イギリスがドイツに製造業生産で打ち勝った唯一の時代があるが、それがこの一九四〇年の夏だった。イギリスはドイツより多くの航空機を生産し、秋にはドイツ空軍を追い抜いたのである。ゲーリングは戦闘機と爆撃機を都市部に向かわせ、空軍大将ダウディング配下の飛行場を放置するという誤りを犯した。

ドイツは実際、簡単に勝てていたかもしれない。イギリスが使うことのできる飛行機がすべて空中にあるときが幾晩かあった。ドイツ空軍を阻止しようと懸命だったのだ。ゲーリングが制空権を持っていたら、ドイツの侵略航空隊は問題なくイギリス海峡を渡ることができただろう。そしてドイツの艦隊はフランスの戦艦を加え、いっそう恐ろしく、致命的なものになっており、ヒトラーの自信もよりいっそう大きくなっていただろう。

ドイツの艦隊はノルウェー沖の海戦で大きな打撃を受けていたが、フランス艦船が加われば、無敵になっていたかもしれない。チャーチルがメルセルケビールでフランスの戦艦を沈めたのはたしかに残酷だった。しかしあれは必要なことだったのである。あれは中央アジアの草原で将軍がわざわざ敵の頭を叩き割る行為にも似た、計算された残虐行動だった。

だがそれがチャーチルだったのだ。軍閥の将軍。彼は近代的な民主主義のもとにある政治家にとっては思いもよらない方法で指導し、軍事行動を指令していたのである。彼はフランス艦隊がドイツに降伏してからもフランスに対して最善を尽くしていた。フランスの敗北が明らかになったあとも長らく自分の将軍たちに兵と資源をフランスの援護のために投入することを命じた。実際のところ、彼は第五一ハイランド師団を不必要に無駄にしたと責められている。同師団の多くは殺されるか捕虜になった。彼はまたブルターニュのナチスに対しておもちゃのような要塞をつくろうとして時間とエネルギーを費やしたことについても非難されている。

フランスが陥落した今、彼はただ一つの論理的結論を引き出した。真の悲劇はゲンスール大将もダルラン大将も、彼らの世界がいかに激しく変わってしまったかを見ることができなかったことである。それを考えれば、気がめいるような、そしてあらゆる点において嫌悪感をもよおすような大量殺人に下院が喝采を送った理由が理解できるように思う。

イギリスはやっと戦争らしきことをしたともいえた。ノルウェー陥落からダンケルクの戦いに至るまで何年にもわたってイギリス軍は狼狽し、壊滅状態に直面し、撤退を繰り返した後、何とか勝利らしきものを得たのだ。それがいかに一方的な戦いであり、その勝利がいかに空疎なものだったとしても。

もっと大切なことは、下院議員たちは、自分たちがしぶしぶ戦争のリーダーとして選んだこの人物が戦いにおける容赦のなさを備えていることを理解したことだ。このような人物はほかにいなかった。ほかのどんな政治家もチャーチルのような根性と図太さを持っていなかった。議員たちはにわかにイギリス勝利への道筋を見た。

イギリス海軍がフランスの戦艦を沈めた翌日、彼らが歓呼しながら議事日程の紙を振りかざしたのはそれが理由だった。そしてそれが、イギリスに老朽駆逐艦を送ることをまだ拒否していたアメリカに送ったチャーチルのメッセージだった。すなわち、イギリスはけっして屈服しない、そのために必要なことは何でもやるということだった。

チャーチルはこのオラン港事件についての下院に向けての演説のなかで、自分の行動についての判断を「国民とアメリカ合衆国」にまかせる、と締めくくった。ここで肝心だったのは二番目の聴衆だった。母ジェニーの祖国を引き込まなければ、そして引き込むまでは最終的な勝利の希望はないことを知っていたのである。

第17章

アメリカを口説き落とす

首相になったそのときから、チャーチルにはしなければならないことがわかっていた。息子のランドルフ・チャーチルは一九四〇五月一八日、首相用のロンドンの宿舎アドミラルティ・ハウスの父の寝室に入って行ったときのことを記録している。首相は洗面台に向かって立ち、旧式のバレット式カミソリでひげを剃っているところだった。

「終わるまで、座って新聞でも読んでいなさい」と言われ、その通りにしていると、父は二、三分カミソリをあてたところで、半分こちらを振り向いて言った。「勝てそうな気がしてきたよ」。私はびっくりして言った。「それは敗北を回避できるという意味ですか？（それならまあ可能かもしれない）それともやつらを倒すことができると？（それは無理だろう）」。

父はカミソリを洗面台の中に放り投げ、くるりと向きを変えて言った。「もちろんやつらを倒すということだよ」。

「そうですね。僕もそうできたら本当にいいと思います。でもどうやって?」と私。

父はひげをそり終え、顔をスポンジで拭いて、私の方を向きながら強い調子で言った。

「アメリカを引きずり込め」

崇高な演説や、今となっては玉石混淆に見える戦略的決定はこの際脇に置こう。チャーチルがいかにして戦争に勝ったか。それを理解したければ、彼がワシントンを巧みに説得し、甘言で誘い込み、そしてアメリカの優先順位を巧妙に操作したという事実に焦点を当てねばならない。彼の外交手段は、時代がかっていて破天荒なものだった。彼自身がそうであったように。突き詰めれば「人間的魅力」こそチャーチルの成功の秘訣だった。アメリカを戦争に引き込むのは容易なことではなかった。まったくうまくいきそうにないとさえ思えたこともあった。

∫

ここで時計の針を一年以上進めて、ルーズベルトとの初の戦時会談にまで話を持っていこう。場所はニューファンドランドのプラセンシア・ベイという辺鄙な町の人影もまばらな港である。一九四一年八月一〇日のことだ。二隻の大型砲艦が立ち込める霧の中に岩と松の影が浮かぶこの場所に接近していた。ここで二人は出会った。最初のヨーロッパ人が北米大陸にたどり着いたときから変わらぬ風景だ。一五二〇年、フランスとイギリスの国王がフランスで初めて会談した「金襴《きんらん》の陣」を髣髴とさせるような二人の最高権力者の会談であった。

一方の船には車椅子に座ったアメリカ合衆国の大統領が率いる提督や将軍が乗っていた。彼らは戦時下のロンドンでは口にできないハム、レモン、そのほかの珍味を土産に携えてきていた。

もう一方の船にはウィンストン・チャーチルのもと、緊張した面持ちのイギリスの一行が乗っている。彼らは貯蔵室に入れた九〇羽の食べごろのライチョウとロンドンの有名店フォートナム・アンド・メイソンの紅茶や菓子を持ってきていた。航海中、チャーチルはナポレオン戦争時代のイギリス海軍士官ホーンブロワーを主人公にした小説を立て続けに三冊読んだ。軍事的なオプションが枯渇しつつあった彼にとって、こうした本は何かの役に立つかもしれなかったからだ。

イギリス側は時計をアメリカ時間に合わせることを忘れていて、約束の時間よりも早く着いた。そこで彼らは会合のために船に戻る前、陸に降りて、少しばかりあたりを歩き回った。イギリスの戦艦プリンス・オブ・ウェールズから上陸用のボートが下ろされた。

今残っている写真を見ると、アメリカ人たちはオーガスタ号のデッキで待っている。ひもで固定されて直立の姿勢になったルーズベルトはおそろしく背が高く見える。

そこにイギリス人たちが到着した。渡り板を昇ってくる。チャーチルだ。この男が視界に入ると、目を離すことができなくなる。

彼は短いダブルのコートを着ている。ヨット帽が片方の目の上まで引き下ろされているので、ほろ酔い気分のバスの車掌のようだ。彼だけは葉巻をくわえている。そしてほかの人たちよりも目立って背が低いが、肩まわりはがっしりしている。残りの一同は海軍の正装を身に着け、こわばって直立している。

チャーチルはフットワークの軽やかなボクサーか社交ダンスの踊り手のように、ただちに場を仕切り始める。一人をもう一人に紹介し、挨拶をし、握手をし、また挨拶をし、晴れやかにほほ笑む。そして船酔いに耐えながら過ごした九日間にわたる大西洋横断の間じゅう待ち続けた瞬間が来る。アメリカ合衆国大統領フランクリン・D・ルーズベルトとの握手だ。二人が会うのは一九一八年以来のことだった。

チャーチルは今一度海軍式の敬礼をしてから、少し距離を開けて立った。そうすればルーズベルトが握手の際に身をかがめる恰好になる。そしてチャーチルは、あの驚くほど長い腕を差し出す。チャーチルにはこの握手がどれだけ重要な意味を持つかわかっていた。

戦争は控え目に言ってもうまくいっていなかった。イギリス陸軍にとっては、屈辱的な話の連続だった。彼らはノルウェーで負け、フランスから追い出され、ギリシャからも駆逐された。とりわけこたえたのは、クレタを彼らよりずっと小規模のドイツ落下傘部隊に明け渡した一件だった。ドイツ陸空軍の電撃戦はすでに三万人以上の非戦闘員の命を奪っていた。Uボートはイギリスの海運に猛攻撃を仕掛けていただけでなく、ここカナダ沿岸の水域にまで迫っていた。

ヒトラーはまたもや約束を破り、ロシアに侵攻を始めた。このままロシアが落ちればドイツの独裁者が大西洋からウラルに至るまで大陸のゆるぎない支配者になるのは確実である。そうなれば、チャーチルは自分が首相の座を追われ、イギリスは何らかのかたちでファシズムと妥協することになるとわかっていた。

チャーチルは上品な白い手をルーズベルトに差し伸べたとき、自分が唯一の頼みの綱にすがろうとしていることを自覚していた。しかし自分の追い詰められた立場にはまったく無頓着であるかのように、突然にっこりと笑った。幼児のような、人をひきつけてやまない笑顔だ。

ルーズベルトも笑みを返した。そして二人は固く手を握りあった。ずいぶん長い間、どちらも先に手を放そうとしなかった。次の二日間、チャーチルはルーズベルトの機嫌を取り続けた。大西洋をまたいだ初めてのこのような会談――これがのちに北大西洋条約機構（NATO）となる――で、二人が何を話したのかを正確に知るよしはない。だが、チャーチルがしつこく口説いたことだけはたしかだ。この会談における彼の使命は、米英両国が運命共同体だという理念を仕立ててあげることだった。ルーズベルトの理性というよりは本能に訴えかけ、アメリカを傍観する同情者からともに血を流して戦う完全な同盟国に変えようとすることだった。

カナダに向けて出発したときからすでに、チャーチルはそのムードをつくり出そうとしていた。「いま出たところです」と嬉しそうにルーズベルトに電報を打った。「匈奴たち［ドイツのこと］が前回の戦争を開始したのは二七年前の今日です。私たちは今度はうまくやらねばなりません。

二度で十分ということにしなければ」。

私たち？　二度？

チャーチルの言葉はワシントンにとっては厚かましく響いたに違いない。アメリカの部隊を送ることはおろか、もう一度世界大戦に参戦する約束などした覚えはなかった。

言葉と思想と文化で結ばれた二つの国。チャーチルはこの理念にこだわった。だとすれば敵に対しても、ともに立ち向かうべきではないか。日曜日の朝、礼拝の集会が行われた。二隻の船の乗組員たちが入り交じっているのは何かを示唆しているようだった。チャーチルが選んだ讃美歌を歌った。卑劣で野蛮きわまりない体制に結束して立ち向かう、プロテスタントの二国の結束の歴史を表現する歌だ。

一同は「見よや十字架の」と「主よ、わが助けよ」を歌った。最後に、航海に出かける者たちへの神の加護を祈る昔からの歌「涯《はて》も知られぬ青海原をも」を歌った。このイギリス海軍の一行は、海上での危険を知り尽くしていた。

彼らの船がドイツの戦艦ビスマルクとプリンツ・オイゲンの追跡に関わったのはわずか数カ月前のことだった。今歌っている兵士たちは、姉妹艦フッド（オランで攻撃の火ぶたを切ったあの船）が巨大な火の玉になって轟沈するのを目撃した。彼らはあまりにも現場近くにいたので、一四一九人の士官と乗組員が犠牲になった惨劇の残骸のただ中に針路をとらなくてはならなかった。プリンス・オブ・ウェールズも攻撃され、人命を失った。甲板は血で洗われた。その戦艦が今ここにいるのだ。みやげのライチョウを山ほど乗せて。

イギリスからアメリカへのメッセージはこうだった。われわれは戦っている、人命も失った。しかしわれわれは耐えることができる。あなたたちはどうなのだ?

ルーズベルトが自由に身動きできないため、二人の指導者は並んで座り、歌い、祈った。チャーチルは字を読むために厚い黒縁のめがねをかけた。そして何百人もの米英の乗組員たちがこの運命の船の巨大な一四インチ砲の下に立った。喉にはこみあげるものがあり、目には涙があった。記者たちは歴史を目にしているのだと語り合った。

首脳会談はようやく終わった。「大西洋憲章」という壮大な名称のコミュニケが出された。チャーチルは荒れる海を渡ってイギリスへの帰途についた。何をみやげに?

身も蓋もない言い方をすれば、あれほどの素晴らしい演出にもかかわらず、彼は手ぶらで帰った。それをチャーチルは議会にも大衆にも見事に隠しおおした。

イギリスの内閣は速やかに〝大西洋憲章〟を承認したが、アメリカ議会は批准どころかこのコミュニケに目をくれようともしなかった。チャーチルの大使館付き武官イアン・ジェイコブズは、灰色の大西洋を帰路についたイギリスの代表団の静かな落胆の気持ちを次のように要約している。

「アメリカの士官でわれわれの側に立って参戦することに少しでも熱意を示したものは一人としていなかった。彼らの多くは人間としては魅力ある連中だったが、われわれとは違う世界に生きているように見えた」

ストックトン出身のイギリスの官僚アンドリュー・シビアルは、「すべてが終わったとき、空中に取り残されたような感じだった。漠とした不満だけが残った」と記録している。イギリス人たちがあの冒険的行為で得たものは一五万梃の中古のライフルがすべてだった。アメリカ人部隊を派遣してもらえる望みなどみじんもなかった。

今から思い返してみると、イギリスのヒトラーとの戦いにアメリカが加わるのに二年四カ月もの時間を要したというのは信じがたいことのように見える。ヨーロッパ大陸全土がナチスに征服され、ユダヤ人、ジプシー、同性愛者、その他のグループが、駆り集められ殺されていた。まだこの時点では組織的殺戮には至っておらず、人種偏見にもとづく殺人が広く報じられる前ではあったが、そのことがまったく知られていなかったわけでもなかった。アメリカ人は名誉と良心に顧みて、どうして超然としていられたのだろうか。

アメリカ側から事態がどのように見えていたかを考えるとなぜだかわかる。この戦争はまだアメリカの死活的な国益を脅かすところまでいっていなかったのだ。記憶に生々しいあの人類の恥となる殺戮が起こっていたのは遠い大陸でのことだった。そのような状況で、カンザスの母親に息子をヨーロッパに送って死なせることが義務であると説明できるような政治家などどこにいるだろう。しかもアメリカがヨーロッパの戦争に巻き込まれるのは二度目になるのである。

ジョージ・ワシントン以来、国外の紛争に近づかないことがアメリカの政策の指導原理だった。多くのアメリカ人はウッドロー・ウィルソンが国民を第一次世界大戦に引き入れたことを恨んでいた。多くのアメリカ人がイギリスについて懐疑的であり、あからさまに敵対的な人々も少なからずいた。

今日では奇妙なことに思えるかもしれないが、当時アメリカ人はイギリス人のことを、米英戦争中の一八一四年にホワイトハウスを焼き払った輩、他国民に代理戦争をさせることに長けた傲慢な帝国主義者と見なしていたのである。

こうした見方を覆せる人物が当時いただろうか？　イギリスの評判をさんざん傷つけたうえに、一九四〇年末にアメリカに召還された大いに難ありの駐英大使、ジョゼフ・ケネディではむろんない。ワシントン駐在のイギリス大使も論外だ。かつてゲーリングと狩りを楽しんだひょろ長い対独宥和主義者、ハリファックス卿だったのだから。

ハリファックス大使は、アメリカの好意に訴える責任を課されていたが、それは非常に荷の重いことだった。着任後まもなく、彼は文化的な衝突に絶望して座り込んで泣いたといわれている。彼は電話で話す習慣や予期していない訪問といったアメリカ人の形式張らないやり方にどうにも馴染めなかった。

一九四一年五月、この老いたイートン校出身の貴族はもう一つ痛い目にあった。シカゴ・ホワイトソックスの試合に連れていかれ、ホットドッグをすすめられたのだが、食べるのを断った。すると、マザーズ・オブ・アメリカという反戦団体から卵やトマトを投げつけられたのである。宥和主義者にとっても、これはきつい罰だったようだ。結局ハリファックスはアメリカ人に孤立主義を捨てさせることができなかった。

それはチャーチルでなければできないことだった。なんといっても、アメリカ人の母親を持つ彼は、半分アメリカ人だった。チャーチルのエネルギッシュで目立ちたがりの性格は、彼のアメリカ人気質の一部とみるむきもあった。ベアトリス・ウェッブ（夫のシドニーとともに漸進的社会主義フェビアン協会の主導者）は、チャーチルはイギリスの貴族というよりもむしろアメリカの相場師のようだったと評している。また、チャーチルは戦争前にアメリカに四度渡り、合わせて五カ月間滞在した。アメリカという国に通じ、そこに住む人々に敬意と憧憬の念を抱いていた。

はじめて訪れたのは一八九五年で、このときはバーク・コクランという母の友人のところに泊まった。チャーチルはこの人物から言葉の使い方を学んだと語っている。一九〇〇年にはボーア戦争に関する講演旅行で再びアメリカを訪れた。このときは、チャーチルから植民地主義の匂いがぷんぷんすると感じたアメリカ人から、多少酷な扱いを受けた。寄せ集めの聴衆のなかには、彼の武勇談を聞いてボーア人の肩を持とうとする者もいた。この経験は一九二〇年代の彼の態度にも影響しているかもしれない。その時期、チャーチルはとりわけカリブ海におけるイギリスの海軍力にとって代わろうとするアメリカの企てに強く憤慨した。長らくチャーチルの秘書官を務めたエディー・マーシュがチャーチルの帝国主義的態度を非難し、「アメリカ政府にもっとおべっかを使うべきです」と言ったとき、チャーチルは「わかった。だが土下座まですることはない」と答えた。

第17章
アメリカを口説き落とす

彼は一時期、アメリカとの戦争は避けられないかもしれないというほど反米的になり、妻のクレメンティーンはこれで外務大臣の脈はなくなったと言った。チャーチルが一九二九年にもう一度アメリカに渡ったとき、ウォール街の株式大暴落を目の当たりにした。目の前で摩天楼から投身自殺した人も目撃している。そしてもっともなことだが、禁酒法なるものが存在することに驚いた。

あるアメリカの禁酒運動家が旧約聖書の言葉を引きながらチャーチルに言った。「濃い酒はヘビのように暴れて刺す」。チャーチルはこれに応えて言った。「そんな酒だよ、私が一生をかけて探してきたのは」。

しかし決定的な旅は一九三二年のものだった。政府の職を辞した後、そして彼の政治人生のなかでおそらく最も右翼的な時期が始まる前のことだ。この旅において彼はアメリカの企業家精神を見た。最も優秀な人物が往々にして政治ではなくビジネスを志すことを知った。アメリカが『追い越し野郎』（当時評判のイタリア映画）を地でいって、イギリスをはじめすべてのヨーロッパ諸国を追い抜き、世界で飛びぬけて強大な経済になりつつあることを実感した。世界経済の回復はアメリカの拡大と成長にかかっていることを認識した。

反米家チャーチルの時代は終わった。ドイツの挑戦を何とかして回避しようという考えも消えた。彼は新しいドクトリンを練り始めた。共通の過去と共通の伝統を持ち、民主主義、自由、法の下における平等の権利に関するアングロサクソン思想の共同保管人であり権利保有者である二つの国を中心に据えたドクトリンだ。

こうして彼の「英語を話す国民」のあくなき擁護が始まった。彼自身が「アメリカ系イギリス人」であり、二国の結束の化身であった。チャーチルは共通の市民権を提唱した。ポンドとドルを共通通貨に統合したらどうかと提案し、〝£$〟という奇妙な記号までデザインした。

一九四〇年、アメリカに懇願に向かったのはアメリカに恋い焦がれるチャーチルだった。彼は片思いともいえる立場からアメリカに対する参戦の説得を始めたのである。言い換えれば、ルーズベルトとチャーチルの関係は、チャーチルにとってのほうがずっと重い意味を持っていたのだ。

どんな男も恋する女性の機嫌をここまで細かく観察することはないだろうと思えるほど、チャーチルはルーズベルトに入念に取り入った。彼はのちに次のように述懐している。ルーズベルトは一時海軍にいたことがあるので、チャーチルは気を利かせて「かつての一海軍人からもう一人の海軍人へ」という出だしの手紙を書いた。彼はまた、ホワイトハウスを電話に出させるためにあらゆるチャンスを利用した。アメリカのジャーナリストと交流し、彼らを首相別邸のチェッカーズに招くようになった。

アメリカではラジオの聴取者が増える一方だったので、彼は臆面もなくアメリカの聴衆に向けて演説を行うようになった。有名な一九四〇年六月四日には次のように直接的な訴えで演説を終えている。

ヨーロッパの大部分、伝統がある有名な国の多くがゲシュタポなどナチス支配の嫌悪すべき組織の手に落ちました。あるいは落ちんとしています。しかし私たちは萎れてはなりません。負けてはなりません。最後まで戦い抜きます。私たちはフランスで戦います。海上で、洋上で戦います。高まる信念と強靭さをもって空中で戦います。海辺で戦います。上陸地で戦います。野で戦い、街路で戦います。丘で戦います。けっして屈服しません。そしてもしも、私は一瞬たりともそうなるとは信じませんが、イギリス全土、あるいは大部分が服従を強いられたり、飢えたりしたならば、イギリス艦隊によって武装され、護られた海のかなたのわれわれの帝国が闘争を続けるでしょう。神のお導きにより、新世界が全力で旧世界を救い、解放するために足を踏み出してくれるまで。

神に祈っている点に注目していただきたい。今でもそうだが、神は当時のアメリカ政治においてイギリスよりもかなり大きな役割を果たしていたのである。彼は七月のオラン演説のクライマックスと同じ方式を使った。自分の行動についての判断を「アメリカ合衆国に」委ねたのである。ゆっくりとではあるが、チャーチルの試みは成果を出しつつあった。しかしそれは困難な道のりであり、対価も大きかった。第一に、駆逐艦と基地の取引があった。イギリスは五〇隻の退役駆逐艦と引き換えにトリニダード、バミューダ、そしてニューファンドランドの基地をアメリカに引き渡したのだ。古いバスタブのような駆逐艦は浮かせるのも一苦労で、一九四〇年末までに使用可能になったのはわずか九隻だった。

次にアメリカは何がしかの武器を売ることに同意した。しかし中立法に基づき、イギリスは即座の現金払いを要求された。一九四一年三月、アメリカの巡洋艦がイギリスの最後のなけなしの金塊五〇トンを受け取るためにケープタウンに派遣された。借金のかたに薄型テレビを押収する管財人のようなものだった。アメリカにあったイギリス企業は最安値で売却された。イギリスが自分たちは実質破産しているのだと抗議し始めると、アメリカ政府はイギリスの真の支払い能力を調べにかかった。まるで年老いた生活保護費の受給者が財産隠しをしていると咎める社会保障局のようだった。

将来の支払いを見込んで続けられた武器貸与については、チャーチルは「史上最も高潔な行為」と表向きは言っていたかもしれない。しかし内輪では、イギリスはアメリカに皮をむかれ、骨まで鞭打たれていると言っていた。武器貸与の条件として、アメリカはイギリスの海外貿易に干渉することを言い張り、イギリスが大いに必要としていたコンビーフをアルゼンチンから輸入することを停止させた。

武器貸与法は、終戦後もイギリスが自国の商業航空政策を運用する権利を妨げ続けた。この損得抜きの高潔なはずのアメリカ政府の行為に対して、イギリスはなんと二〇〇六年一二月三一日にやっと支払いを終えた。その日、当時財務省の経済担当副大臣だったエド・ボールズ氏が八三三〇万ドル、四二五〇万ポンド相当の最後の小切手とアメリカ財務省に対する感謝の手紙を書いうか。

た。戦時債務の支払いに関して、これほどまでに卑屈な几帳面さを示した国がほかにあっただろ

アメリカは第二次世界大戦の初期の段階でイギリスから大量の現金を吸い上げ、その流動性のおかげで最終的に大不況から脱出できたのだという見方もある。アメリカの戦争マシーンを始動するクランクの役割を果たしたのはイギリスの金《きん》だった。ところが、アメリカにとって申し分ない条件だったにもかかわらず、一九四一年の初め頃、アメリカの政治家の多くは、この合意はイギリスにとって寛大過ぎると考えた。結局、法案は下院で二六〇対一六五の票決で可決されたが、イギリスに法外な金額で救命胴衣をくれてやることを拒否したこれら一六五人の議員たちは一体何を考えていたのだろうか。彼らは旧世界が沈むのを見たかったのだろうか。実際、そういうことを一瞬考えた者もいただろう。

チャーチルはその手のアメリカ人たちを味方に引き入れなければならなかった。ところがその年の終わりには、これら同じアメリカの国会議員たちをチャーチルは手なずけていた。一九四一年一二月のクリスマスの翌日、彼らは議場を埋め尽くした。チャーチルが演説するため立ち上がる前から、全上院議員、下院議員が歓呼の声を上げてやまなかった。何が彼らの気持ちを変えたのだろうか。

そう、パールハーバーでちょっとしたことが起きたのである。日本による奇襲があったのだ。その数日後、ヒトラーがアメリカに宣戦を布告するという常軌を逸した決定をした。これらのこ

とがようやくアメリカの議員たちをしてイギリスと一体感を持つに至らせるのに役立ったのかもしれない。興味深い問題は、なぜこのときヒトラー総統が巨大な戦略的誤りとなる決定をしたかである。アメリカがヨーロッパの戦争にかかわらないでいることが、まだ完全に可能だったと思われるときに、ヒトラーはなぜ宣戦布告をしたのだろうか。

答えは、ヒトラーがアメリカはすでに実質的にイギリス側についているという結論に達していたからだ。一九四一年の秋までには、アメリカはイギリスの護衛艦を支援し、アイスランドに部隊を駐留させ、軍事訓練やあらゆる物資の補給を支援していた。そう、チャーチルは一八カ月前にあれほどはっきりと息子ランドルフの前で口にした「アメリカを引きずり込む」という戦略的な使命に成功したのだ。一九四一年末までに彼はアメリカのラジオでルーズベルト大統領に次ぐ人気を得ていた。狡猾さと愛嬌と徹底的なごますりによってアメリカを引きずり込んだのである。

パールハーバーの三日後、彼は恐るべきニュースを受けた。プリンス・オブ・ウェールズがマレー沖で日本の魚雷によって撃沈され、三二七名の命が失われた。プラセンシア・ベイで乗り組んでいたイギリスの水兵のほとんどが死んだ。戦艦レパルスも沈んだ。

海軍の司令官たちが難色を示したにもかかわらず、これらの船を極東に送ったのはチャーチルの独断だった。派遣の目的は何だったのか、彼の言う〝鋼鉄の城〟で何を達成しようと望んだのかは誰にもわからなかった。おそらく、そこに緻密な戦略はなかったというのが本当のところだろう。

第17章
アメリカを口説き落とす

チャーチルはルーズベルトに対して、イギリス小艦隊の派遣について書き送り、その威力を喧伝した。「どんなものでも捕獲し、破壊できる戦艦を持っているほど心強いことはありません」。しかしイギリス戦艦は日本の雷撃機をとらえることができず、チャーチルの自己顕示のために沈んだのだった。彼の目的はまったく政治的なものだった。もう一度、アメリカ人にイギリスの決意の強さと、覇権を誇示することだった。しかしすでにこのジェスチャーは二重に意味がなくなっていた。アメリカが参戦していたからである。

それでもチャーチルには完璧を期す必要があった。パールハーバーのことを耳にするや、彼はルーズベルトに電話をし、ワシントンに行く準備を始めた。プラセンシア・ベイで初めて会ってからのつきあいのなかで、ルーズベルトはチャーチルはまるで空気で膨らませるエアー遊具のような性格であることを知るに至った。部屋いっぱいふくらみ始めると、皆を壁に押し付けてしまうのである。彼はホワイトハウスではなくバミューダはどうかと提案した。チャーチルはまったく受け付けなかった。

チャーチルは三週間にわたり大統領夫妻の泊まり客として滞在したが、この男をじっとさせておくことは不可能だった。「イギリスの首相はアメリカの大統領に隠すものは何もない」ということを身をもって示す意味で、ルーズベルトに自分の裸を披露しようとしたり、軽い心臓発作をおこしたりした挙げ句、イギリスとアメリカの間の絆を感情的に演出して、それが上下両院総会議場におけるあの名演説で頂点に達したのである。

すごい演説だった。チャーチルはアメリカ人の母の思い出を語り、聖書の詩篇を引用し、神に訴え、ムッソリーニをパロディー化し、華麗かつ古風な言い回しで過剰な演技をした。「私はたしかに」のかわりに「たしかに私は」などと言って。今の人からは『スター・ウォーズ』のヨーダと交信しているように見えるだろう。彼の両腕は前に伸び、高く上がる。それは空を打ち、両襟をつかむ。不機嫌な顔でこちらをにらみ、顔をしかめ、歯を食いしばる。すべて聴衆が期待している通りの演技である。

彼は問うた。ドイツ人、日本人、イタリア人は「一体われわれをどんな国民だと思っているのでしょうか」。忘れないでもらいたい。イギリス人とアメリカ人は今や一つの国民なのだ。「われわれはともにあります」と彼は言う。「われわれの生きている間に、運命の長い腕は二度も大西洋を越えて伸び、アメリカを戦いの最前線に引き入れました――」。

ただし今回は、その腕は運命のものではなく、チャーチルのものだということだった。大西洋越しにアメリカを強引に引き入れたのは、運命ではなくチャーチルその人だった。

ハロルド・マクミランがのちに書いているように、「彼以外に（しかも驚くべき忍耐力と技量だけをもって）ともかくアメリカをヨーロッパの戦争に引き入れることができた者はいなかっただろう」。

私にはこれがそれほどの誇張だとは思えない。現在の世界は最終的にはF・D・ルーズベルトに負うところが大きい。アメリカの血と財力を捧げる決断をしなければならなかったのは彼だからである。しかし、チャーチルがいなかったならば、それは現実のものにはならなかっただろう。アメリカを引き込むという戦略的目標を打ち出し、それを根気強く追い求めることができたイギリスの指導者は、チャーチルをおいてはいなかっただろう。

アメリカが参戦するのがあれほど遅かったことをいまだに批判する人は、ノルマンディーのオマハビーチにあるアメリカ兵の墓所を訪れるがよい。なだらかに起伏する緑の芝の上に見事な均斉をとって並ぶ何千もの白い石の十字架（ときおりユダヤ教のダビデの星もまじっている）の間を歩き、名前と州――ペンシルベニア、オハイオ、テネシー、カンザス、テキサスをはじめ合衆国のすべての州――を見てみるがよい。涙を抑え切れるものではない。

この本を書いている今、これらのアメリカ人兵士が私たちの世代には理解できないような規模と勇気で犠牲になってから七〇年経っている。アメリカの国会議員たちがヨーロッパの戦争に再度関わり合うことがどれほどの犠牲をもたらすかを警告したとき、彼らは間違ってはいなかった。疑念はもっともであった。そしてこのような疑念に打ち勝ったのはチャーチルだった。

後になって彼はパールハーバーの夜、自分がいかに「感極まり、満ち足りて床に就いたか、そして安堵と感謝のなかで眠ったか」を書き記している。

彼はひとまずリスクに満ちた重要な戦略的な目的を達成した。しかしまだ戦争には勝っていなかった。

財務大臣時代のチャーチルとスタンレー・ボールドウィン首相。
ダウニング街10番地の首相官邸にて
——1945年——

ポツダムでスターリンと最終階段に挑む
チャーチルとアメリカの
ハリー・トルーマン大統領
——1945年——

カルタゴの古代ローマ遺跡で
連合軍に演説するチャーチル。
チュニジアにて
——1943年——

飛行服姿のチャーチル。
もっとも初期の
飛行機乗りの一人だった
——1939年——

トンプソンのサブマシンガン、"トミー銃"を試すチャーチル。
Dデーの3カ月前にイギリス南部にて
——1944年——

アルバート・アインシュタインとチャーチル。
チャートウェル邸のバラ園にて
——1939年——

ケント州のチャートウェル邸書斎にて
——1939年——

連合軍アメリカ部隊と
ライン川を渡るチャーチルと
バーナード・モンゴメリー将軍
——1945年3月25日——

第18章

縮みゆく大帝国の巨人

国王は軽いパニックに近い興奮状態だった。金曜日の夜一一時を回っている。それなのに自分が一番頼りにしていると同時に一番自分の言うことを聞かないあの臣下から何の連絡もない。彼は個人秘書官に電話して訊ねた。「チャーチルから何か知らせは？」。ありません、とのことだった。

日付は一九四四年六月三日。理論上はDデーまで二日しかない。戦争のすべてが、史上最大かつ最も複雑なこの軍事作戦にかかっていた。世界の運命が宙ぶらりんになっている姿だった。それなのに、チャーチルときたら何をやっているのか。

四大陸で戦った経験の持ち主、この六九歳の戦争のベテランは、またもやとんでもない冒険をしたいと言い張っているのだ。チャーチルには、戦艦ベルファストに乗船してノルマンディー沿岸で現場に立ち会う国防相としての権利がある。ドイツ軍陣地に対する最初の砲撃を自分の目で確かめたいと、その権利を行使しようとしていたのだ。作戦の翌日でもだめ、翌々日でもだめだった。彼は戦艦と兵士の第一陣とともに戦場にいて、兵器と血でわき立つ海を目撃し、砲弾が炸裂する音を耳にするつもりでいた。

馬鹿げた考えだ――国王の個人秘書官、サー・アラン、通称〝トミー〟ラッセルズは間違いなくそう思った。彼が最初にこのことを耳にしたのは五月三〇日、国王がチャーチルとバッキンガム宮殿で二人きりの昼食を終えて出てきたときだった。チャーチルは国王に、ノルマンディーに行き、イギリスの巡洋艦から戦闘の成り行きを見たいと打ち明けた。国王はすぐに自分も行きたいと言った。チャーチルは国王の希望を退けることはしなかった。

「これはけっしてあってはならないことだ」とラッセルズは自らに言い聞かせた。しかし彼も最初はあまり深刻ぶらずに事に当たろうとした。「皇后陛下がどう思われるでしょう?」と彼は国王にたずねた。イギリスの元首と首相が二人ともイギリス海峡の底に沈んでしまうことも十分にありえた。もしそうなれば、若きエリザベス王女に首相の選定について助言する人が必要だろう。それはまたかわいそうなベルファストの艦長にとっても酷な話だ、とラッセルズは思った。艦長は砲弾が当たったベルファストが炎の地獄になるなかで、自分の重大な責任を感じないわけにいかないだろう。

ううむ、と国王は唸った。彼はわがままな王であると責められたくはなかった。それだけの分別はあったわけだ。臣下は数分で王を説き伏せることができた。だがチャーチルはどうだろうか。

ラッセルズはただちに国王にかわってチャーチル宛の手紙を下書きし、ジョージ六世は言われるがまま、それを自分の手で書き記した。手紙はダウニング街の首相官邸に投げ込まれた。

親愛なるウィンストン［と国王（実際は代筆のラッセルズ）は呼んだ］

昨日の私たちの会話について十分考えてみた。その結果、私も貴殿のいずれも、計画通りDデーに現場にいるべきではないという結論に達した。仮にこの時点で、偶然の爆弾、魚雷、事によっては機雷が貴殿を戦闘シーンから消し去ることになれば、それが私個人に、そして連合国すべてが戦う大義にとって何を意味するかを強調する必要はないと思う。同じように、この時点での君主の交代は国と帝国にとって深刻な問題となろう。私たち二人とも現場に行きたいのはやまやまだが、真剣に考えた結果、計画を再考するようお願いする。現場にどう説明したとしても、私たちがそこにいることは、戦闘中に艦を操縦している人たちや船の乗組員をまごつかせることになるだろうという気がする。

したがって、初めに述べたように、非常に気が進まないのではあるが、このような場合トップにいる者が通常とるべき行動として、国内にとどまり結果を待つことが正しいことだとの結論に至った。貴殿が状況を同じように賢察することを強く希望する。たとえ可能性は低いにせよ、他のいろいろなことに加え貴殿の助けと指導を失うリスクがあることを考えると、来るべき数日についての不安は一段と高まる。私を信じていただきたい。

ジョージR・I

国王のこの品位ある拒絶は何の役にも立たなかった。チャーチルには前進あるのみだった。次の日、ストーリーズゲートにある首相官邸の別館で会合があった。提督サー・バートラム・ラムゼーが呼び戻され、国王とチャーチルに、どうすればチャーチルがDデーに現場にいることができるか問われた。しかしラムゼーは最大限にこの案をくさした。船はフランスの海岸から一万四〇〇〇ヤードよりも近づくことは絶対にできないだろう、と彼は言った。チャーチルは何一つ見ることができないだろう。率直に言って、何が起こっているかはロンドンに残された人たちよりも知ることができないだろう、と。

ラムゼーは席を外すように言われた。戻ってきたとき、計画が次のように変更されたと告げられた。作戦〝WC（ウィンストン・チャーチル）〟が実行に移される。しかも国王も一緒に来る。ラムゼーは烈火のごとく怒った。ラッセルズが日記にしるしたところによると「しごく当然のことながら、この不運な人物はこれに激しく反応した」。

この段階までくるとさすがにチャーチルも国王を乗船させることは難しくなりそうだと察し、

打撃をこれ以上大きくしないように手を打った。彼は国王をベルファストに乗船させるには内閣の承認を必要とするが、自分には内閣がその承認を与えるようすすめることはできないだろう、とできるかぎり厳粛な調子で発表した。チャーチルの言葉を聞きながら、この男はそれでも自分だけは行くつもりなのだということを悟ったラッセルズは、嫌悪と不承認の表情を隠そうともしなかった。

国王は「トミーの顔がどんどん不機嫌になっていくね」と言ったが、チャーチルは気にも留めなかった。そこで、若干の困難を伴ったが、ラッセルズは王とチャーチルの会話にまたも割って入った。

「閣下、私は思っているのですが、オーバーロード［ノルマンディー上陸作戦の正式名称］の最中に新しい首相を探すのは事態を困難にします」

「いや」とチャーチルは言った。「それはすべてうまくいくようにしてある。どちらにしろ、リスクは一〇〇対一とは思わない」。

次にラッセルズはチャーチルが憲法違反を犯そうとしていると示唆しようとした。閣僚は政府の同意なく国を出ることはできないと。チャーチルは巧妙に反論した。ベルファストはイギリスの戦艦であるから、国外とは見なされない。ラッセルズは言った。この戦艦はイギリス領海のはるか外側にいるのではありませんか。しかしこれも効き目がなかった。まるで巨大な象をしっぽでつかんでいるようなものだった。

「この件では、彼の聞き分けのなさは、利己主義以外の何ものでもない」。ラッセルズはそう感じながら会議を後にした。誰もがチャーチルには反対だった。首相官邸のスタッフ、パグ・イズメイ将軍、そして妻のクレメンティーンに至るまで。しかしチャーチルの決意は揺るがなかった。彼は砲弾と爆弾があたりの海で爆発するなか、無煙火薬の臭いをかぎ、海水の水柱が上がるのを見たかったのだ。

この期に及んでラッセルズのできることはただ一つ。国王にもう一度親書をチャーチルに書き送らせることだ。彼は腰を下ろすと、国王からチャーチルへの二度目の、そして前回より強い叱責の手紙を起草した。

私の親愛なるウィンストン。貴殿がDデーに海上に出ないよう、もう一度お願いしたい。どうか私自身の立場を考えてもらいたい。私はあなたより若い人間だ。私は海軍兵士であり、国王として三軍の長である。私にとって海より好きなものはない。しかし国内にとどまることに合意した。だとすれば、私がしたくてたまらないことを、貴殿がするのは公正かどうか。貴殿は昨日の午後、昔のように国王が部隊を戦闘に率いるのは立派なことだと言った。今、国王にそれができないのだとすれば、首相が代わりになってそうするのが正しいとも思われない。そして貴殿自身の立場というものもある。貴殿はほとんど何も見ることはないだろう。かなりのリスクを冒すことになるだろう。重大な決断がなされる肝心なときに貴殿に連絡を取ることもできないだろう。そしてどれほど目立たないようにしても、貴殿が船に乗っているだけで、提督や艦長は余計な責任を負わされることになる。前回の手紙で述べたように、貴殿が乗艦していることは計り知れないほどの不安を私にもたらす。貴殿が内閣の同僚たちに相談することなしに行くことは、彼らを難しい立場に置き、当然恨みを買うだろう。

私は貴殿が本件をもう一度考え直すよう、そして個人的な希望――それを私は十分理解している――を国家の義務に関する貴殿の高い基準から逸脱させないよう、これ以上ないほど真剣にお願いする。貴殿の心からの友である私を信じてもらいたい。

ジョージR・I

チャーチルは違憲行為を犯そうとしていた。チャーチルを思いとどまらせることができそうな人物は一人しかいなかった。それは国王である。そして自分の考えを通すためにジョージ六世は二度も手紙を書かなくてはならなかった。そして最後には、チャーチルは自分に属するあらゆる忠義――国王に対する、内閣に対する、軍部に対する忠義、そしてイギリスそのものに対する規約――を犯そうとしているとチャーチルに警告しなければならなかった。それは重大なことだった。

ついに六月三日の土曜日、チャーチルはしぶしぶ引き下がった。自分には見るべきだと思うどんな戦闘をも見る資格があると彼は抗議した。私は国防相なのだから、と。しかし、国王の主な言い分を受け入れた。国王がノルマンディーに行くのを阻止しながら、自分だけ行って、国王のお株を奪うのは公正ではないということである。「これはたしかに説得力のある主張だ」と彼は言った。

こうしたやりとりから、Dデー前夜の政府がいかに神経質になっていたか、そして閣僚たちと王との関係がどのように変化していったかが見えてくる。これは、王が首相の決定をはっきりと覆した、二〇世紀になってからの数少ない例の一つである。王の秘書官トミー・ラッセルズは、政治家には下すことのできない多くの決断を下す影のような存在としての廷臣たちの象徴だ。

しかし真に興味の尽きない問題は、チャーチルはなぜあれほどノルマンディーに行くことにこだわったのかである。なぜ、戦闘の最前線に再び身を置こうとそこまで固く決心していたのか。いくつかの明らかな理由があるが、なにより彼がDデーの成否を非常に気にかけていたのはたしかだ。

今振り返れば、作戦は成功しつつあったわけだが、当時はまったく成否の予測はできなかった。アラン・ブルックは、この作戦は「戦争全体のなかで最も身の毛のよだつような大惨事」になるかもしれないと考えていた。天候はいとも簡単に悪化するかもしれない。ロンメルは突然目標ゾーンを強化するかもしれない。もし事態が悪化すれば、アイゼンハワーは連合軍を撤退させることになっていた。

これは連合国側が何年にもわたって準備してきた水陸両用作戦だった。ヨーロッパ大陸を敵からとり戻す一か八かの試みだった。リスクの大きい水陸両用作戦はチャーチルにはおなじみのものだった。彼が最前線に行くことを希望したのは、ガリポリの記憶が焼きついていたからである。ダーダネルスの大失策で彼が何よりも苦々しく思っていたことは、正しいか間違いかはともかく、自分が現場に足を運ばなかったことだったのである。

今こそ不名誉を払拭するチャンスだった。自ら部隊を率いて戦闘に突入していった輝かしい先例にならって、自分は一七〇二年に爵位が授与されたマールバラ公爵の直系であり、たんなる亜流ではないことを世界に示したかったのだ。ガリポリで、そして第一次世界大戦中の西部戦線でそうしたように、部隊がぬかるみで動きが取れなくならないように、自ら前線で指揮をとりたかったのだ。

チャーチルが戦艦への乗船を望んだのにはもう一つの理由があった。それはチャーチルの人となりをよく知っている私たちから見れば何の不思議もないことであり、当時のラッセルズも御見通しのことだった。彼の記録によれば、「実際のところ、国王はウィンストンをウィンストン自身から救おうとしていただけだ。なぜならチャーチルがベルファストに乗って海に出たかった本当の動機は、彼の抑え切れない、最も時宜を得ない冒険心だったのであり、彼の虚栄心、新聞の一面を飾ることへの愛着——たとえ無意識なものだったとしても——だったからだ」。

そう、ラッセルズの言う通り。チャーチルには自分の載った新聞の見出しが見えていた。どんな写真が載るかも見えていた。動じることなくブリッジに立ち、湿った葉巻をしっかりとくわえ、ベルファストの一二インチ砲から采配を振るう自分。歴史上最も壮絶な爆音の前奏曲の指揮者なのである。彼には自分が人々の目にどう映るかがわかっていた。イギリスの獅子の咆哮をあげることを託された人物、その咆哮は大砲の唸りであった。

彼が国王も同行することを支持したのはこのためである。そうすれば歴史的一場面になっていただろう。イギリスの君主と首相が五年に及ぶ戦争にびくともせず、屈服せず、大陸の奪還を命令している。それこそ彼がねらっていた「一面ダネ」だった。しかもある意味で、これは彼自身の問題、彼のエゴを満たし、業績をつくるためだけの記事ではなかった。それによってイギリスという国と、その覚悟を世界に向けて示すものになるはずだった。

∫

まだ若かった頃、私はイギリスが「戦争に勝った」のはロシアが払った犠牲、アメリカが投じた財力だけなく、イギリスの戦闘員の英雄的行為のおかげでもあったと信じていた。私が読んだ「奇襲隊コミック」には、羊毛の帽子を被った異常に大きな前腕の男たちが、縮みあがるドイツ人に向かって突進し、巨大なあごで「そいつをやっつけろ」と叫んでいる姿、銃口からろうそくの炎のような火を噴きながら弾け出る銃弾が描かれていた。

私の古典の先生は、日本軍の捕虜になった経験があった。エジプトのエル・アラメインでの戦闘が戦争の転機だったという印象をはっきり受けた。モントゴメリーがロンメルを奇襲して大勝し、そこからドイツが少しずつ負け始めたのだ。このように理解していた私は、年を経てから実際に何が起こったかを知ったとき、多少のショックに襲われた。

一九四二年一〇月のエル・アラメインの戦闘は、私が思っていたほど歴史にとって重要なものではなかったように見える。これを〝不必要な戦闘〟とまで言う歴史家もいるほどだ。ドイツ軍を北アフリカから追い出すための連合国軍による上陸作戦であるトーチ作戦は実際より二、三週間後に実施されることになっていた。エル・アラメインは政治的に不体裁なものを隠すイチジクの葉ではあっても軍事的に決定的な勝利ではなかった。

一九四二年の秋、イギリスの軍事的記録に残っていることといえば、失策、撤退、破局、そして全面的な敗北の連続だった。それも数の上ではるかに劣る敵勢の手によるものがしばしばだった。イギリスは、マンチェスター・ユナイテッドに匹敵する前評判でプレミアリーグ入りしながら、大敗続きで有名になったタンストール・タウンFCのようだった。「勝利に手が届かない」とチャーチルはこぼした。「手にするのが本当に難しいのが勝利というものだ」。

イギリス軍が〝ウサギ〟のようだと称された遁走劇を演じたのはノルウェー、ダンケルク、ギリシャ、クレタだけではなかった。一九四二年はもっと悪かった。極東でプリンス・オブ・ウェールズとレパルスの撃沈で始まる総崩れが起こった。次いでシンガポールが陥落した。チャーチルは将軍たちに、最後の一兵まで戦え、不名誉の前に死を選べ、と自ら書き送った。

将軍たちはおおむねチャーチルの忠告を無視し、不名誉のほうが死よりもずっとましだと思っていた。ラングーンは放棄された。サンナゼールとディエップへの襲撃は宣伝目的で大いに吹聴されたが、失われた人命のわりにはほとんど何も達成されなかった。そして次にトブルクの陥落が来た。このニュースはチャーチルがホワイトハウスでルーズベルトと会談している最中にピンクのメモ用紙に書かれて手渡された。じつに屈辱的だった。ここでも兵士たちに最後の最後まで戦うよう彼自身が厳しい指令を発していたからだ。

またもやイギリス軍は、ずっと小規模なドイツ軍に完敗していた。かつては世界が目にした最も勇猛果敢な、成功した軍事大国の一つだったイギリスが、実力を発揮できなかった理由については、あらゆる説がある。しかし、ジャーナリストで歴史家のマックス・ヘイスティングスは、このテーマについての見事な考察のなかで遠慮のない批判を浴びせている。

ヘイスティングスによれば、将軍たちのなかには誰一人として価値ある者がいなかったように見える。モントゴメリーですら、「歴史の偉大なキャプテン」の地位に席を得るに値しない。彼らはただ頭が鈍かっただけでなく、怠惰でひとりよがりのことが多かった。またリスクをとろうとせず、流血を何よりも嫌った。第一次世界大戦のトラウマもあったのかもしれないが、軍人としては問題だった。より人数の多い将校クラスには、軍には快適な宿舎もあるし、自分で事業を始めるよりも楽に暮らせるという理由で入隊した、役立たずが大勢いた。

装備は標準以下で、少なくともドイツ軍の装備には劣っていた。さらに、イギリス軍兵士は敵軍兵士と比べて保有している銃弾の種類が少ないのではないか、とさえいわれていた。マックス・ヘイスティングスによると、「多くのイギリス士官は、民間人兵士にはドイツ兵や日本兵のような意志と責任感が欠けていると認識していた」。こんなこともあった。ランドルフ・チャーチルは一九四二年にあった首相官邸での会合で、苛々した様子でこう言い放ったのである。「父さん、問題はあんたの兵士たちは戦おうとしないことだよ」。

彼の言ったことが本当かどうかはわからないが、この発言はイギリスの部隊が世界各地で演じていた無数の勇敢な行為を明らかに無視していた。しかし実際のところ、ランドルフは国民の意見を代表していた。イギリス国民は自国の予想を下回る戦績を見てふがいなく思った。海外ではそれがあざけりの対象となっていた。一九四二年七月のアメリカの世論調査では、戦争に勝つためにどの国が一番貢献しているかをたずねた。回答者の三七パーセントがアメリカを挙げ、次いで三〇パーセントがロシア、一四パーセントが中国で、イギリスと答えたのは全体のわずか六パーセントだった。

チャーチルは当然、こうしたことのすべてを苦々しく思っていた。彼の政治的な存在理由は、イギリスと大英帝国の威信を高めることがすべてだったからである。シンガポールの陥落直後、政治家としての評価は戦争中を通じて最低レベルにまで落ち込み、辞任さえ考えても不思議でない事態であった。彼は不満をあらわにして言った。「われわれにはこれほどたくさんの兵士がいる。これほどたくさんの。もっとうまくやれたはずだ」。トブルクの陥落を耳にしたときは、こう言った。「敗北と不名誉とは別物だ」。

チャーチルは今やイギリスの軍事的成功だけに心を奪われ、それに固執していた。ライバルたちはそこに付け込んでここぞとばかり攻撃した。労働党の下院議員、アナイリン・ベバンは、「チャーチルは議論には連戦連勝。戦闘には連戦連敗だな」と嫌味を言った。一方、一般大衆の不安も高まるばかりであった。チャーチルの国内基盤は実のところ非常に脆くなっていたのである。

一九四二年八月、モスクワを訪れスターリンに会い、年内に第二戦線をつくるのは無理だと説明したとき、スターリンは無慈悲なあざけりの言葉を返した。「イギリス人は戦うことを怖がっている。ドイツ人がスーパーマンだと思ってはいけない。遅かれ早かれ、戦わなくてはならなくなる。戦わずして戦争に勝つことはできまい」。

スターリンからこんなことを言われるのはじつに胸糞が悪いことだった。スターリンこそ、一九四〇年にナチスの全面的な侵略の開始を可能にした人物だった。一九三九年にモロトフ＝リッベントロップ協定［独ソ不可侵条約］を承認し、ヒトラーとポーランドを分割したのである。スターリンはヒトラーが最後には彼を裏切ってソ連に矛先を向け、バルバロッサ作戦で奇襲を仕掛けてきたとき、あまりのショックで五日間というもの薄暗くした小屋に身を隠したほどだった。チャーチルがスターリンよりはるかに善良で、勇敢で、偉大な人物だったことは言うまでもない。しかし、スターリンの言葉は許しがたいものに聞こえた。その指摘には真実が含まれていたので、なおさらこたえたのである。

エル・アラメインの勝利はイギリスの威信を取り戻すのにおおいに役立った。チャーチルに対する政治的脅威は和らいだ。このおかげでチャーチルは、労働党のスタッフォード・クリップスに首相の座を奪われることを心配しなくてもよくなったのである。アナイリン・ベバンの刺すような皮肉も聞かれなくなった。イギリスの大衆は待ち望んでいた勝利を与えられた。しかし、現実は厳しかった。戦争が進行するにつれて、世界におけるイギリスの存在は小さくなる一方だったのである。

一九四〇年、この国は孤軍奮闘していた。敵に包囲されながらも自由のための旗を掲げて戦う騎士であった。しかし一九四四年には、イギリスは連合国勢の末席に連なっているだけだった。アメリカ人は資金を供給し、ロシア人は粛々とドイツ人を殺し続けていた。スターリングラード戦だけでも七五万人を殺していた。そのような状況のなか、イギリスへの敬意を物理的、精神的に取り戻すことがチャーチルの役割になった。鉛を仕込んで攻撃力を増強したボクシンググローブになることだった。

そんなわけで、チャーチルは首脳会談に奔走した。歴史家サー・マーティン・ギルバートの計算によると、一九三九年九月から一九四三年一一月の間に、彼は一一万一〇〇〇マイルを旅行し、海上で七九二時間、飛行機の中で三三九時間をすごしている。他のどんな指導者をも上回る移動距離だ。彼が尋常ならざるエネルギーを持っていたことがわかる。当時七〇歳に近かったチャーチルだが、あるときはスタッフたちが自分たちの現在位置を確認しているあいだ、北アフリカの冷たい夜明けの飛行場でスーツケースの上に座り、またあるときは、葉巻を吸えるように改造した酸素マスクをつけ、爆撃機の与圧されていない貨物倉で飛び跳ねるように歩き回った。彼が使っていた飛行機は、のちに同じルートを飛んでいるとき撃ち落とされた。

一九四三年一月二六日の朝、彼はカイロのイギリス大使館に朝食に間に合うように到着した。大使夫人があきれたことに、彼は冷えた白ワインのグラスを求めた。アラン・ブルックはそのときの様子を次のように記録している。

出されたグラスを彼は一息で飲みほし、唇をなめてからジャクリーンの方を向いて「うまい酒だった。しかし私は今朝もうハイボール二杯と葉巻二本を片付けたんだよ!!」と言った。まだ七時半を少し過ぎた頃だった。われわれは乗り心地のよくない飛行機で、一晩中飛んできたのだった。二三〇〇マイル、一一時間以上の飛行だった。しかもその一部は一万一〇〇〇フィート以上の高度だった。それなのに彼は疲れ知らずで、ウイスキー二杯と葉巻二本の後、さらにワインを飲んでいるのだ!!

ヒトラーとスターリンが塹壕に潜んでいたとき、チャーチルは行動を起こすためにありったけのことをしていた。自分自身と国王をDデーに何としてでもあの船に乗せようと熱心だったのはその一環だった。イギリスと大英帝国がまだ重要であることを世界――とりわけアメリカ人――

に示すことに熱を入れた。なぜなら、帝国の化身であるチャーチル自身とイギリス国王が自らヨーロッパ大陸をヒトラーの手から取り戻そうとしていたからである。たとえ作戦がアメリカ主導であり、最後に実際の戦闘を敢行したのがほとんどアメリカ兵だったとしても、上陸する大部隊の半分をイギリスとカナダの兵士で構成することを力説したのも同じ動機からだった。

チャーチルがDデーの六日後についに国王の同意を得てノルマンディーに向かったとき、自分の乗っている船がドイツ人に対して威嚇するよう主張した。艦長は喜んで応じ、ナチスがいると思われる方角に向けて一斉射撃がたっぷりと行われた。これはまったく不可解な行為だったが、チャーチルはご満悦だった。彼は一九一一年に第一海軍卿になってからこの方、船から発砲したことは一度もなかったのである。

あたかも、チャーチル自身が姿を見せることでイギリスの軍事的努力を何割増しかに見せることができるかのようだった。彼自身の存在感と威信でイギリスの貢献が割り増しされたのだ。一九四四年八月、彼は南フランスのサントロペへの連合軍の上陸を視察に行った。同じ月、イタリアで、自分でホイッツァー砲をピサに向けて発射した。ドイツ軍が五〇〇ヤードの距離から彼の方向に発砲しているのに、イタリアの城の中をピクニックでもしているように歩き回った。

一九四四年一二月、チャーチルは共産主義からギリシャを救う作戦を勝手に開始した。作戦は成功し、彼はアテネで砲弾の音を背後に記者会見をした。翌年の春、彼はついにドイツで連合国軍が前進するのを目にした。三月の初めにはジークフリート線までできた。巨大なコンクリート製の龍の歯、突破することのできない前線、父なる祖国ドイツの邪悪な象徴的な守護者である。チャーチルはこれを注意深く観察した。しかしそれで満足しなかった。勝利の恍惚を心ゆくまで表さなければ気がすまなかった。

彼はブルック、モントゴメリー、シンプソンなど総勢二〇人ほどいた将軍たちを並ばせ、随行していたアメリカ軍関係者向けの新聞、スターズ・アンド・ストライプスの記者に言った。「ジークフリート線でやろう」。そして写真班に向かって、「これからやることは、この偉大な戦争に関係している作戦だが、写真は撮るな」と釘を刺した。

そしてズボンの前を開けると、ヒトラーの軍隊が築いた要塞に小便をかけた。部下たちも同じようにした。アラン・ブルックはのちにこう書いている。「この決定的な瞬間を目にしながら彼が心から満足そうな笑みを浮かべたことを忘れることはできない」。この行為について多少なりとも非難めいたことを言う人がいたら、彼がそれまで何をくぐり抜けてきたかを思い起こしてもらいたい。このとき獲得した領土にマーキングをする権利のある犬といえばチャーチルをおいていなかった。

数週間後、彼はライン河のドイツ領内側を歩きたいと言い張った。そこはビューダーリッヒという地区で、砲火を浴び、一〇〇ヤードほど離れた水の中に砲弾が炸裂していた。アメリカの将軍シンプソンが「狙撃兵が橋の両側から撃っています。もう後ろの道路にも撃ちはじめました。ここにいらしても私は責任を負いかねますので、お戻りくださるようお願いします」と言った。

アラン・ブルックはチャーチルが曲がった橋げたにしがみつくようにするのを目にした。「チャーチルの顔には海岸で砂のお城をつくっていた子供がもうやめて戻ってきなさいと言われたときのような表情が浮かんだ」。キューバで攻撃を受けた最初の日からずっと変わらない彼の姿だった。彼は戦争の物語の登場人物になろうとしていたのである。そしてそれには政治的な目的もあった。

今やイギリスは人的資源、戦闘能力のうえでロシアとアメリカに大きく差をつけられてしまった。チャーチルはそのさまを、巨大なロシアの熊とアメリカの象に挟まれて歩いているようなものだと言った。しかし、チャーチル自身はそうではなかった。彼はまだ「ビッグスリー」の一人であり、ほかの政治家が考えもつかないような仕方で戦争を戦っていた。当のチャーチル以外、当時戦いを率いていたどの指導者も――ルーズベルト、ヒトラー、スターリン、ムッソリーニといえども――戦闘に直接参加し、戦記の一部になりたいという強い願望に突き動かされてはいなかった。

チャーチルは、人間的魅力だけをたよりに、会議の場における対等の権利を主張した。東ヨーロッパの将来についてスターリンとやり合ったときがそうだった。イギリスを代表する自分にしかるべき敬意が払われるなら、大英帝国に対してもそうあって当然だとチャーチルは考えていた。しかし、敬意などというものはイギリス国民あるいはイギリス軍にとっても、それほど優先順位の高いものではなかった。

国民も軍も「栄光」あるいは「威信」の観念に彼ほど関心を持っていなかったのである。おそらくそれは悪いことではない。イギリス部隊の戦闘精神はさんざんこきおろされてはいるが、重要な点は、イギリスの兵士は言論の自由の伝統を持つ成熟した民主主義の市民だったということだ。彼らは与えられた命令に盲目的に従わない術を知っていた。第一次世界大戦でそういう時代は終わったのである。

彼らは人種的優越性というおぞましいイデオロギーに駆り立てられて戦争に行ったのではなかった。彼らの背後には、言う通りにしなければ頭を撃ちぬこうと構えているソビエトの政治将校はいなかった。ただ皮肉なことに、彼らが享受し、それを守るために戦った自由が、彼らをそれだけ弱腰の戦闘員にしたということだろう。私は、国王とチャーチルがノルマンディーに行くことに反対したトミー（ラッセルズ）を批判する人は、時にイギリス軍を過小評価することに歪んだ歓びを感じているのではないかと思う。イングランドのフットボールチームについて深く沁みこんだ（そして心理的に自己防衛的な）イギリスの国民的悲観主義のようなものだ。

実際のところ、イギリスの軍事的成績はそれほど悪いものではなかった。一方、ドイツ軍は敵が数で上回っていなければ——たいていの場合、二倍から三倍の数で圧倒されていなければ——負けることは滅多になかった。エル・アラメインでは、イギリスは大軍を投入し、ドイツに勝利した。この作戦は、連合軍の北アフリカ上陸をずっと容易にしただけでなく、東部戦線のスターリングラードにおけるドイツの空軍力を減じる役割も果たした意味で重要な成果だった。そのほかにも大きな成果はいくつもあった。とりわけ最後まで戦い抜き、圧倒的勝利に終わった最も大切な戦いについては言うまでもない。

「イギリス人は最後の戦い以外、すべての戦いに負ける」と言った人がいる。多分イギリス人というものは、ここぞというときの自殺にも似た血に飢えた狂気のバンザイ精神を欠いているのだろう。私にはそれが欠陥であるとは言い切れない。

イギリスが孤軍奮闘していたとき、チャーチルの演説は国民の魂の奥の奥まで届いた。彼はほかの誰にもできないようなやり方で国民の心に到達し、彼らの心を慰めた。チャーチルの言葉は心をかきたてる、時代がかったものだったが、当時の空気に合っていた。国が六年にわたる長い落ち着かない戦時の終わりに近づいたとき、国民は新しい言葉、新しいビジョンを戦後のイギリスのために必要とした。そして消耗しきったチャーチルにはそれを見出すことができなかったのである。

∫

一九四五年の総選挙が近づいた頃、チャーチルは主治医のモーガン卿に言った。「自分の仕事は終わったというのが、私の強い気持ちだ。メッセージは何もない。かつてはあったが。今はただ『忌まわしい社会主義者と戦え。自分はこの素晴らしい新世界を信じない』と言うだけだ」。

七月二一日の朝、選挙結果が明らかになる四日前、彼は戦勝パレードのためにベルリンにいた。

ヒトラーは死んでいた。総統の退避壕はナチス支配のための嫌悪すべき他の装置とともに壊滅していた。ヨーロッパには平和的な民主主義の未来が開けていた。誰もが心のなかで、これはチャーチルのおかげであると知っていた。決定的なときに彼の鉄の決意がなかったならば、勝利は不可能だっただろうことも。彼らが見ている未来こそ、彼が約束し、その実現のために戦った大義であった。

チャーチルとアトリーは別々のジープに乗って、歓声をあげるイギリス人部隊の列の前を通過していった。チャーチルの個人秘書官ジョン・ペックはすぐにおかしなことに気付いた。

「誰も口にはしなかったが、私もほかの人も明らかに変だという印象を受けた。偉大な戦争指導者であり、彼なくしてはわれわれがベルリンにいることがそもそもありえなかったウィンストン・チャーチルへの歓声が、アトリーが受けた歓声ほど熱狂的でないことが明らかだったのだ。アトリーは連立政権に大きな貢献をしたとはいえ、ナチスとの戦いにおいて際立った個人的貢献をしていたわけではなかった」

七月二五日の午後、チャーチルはベルリンのポツダム会議を後にした。スターリンもトルーマンも（公的にせよ個人的にせよ）チャーチルが首相として再選されて勝ち誇って戻ってくるだろうと確信していた。翌日、開票が終わりに近づいた夜明け前に、彼は「鋭く刺されたようなほとんど身体的な痛み」とともに目が覚めた。

「保守党が負けたというぼんやりした確信が突然はっきり姿をとり、私の心を支配した」。彼は正しかった。労働党は他のすべての党の合計議席数を一四六も上回る大差で勝った。チャーチルと保守党は大敗した。世界は仰天した。どうしてチャーチルがあれほど非難されなければならなかったのか、今もって私たちには理解しがたいことである。

しかしながらそれはまったく驚くべきことではない。選挙での勝利の基盤になるのは政治家がすでに達成したことではなく、将来に何を約束しているかである。チャーチルは多彩な才能の持ち主だったが、その表れの一つが将来の福祉国家の基礎作りに貢献したことだ。戦時中の演説のなかで、戦後の労働党政権にとって重要な改革の概要を示した。しかしその政策を自分のものとしたのはアトリーだった。

まさに勝利の瞬間に、チャーチルは党を超越した国民的な人物としての特異な地位の対価を払ったのだ。彼は自分自身にあまりにも確信があったが故に、一度ならず二度も党籍を替えた。しかし彼は保守党と共存できなかった。したがって彼の業績は保守党の業績の一部になることがなかったのである。「チャーチルには声援を、労働党にはあなたの一票を」が労働党のスローガンだった。そしてそれはうまくいったのだ。

チャーチルには納得がいかないことだっただろう。しかし、彼の敗北は彼の勝利だったという見方もある。彼はイギリスの民主主義のために戦った。彼が守った民主主義がこの選挙結果をもたらしたのだ。偉大な戦争の英雄であり指導者が、暴力ではなく何百万という鉛筆の淡々とした書き込みによって拒絶されたのだった。クレメンティーンは「あれは不幸な姿をした幸福だったのかもしれません」と言った。チャーチルは「あのときは完全な不幸としか思えなかったがな」と答えた。

誰かがそれとなく、国民というものは恩知らずなものですねと水を向けたとき、チャーチルは言った。「私は恩知らずとは呼ばない。誰もが苦しい目にあったのだから」。彼の魂の偉大さを伝える発言である。

チャーチルは栄光の瞬間に辱めを受けた。しかしチャーチルは戦勝の終結によって時代を完全に塗り替えたのである。イギリスは疲弊し、その世界的な地位から転落していた。チャーチルも疲労困憊していた。しかし、ほかのどんなイギリスの政治家にも達成できなかった世界的な地位を得たのである。道義的な巨人という地位を。一九一一年、スペクテーター誌によって、「臆病で、口先だけで、原則もなければ、公的な問題について一貫した見解さえない」と非難された人物としては悪いことではない。

チャーチルが非難された通りの小人物であったら、戦うことを途中で止めて、絵でも描くためにチャートウェルに引きこもっていただろう。しかしそうではなかった。けっしてあきらめず、屈しなかった。世界を今日の姿にするために、休まずひるます乗り込んでいったのである。

第19章

鉄のカーテン

チャーチルが生まれた部屋については第三章で書いた。ここでは、彼が戦時の首相として最後の数日間を過ごした部屋にご案内しよう。それは一九二〇年代のゴルフクラブかホテルのかび臭いラウンジのような、あまりぱっとしない場所だ。外は陽射しが明るく、花壇には見事なフロックスとバラが咲き誇っている。だがこの章の舞台となる巨大な鉄枠のチューダー様式を真似た建物の内部はどことなく陰鬱な場所だ。

樫を基調とした地味な内装である重い樫の椅子、樫の暖炉、そして何となく不吉な感じのする室内バルコニーまで続く階段の手すりも樫である。私はその部屋の中に立ち、三人が座ったテーブルを眺めている。テーブルの真ん中に小さな三本の旗がほこりをかぶって垂れている。ポツダム会談に漂っていた不安と偽善の象徴のようだ。

一九四五年七月一七日、チャーチルはこの場を訪れた。連合国軍の空爆によって破壊されずに残ったベルリン郊外の都市、ポツダムの数少ない建物の一つ、ツェツィーリエンホーフである。もともとはホーエンツォレルン家の分家の誰かのために建てられたものだ。ドイツ人がイギリスのカントリーハウスのようなものをつくろうと中途半端に試みた産物のように見える。この会談は戦時中のチャーチルにとって最後の、そして最も不本意に終わった会議だった。彼はこの会談をイギリスで開催しようと企てたのだがうまくいかなかったのである。じつのところ、チャーチルは戦争中にルーズベルトにイギリスを訪問するよう説得したが、実現しなかった。こうして、首脳会談のメンバーは占領されたドイツのロシア支配下にあるポツダムに集まった。そこは、かつて王や皇帝が居を構えていたところで、ドイツにとってのベルサイユだった。宮殿とあずまやが散在し、芝生と湖が広がっていた。今では国連の世界遺産に認定されているが、一九四五年にはそのほとんどは破壊されていた。

あの年の四月一四日、イギリス空軍は五〇〇機のランカスター重爆撃機を出動させ、一七八〇トンの高性能爆弾を投下した。チャーチルはこの作戦の立案者だった。彼は特定の目標物を狙うのではなく、地域全体を破壊する地域爆撃を、一般市民を恐怖に陥れる意図を明確に公言したうえで実行したのである。軍事的な利益は疑わしかったが、彼は空爆を続けた。ドイツを攻撃するにはそれ以外に手がなかったのである。

第二戦線を開く以外に、鬱屈した闘争心を剥き出しにし、イギリスも敵に対して暴力を行使できるのだということをロシアとアメリカに示し得る唯一の方法は空爆だった。しかし、迷いがあったことは事実だ。「われわれは野獣だろうか？ これはやりすぎではないだろうか？」。ある夕方、彼はチャートウェルで、燃えるドイツの町の映像を見ながら、突然こうつぶやいた。

チャーチルはドレスデン空襲をめぐって沸き起こった議論に愕然とした。イギリスによる空爆で二万五〇〇〇人が死に、死体の多くは丸焦げになっていた（この空爆を彼は「残虐行為と理由のない破壊そのもの」と機密メモの中で非難している）。さらに、空爆がポツダムの宮殿をも攻撃したことがわかったとき、イギリス空軍が文化的価値に無神経なことに激怒した。こうして彼は、自らが指揮をとったといっても過言ではない作戦の結果を目のあたりにしたのである。

ポツダムだけでも一五〇〇人以上が死に、二万四〇〇〇人が住む家を失った。ベルリンの廃墟の中をおそるおそる歩いたとき、チャーチルも人並みに同情の気持ちに駆られた。「私のドイツ人に対する憎しみは彼らの降伏とともに消え去った」と回顧録には綴っている。「彼らの痩せこけた顔つきと身にまとったぼろぼろの衣服を見たとき、強く心を動かされた」。

チャーチルの戦いはけっしてドイツ国民との戦いではなかった。彼が粉砕したかったのはナチズムだった。そしてその成功の頂点に達した今、もう一つの敵の存在のただなかにいることがわかった。彼が長いあいだ、ナチズムが生まれもしない前から恐れていた敵だった。ただ野蛮で、イデオロギーに突き動かされた、そしてある意味ではナチスよりももっと手ごわい敵である。

ポツダムのテーブルは大型で円く、直径一〇フィートもあり、この会議のためにロシアの大工が特別につくったというわさだった。巨大なテーブルは樫製で、厚い赤のフェルト布で覆われている。恐らくベルリンに掲揚されていた赤旗と、会議の準備を整えたロシア人に敬意を表したものだろう。ポーカーをするのにまたとない場所のように見える。そしてそこにはカードを独り占めしているかのような三巨頭の一人がいたのである。

四年にわたる残酷な戦争の間、ナチスとソ連はあたかも二匹の狂犬病の犬が互いの喉元をくわえ合っているようなものだった。その戦争が終わったとき、スターリンがヨーロッパ域内だけでまだ六四〇万人もの兵士を掌握していたとは信じられないことだ。ロシアは二〇〇〇万人を戦争で失っていたが、それでもヨーロッパ最強の軍事大国として戦争を終えたのである。

スターリンは他者を信じないソ連の徹底した冷笑主義と冷酷さを体現する暴君であった。一九四二年、彼がイギリス軍は臆病だとあざけりながら、チャーチルをどのようにわなにおびき寄せたかはすでに見た通りである。あれが彼のやり方だった。嘲り、おもねり、へつらい、いじめ、そして殺す。

スターリンは敵を粛清することによって権力の座に上りつめた。そしてあらゆる集団を組織的に抹殺しながら権力を維持したのである。帝政ロシアの官吏たち、富裕な地主層、反革命派、ポーランド人など、スターリンの前にたちはだかる人々はみな粛清された。彼の手は第二次世界大戦が始まる前にすでに数十万人の血で濡れていた。チャーチルがスターリンの殺人狂的な臭いをかぎつけたのは、一九四三年二月のテヘランでのことだった。そのとき彼には、アメリカ人がスターリンをつけあがらせるだろうという不吉な予感もあった。

三巨頭の討議は戦後のヨーロッパの話になった。すでにスターリンはポーランドを二分割し、その大部分はロシアが保持し続けることを主張していた。その夜のディナーの席で、スターリンは戦後のドイツについての彼の腹案を披露した。

スターリン　五万人のドイツ人は死刑にされなければならない。彼らの参謀も消えなければならない。

チャーチル　われわれは冷酷な計画的人殺しには加わりたくない。戦争中とは頭を切り替えるべきだ。

スターリン　五万人は銃殺されなければ、ならない、、、。

チャーチル　（顔を赤くしながら）そのような行為に手を染めて私の国の名誉をここで損なうくらいなら私を今すぐここから連れ出して銃殺にしてもらったほうがましだ。

ルーズベルト　妥協案がある。銃殺するのは五万人ではなく四万九〇〇〇人ではどうだ。

この冗談のような逆提案を受けて、大統領の息子、エリオット・ルーズベルトが立ち上がり、自分はスターリンの提案に心から同意するし、それはアメリカ議会からも全面的な支持を得ると確信していると述べた。チャーチルはそれを聞いて激怒して部屋を出た。戻ってくるよう説得するのは容易なことではなかった。

アメリカが理解できなかった——あるいは理解しようとしなかった——スターリンのジョークは半分本気だったということである。全部本気だったのかもしれない。スターリンにとっては五万人を殺すことなど何でもなかった。彼は、これは惨事ではなく数字だと言ったそうである。

状況は一九四五年二月のヤルタ会談でもこれと似たり寄ったりだった。スターリンは抵抗を受けつけない平然とした調子で東ヨーロッパをソ連の支配下におくという議論を推し進めた。ルーズベルトの病状は今や絶望的で、意識も朦朧としていた。そしてチャーチルにはロシアの要求をはねつけるだけの軍事力がなかった。スターリンは愛嬌を振りまいた。少しだけ知っている英語をおどけた調子で口にした。(「まったくその通り!」「トイレはあちら」程度しか言えなかったが、驚くほどくだけた表現を知っていた)。だが彼のメッセージはいよいよ明確になっていった。ロシアはあの忌むべきモロトフ＝リッベントロップ協定で手に入れたものをすべて保有し続け、さらに東ヨーロッパとバルカンのすべてを支配しようというものだ。ギリシャだけは別だった(「クリスマスの日に火事場からかっぱらってきたぞ」とチャーチルは自慢した)。

バルト諸国はロシアの配下に入ることになった。また、ポーランドもロシア側につくことになる。この国の主権と保全こそが戦争の原因となったのだったが、またもや裏切られ、犠牲にされ、全体主義体制を満足させるために分割されたのである。チャーチルは幾度となく孤立した。ルーズベルトがロシアの独裁者の側に立ったからである。

そして一九四五年四月一二日、アメリカの偉大な大統領がついに死去した。チャーチルはあろうことか、ルーズベルトの葬儀に参列しないと決めた。二人の関係が連合国の成功にとっていかに不可欠だったかを考えれば驚くべきことである。しかし二人の仲が次第に疎遠になり始めていたことを考えれば理解できなくもない。アメリカはイギリスの戦争借款について依然として厳しい交渉態度で臨んでいたし、イギリスへの肉の輸出停止というようなつまらぬいやがらせをしていた。とはいえ根本的な対立は、スターリン、ロシア、戦後世界の問題をめぐるものだった。

一九四五年五月四日、チャーチルはイーデン外相に手紙を送り、ロシアがポーランドを配下に収めたことは「ヨーロッパの歴史上、類例を見ない重大な出来事だ」と書いた。五月一三日には、アメリカの新大統領トルーマンに電報を送り、「鉄のカーテン」がロシアの前線に沿って降ろされたと伝えた。鉄のカーテンはのちに議論の的になる言葉だが、それを彼は有名なミズーリ州フルトンでの演説の一年も前から使用していた。その月の終わりには、チャーチルは東ヨーロッパが共産主義とロシアに支配されることになるという見通しを大いに懸念し、ある作戦を提案した。これは最近、歴史家のデビッド・レイノルズらによってようやく明るみに出た事実である。五月二四日、チャーチルはイギリスの軍事計画専門家に、「想像を絶する作戦《オペレーション・アンシンカブル》」なるものを検討するよう求めた。それはイギリス軍とアメリカ軍が実際にロシアを攻撃し、ロシアを東ヨーロッパから押し戻すという作戦だった。どうやって実行するのか？　最強の戦闘員であるドイツ国防軍の兵士を徴募するのだ。

チャーチルはモントゴメリーに、没収したドイツの兵器は、必要とあらば非ナチス化されたドイツ部隊に戻せるように保管しておき、ソビエトに対する攻撃に利用するのはどうだろうかと持ちかけた。これらのことはすべて一九九八年まで機密扱いだったが、それでよかったのだ。

仮にこの案が好ましかったとしても、チャーチルがアメリカにこのような作戦に参加するよう説得する道はなかった。アメリカがロシアに対して比較的甘かった理由を理解するには、一九四四年から一九四五年初頭にかけて、ワシントンには世界がどう見えていたかを思い起こさなければならない。太平洋における戦争はまだ終わっていなかった。日本は必死の、自殺まがいの抵抗を見せていた。日本の国民は本土決戦に備えて竹槍の訓練までしていた。アメリカ人には自分たちが最後には勝つとわかっていたが、（原爆を持っているにもかかわらず）人命の損失が恐ろしい数になることを恐れていた。アメリカはロシアが全面的に自分たちの側についてくれることを望んでいたのである。

さらに、もしチャーチルがアメリカを説得できていたとしても、それ以前に国内の問題があった。すなわち彼自身の軍隊、イギリスの有権者はどうなのかということである。今やロシアと戦うときだと告げられたら、彼らは何と言っただろうか？　もしイギリス国民がこの作戦のことを知ったら、困惑し、憤慨しただろう。彼らはスターリンの行った粛清についてはほとんど、あるいはまったく知らなかった。多くのイギリス国民の心のなかでは、ロシア人はイギリスも含めた他国の軍隊を恥じ入らせるほどの勇気と自己犠牲を示した英雄だった。

イギリスの一般大衆にとってスターリンは、この時点ではまだ血に染まった暴君などではなく、安っぽいパイプと口髭がトレードマークのジョー［彼のファーストネームは英語式でジョセフ］おじさんだった。もしイギリス国民が一九四五年にモスクワに銃口を向けよと命じられたら、チャーチルは反共主義の古い木馬にまたがった勘違い野郎だという結論を下しただろう。軍事計画専門家がチャーチルへの反応で明確にした通り、この考えはけっして実現できるものではなかった。「想像を絶する作戦」はまた、大量のドイツ部隊とアメリカの資源を必要としただろう。チャーチルがそれを理解していなかったとは思えない。

しかし彼は相変わらず思考をめぐらし、あらゆる論理的オプションに当たってみることを止めなかったのだ。そのオプションがどれほど尋常でないものであってもである。困難で消耗する六年間の戦争の後であったにもかかわらず、また新たな戦いの可能性を考えていたということは彼の尽きることのない好戦的本能を物語るものだ。ソ連を攻撃するという作戦は実行不可能なものではあったが、それは共産主義の脅威に対する彼の根深い不安を示すものだった。そしてこの点では彼は間違いなく正しかったのである。

ヨーロッパの地図を見ると、ドイツは廃墟と化し、フランスは崩壊寸前、イギリスは疲弊していた。チャーチルはロシアの戦車が、その気になれば大西洋から北海まで侵攻可能だと見た。ロシアは東ヨーロッパ諸国の首都を飲みこみ、邪悪な政治体制を押し付ける意図をあからさまにしていた。これを阻止するためには何ができるだろうか？　これがチャーチルの提示した大きな戦略的問題だった。だが多くのアメリカ人は当面これを話題にすることにすら関心がないようだった。

七月二五日、ポツダム会談が終わろうとしているとき、チャーチルはほとんど何の成果も手にしていなかった。彼は薄汚れた部屋の空気の中で名言を繰り出していたが、通訳はそれを翻訳するのに苦労した。しかし結局のところ、姿を現しつつある二つの超大国の陰でイギリスの存在感は薄まり続けていたのである。

アメリカの側ではトルーマンが、ワシントンには今や核兵器を使う能力があることを明らかにした。だがその技術をイギリスと共有することを拒否した。これは英米技術共有協定の規定を誠実に尊重してきた同盟国に対するものとしてはあんまりな話だった。初期の核分裂理論の作業のほとんどはイギリスの手によるものであり、それはレーダー技術のほか、あらゆる研究成果と一緒にアメリカと共有されたのである。最終的にはトルーマンは広島への原爆投下を自分だけで決めることになる。チャーチルへの相談は形式的なものにすぎなかった。

ロシアでは、スターリンが経済力と技術力をもって交渉手腕を発揮し続けていた。彼が話すときは、いつも要点を衝いており、事実関係もきわめて正確に把握していた（時々後ろをむいて部下に耳元にささやかせたチャーチルとは違って）。そして必要とあらばこのロシアの暴君は毒気のある魅力を発揮し続けた。彼はチャーチルに、イギリスがロシアを助けてくれたことについてもっと盛大に溢れんばかりの謝意を公に示さなかったことについて申し訳なかったと言った。そしてメニューを全部集めてわざわざチャーチルのところまで行き、サインを求めるというような大仰なことをした。「あの男が気に入ったよ」とチャーチルが言うのが聞こえた。そのときのチャーチルは、少しばかりお世辞に弱いおめでたい老人だった。

こうしているうちにロシアの熊は東ヨーロッパを呑み込みつつあった。満足げに笑いながら、貪欲に何でも口にいれていた。ポツダムで戦時賠償金を確保しただけでなく、ロシア経済に投入できそうなものは何でも「戦利品」としてさらっていった。ソ連支配下のポーランドの傀儡政権の面々がポツダムの指導者の前に姿をみせたとき、チャーチルはこのなかに非共産主義者はいるかとたずねた。「ニェット」という答えが戻ってきた。

七月二六日、チャーチルはロンドンに戻った。そして大衆からきっぱりと引導を渡された。彼が本来自分はどんな人間だったかを明らかにしたのはそのときだった。あたかもこの問題については晴らすべき疑念があったかのように。

彼は七〇歳だった。人類が経験した最も暴力的な戦争の終わりに勝利者となった。書くべき回顧録があった。戦争中には自宅のチャートウェルにも一度も戻らなかった。邸内はほこりよけの布に覆われていた。池には魚を補充しなければならなかった。面倒をみるべき豚もいた。彼は感謝に満ちた国民の喝采と、不滅の恩義を彼に負っている世界のなかで、公的な生活から引退することができたのである。しかしそれはチャーチルの流儀ではなかった。

最初、地位を失った事実は受け入れがたかった。あの「黒い雲」が降りてきた。娘のメアリーが記している通りである。家族は彼の気持ちを引き立てようと最大限を尽くした。彼が好きだった第二次世界大戦中の流行歌「走れ、ウサギよ走れ」のレコードをかけたりしたが効き目はなかった。自分たちも落ちぶれたものだと口にしたクレメンティーンとは喧嘩になった。

しかしながら彼は、ゆっくりとではあるが自分を取り戻し始めた。イタリアにスケッチ旅行の長い休暇に出かけた（うっかり、爆弾にやられた建物を絵にして、地元の人から不興を買ったりもした）。野党の党首としての仕事もあった。東ヨーロッパの「ボルシェビキ化」を公然と非難し続け、ロシアのことを〝ワニ族の現実主義トカゲ〟などと呼んだ。その年の終わりに、トルーマンから興味深い招待がきた。トルーマンの地元、ミズーリ州のフルトンにあるウェストミンスター・カレッジという「素晴らしい学校」で講演をしてもらいたいというものだった。

一九四六年三月四日、二人はミズーリまでの二四時間の汽車の旅に出発するためホワイトハウスを出た。講演のテーマは長いこと彼の頭のなかにあり、チャーチルはその内容を各方面に伝えていた。大筋の内容を聞いたアメリカ国務長官は「それが大変気に入ったようだった」。イギリス首相のクレメント・アトリーともこのことを話していた。アトリーは二月二五日にチャーチルに宛てた手紙で、「貴殿のフルトン演説はきっとよい結果をもたらすでしょう」と書いた。汽車に乗る前にはトルーマンの相談役であるリーヒ提督にも草稿を見せている。リーヒは（少なくともチャーチルによれば）「熱狂的だった」。

汽車がミズーリに入ってからもチャーチルは草稿に最後のみがきをかけていた。そしてミシシッピ川を渡る頃には、招待主トルーマンの好奇心を満足させようと全部を見せた。「トルーマンは見事な演説だと思うと言ったよ」とチャーチルは報告している。そしてその通りだった。

フルトンでのチャーチルの演説は現代の政治家のスピーチとは似ても似つかぬものだった。ワープロ書きの草稿ではなかった。スピーチライターたちが書いたものでもなかった。長さは五〇〇〇語におよび、一つひとつの言葉づかいから筆者の人となりが思い起こされた。

そのチャーチルの演説にはトマス・ハーディ流の詩的表現あり、（たとえば未来は「来るべき時間」である）独創的ながら厳しい防衛協力に関する数々の提案ありの気宇壮大なものだった。たとえば、各国が国際機関によって管理される国際空軍に飛行中隊の拠出の約束をすることを提案した。この案は私が知るかぎり、一九六〇年代の子供向けテレビ番組『サンダーバード』においてのみ実現を見た。彼はイギリスとアメリカが結束するためのアイデアについても独自の見解を持っていた。


私たちは、英語圏諸国の共同遺産である自由と人間の権利の原則を、恐れることなく大きな声で宣言し続けることをけっして止めてはなりません。この原則はマグナカルタ、権利章典、人身保護法、陪審による裁判、イギリスのコモンロー（制定法主義に対する判例法主義）を経て、アメリカ独立宣言の文言として結実しました。

これらすべてが意味することとは、どんな国の国民もこれらの権利を持っているということであります。またそれは、憲法に基づく行動、自由で束縛のない選挙によって、投票の秘密を保障されて、自分たちが暮らしている政治の性格や形態を選択したり変えたりする力を持つべきであることをも意味します。さらに、言論と思想の自由があまねく保障され、行政部から独立したいかなる政党の影響によっても偏向されない法廷が、多数の人々の広い同意を得た、あるいは時間と慣習によって培われた法律を執行すべきだということです。これは自由の権利証書であり、すべてのつつましいカントリーハウスに備わっているべきものです。これがイギリスとアメリカ国民の世界に対するメッセージなのです。私たちのやり方を世界に説き広めましょう。それを私たち自身でまず実践しようではありませんか。

昨今は、有権者の大多数はもはや大金持ちでもないかぎり「つつましいカントリーハウス」には暮らせない時代となった。しかしこれがいまだにアメリカとイギリスの民主主義者が信じる理想であることは変わらない。チャーチルが全生涯をかけて戦った理想だった。さていよいよ演説の山場だ。聴衆が耳にしたいと半分待ち望んでいる「あの話」である。「世界の安全にとっての脅威が存在します、平和の殿堂に対する脅威が」。そしてその脅威はソ連であります」。彼は自分がロシア人に対しても、戦時中の同志スターリン将軍に対してもけっして悪意を抱いていないことを強調するところから始めた。

ロシア人は西部前線からドイツによる侵略の可能性を完全に除去し、安全を確保することを望んでいます。われわれはロシアが世界の有力国の間で正当な位置を得ることを歓迎します。ロシアの旗が海上にはためくことを望みます。何よりも、大西洋の両岸の国民とロシアの国民との絶えることのない、頻繁な、増大する接触を歓迎します。とはいえ、みなさんは、私がこの目で見たことをそのまま伝えてほしいと望まれているでしょう。現在のヨーロッパにおけるある事実をみなさんにお伝えするのも、私の義務だと心得ています。

バルト海沿岸のシュテッティンからアドリア海沿岸のトリエステまで、鉄のカーテンが大陸を横切って降ろされました。この線の背後には中央ヨーロッパ、東ヨーロッパの古い首都のすべてがあります。ワルシャワ、ベルリン、プラハ、ウィーン、ブダペスト、ベオグラード、ブカレスト、ソフィア、これらの有名な都市とそれを取り囲む国民は、私がソビエト圏と呼ぶ地域に存在します。これらの都市、国民はいずれも何らかのかたちでソ連の影響下にあるだけでなく、多くの場合モスクワの直接支配の下にあるのです。アテネだけが、ギリシャの不滅の栄光とともに、イギリス、アメリカ、フランスが見守るなか、選挙によって自らの将来を決める自由を持っています。ロシアの支配下にあるポーランド政府は大規模な誤ったドイツへの侵入を促され、数百万人ものドイツ人が想像を絶するような恐るべき規模で追放されている最中です。これら東ヨーロッパ諸国では、非常に小規模にすぎなかった共産党が自分の数をはるかに上回る卓越した地位と力にのし上がり、あらゆるところで全体主義的支配を手にしようとしています。ほとんどの国で警察政府がはびこり、チェコスロバキアを除いて今のところどこにも民主主義はありません。

チャーチルは世界を概観し、原子爆弾から満州の状況にいたるまで、ほとんどあらゆる問題に触れた。そして「武器と指令のマニュアルの共通性」を有するイギリスとアメリカの「特別な関係」を呼びかけた。統一されたヨーロッパと人類の兄弟性を求めた。精神的に偉大なドイツ、精神的に偉大なフランスを求めた。

それは壮大な演説であり、心を鼓舞するビジョンだった。しかし新聞の見出しになったのは、共産党に対する攻撃の部分だった。

チャーチルは世論を煽っていると非難された。以前、ナチスドイツの脅威を大げさに言い過ぎたと非難されたときと同じように。ロンドンではタイムズ紙が、西側民主主義と共産主義の過剰なコントラストは「いただけない」と鼻であしらった。同紙の社説は愚かにもこの二つの政治的信条は「互いから学ぶことがたくさんある」と主張したのである。

ニューヨークではウォール・ストリート・ジャーナル紙が、アメリカとイギリスが何か新しい種類の密接な協力の時代に入るかもしれないというチャーチルの示唆に嫌悪感を示した。「アメリカは他国との同盟関係、もしくはそれに類するものを望まない」と同紙は書いた。数年後に起ころうとしていたことを考えてみれば、とんでもない議論だった。騒ぎがあまりにも大きくなったので、トルーマンは記者会見を余儀なくされ、そのなかでチャーチルがスピーチの原稿を事前に彼に見せたことはないと弱々しく否定した。

モスクワでは当然のことながら非難の声が上がった。チャーチルは気の狂った、野蛮な戦争屋として描かれた。「英語国民」の優越性についての悪意ある理論を振り回す彼はナチスの後継者である、と共産党機関紙のプラウダは論じた。スターリン自身もインタビューであからさまに同様のことを述べた。

イギリス議会では、バトラー（昔の対独宥和主義者）や、のちに保守党の幹事長になるピーター・ソーニークロフトといった大したことのない人物が、この騒動をチャーチルに説教を始める言い訳として利用した。「ウィンストンは引っ込むべきだ」という声が昼食の席でささやかれるようになった。チャーチルの赤狩り演説をあまりにも苦々しく思った労働党議員は、アトリーにチャーチルの演説を非難するよう求めた。アトリーが彼らしい高潔さでそれを拒絶すると、議員たちはこの演説が「世界平和の大義にとって有害である」と主張し、チャーチル弾劾動議を提出した。この動議への参加署名者九三人にはのちに労働党政権の首相になるジェームズ・キャラハンも含まれている。この件についてキャラハンが公に悔恨の情を表したものは見つからないが、最後には自分でもバカなことをした、そしてチャーチルはやはり正しかったと思ったに違いない。

わずか一、二年で、東ヨーロッパにおける共産主義は間違いなく専制政治を意味することがわかった。スターリンは彼の支配圏の西ヨーロッパ経済との統合を断ち切った。ベルリンを封鎖し、人々を飢えさせて降伏に追いこもうとした。新たに東欧ブロックが形成され、そこでは残酷な一党制国家がモスクワの指導に従うことを強いられた。その過程で何十万人もが命を奪われるか、沈黙するよう脅迫された。「鉄のカーテン演説」と呼ばれるようになったこの演説は、私が生まれた当時に存在していた世界の精神的、戦略的枠組みをあますところなく描いたものだった。それはチャーチルが断固として憎んだ世界であり、偏執症《パラノイア》にとらえられたロシアが譲ろうとしなかった世界だった。

フルトン演説の後、チャーチルを見捨てたトルーマンだが、のちに彼は正しかったと考え、ソ連に対して有名な「封じ込め政策」を採用した。彼の後継者になったドワイト・D・アイゼンハワー大統領は、トルーマン以上に強硬な反共主義者だった。そして一九五一年、チャーチルが首相として官邸に返り咲く頃には、彼は世界の緊張状態――そして水素爆弾という新たな脅威――に強い不安を感じていた。したがって、戦争屋と呼ばれたチャーチルは、この期に及んで平和屋になったのである。

彼は「首脳会議《サミット》」のアイデアに取りつかれるようになった。アメリカ、ロシア、イギリス（それは彼自身のことだったが）の三カ国首脳による率直で個人的な意見交換の場である。もし世界の指導者が一堂に会することができさえすれば、世界戦争は回避できるだろうと考えた。

しかしこのとき彼はすでに七六歳になっていた。戦争中、五年間にわたって国を率い、その後の六年間は野党の党首を務めた。彼は選挙の準備期間中、英雄のようにスタッフたちを指揮した。徹夜で論戦をし、夜にはいくつか見事な小演説をこなし、そこにはジョークと皮肉たっぷりの余談をちりばめ、そして七時半になると卵、ベーコン、ソーセージ、コーヒーというトラック運転手のような朝食をたいらげた。ハロルド・マクミランによると、そのあと大きなハイボールと巨大な葉巻を楽しんだという。

このような生活には負担がともなった。権力への欲望は昔と変わらず強かったが、身体的なものは衰えはじめた。動脈けいれんを起こし、皮膚刺激や眼病も患った。子供の声や鳥の鳴き声が聞こえなくなった。ラッセル・ブレインという脳専門医にふさわしい名前の医師は、チャーチルが肩の「凝り」に悩まされているのは、肩から知覚メッセージを受け取る脳の中の細胞が死んでいるのが原因だと説明した。

公務にたずさわっていた最後の数年のチャーチルは、視界からゆっくり沈んで消えていく、熱を失った巨大な赤い太陽ではなく、のんびりと消滅していく活火山でもなかった。英雄ユリシーズのように常に戦い、奮闘し、何かを探し求めていた。まだなにか果たさなければならない重要なことがあると信じていた。そして信じがたいほどの勇気と意志の力、さらには抜け目のなさを発揮した。

一九五三年三月、スターリンが死んだ。チャーチルは新しいスタートを呼びかける機会をつかんだ。そう、彼はアイゼンハワーに言った。ソ連も入れて首脳会談をしよう。そして世界平和の基礎を英米パートナーシップの上に築こう。アイゼンハワーは興味を示さなかった。

一九五三年六月五日、チャーチルは深刻な発作を起こし、主治医もこれが命取りになると思った。ところが彼はまったくの意志の力だけで生き延び、翌日、口はゆがんで左腕が不自由だったにもかかわらず、閣議を主催すると言い張った。同僚たちは、チャーチルを見て多少顔色が悪く元気がないとは思ったが、病気だったとは気づかなかった。

次の日、容態は悪化した。療養のため、チャートウェルに搬送され、報道陣には首相は「絶対安静」を必要としているとのメッセージが配布された。誰も理由を尋ねようとしなかった。発作から一週間後、チャーチルは個人秘書官のジョック・コルビルと内閣秘書官のノーマン・ブルックを呼び寄せた。チャーチルは車椅子に座っていたが、夕食後、自分の足で立ちたいと言い出した。ブルックはその時の様子をこう書いている。

コルビルと私はお止めくださいと強く意見した。それでもどうしてもと言い張るので、倒れた場合に抱えることができるように、私たち二人は彼の両側に立った。しかし彼は杖で私たちを追い払い、後ろに下がるよう命じた。そして足を床まで下ろすと車椅子の両側をつかみ、とてつもない力を振り絞って——汗を顔から滴らせながら重心を足にのせ、まっすぐ立ったのである。それができることを見せつけてから、再び椅子に座って葉巻をくわえた。彼は断固として回復する決意だった。

ソ連との会談を実現しようとする決意も固かった。意図したのは世界の動きの最先端でもう一度自分の見せ場をつくるための核首脳会議である。ソ連からははっきりした返事がなかった。アイゼンハワーものらりくらりとしていた。チャーチルの閣僚たちは多かれ少なかれ反対だった。ひそかにあるいは公然と、彼が諦めることを望んでいた。しかし世界的に知名度のある、彼らの守護神ともいうべきこの政治家を完全に見捨てるだけの勇気はなかった。

一九五四年になると、チャーチルは絶えず、それとはなしに辞任をほのめかされていた。病人としては超人的だったが、本人も「飛行を続けたあと、夕闇のなか燃料も切れかかり、安全な着陸場所を探している飛行機」のようだと感じ始めた。ところがその飛行機は敵の対空砲（友人からの攻撃も多数）をかわしながら、ついに一九五五年四月五日、バッキンガム宮殿に赴き、女王に首相として辞任を申し出るまで、さらに約一年飛び続けたのである。その時、八〇歳だった。

「人間は気合だよ」と彼は最後の閣議で言った。そして閣僚たちに一つの忠告を与えた。けっしてアメリカから離れるな。

いわゆる戦争屋といわれたチャーチルは、在任中の最後の数年を、大国を一堂に集め「世界の緊張緩和」を促進させること、すなわち彼の目に未曽有の核戦争の脅威と見えていたものを弱体化させることに費やした。彼にとっては空しい役どころだった。それでも首脳会談は行われることは行われた。チャーチルが辞任して三カ月後、アイゼンハワー、イーデン、フォーレ、ブルガーニンがジュネーブに集まった。

チャーチルは共産主義の何がいけないのかを本能的に知っていた。共産主義は自由を抑圧し、個人の選択を国家によるコントロールによって奪い、民主主義を抑制するものだった。つまりは独裁を意味した。彼はまた、不完全ではあっても資本主義だけが人間の欲望を満足させ得ることを知っていた。

私は共産主義が実動しているのを目にすることができた世代である。一九八九年のベルリンの壁崩壊以前の鉄のカーテンの向こう側に旅行したこともあったし、ミズーリのフルトンでの驚くほど先見の明にみちた演説において、チャーチルがいかに正しかったかをこの目で見た。私たちは人々の恐怖を目にし、恐る恐るささやき合うのを耳にし、崩壊しかかった体制の馬鹿げた宣伝スローガンを読んだ。その体制下ではそれは生活の必需品さえ供給することができず、移動の自由を奪うことで人々をコントロールした体制だった。

チャーチルはナチスドイツの脅威を理解したのとちょうど同じように、あらゆることを透徹した明瞭さで見通していた。彼はまた、ある日すべてが予想もしなかった速度で崩壊することを予言した。彼の言う通りだった。そしてわれわれは生きてその喜びの瞬間を味わうこともできたのである。

∫

会談の部屋の陰鬱さとは対照的に、ポツダムのツェツィーリエンホーフを出ると、太陽が明るく輝いていた。私たちは自転車に乗り、ヴァンゼー湖のほとりの牧草地や庭園の中を走った。

道路標識を見ると、「マウアーヴェーク」と書いてあった。そう、ここに東ドイツ体制が、一時ベルリン市を分断し、一九八九年のあの歓喜が爆発するなかで倒された忌むべき壁があった。かつてこの壁は恐怖と抑圧の象徴だったが、今は素晴らしく整備されたサイクリングロードの始点にすぎない。

道の片側を、陽光を浴びながら気の赴くままにぶらぶらしていると、突然ドイツ人のヌーディストの一群に出会った。柔軟体操をしている日に焼けた年配の男性、自然と神秘的に交流しているかのような二人一組の若い女性。私は彼らを見て、ドイツ人というのは実に独特であると思った。そこはロンドンでいえばハイドパークのような場所だったが、日曜日の午後、ハイドパークでこのような光景に出合うことはまずないだろう。私が目にした、裸でまったく無防備な男女は、現代ドイツの平和主義と穏やかさの化身なのである。

彼らは好きな候補者に投票し、言いたいことを口にする。自分の肉体のどこであれ好きなところにピアスを通す。自由市場、資本主義を信奉する。夜、ドアに響くノックの音に脅えることはない。彼らの世界はあの壁が引きずり倒されて以来変わったのだ。私の目の前の日光浴を楽しむドイツ人たちは、スターリンのイデオロギーではなく、チャーチルのイデオロギーを体現しているのは明らかだ。

一糸まとわぬ姿でホワイトハウスの周りを歩いた人物がいるだろうか？　現在のドイツ人について これ以上言うことはない。

世界に広がったのはチャーチルの理念だった。勝利を収めたのは自由と民主主義についての彼の思想だった。フルトンでのあの演説で、彼は戦後世界の基本的な構造を形づくることに貢献したのである。それは一九四八年には北大西洋条約機構となり、ロシアと東ヨーロッパ全域における共産主義の最終的敗北にとって不可欠なものとなった。

チャーチルはまた、最も早い段階でフランスとドイツの和解、統一ヨーロッパのビジョンといった安全保障体制の中心的な枠組みを明確にした最初の人物の一人であった。このビジョンについてはある意味で今日に至るまで大いなる論争が続いている。また、チャーチルの言う「統一ヨーロッパという概念」とは何を意味するのか、何が起こると意図したのか、そしてイギリスがそこでどのような役割を果たすだろうと考えたのか――についてもまだ答えは出ていない。

第20章

ヨーロッパ合衆国構想

人々は今もチャーチルを、現代世界のさまざまな政治的難題の調停者として引き合いに出そうとする。これは彼の予言能力の証左である。彼が残した膨大な量の発言のなかからある意見を正当化したり、ある行動を承認した文言を見つけると、その言葉は稀有の賢人にして闘将であった故チャーチルからのお墨付きでもあるかのように大げさに扱われる。

彼の亡き魂が最も頻繁に相談を受ける難題は、イギリスと「ヨーロッパ」の関係をおいてない。この問題はチャーチル以降、すべての後継首相たちを悩ませてきた。ヨーロッパといかに付き合うかという問題は、時としてあまりにも険悪な対立を生み、政治生命の抹殺の危機に見舞われた首相もいる。

「ヨーロッパ」との関係はイギリスの主権、民主主義、大陸ヨーロッパ大同盟からの独立という遠大な事柄をめぐる問題であり、これはきわめてチャーチル的な論争である。一九四〇年の英雄を範に取れば解決できそうな気がしてくる。

やっかいなのは、チャーチルが親ヨーロッパ派、ヨーロッパ懐疑派の両方から担ぎ出されることだ。両派ともチャーチルを崇拝し、予言者としてあがめている。そして時には、彼の言葉の意味や意図をめぐる論争が宗教的な大分裂のような激しさにまで発展するのである。

たとえば二〇一三年一一月、当時の欧州委員会の委員長マヌエル・バローゾは演説の中で、チャーチルが一九四八年に（それ以前もしばしば）統一ヨーロッパの創造の必要性について語ったことをそのまま引用し、ヨーロッパ懐疑派が優勢のインターネット上では雨あられのような攻撃を受けた。

ある懐疑主義者はチャーチルを〝でぶの、うそつきの卑劣な男〟と呼んだ。チャーチルを擁護し、バローゾを叩いた者もいた。このときの様子は、あるヨーロッパ懐疑派の人物が匿名で書いた記事からうかがい知ることができる。彼はある新聞のウェブサイトで仮名を使って以下のように書いている。

われわれは二流の、選挙で選ばれたわけでもない、無責任な外国人政治家［ポルトガル人のバローゾのこと］のアドバイスなどいらない。早いところやつがブリュッセルの街灯に吊り下がっている姿を見たいものだ。われわれに説教を垂れるのをやめて国に戻ってくれ。私はこの人物が大嫌いだ。すぐにでも死ねばいいと思う。ついでに彼のお仲間のEU委員、外国の奴らを含めたすべての欧州議会議員たちもそうすれば、イギリスに住む権利などない物乞いのような外国人たちも一掃できるだろう。

彼（この記者はたぶん男性だろう）の議論の是非はともかく、ここには明白な怒り、息が詰まるほどの憎しみがある。つまりポルトガル人であるバローゾが、ヨーロッパ統合を正当化するためにウィンストン・チャーチルを引き合いに出そうとすることに対する怒りである。

こういう文章を書く人々のあいだでは、チャーチルはテコでも動かないイギリスの頑固一徹さと独立自尊の確たる象徴と思われている。そのチャーチルがポルトガル人であるバローゾごときにヨーロッパ連邦主義者の味方として語られるなどとんでもないというわけだ。

この争いの起源を知るには、チャーチルの言う「ヨーロッパ統合」が何を意味していたのか、そこから何を得ようとしていたのか、とりわけそのなかでイギリスの役割をどうとらえていたのかを理解する必要がある。そこで一九五〇年六月初旬のイギリス下院での、シューマンプランとどう折り合いをつけるかについての有名な論戦をたどってみよう。それはこのプランの名前のもとになった元フランス首相からきた唐突で大胆な提案だった。

その内容は、フランス、ドイツ、イタリア、ベネルクス三国による、石炭と鉄鋼のヨーロッパ共同市場を監督する新しい超国家的な組織をつくる話し合いにイギリスも参加しないかという挑戦状にほかならなかった。この組織は将来の欧州委員会の萌芽となる高度の権限を持つことになっていた。それは各国の国会議員からなる議会と各国の閣僚が構成する協議会を持ち、最終的には欧州議会と欧州協議会に発展するのである。さらに、裁判所もつくられることになっていた。現在ルクセンブルクにある強力な欧州司法裁判所の原型である。

言い換えれば、イギリスはまさに欧州連合の誕生の場で支援を求められたのである。粘土はまだ柔らかく、形はまだできていなかった。まさにイギリスが決定的に介入できる瞬間だった。フランスの申し出を受け入れ、一緒にハンドルを握れるときだったのである。

ところが労働党内閣は、この申し出に敵意を抱くほどではないにしても懐疑的だった。イギリスはまだヨーロッパ全土で最大の石炭と鉄鋼の生産国だった。なぜこの二つの産業がヨーロッパによる支配の不可解な仕組みに屈しなくてはならないのか？「ダーラムの炭鉱労働者はそれに我慢できないだろう」と、ある労働党の閣僚は言った。こうしてアトリー政権はこの提案には乗らず、フランスを追い返したのである。

シューマンへの返事には、興味深いアイデアはありがたく拝聴したが話し合いには参加しないと丁重に書かれていた。英仏両国民にとって、これはイギリスとヨーロッパの歴史上、決定的に重大な転換点だった。イギリスがヨーロッパのバス、列車、飛行機、自転車、その他あらゆることに乗り遅れたのである。これはイギリスが欧州連合にやっと参加したときからさかのぼること二五年のことだったが、ようやく加盟したときには欧州連合の構造はイギリスにとっても、国民主権の理想にとっても好ましくないかたちに固定されてしまっていた。

チャーチルがシューマンプランに関する下院での議論で、野党保守党の党首として何を言ったかは、彼がこの件に関してどのように感じていたかを理解するうえで非常に重要である。この時期の議会におけるチャーチルはとにかく精力的だった。相変わらず世界中を飛び回り、地政学についての内容の濃い、長い演説もしている。戦争中の回顧録を続々と出版し、その後まもなくノーベル文学賞も受賞する。

年齢は七五になろうとしていたが、議会では鉄道の貨物料金から、ビルマ、朝鮮、漁業、下院に設置したばかりのマイクロフォンの効率性にいたるまであらゆる問題について、毎日数えきれないほどの発言をしていた。

シューマンプランに関する論争の国会議事録を読むとじつに面白い。そこには齢のせいで彼が以前より丸くなったことを示すものは一切認められない。財務大臣はサー・スタッフォード・クリップス。堅物で、戦時中はチャーチルのライバルとして今考えてみれば滑稽に思えるほど持ち上げられた人物である。彼が先頭に立って政府のシューマンに対する消極的な反応を擁護したのだが、チャーチルはクリップスに対して「まったくくだらん！」「ナンセンス！」と叫んだ、と記録にはある。

とうとうクリップスは議場では静かにしているか、さもなければ外に出るようチャーチルに懇願せざるをえなかった。クラスの中の一番のいたずら坊主にいじめられてすっかり度を失った化学の教師のように。チャーチルが午後五時二四分に立ち上がって話し始めたのは、今日の議会における議論とほぼ同じ内容の議論がなされた後だった。

労働党のヨーロッパ懐疑派議員たちは、この「高度な権限を持つ組織」が、これから出現する共同市場において官僚的な支配力を持ち、各国政府の厳密な承認がなくても行動できるという提案を非難した。この組織とは何様なのか、とある労働党議員は質した。われわれに指図するなんて、一体どんな権利を持っているというのか？

「これはヨーロッパに押し付けられた寡頭政治だ。彼らは恣意的な権力と巨大な影響力を行使して、わが国のすべての人々の生活に影響を及ぼすだろう」

彼らの発言はイギリスのヨーロッパ懐疑派の声を代表していた。そして現在、欧州委員会委員長を務めるジャン＝クロード・ユンケル［ルクセンブルク人］と欧州委員会に対して使われる表現と酷似している。

これらすべてに対して、保守党の親ヨーロッパ派は、一九五〇年のこの日の午後、これも今日でもよく聞かれるお馴染みの主張で応じたのだった。

「われわれは本当に孤立することを望んでいるのか？」とチャーチルの元議会担当秘書官ボブ・ブースビーは問い返した。「つまるところ、われわれを襲った今世紀の悪夢のような惨劇の大きな原因は、抑制を失った国家主権なのです」。ブースビーはチャーチル議員に、統一ヨーロッパの創出を支援し、ヨーロッパを再度救済するよう指導力を発揮することを強く要望して演説を終える。

次はそのチャーチルが野党党首として総括する番である。彼はどちらの側につくのか？ チャーチルは無難に議論を始める。まずアトリー政権の無能力ぶりを攻撃する。もし私が首相だったら、フランスはこのことでイギリスを突然驚かすほど無礼ではなかっただろう。そして単刀直入に核心に迫る。そう、イギリスはシューマン会議に参加すべきだったと。そしてアトリーを指導力に欠けると非難するのである。

「アトリー氏は、［かつて砲艦外交をおしすすめた］パーマストン卿のような対外強硬派としてこれみよがしに立ち回り、自分と労働党に対する大衆の支持を得ようとしている」とチャーチルは続ける。ヨーロッパ関連の政策から逃げ腰のイギリス首相に対して向けられるおなじみの批判である。そしてチャーチルは、イギリスは取り残されてはならないというブースビーの見解を繰り返す。


イギリスにとっては、外野にとどまって物事をイギリス抜きで進められるよりも、話し合いに加わったほうがずっとよいのです。フランスには「不在者はいつも悪者にされる」という諺があります。ウィンチェスターでフランス語を教えるかどうかは私の知るところではありませんが［これは多分、反ヨーロッパ演説をしたばかりのインテリの労働党議員、リチャード・クロスマンを肴にしたジョークだろう。ウィンチェスターはクロスマンの母校である名門パブリックスクール」。イギリスの不在はヨーロッパのバランスを乱します。

もしイギリスが参加しなければ、ヨーロッパ圏は中立的な勢力として、モスクワとワシントンと等距離に立つリスクがあるとチャーチルは警告する。それは大失策だ。もし彼が首相だったら、イギリスはシューマンプランを受け入れていただろうか？　答えは、まちがいなくイエスだ。

彼は情熱的に国家主権という根本的な問題について語り、典型的なチャーチル流国際主義を論じて演説を締めくくる。親ヨーロッパ派のお決まりの議論だ。すなわち、イギリスは防衛問題ですでにＮＡＴＯとアメリカと主権を分かち合っているではないか。なぜヨーロッパとそれができないのか？

世界の流れは国家間の相互依存です。それが最善の望みであるという信念が世界にあふれているのが感じられます。もし個々の独立国家の主権は神聖不可侵だとしたら、われわれが世界機構に属しているということはどういうことでしょうか。それこそがわれわれが信奉すべき理念だからであります。なぜわれわれは西ヨーロッパの防衛という巨大な義務を引き受けたのでしょうか。われわれのように海峡によって他国の侵攻から守られていない国々の運命に、なぜかつてないほどかかわり合ったのでしょうか。なぜわれわれはアメリカに富の施しを受け、経済的に依存することを受け入れたのでしょうか。現政権はそのために手を尽くしました。このことが理解され、受け入れられさえするのは、ひとえに相互依存こそわれわれの信念の一部であり、救いの手段であるという考えが大西洋の両側で共有されているからです。

いや、それだけではありません。その世界機構のために私たちは危険さえ冒し、犠牲もいとわないでしょう。わがイギリスは一年間、独裁体制に対して孤立無援の戦いをしました。それは純粋にイギリスの利益のためだけではありません。われわれの暮らしがその戦いにかかっていたのは事実です。しかしわれわれが懸命に戦い、一九四〇年と一九四一年、勝利のユニオンジャックが翻り続けたのは、この戦いがわれわれ自身だけでなく、世界の大義のためだという確信があったからです。自らの命を捧げた兵士、息子のために涙を流した母親、夫を亡くした妻は、われわれが自分たちだけでなく人類にとって尊いもののために戦った事実によって励まされ、あるいは慰められ、自分たちが普遍的なもの、永遠なものにつながっていることを感じ取りました。保守党と自由党は、国家主権は不可侵ではないと考えます。そして、すべての大陸のすべての人が相携えて家路を探すことによって、国家主権はかならずや縮小するだろうと宣言します。

チャーチルが見境のない連邦主義者、つまりは「ヨーロッパ合衆国」の信奉者だった証拠として、これを見よといわんばかりに取り上げられるのはこの種の文言である。ほかにもいくらでもある。彼が初めてヨーロッパ連合のビジョンを明確にしたのは一九三〇年のアメリカ旅行のあとのことだ。国境や関税のない単一市場が経済成長に貢献していることを見て衝撃を受けたのである。実際、「ヨーロッパ合衆国」という記事も書いており、この見出しもチャーチルの造語であった。

一九四二年一〇月、彼は戦争の真っただ中に外相だったアンソニー・イーデンに宛てた手紙の中で、戦後世界のビジョンを大まかに述べた。最善の希望はロシアを除くヨーロッパ合衆国で、ヨーロッパ各国間の関税は「ぎりぎりまで削減され、自由な旅行が可能になる」というものだ。戦後、彼はゴール人［フランス人の祖先］とチュートン人［ドイツ人の祖先］の連合、平和の殿堂などに言及した一連の熱狂的な演説を行っている。

一九四六年のチューリッヒでの演説はこんな感じである。

われわれはヨーロッパ合衆国なるものをつくらなくてはなりません。もしそれが首尾よく、本当に創設されるとするならば、それは各国の物質的な力の重要性を減じるものになるでしょう。ヨーロッパのすべての国がそれに加盟する意欲がなかったり、加盟が不可能な場合もあるでしょう。しかしそうでない国だけでも集結するべきです。

「そうでない国」とはどこのことだろうか？　イギリスもそこに含まれるとチャーチルは考え

たのだろうか？　一九四七年五月、彼はロンドンのアルバートホールで、統一ヨーロッパ運動の会長・創設者として演説し、「わが国が決定的な役割を果たす統一ヨーロッパのアイデアを提示してもらいたい」と呼びかけた。そして「イギリスはヨーロッパ家族の一員として完全な役割を果たす」という明白な公約ともとれる言葉で演説を終えたのである。

一九五〇年五月には、スコットランドで演説し、自分がシューマンプランの誕生に寄与したと語った。このときもイギリスがこの計画に参加しなければならないと明確に語っている。

私は四〇年以上にわたりフランスと協力してきました。チューリッヒでは、フランスがドイツを再びヨーロッパの家族に連れ戻すために手を差し伸べ、ヨーロッパにおける主導性を取り戻すよう訴えました。今ここに、フランスのシューマン外相が提示した、フランスとドイツの石炭・鉄鋼産業統合プランがあります。これはフランスとドイツの新たな戦争を防ぐための重要かつ効果的な第一歩であり、一千年にわたるゴール人とチュートン人のいさかいに終止符を打つものであります。今やフランスは私の望む以上の方法でイニシアチブをとりました。しかしそれだけでは十分でありません。フランスが適切な条件でドイツに対応できるようにするためには、われわれがフランスとともにいなければなりません。ヨーロッパの回復のためにはイギリスとフランスが力のすべて、傷のすべてをともにして立つことが重要な条件となります。そしてこの二国が、寛大で慈悲深い思いで、過去を振り返るのではなく未来を見据え、名誉ある条件をもってドイツに手を差し伸べることです。何世紀にもわたり、イギリスとフランス、のちにはドイツとフランスは自分たちの間の闘争によって世界を引き裂いてきました。これらの国々は旧世界における支配的な勢力を構成し、他のすべての国が参集できる統一ヨーロッパの中心になるために、自分たちがまずまとまらなくてはなりません。さらにまた、われわれは大西洋の向う側に出現した強大な世界的国家の力強い賛同を得ております。この国こそ、その力が頂点にあったとき、自由の大義のためにさらなる犠牲を顧みなかったのです。

換言すれば、統一されたヨーロッパはフランス、ドイツ、イギリスにとって好ましいばかりでなく、アメリカが望むところでもあるということだ。

ブリュッセル、ストラスブール、ハーグなどで行われた他の演説からも同様の文言を引用することができる（多くの演説は、チャーチル自身の涙、大陸ヨーロッパの聴衆からの喝采で終わっている。そして少なくともそのうち一つは素晴らしくチャーチル風のフランス語で行われた）。しかし、もう十分だろう。片目を閉じ、片耳だけで聞いたとしても、これまでの話から、なぜチャーチルが欧州連合の守護神として崇められているのかをご理解いただけただろう。

チャーチルはモネ、シューマン、スパーク、デガスペリらとともに統一ヨーロッパの神々の殿堂に並んでいるのである。そして共通農業政策という葡萄の房が彼の口からぶら下がっている。

ブリュッセルに彼にちなんだ名前の環状交差点や大通りがあるのも、ストラスブールの欧州議会議場の壁に彼の肖像画が飾ってあるのもなんら不思議なことではない。

チャーチルが統一ヨーロッパ運動の理念的創設者だったことについてはこれくらいにしておこう。そこには十分な量の真実が含まれている。統一の過程でイギリスが主導的な役割を果たすべきだと信じていたことも事実だ。ところがヨーロッパ懐疑派が十二分に知っていた通り、この話には続きがある。

ヨーロッパ懐疑派を激怒させるのはまさにそこなのだ。チャーチルは彼らにとっても都合のいい話をしているのである。一九三〇年、彼が初めてアメリカにならってヨーロッパにも単一市場を創設すべきだと感じたとき、イギリスについては以下のような重大な留保をつけた。

しかし、私たちには独自の夢と独自の義務があります。私たちはヨーロッパとともにありますが、その一部ではありません。われわれはヨーロッパと繋がってはいますが、ヨーロッパを構成するものではありません。ヨーロッパに関心があり、ヨーロッパと関係がありますが、ヨーロッパに吸収されてはいないのです。もしヨーロッパの政治家たちが旧約聖書の列王記で預言者エリシャがシュネムの婦人に対して問うたように「王か将軍に何か伝えてほしいことでもあるか」とわれわれに問うなら、われわれはあのシュネムの女のように「私は同族の民のなかで何不足なく暮らしております」と答えるでしょう。

シュネムは預言者エリシャのために部屋を用意してもてなした裕福な婦人である。もっとも、預言者エリシャすら彼の気前のいい女友だちが、史上初のイギリスの欧州懐疑派として名を馳せることになるとは予言できなかっただろう。

しかし彼の意図したところはわかる。チャーチルはイギリスがヨーロッパの集合体からはやや距離を置いていることを認識していた。そしてドゴール将軍との間に何度も繰り返された仲たがいのなかで、次のように言ったのである。もしイギリスがヨーロッパか海か、どちらかを選ばなければならないとすれば、間違いなく海を選ぶだろう。

チャーチルの世界観では、イギリスは当然ながらヨーロッパの――おそらく最強の――大国だった。しかしそれはイギリスのグローバルな役割の限界を意味するものではなかった。たしかに彼は統一ヨーロッパを望んだ。イギリスには、これほどの悲惨を味わった大陸に幸福な連合をもたらすことを助ける重要な役割があると信じていた。しかしその役割とは、連合の契約当事者というより、スポンサー、つまり立会人になることだった。

イギリスは教会の中にいることを望みはしたが、結婚の当事者としてではなく、先導役、あるいは司祭を務めるつもりだった。チャーチルがイギリスをヨーロッパ連合の一部として見ていなかったという根拠は、彼の行動に表れている。彼が再び首相になったのは、シューマンプランをめぐるあの一九五〇年の論戦のわずか数カ月後のことだった。もし彼が本当にイギリスを石炭鉄鋼共同体に加盟させたかったのなら、あのときに加盟申請をすることは間違いなく可能だったのである。彼には威信があったし、マクミランやブースビーといった人物の支持もあった。あの論戦で処女演説をした若きエドワード・ヒースも加盟を強く主張していた。

しかしチャーチルは権力を握るやいなや、実質的な掌返しをし、親ヨーロッパ主義がアンソニー・イーデンをはじめとする他の保守党員に人気がないことが明らかになるとすぐに熱意を失ったという人もいる。そうだとしたら、チャーチルは欧州懐疑派を懐柔するために意見を変えたジョン・メージャーのようでもある。私はしかし、この見方はチャーチルにとって、また、彼の掲げたビジョンにとって公正な評価だとは思えない。一九五〇年六月二七日の下院における重要な演説に立ち戻ってもらいたい。彼は演説で、自分のヨーロッパ観を全面的に繰り広げているのである。

彼はこの演説で、イギリス人が今日も抱いている不安の核心にふれた。すなわち―イギリスの正確な役割とは何か」。

私たちが自分自身のために決めなければならないことは――じっくり考慮するための時間は十分にあります――いずれヨーロッパ連邦連合のようなものが実現したとき、イギリスはそれとどのような関係を取り結ぶべきかということです。

それは今決めなくてもかまわないことですが、私は大いなる謙虚さをもって、明白な答えを提示します。私は今予見できるいかなる時期においても、イギリスがヨーロッパに限定された連邦連合のたんなる一メンバーであるということは想像できません。私の考えでは、障壁の除去、和解のプロセス、恐るべき過去の幸いなる忘却、そしてわれわれが現在及び将来直面する共通の危険などからこの大陸に発生するすべての動きをイギリスは支持し、その前進に貢献するべきであります。もちろん、ヨーロッパのための堅固で具体的な連邦憲章はまだ現実的ではありませんが、私たちはあらゆる方法を用いて、ヨーロッパ統一に向けての動きを援助し、主唱し、支援すべきであります。イギリスはこれと緊密に提携する手段を断固とした決意で求めなくてはなりません。

おわかりだろう。チャーチルはイギリスが「緊密に結びつく」ことを欲しながら、「一メンバー」であることはありえないと考えているのである。これは掌返しではない。見解を急に変えたわけでもない。これは彼が自身の政権で掲げた政策そのものである。

チャーチルは反ヨーロッパでもなければ、本質的にヨーロッパのいかなる国家に対して敵意があるわけでもない。その逆である。彼はフランスを情熱的に愛した。おそらくイギリスが生んだ最もおおっぴらに親フランス的な首相である。彼にはヨーロッパを超越したイギリスという世界観があったというだけの話だ。それをもってイギリスは世界に立ち向かい続けたのである。

この世界観については、チャーチルは政治人生を通じて際立って一貫していた。彼は一九三〇年に書いた記事を、三つのベン図［集合の図式］が重なる部分としてイギリスのビジョンを提示することで終えている。「イギリスは、等しい正当性を持って、三つの役割を同時に果たすことを主張することができる。すなわちヨーロッパの一国、大英帝国の盟主、そして英語圏の一員の三つである。イギリスの役割はこのうちのどれかということではなく、これらすべてである……」。

大英帝国はとうの昔に消滅してしまったが、こうした緩い国際主義は今日の世界情勢においてかつてないほどの意味を持つようになっている。世界のGDPにおけるEUのシェアが着実に低下を続け、アメリカが依然として最大の経済大国の座にとどまり、旧英連邦諸国の成長が目覚ましい今日の世界においても、チャーチルの描いたベン図はイギリスの位置と役割を見るときの参考になる。

チャーチルが一九四五年の総選挙に勝っていたら、シューマンプランにどういう対応をしたかを知ることは難しい。ただ一つだけ確かなことがある。彼はけっして労働党のような誤ちは犯さなかっただろうということだ。彼はきっと統合ヨーロッパと交渉しただろう。恐らく論争で発揮するすさまじいエネルギーの力で、他のヨーロッパ諸国を政府間アプローチに向かうよう説得しただろう。それによって、民主的に選ばれた各国政府の決定が、日常的に「超国家的」機関によって覆されるという、今日に至るまで非常に困難な、場合によっては腹立たしい考え方を捨てたことだったろう。

もしチャーチルが一九四八年の時点で政権にいたら、もし彼が交渉のテーブルにつくことができていたなら、もしチャーチル的な要素がこうしたきわめて初期段階のヨーロッパとの交渉でも作用していたとしたら、EUは今日とは違ったモデルの、すなわちもっとアングロサクソン的で、より民主的な存在になっていたかもしれない。

一九五〇年ではおそらく遅すぎた。そう、労働党は船に乗り遅れたのだ。あれは間違いだった。しかし本当のところは、モネもシューマンも実際にはイギリスを交渉のテーブルには呼びたくなかったのだ。呼んでいたらイギリス政府にこの提案の是非について熟考する時間を与えることになり、あのような猛スピードで会談を召集することができず、したがって超国家主義を加盟の条件にする合意に達することもできなかっただろう。

チャーチルは一九五〇年代にヨーロッパで進展しつつあったことを見て、とくに怨恨、後悔、疎外といった感情を覚えることはなかった。反対に、彼は統一市場への歩みを父親のようなプライドをもって眺めていたのである。これらの国々をまとめ、けっして再び戦争をすることができないように分裂不可能に縛り上げるというのが彼の考えだった。それが素晴らしい成功だったことを誰が否定できるだろうか。

NATO（チャーチルが共同創設者としての功績を主張できるもう一つの組織）とともに、欧州共同体（現在は欧州連合）は、ローマ帝国の両アントニヌス帝時代以来の平和と繁栄の時代をヨーロッパに再びもたらした。だからといって制度的な不適切さや超国家主義の行き過ぎを否定するつもりはない。また、チャーチルが一九五〇年にはっきり予見していた通り、イギリスのような古く誇り高い民主主義国家をこの「超国家的」政府に組み入れることによって引き起こされた緊張を過小評価するものでもない。

チャーチルが今生きていたら、EUについて何をしただろうか？　ユーロのことはどう考えただろうか？　EUの労働時間指令について何と言っただろうか？　共通農業政策については？ある意味でこれらの問いはすべて、チャーチルにとってはとるにたりないことである。

われわれはこの偉大な人物をこのようなくだらない質問で煩わせることはできない。彼は聞く耳を持たない。神託者は無言なのだ。

われわれにできることは、この種の問題についての彼の思慮に満ちた、明白に一貫した考え方を考察し、何らかの一般的な原則を提示することだろう。

チャーチルはフランスとドイツの間にほんの少しでも紛争のリスクが存在するかぎり、両国の連合を望んだであろう。そして生涯を通じてリベラルな自由市場論者だった彼は、巨大な無関税圏内の縦横な自由貿易を支持しただろう。

彼はまた、いかなるヨーロッパ機構でもアメリカと緊密に結びつくこと、そしてイギリスがその関係を積極的に強化する助けになることを望んだだろう。

そして攻撃的なロシア、その他の外部からの脅威に対する防波堤としての統一ヨーロッパの重要性を認識したであろう。

さらに彼は国家首脳レベルに自ら関わることを望んだであろう。世界指導者の重要な首脳会談が彼抜きで行われることを彼が許すことは、もはや私たちには想像できない。

彼は可能なかぎり、最大限に下院の主権を守ろうとしただろう。彼が生涯をかけて守り、人生を捧げた民主主義を守ろうとしただろう。

一九一七年三月五日の夕方、彼は自由党の下院議員アレクサンダー・マッカラム・スコットとともに灯の消えた下院議場を後にした。彼は振り返って言った。「見てごらんよ。この小さな場所が、われわれとドイツの違いをもたらすのだ。このおかげで、われわれは苦労しながらもどうにか成功にたどりつく。ドイツにはこれがないために、あの素晴らしい効率性は最終的には悲劇につながるのだよ」。

もちろんこうした切実な希望は、超国家主義によって国家主権を制限する道を選んだ今日のヨーロッパにおいては自己矛盾にも見える。しかしチャーチルが一九四五年に有権者によって退けられなかったとしたら――もし彼が、壁が濡れているうちに統一ヨーロッパのフレスコを描く作業に加わっていたら――このような矛盾はけっして起こりえなかっただろう。

ヨーロッパにおけるチャーチルの遺産は偉大且つ善意に満ちたものだった。正確にはイギリスにどのような役割を果たさせようと思っていたかはともかく、彼は西ヨーロッパで七〇年間も戦争のない時代をつくり出した人物の一人である。七〇年間も戦争がないということを考えてみるにつけ、奇妙な気さえする。

そしてチャーチルの影響はヨーロッパからはるか遠い所にも及んでいる。そしてそれは大体において歓迎すべきこととされている。

第21章

「中東問題」の起源

最も華やかなりし頃のクリスチナ号は、下品とまではいわないが、自家用レジャー用ヨットとしては誰も見たことがないほど豪華に飾り立てた船だった。船内の壁には印象派の絵がかかり、プールにはロブスターが泳ぎ、バーのスツールは希少な鯨の包皮で装飾されていた。しかし船の持ち主であるアリストテレス・オナシスのコレクションで何よりも圧巻なのは、船に招かれた賓客――彼の張り巡らした細い糸の網に捕えられた貴重な蝶たち――だった。

マリリン・モンロ―がいるかと思えば、フランク・シナトラ、エリザベス・テイラー、リチャード・バートンの顔も見える。船尾に集まって互いに乾杯し、デッキチェアにもたれてくつろいだあと、個室に退いてからは外に聞こえないようにひそひそ声で夫婦喧嘩を始める。オナシスが集めた世界的なスーパースターのなかには、残り全員の影を薄くしてしまうほどの大物がいた。彼の存在によって、一九六一年四月一一日、オナシスは自分の名声を証明することになったのである。

白い船体と黄色の煙突のクリスチナ号は、ノルマンディー上陸作戦にも参加したカナダ海軍の戦艦を改造したもので、ハドソン川をさかのぼり、マンハッタン七九丁目の係留地に向かっているところだった。水上では歓迎行事が繰り広げられていた。停泊中の客船やタグボートからの汽笛が響いた。そしてアメリカで一番有名なイギリス人（ビートルズの登場はあと数年後のことだった）の来訪を記念して、ニューヨーク海上消防隊の船が盛大に水を噴き上げていた。

そろそろ昼食の時間だった。二人のがっしりしたメイドに助けられて、八六歳のウィンストン・チャーチルがデッキから降りてくる。彼は軽い二度目の卒中から回復したあとで、歯もぐらついていた。しかし顔つきは相変わらずふくよかで、うるんだ目は輝き、水玉模様の蝶ネクタイをしていた。彼は一九〇八年、結婚祝いにエドワード七世から賜った金の頭のついたステッキをついて、みがき上げられた床の上を歩いた。そして昔と同じように出てくる食事と酒を心待ちにしている様子がうかがえた。

チャーチルにとってオナシスとの会話はいつも気の置けないものというわけではなかった。旧ギリシャ領スミルナ［現トルコ領］生まれの海運王オナシスは、自分が経営するカジノに不正な操作を仕掛ける「ひどいやつら」の話をよくしていた。とはいえ、チャーチルがそれで気分を害していたというわけでもない。彼は彼で、一九一一年にH・H・アスキス首相に伴って地中海までの六週間の航海をしたとき、古代遺跡ばかりでうんざりだとこぼした。オナシスはそれを知ってもチャーチルに古代文明についての教養がないなどと野暮な指摘はしなかった。

ともかく、チャーチルはクルーズの興奮を愛していた。出会う人の親切なもてなし、旅、際限のない気晴らし、陸《おか》の光景、海の景色。今、彼は一八九五年に初めて目にした風景を見やっている。もう遠い昔のことだが、二〇歳のとき、母親の友人バーク・コクランのところに滞在し、スピーチの秘訣を教わったことがあったのだ。

チャーチルが初めて目にしたニューヨークはあか抜けない都市だった。そこそこ大きくて見栄えのいい煉瓦の建物があちこちにあったし、街は賑わい、一千本もの煙突からは煙が吐きだされていたが、その一方で、ぼろをまとった子供たちの姿もあり、移民の暮らすスラムには馬の死骸が何日も路上に放置されているようなありさまだった。当時のニューヨークが活気と野心に溢れた都市だったのはたしかだが、規模としては一九世紀末のマンチェスターかリバプール、あるいはグラスゴー程度であり、ビルのスカイラインは、ロンドンとは比べものにならなかった。

だが今、闇の中から見えるマンハッタンの風景の変貌ぶりは、彼の目を見張らせるのに十分だった。ガラスと鉄でできた細長いビルや尖塔が、夢にも見なかったような高さに伸びていた。そしてそれらは百万もの窓の明かりとなって降り注ぎ、水にきらきらと映えていた。今や、みすぼらしく、薄汚く、栄養が足りていないのはロンドンのほうだった。

ニューヨークのスカイラインは、チャーチルがその生涯をかけて自ら関与し生み出した変化を体現していた。摩天楼はたんに都市生活の新しいスタイルではなかった。それは二〇世紀にアメリカが上りつめた偉大さと、アメリカによるイギリスの地位の侵食を物語るものだった。一九四二年のマンション・ハウスにおける有名な演説で、チャーチルは、自分は大英帝国の清算に立ち会うために国王の筆頭大臣になったのではないと語った。だが、物事は大方においてその通りに展開したのである。

チャーチルはこのことを鋭敏に感じ取った。彼が「英語圏諸国民」の勝利に執拗に言及するのは、たんに軍事的、政治的に重要な英米同盟を確実なものにしたかったからではない。もちろんそれは彼の重要な目的の一つではあったが、そこには心理的な策略、自己防衛のメカニズムが存在している。この言葉はイギリスの立場の屈辱を隠蔽し正当化する方法なのだ。イギリスは相対的な重要性において没落した。しかしこの没落は親密な「従兄弟たち」の興隆によって和らげられたのである。彼らは同じ価値、すなわち言語、民主主義、言論の自由、司法の独立、その他を共有し、英語を話す仲間であるというわけだ。

チャーチルはあたかも自分自身（そして世界）に、アメリカの勝利はある意味でイギリスの勝利にもなったこと、そして旧植民地の栄光は母国を照らすとでも言いたげだった。気持ちはわからなくもないが、すべての人が納得するような話ではなかった。

ある面でチャーチルの人生は一つの世界帝国をもう一つの帝国に引き渡すことに捧げられたと言ってもよいのかもしれない。ペルシャがギリシャに、ギリシャがローマに譲ったように、イギリスはアメリカに帝国のトーチを手渡したのだ。第二次世界大戦は「イギリス継承戦争」だったと言ったのは歴史家A・J・P・テイラーだが、もしこの分析を受け入れるならば、誰が勝ったのかは明白だ。戦後七〇年。軍事的、政治的、経済的に地上最強の国としてのアメリカの姿に圧倒される。

サー・ウィンストンに謎めいた電話がかかってきたのは、クリスチナ号上での夕食会の最中だった。彼の個人秘書官アンソニー・モンタギュー・ブラウンはホワイトハウスの「一七番交換手」にダイヤルするようにと告げられた。それは新大統領ジョン・F・ケネディからで、大統領専用機をまわすのでワシントンまでお出でいただき、一緒に「一日二日過ごす」ことはできないだろうかという申し出だった。即座の判断を強いられたブラウンは、大統領の親切な招きに謹んで感謝しつつも断ることに決めた。チャーチルは思うように動けなくなっており、耳もますます遠くなっていたからである。

もったいないことだ。チャーチルには活力と明晰さがまだ十分にあった。彼らは初対面ではなかった。ケネディが大統領に当選する前にもクリスチナ号上で会っていたのだ。目撃者の話によると、チャーチルは身だしなみがよく快活なケネディをウェイターと取り違えたらしい。もう一度は若き上院議員が、大統領への野望についてチャーチルに打ち明けたときのことだった（ケネディが、自分がカトリック教徒であることについて懸念を口にしたところ、チャーチルはそんなことはどうにでもなる、信仰を捨てることはないと応じた）。ケネディの招きはチャーチルが大統領執務室で現職の大統領に会える最後のチャンスだった。彼は一九〇〇年にウィリアム・マッキンリーに会って以来、ほとんどのアメリカ大統領に直接会っていた。

当時ケネディはまさに「自由世界」のリーダーであった。そして腰が曲がってはいるものの、時折まだ活力の火花を散らすチャーチルがいた。二人の間で古い帝国が新しい帝国に引き継ぎを果たせていたかもしれない。ケネディが直面していた諸問題はチャーチルが取り組んできた問題でもあったからだ。

冷戦とソ連の共産主義に対抗する方針の青写真を描いたのはチャーチルだった。そして今やその方針は若きアメリカ大統領によって、ベルリンで、キューバで、その他のところで積極的に推し進められていた。一方チャーチルはアメリカとケネディも後押しする統一ヨーロッパ運動の先頭にいた。戦後、イギリスが弱体化し、さらに一九五六年のスエズ動乱で挫折した後、帝国の王座を継ぐことを余儀なくされたのはアメリカだった。そして地政学的な闘技場は世界全体に広がっていた。そこではチャーチルの役割がもはやおぼろげにしか思い出されなくなっていたが、その役割は依然として重要なものだった。

ウィンストン・チャーチルは近代中東の父の一人だった。ということは、彼は現代世界で最も紛争の絶えない地域を生み出すことにも加担し、その責任をコップ一杯の火薬のようにアメリカに引き渡したのだ。そのことを裏付ける出来事が少なくとも一つはある。イスラエルに安全保障の担保を最初に与えたのはケネディである。そのような担保を必要とする領土的矛盾をつくりだしたことについて、イギリス、とくにチャーチルの責任を問う人は大勢いる。彼の責任だろうか。そうでないとしたら誰が責めを負うべきなのだろうか。

そして私がまさに本書を執筆している今、イスラエルはガザのアラブ人居留地に爆弾を落とし、ハマスはイスラエルにロケット砲を撃ち込んでいる。シリアでの犠牲者の数は増える一方だ。原理主義的狂信者はイラク北部の広汎な地域を攻略した。このあたりの地図を広げるとチャーチルの指紋だらけである。

ヨルダンの地図を見てもらいたい。何が見えるだろうか？　まず目に入るのは奇妙な三角形のこぶである。サウジアラビアから現在のヨルダンに入り込んでいる四〇〇マイルの突出部だ。この国境線は、チャーチルのある日の昼食代わりの酒がもとでこのような不自然なものになったという人もいる。今日でもここは「チャーチルのしゃっくり」と呼ばれている。真偽のほどは不明だが、この国境線を引くにあたってチャーチルが果たした役割については異論を唱える者はいないだろう。酔っ払いの気まぐれであったかどうかはともかく、この国境線はあの日から今日まで存続しているのだ。

チャーチルは現在のイスラエル国家の建設にあたって不可欠な存在だった。この国が誕生する最も大切な時期において、イギリス政府のいい加減で出まかせの約束を、筋の通ったものにすることが彼に課された課題だった。イラクという国をつくるべきだと決定したのもチャーチルだった。オスマン帝国の三つの州、バスラ、バグダッド、モスル——シーア派、スンニ派、クルド人

——を一まとめにしたのである。現代イラクに苦悩をもたらした者の犯人捜しをするなら、もちろん誰しもジョージ・W・ブッシュとトニー・ブレア、そしてサダム・フセインということになろう。しかしあの国の悲惨な状況のおおもとを把握したいのなら、ウィンストン・チャーチルの役割を見落としてはなるまい。

彼は長い経歴を通じて、何度か重要なところで中東とかかわっている（中東という言葉を最初に使ったのもチャーチルである）。最も重要なのは植民地相としての彼の役割だ。一九二〇年の末にこのポストを提示されたのはチャーチルにとっては意外なことだった。しかしロイド・ジョージが彼を適任と考えた理由は明らかだ。チャーチルは軍需相時代、計り知れないエネルギーと行動力を示したのだ。イギリス軍に戦車、航空機、その他の技術を与え、戦争を勝利へと導いた。陸軍相としての彼の武装解除戦略は見事だった。一番長く軍に在籍した者が一番先に家族と再会できることを約束して、兵士らの暴動を鎮圧した。戦前のアルスター（アイルランド北東部の地域）の帰属問題についての会談では、生来の人間的魅力と説得力を発揮した。こうした才能はたしかに重宝しただろう。第一次世界大戦はうんざりするような問題をいくつか残したが、なかでも中東は難問だった。

植民相というのは外相ほど権限がないように思われるかもしれない。当時外相のポストにはまだ、あのきわめて優秀なジョージ・ナサニエル・カーゾンが就いていた。しかし、一九二一年における大英帝国の版図を思い出してもらいたい。第一次世界大戦は領土拡大のための戦争としては意図されていなかった。イギリスは帝国をこれ以上拡大しないという明瞭な目的をもって参戦した。ところがウォルター・リードが指摘したように、イギリスの支配下にある世界の陸地は一九一四年から一九一九年の間に約一割も拡大したのである。

チャーチルが植民地相に就任したとき、彼は総面積一四〇〇万平方マイル、五八カ国から成る帝国の頂点に立ち、四億五八〇〇万人の暮らしと希望に何かにつけて責任を負っていた。それは世界史上飛びぬけて巨大な帝国であり、トラヤヌス帝の下で絶頂期にあったローマ帝国の六倍の面積があった。イギリスの旗は地球の陸地の四分の一に翻り、イギリス海軍によってパトロールされていない海はほとんどなかった。その海軍もチャーチルが大いに近代化し改良したものだった。

こうした背景を知れば、チャーチルが植民地相のポストに身を投じたことはそれほど驚くことでもないだろう。彼は最も優秀で著名な専門家を登用した。筆頭はアラビストのT・E・ロレンスとガートルード・ベル［イラクとヨルダンの建国に陰で大きな役割を果たしたイギリスの考古学者、旅行家、スパイ］である。それまで（彼にとっては）難解だったシーアとスンニの違いといった問題について、詰め込み勉強をした。彼の第一手はカイロで会議を招集することだった。ここで彼は目もくらむばかりの手腕で立ち回ったのである。

報道陣はこの企てには懐疑的だった。チャーチルは〝ダーバー〟をやりたいだけではないかとも言われた。ダーバーとは宮廷の豪華で儀式的な集まりのことである。単なる東洋趣味ではないかという批判もあった。しかし実際のところは、誰かが責任を引き受けなければならなかったのである。中東の状況は全域が底なしの混乱状態にあったからだ。

イギリスは可能な範囲内で最良の意図と動機をもって、第一次世界大戦中に一連の約束をした。しかし戦争が終わってみると、これらの約束は互いに矛盾し、現実と折り合いをつけることが困難であることが露呈した。約束をした当時、イギリスは極端な苦難のなかにあり、ドイツの潜水艦作戦によって国民を飢餓に陥れるリスクさえあった、と言えば多少は大目に見てもらえるだろうか。

イギリスの約束は三つあった。第一は一九一五年のマクマホン＝フセイン書簡のかたちをとった、アラブ人に対するものだ。これはイギリスの在エジプト高等弁務官、サー・ヘンリー・マクマホンからのハシミテ家のフセイン王へのかなり迎合的な一連の書簡である。フセインは、預言者ムハンマドの直系を自任する家柄に属する、あごひげを生やした老いた名士だった。両者間の書簡の内容の大筋は、イギリス政府は、パレスチナからイラク、そしてペルシャとの境界までを擁する新しい大アラブ国家を全面的に支持する。そしてその国の王座にはフセインと彼の一族が就くというものだった。イギリスの望みは、この約束によってアラブ人に、当時ドイツと同盟関係にあったトルコへの反抗をけしかけることだった。実際に反トルコ暴動が起こったという意味では、これらの書簡には効果があった。映画『アラビアのロレンス』で伝説化され、その重要性がむやみに誇張された出来事だが、戦略的としては無意味に等しかった。

第二の約束は、西部戦線でおびただしい数の犠牲者に苦しんでいたフランスに対するものだった。これは、戦争が終わった暁にフランスが手にするであろう栄光の土地をニンジンとしてぶらさげるという作戦だった。こうして一九一六年の密約、サイクス＝ピコ協定に基づき、フランスはシリアからイラク北部まで伸び、バグダッドを含む地域を勢力圏として得ることになった。ついでながら、この細長い地域は二〇一四年、イラクとシリアのイスラム国（ＩＳＩＳ）の狂信者が宣言したカリフが統治する帝国とも多少重なるところがある。フランスに対するこの秘密の約束が、アラブ人に対するより公の約束とどうやって折り合いをつけたのかはまったくはっきりしない。率直に言えば、そもそも折り合いがついたのかどうかもわからない。

第三の、そして最も悲喜劇的で支離滅裂な約束が、いわゆるバルフォア宣言である。これは実際には、外相Ａ・Ｊ・バルフォアからのユダヤ系貴族院議員ロスチャイルド卿宛の一九一七年一一月二日付の書簡で、次のような官僚的技巧を駆使した傑作ともいえるくだりを含んでいる。

イギリス政府は、パレスチナに現存する非ユダヤ人の市民的、宗教的権利、あるいはパレスチナ以外の国に暮らすユダヤ人が享有する権利や政治的地位が侵害されないことを明確に了解したうえで、パレスチナにおけるユダヤ人の民族的郷土《ナショナル・ホーム》の設立について好意的見解を有し、その目的の実現を促進するために最大限の努力をする。

別の言い方をすれば、イギリス政府はユダヤ人が一つのケーキを食べることを好意的に眺めるが、それは非ユダヤ人がその同じケーキを同時に食べる権利を損なわないことを条件としてということだった。

この奇怪な宣言の後押しをしたのは何だったのだろうか？　一つには理想主義だった。一九世紀のロシアにおける卑劣なユダヤ人虐殺以来、ユダヤ人に安住の地を与えようという運動が起こりつつあった。イギリス政府は、ウガンダに土地を見つけることさえ考えたこともあったが、最も有力な候補地は旧約聖書の地であるパレスチナだった。パレスチナはまだ比較的に人口が希薄だった。バルフォアは「人のいない土地を土地の無い人に与えよう」という合唱に、イギリスの公式のお墨付きを与えただけの話なのである。

バルフォアはより実利的な考えに動かされていたのかもしれない。第一次世界大戦中、ユダヤ人の心情はドイツに傾きかねないという不安が強かった。戦争前のロシアにおける反ユダヤ主義に報復するにはそれが一番効果的だったからだ。チャーチルがのちに認めたように、バルフォア宣言には部分的にはユダヤ人、とくにアメリカのユダヤ人の支援を得ようとする意図もあった。その一方で、イギリス帝国部隊が大きく依存していた数百万人のイスラム教徒（とくにインドの）をつなぎとめておくという、矛盾した狙いがあり、この宣言の明白な混乱はそこから引き起こされたのである。

　これら三つの約束を同時に見てみると明らかなことがある。イギリスは一頭のラクダを三度売ったのだ。

　これこそチャーチルが処理しなければならない混乱だった。そして一九二一年三月、彼は重要な関係者全員をカイロの豪華ホテル、セミラミスに呼び寄せた。ここももちろん当時の大英帝国の非公式な一部だった。ロビーにはすぐに興奮状態のアラビストたちの叫び声がこだました。

　ガートルード・ベルの凛々しい姿を見つけたT・E・ロレンスは「ガーティー！」と叫んだ。

「まあ、あなたなの！」とガートルード・ベルは応じた。

　チャーチルは颯爽と入ってきた。外では数人のアラブ人が抗議の声を上げており、「チャーチルを倒せ」というプラカードを掲げていた者もいた。彼はイーゼルを抱えており、あとにはワインを手桶に入れて運ぶスタッフの一人が続いた。

　彼は庭に陣取り、個展でも開くのかというほどの勢いで絵を描き始めた。しかし最大にして最も劇的な絵は中東の政治風景だった。

　カイロでの会議期間中、彼はピラミッド見学の旅を催し、参加者全員がラクダに乗ってピラミッドの前に集合した。チャーチルは乗馬の名手だったが、ラクダのこぶから滑り落ちてしまった。一番大事な観光客が危ないかもしれないと思った通訳は、ラクダの代わりに馬を勧めた。

「ラクダで始めたんだ。最後までラクダだ」とチャーチルは言った。というわけで、今もラクダの鞍にまたがったチャーチルの写真を見ることができる。それは会議を取り仕切る彼の姿そのものだった。

カイロ会議が終わるまでに、彼はマクマホン＝フセイン書簡にある程度の意味を持たせるところまでこぎつけた。フセインの四人の息子のうち、ファイサルがイラクの王につくことになった（フランスは彼をシリアから追い出していた）。そしてアブドラは家族が落ち着いていたトランスヨルダン（現在のヨルダン）の王座を与えられた。T・E・ロレンスはこの首脳会議が素晴らしい成功だったと考え、一一年後にチャーチルに宛てた手紙の中で、カイロ会議のおかげで、すでに一〇年以上の平和が実現したと述べた。悪くはない結果である。

これでチャーチルの仕事が終わったわけではない。今度はバルフォア宣言の矛盾を解決できるかどうかを見極めなくてはならなかった。次の訪問地はエルサレムであり、そこで彼はソロモン王のような知恵と公平さで話し合いを取り仕切った。

チャーチルは二回の接見を行った。最初はアラブ人と、次はユダヤ人とである。最初のグループは「アラブ・パレスチナ会議執行委員会」だったが、彼らはチャーチルによい印象を与えなかった。チャーチルはすでに、パレスチナ人はトルコに対する反乱で他のアラブ人と協力しなかったという印象を抱き始めていたのである。

パレスチナ人の言い分は要するに、ユダヤ人はさっさと立ち去れということだった。バルフォア宣言は無効にされるべきだ。「ユダヤ人はあちこちで誰よりも熱心に破壊を唱えている。ユダヤ人は排他的で隣人と接したがらない。周囲にいる人と親しくやっていけない。世界のどこに行ってもユダヤ人はユダヤ人だ」等々。アラブ人は妥協する意思のかけらも示さないし、ユダヤ人入植者とのどのようなかたちの適応にも応じない。共同統治国、共有支配、合同主権、連邦制のどれも受け入れることができない。ユダヤ人は出て行け、の一点張りだった。アバ・エバンがのちに言ったように、パレスチナ人は〝チャンスを逃すチャンス〟を決して逃さない。そして初めに決めた通りにしか動こうとしない。

チャーチルは彼らの言うことに注意深く耳を傾け、そして現実的なアドバイスで応じた。彼はバルフォア宣言の両面を強調した。すなわち、これはユダヤ人だけでなく非ユダヤ人の市民的、政治的権利にも保護を与えるという点である。チャーチルは、宣言が言及しているのは、ユダヤ人のための「一つの（a）」郷土であって、「特定の（the）」の郷土ではないことを指摘し、不定冠詞（a）は、これが共有の居所であり、ユダヤ人だけの所有物ではないことを示唆している、と指摘した。

「もし一つの約束が成り立てば、もう一つの約束も成り立つ。われわれがどう判断されるかは、忠実に両方の約束を満たすことにかかっているだろう」とチャーチルはアラブ人に語った。しかしバルフォアがユダヤ人に約束したことの本質は避けて通ることはできなかった。チャーチルは言った。

これは戦争がまだ進行中の、勝利と敗北がまだ定まっていないときにできた宣言である。したがって、大戦が勝利のうちに終結して初めて成立する現実の一つと見なさなければならない。それだけでなく、世界中に散らばっているユダヤ人のうちの一部が再結合することができる、民族としての中心と故国を持つべきなのは明白に正当なことである。そしてそのような場所は、ユダヤ人が三〇〇〇年以上も深く、密接に関わってきたパレスチナの地をおいてどこに見出すことができるだろうか？

その後、彼はユダヤ人の代表から話を聞いた。予想された通り、それはウィンストン・チャーチルにアピールできるように、アラブ人の演説よりもずっとしっかり計算された言葉で表現された。

「われわれユダヤ人のシオニスト計画は、われわれ自身とアラブ人の間に真心からの友好が確立することをとりわけ重視しています。二〇〇〇年にわたる追放と迫害から故郷の地に戻ってくるユダヤ人は、他の民族の権利を否定する気持ちがあるかのような疑いを受けてはならないのです」

チャーチルは争いを仲裁する古代ローマの総督のような重々しい口調で答えた。ある種族は他の種族よりも進歩し、文明化されているかもしれない。しかし彼らには、収奪されるのではないかという恐れから攻撃的になった民族に対する務めがある。ユダヤ人入植者はアラブ人に対して

「思慮深さ」と「忍耐」を示さなければならないということだ。そのようにチャーチルは警告した。ユダヤ人は、自分たちはアラブ人が不安に思うようなことをするつもりはないとしても、その不安を静める責務があるのだと。

その後、ヘブライ大学での講演でチャーチルはこのメッセージを繰り返した。ユダヤ人には大きな責任があるということだ。ユダヤ人の前には、乳と蜜が流れる国をつくるチャンスが本当にある。しかし「だからこそあなたたちの行動の一つひとつはパレスチナ人の精神的、物質的な利益になるものでなければならない」とチャーチルは警告した。

それから彼に記念植樹のための棕櫚《しゅろ》の木の苗が手渡された。ところがそれが折れてしまったことは何かの暗示のようだった。その地には棕櫚の木以外に植えるべきものがなかったが、その若木も繁らなかったのである。

チャーチルのアラブ－ユダヤ問題の対処の仕方は素人芝居だったという人がいる一方で、彼は相当に腹黒かったという人もいる。一九二一年三月、彼は、ヨルダン川西岸は断固としてマクマホン＝フセイン協約の条件の適用範囲外だという重要な決定をした。ヨルダン川西岸はフセインの息子、アブドラの王国の一部ではないことになったのである。

以上がバルフォアが約束したユダヤ人国家の始まりだった。チャーチルはグローバルで巨大なユダヤ民族の陰謀の手先だったと批判する人も多数いる。彼の母ジェニー・ジェロームはユダヤ系だったという馬鹿げた説もある（父親はユグノー教徒の子孫である。彼女にはアメリカ先住民族の血が一部入っているかもしれないが、ユダヤ人ではない)。もう少し真実味のありそうな説として、チャーチルがアーネスト・カッセル、サー・ヘンリー・ストラコシュ、バーナード・バルークといったユダヤ人の銀行家や金融関係者からかなりの額の献金を受けていたという話がある。チャーチルの個人的な金銭問題は、今日の基準からすればスキャンダルに発展しかねないものだった。ガーディアン紙一面の大見出しになっていたらまずい内容だったことはたしかである。チャーチルはこれらの人物から、時としてかなりの額の金銭を受け取っていた。しかし当時は今よりも議員や閣僚の俸給はずっと低く、それを私的な収入で補うことは当然とされていた。政治家が支援者から金銭的援助を受けることは珍しいことではなかったのである。

結果として、こうした献金がチャーチルのユダヤ人観やパレスチナに関する決定を毫《ごう》も変えたとは思わない。彼は生涯を通じて、父ランドルフがそうだったように、基本的に親ユダヤであり、自分自身にも大いに通じるもののあるユダヤ人の性格——エネルギー、自助、勤勉、家族生活など——を称賛していた。

彼が一九二〇年に新聞記事に書いたことだが、「ユダヤ人を好きだという人も嫌いだという人もいるだろうが、道理のわかった人間なら、ユダヤ人がまぎれもなく歴史上現れた最も強靭で最も優秀な民族である事実に疑いを持たないだろう」。ただ、時としてユダヤ人に対して微妙な感情を抱いていたと非難もされている。たとえば、活字にはならなかった記事に、ユダヤ人は自分たちが憎まれたり、「ヘブライの吸血鬼」などと呼ばれたりすることに対して、多少の責任はあると示唆しているようにとれる文章がある。この記事はゴーストライターの手によるものだという説もあるが、いずれにせよ、この記事が公にならなかったのは幸いなことだった。

チャーチルの伝記を書いたサー・マーティン・ギルバートが一点の曇りもなく示したように、チャーチルはユダヤ人を称賛し、ユダヤ人を採用し、ユダヤ人とともにすごすことを楽しんだ。そしてユダヤ人国家の正統性を信じていた。彼は自分でも言った通りシオニストではなかったが、「シオニズムと結ばれていた」のである。

以上はすべて真実である。だからといってチャーチルは反イスラムではけっしてなく反アラブでさえなかった。実際のところ一九〇四年と一九二〇年代には彼のオリエンタル趣味が嵩じて詩人ウィルフリッド・スコーウェン・ブラントのようなアラブスタイルのローブを身につけたりした。そしてアラブ式の頭飾りをつけたアラビアのロレンスを英雄のように崇拝していた。ウォーレン・ドックターの新刊『チャーチルとイスラム世界』が指摘するように、チャーチルは大英帝国が地上最大のイスラム勢力であることをいつも意識していた。一九二〇年には八七〇〇万人のイスラム教徒が大英帝国内に存在していたのである。

彼がインドを失うことに強く反対したのは、イギリスの威信への打撃だけが理由ではない。イスラム教徒が将来ヒンドゥー教徒によって抑圧されることを案じたのだ。大英帝国にとってイスラム人部隊は計り知れないほど貴重であり、イスラムの善意は死活的に重要だったのである。第一次世界大戦ではトルコはイギリスの敵だったが、チャーチルはギリシャをめぐってはトルコの肩を持つ傾向があった。

イギリスが是が非でも友邦を必要としていた一九四〇年のどん底のときに、彼が何をしたかを思い出してもらいたい。ロンドンのリージェントパークに一〇万ポンドの資金を投じてモスクを建設したのだ。イスラム世界で注目されることを意図したジェスチャーだった。

チャーチルがユダヤ人のパレスチナ入植への道を開いたとき――植民地相として出した一九二二年の白書はさらなる移民を奨励した――それがなければ荒れ果て、忘れられたままに放置されたであろうこの地域にとっても、二つの民族にとっても最善のことだと心から信じていたのである。彼はユダヤ人とアラブ人が肩を並べて暮らすことに思いを馳せた。

チャーチルが夢見たのは技術力に優れたユダヤの若者が、熱意に燃えたアラブの若者をトラクターで手助けをし、灌漑技術を教える姿だった。砂漠に果樹園が栄え、すべての者に繁栄がもたらされることを思い浮かべた。このビジョンに関しては、老フセイン国王自身も共感の意を示し、「アルキブラ」という刊行物のなかで、パレスチナは「その古代からの息子――ユダヤ人――の聖なる、愛する国土である」と書いたりもした。ハシミテの王はチャーチルと同じように理想に満ちた未来を思い描いた。

「彼らにエネルギーと労力を駆使して成功する能力があることは経験によって証明されている。ユダヤ人が放浪の身から民族発祥の地に戻ることは、物質的にも精神的にも、農地においても、工場においても、商業においても、アラブの兄弟たちにとって実験の学び舎になるだろう」。悲しむべきことに、物事はこのようには運ばなかった。年がたつにつれて緊張は悪化していった。ユダヤ人の移民はとくにナチスによる迫害が始まると顕著に増加した。

今から思えば、チャーチルは初期シオニストの思いやり、分かち合いの精神について楽観的すぎたのである。彼らはアラブ人を自分の農場に雇おうとしなかった。アラブ人による暴動と抗議が相次ぎ、哀れな委任統治下のイギリス兵たちは板挟みになった末にアラブ人に銃を向けざるをえなくなった。そしてイギリスでは多くの人が、イスラエルで深刻な権利の侵害が起きていることを感じ始めていた。

一九三七年、状況があまりにも悪化したので、パレスチナ問題を調査するピール委員会の設置が決まった。チャーチルは同委員会で秘密証言をした。この証言から、チャーチルが相当な数のユダヤ人移民に門戸を開き、ヨルダン川西岸に民族郷土をつくったとき、彼自身が何を想像していたかを正確に知ることができる。

「われわれは将来、おそらくはかなり先のことになると思われますが、何らかの方法で、正義と経済的利益にかなう偉大なユダヤ人国家がこの地に立派に成立することを信じています。今の住民をはるかに上回る数百万人の人口を持つ国です」（今日、彼のビジョンがいかに正確だったかがわかる。イスラエルの人口は八〇〇万人を超え、その七五パーセントはユダヤ人である）。

もちろんアラブ人を守ることは正しいことだし、ユダヤ人がアラブ人を雇わないのは間違いだと彼はピール委員会で述べた。しかし彼は、シオニスト計画は基本的に進歩的であり、啓蒙的であり、文明化的なものだと見ていた。アラブ人にその進展を妨害することを許すべきではない、なぜならそれは最終的にはすべての人の利益になるからだと考えていた。

「自分のものではないものを他人には分け与えないという態度を私は認めない」と彼は言った。それは、アメリカはアメリカ原住民だけに、オーストラリアはアボリジニーだけに取っておくべきだというような馬鹿げたものの見方であり、進歩を担った者が進歩に抵抗した者に勝って歴史は進歩するという彼の信じるホイッグ史観に対する侮辱だった。

いずれにせよ、チャーチルはパレスチナに「外国民族」を移入したということを全否定した。征服者はアラブ人だったのである。彼が言うには、キリストの時代、パレスチナの人口はずっと大きく、主としてユダヤ人で構成されていた。すべてが変わったのは紀元七世紀だった。「世界史上、ムハンマドによる転覆が起き、イスラム教徒の群れが世界中に散らばって破壊活動を行った。以前は耕されていた丘の段々畑は、アラブの支配下で砂漠になったままだ」。

委員会はチャーチルにさらに発言を求めた。この状態はいつになったら逆転すると思うか？ユダヤ人はいつになったら再び多数派になるだろうか？「それについてはイギリス政府が審判であり、そうあり続ける力を維持すべきだ」と彼は言った。

この点で彼は非現実的とはいえないまでも、楽観的すぎた。そしてどこかでそのことに気がつくべきだった。イギリスが、パレスチナにおけるユダヤ人とアラブ人の間の公正なやりとりを、永続的に保証するだけの力を長期間維持できるわけなどなかったのだ。

チャーチルが一九二一年に植民地相になったとき、世界がそれまで知ることのなかった最大の帝国に対する責任が彼の肩にのしかかった。しかもその帝国の経済は、すでに切れそうなまで伸び切ったゴムのように疲弊していた。メソポタミア統治者としてのイギリスの役割を果たすうえでの、彼の使命は何だったのか？　もちろん一つは石油権益の確保だった。ただ興味深いのは、この時点では中東の石油はイギリスにとって戦略的な意味をそれほど持っていなかったということである。一九三八年、イギリスの石油供給の五七パーセントはアメリカからで、中東からは二二パーセントにすぎなかった。

では何が彼の主要目的だったのか？　それはこの地域の警備経費を切り詰めることだった。「湿地のような川と灼熱の砂漠に挟まれた、腹を空かせ、服もろくに着ていない数百の家族が暮らしている泥の村が点在する」地域を警備するコストのことである。イラクの観光局から抗議が来そうな表現だが、なぜインドに送ることができる歩兵を、このような湿地に無駄に駐在させるのかというのが彼の言い分だった。チャーチルは中東の軍事予算を削減するため、空軍に頼ることにした。空軍は機銃掃射と爆弾投下でイギリスの目的を十分に果たすことができるだろう。これはのちに、空軍機が民間人を爆撃するという惨事を引き起こした。直接関与していたわけではなかったが、チャーチルは大いに嘆いた。

ご想像の通り、彼は毒ガスの使用にも賛成だった。世界がサダム・フセインを最も嫌悪したのは毒ガス使用の罪のせいだった。幸いにもチャーチルの野望は挫折したが、彼は納得しなかった。

「弾丸で殺すのは正当な戦闘行為で、くしゃみガス［吐き気などをもよおさせる毒ガス］を残虐行為と考えるのはなぜだか理解できない」。

イギリスのメソポタミアにおける役割が何であったにせよ、彼は何ごともできるかぎり安上がりにすることに決めていた。実のところ、ある段階でバグダッドを全面的に放棄すること、そして委任統治を南はバスラまでに制限し、統治にかかる費用を年八〇〇万ポンドにまでに切り詰めることを提案したのである。

要は、イギリスは偽りの威信、あるいは植民地主義を誇示するためにこの地域にしがみつきたくはなかったのだ。彼は植民地相になる前の一九一九年にメソポタミアとパレスチナの委任統治権をトルコに譲り渡すべきだと具申していた。そしてイラクと関わり合った経験の後、「私はイラクが嫌いだ。断じてあそこに行くべきでなかった。あれは情け容赦ない火山の上で生きるようなものだ」と言った。アメリカが率いる有志連合が二〇〇三年のイラク進攻の前にこの言葉を聞いていたら肝に命じたことだろう。

イラクとパレスチナにおけるイギリスの使命は、逼迫した財政が許す範囲内であの地域に秩序をもたらすことだった。イギリスの海外での軍事的影響力が縮小した今、委任統治の任務を果たし、できるかぎりイギリスに友好的な後継体制を確保しようとしたのだ。イラクの委任統治は公式には一九三二年で終了したが、イギリスの影響力はそれよりも長く持続した。しかしながら第二次世界大戦の終わりには、イギリスがパレスチナを手放さなくてはならない運命にあることは明らかだった。

ユダヤ人の入植は今や道義的にも物理的にもとどめようがなくなっていた。それに対してアラブ世界は暴力的に反応したために、イギリス軍はバルフォア宣言の原則を維持し、両サイドにフェアであろうと必死だった。イギリスはまだユダヤ人移民の流入ペースを規制しようとしていたから、ナチス強制収容所の犠牲者たちがパレスチナに入ることを許可されず、イギリスが設置した収容所に拘留されるという悲惨な光景も出現した。

そして、ユダヤ人テロリストが銃や爆弾をイギリス人に向け始めた。ユダヤ人の国土を創出してくれた人々に向かってである。彼らはパレスチナ駐在のイギリス公使、ウォルター・モインを殺害した。モイン卿は以前、チャーチルの妻クレメンティーンとプレーボーイの画商、テレンス・フィリップが南の海で戯れたというヨットの持ち主だった。テロリストは義務を果たしているにすぎないイギリス兵をも殺し、労働党内閣の外相アーネスト・ベヴァンを激怒させた。

チャーチルすら、自らが加担したシオニズムのもたらした事態に動揺し、テロ攻撃を「恩知らずの憎むべき行為」だと語った。マンチェスター生まれのシオニズム運動の父、ハイム・ワイズマンとの関係は修復不可能となった。最終的にイギリスは文字通り鍵をマットの下において、パレスチナから急遽撤退した。イギリス国旗は下げられ、新しい国が誕生した。

これは同じ年にインドで——もっと威厳をともなって——執り行われた手順だった。同じことが世界各地で行われ、チャーチルの人生の最終段階を彩った。彼は世界各地で——マラヤからマラウィ、シンガポールからスエズまで――ユニオンジャックが降ろされるのを目にした。アメリカはスエズで、見せかけの軍事力しかないよろめく老帝国の足元を、敷物を引くかのようにすくった［一九五六年のスエズ動乱の際、イギリスはアメリカに軍事介入を要請したが拒否された］。チャーチルは人生の終盤で「私は多くのことを達成したが、最終的になんの成果も残せなかった」と苦々しく言った。これはもちろんたわごとである（チャーチルも承知のうえで言っているのだ）。彼の中東における成果だけでも考えてみるとよい。

ヨルダンの国境線を引いたときには彼の手は少しぐらついたが、同国は発足の日から今日に至るまで安定している。イラクはカイロ会議以後四〇年間、大体においてイギリスの影響下にとどまることになった。そしてイラクの石油はイギリスが第二次世界大戦に耐え、勝利をおさめるのに計り知れないほど役に立った。彼がその誕生に当たって産婆役を演じたイスラエルはどうか。これをどう見るかは、イスラエル国家の価値を信じるかどうかという実存的な問題にかかっている。

もし読者が、バルフォア宣言はイギリス外交政策の唯一最大の誤りだったと主張する陣営の一人だとしよう。だとすればこの宣言を実践可能にしたチャーチルの行動も誤りだったのは明白なことである。反対に、二〇〇〇年間に及ぶ迫害の後、ユダヤ人にかつて彼らの土地であり、今は人口のまばらな場所に国土を与えるのは正しいことであり、彼らの才能で砂漠を繁栄させることを望むのは理にかなっていて、いかに不完全ではあってもあの地域に民主主義国家が少なくとも一つは存在することが悪いことではないと考えるのならば、チャーチルはヒーローの部類に入るだろう。

一九二〇年代のチャーチルには、「乳と蜜の流れる」土地という彼のビジョンが、イスラエルとアラブ双方の近視眼的で利己的な態度によって裏切られるとは知るよしもなかった。彼はイスラエル人のパレスチナ人に対する恥ずべき仕打ちについて責めを負うべきではない。パレスチナ人のテロ行為、パレスチナ指導層の総じて貧弱な資質についても同様である。もし現在進行中のことがイラクの明らかな崩壊だとしても、それは彼の責任ではない。

オスマン帝国の崩壊後、トルコの三州を統合することは誰もが望んだことだった。アラブの指導者もそのように言い、強い単一のアラブ国家の誕生は彼らに約束されたことでもあった。イラクを統一するだけの偉大さと寛容さを持つ指導者が出現しなかったのは、チャーチルの失策だったとはいえない。

チャーチルはたしかにイスラム過激主義の危険を理解し、非難したが、アラブ指導層の失敗は彼とは関係ない。おそらく、中東のつぎはぎ細工における部族間的、分派的内紛を終わらせる唯一の方法は新しいローマ帝国を押し付けることだろう。容赦のない地方総督の暴力と中央権力に対する強制的な忠誠のシステムを完備した帝国である。しかしそれは多くの理由で受け入れがたいものだろうし、ローマ帝国もさほどの成功は収めていない（ローマ軍はバグダッドの近くで大敗を喫した）。

チャーチルは何も成果をあげなかったどころか、実際には彼の理想は大英帝国を永続させることではなく、それがまずまず威厳のある実際的な方法で分離独立することを確実にする後押しとなった。自由と民主主義というチャーチルの目標は、帝国の子孫たちが自らの独立のために戦うことを通じて信奉されるようになった。チャーチルの人生のパラドックスの一つである。

歴史学教授リチャード・トイが指摘した通り、一九四一年の大西洋憲章はワシントンの考え方をたいして変えなかったかもしれない。しかしそれはネルソン・マンデラをはじめアフリカの指導者たちの耳には響いたのである。

チャーチルが一九六一年ニューヨークであのヨットの上に立ったとき、彼の祖国はたしかに縮小してしまっていたのは事実である。彼自身も老いて弱くなっていた。イギリスは戦争のおかげで破産し、経済力、軍事力は大幅に縮減していた。たしかにそれはアメリカが予想し、黙認した結末だった。

国内に百万長者がほとんどいなくなったので、チャーチルはギャングまがいのやり方で世の中をのし上がっていったアリストテレス・オナシスの好意に頼らなくてはならなかった。ちょうどアメリカの国防予算がイギリスを含め全ヨーロッパの軍事予算を圧倒したように、彼はロンドンのビッグベンを圧倒するニューヨークのエンパイアステートビルの長い影の下にいたのである。

チャーチルは世界の運命がアメリカの手中にあることを知っていた。その通りだった。われわれの時代になって、パレスチナ紛争を牽制しながらイスラエルに理を説き、イラクという容赦ない火山に対応する仕事はアメリカに降りかかった。イギリスの帝国主義者としては、チャーチルは必然的に失敗した。しかし理想主義者としては成功したのである。

「英語圏諸国民」という便利な概念的言葉は、チャーチル的思想を世界全体に広めるのに役立った。今日、英語を話す人の数は旧大英帝国の人口よりも多い。恐らく二〇億人に達し、日々増え続けている。英語を話す中国人はイギリス人よりも多い。欧州委員会ですら、過去一〇年間のうちに非公式にだが英語を使うようになった。

世界の民主国家の数は増えた。戦争は減った。アメリカが主導する自由市場、自由貿易の枠組みについて誰がどう言おうと、それによって何百万人もの人間が貧困から解放されている。チャーチルはこれらの理想のために戦い、それをイギリスとアメリカが共有する価値と考えた。

クリスチナ号ですごした何夜かが、彼が母の故国を目にした最後だった。次の日、アイドルワイルド空港［現ケネディ空港］から帰国の飛行機に乗った。そこにはコニャック二本、ワイン七本、ブランデー一本、イギリス産のブルーチーズであるスティルトンが二ポンド積み込まれていた。これで十分だったはずである。

ついでのことながら、クリスチナ号は現金に困ったギリシャ政府によって売却され、今はイーストロンドンのドックで見ることができる。そしてまたロンドンには世界中の人が訪れ、三〇〇もの異なる言語が話されている。チャーチルは世界を大きく変えただけでない。すべてが意図したものではなかったとしても、引退するまでに新しい多文化的なイギリスの土台を築き始めていたのである。

ドイツに対する勝利を宣言し、
ホワイトホールから群衆に手を振るチャーチル
——1945年5月8日——

休戦記念日に
ドゴールとともにパレードするチャーチル
――1944年11月11日――

アラブ世界の盟主、
イブン・サウード初代サウジアラビア国王とチャーチル。
カイロ近郊のホテルにて
――1945年2月――

テヘランのイギリス公使館で開かれた
チャーチル69歳の誕生日のパーティでヨセフ・スターリンと
——1943年11月30日——

「鉄のカーテン」演説を行った
ミズーリ州フルトンに向かうチャーチルとトルーマン大統領
——1946年3月——

第22章

100万ドルの絵

ウィンストンとクレメンティーン・チャーチルの夫婦愛の強さを多少なりとも疑ってみたくなるようなら、二人が長年の結婚生活を通じて交わした数えきれないほどの短信やラブレターを見るといい。クレメンティーンの七八歳の誕生日に、チャーチルは次のように書き送った。

僕の愛しい人よ、
君に僕の最大の愛とキスを一〇〇回分贈ります。
僕は退屈で書き手としても二流だ。
でもペンに僕の心をこめて書いているよ。
これからも、これからも。

W

彼は八八歳だった。ほかの手紙で、昔の表現力が失われてしまったことを嘆いている。若い人たちの身のこなしの速さに驚くとも記している。彼はまだ下院に通っていた。しかし同僚議員たちは彼がいかにも弱々しくなってしまったことにショックを受けていた。とうとう彼が選挙に出馬しないことを決めたのは、クレメンティーンにかなりきつく意見されたからだった。最後に登院したのは一九六四年七月二四日である。

チャーチルがどれだけ自分の体を酷使したか——生涯を通じて毒を吸収し続けていたようなものである——を考えてみれば、この長寿は彼の性格の本質を物語っている。諦めず、戦い続け、けっして屈服しない本能である。しかし、彼には自分の任務が終わっており、自分の成し遂げたことが歴史となりつつあることがわかっていた。娘のダイアナにこう言っている。「私の人生は過ぎ去った。けっして終わったわけではないが」。彼は自分の成就したことについしばしば否定的に語ったが、内心ではおそらく賛辞を求めていたのだろう。実際には、否定的になる理由など何もなかったのだから。

この頃、彼の遺産はいたるところにあふれ、社会のあらゆる層でチャーチルという名前にあやかろうという動きが見られた。この年、学生たちはすでにケンブリッジのチャーチル・カレッジから卒業していた。チャーチルの名前を冠した道路や路地、広場などは四三〇にも上った。彼が下院を去った一九六四年には若き日のジョン〝ウィンストン〟レノンがレコード「抱きしめたい」の売り上げ一五〇〇万枚達成を祝っていた。

第22章
100万ドルの絵

レノンが生まれたのは一九四〇年一〇月、イギリスが最大の危機に直面し、チャーチルが最高の指導力を発揮しているときだった。チャーチルは一九六四年に国防相になったデニス・ウィンストン・ヒーリーとは一〇年以上下院で議席を共にしたが、一九一七年にロンドン南東部モッティンガムで生まれたヒーリーの両親は大のチャーチルファンだった。ヒーリーが下院に当選したのは一九五二年で、そのとき自分が名前をもらった人物がまだ現職の首相だったというのは数奇な巡り合わせである。チャーチルの政治家としての活動期間がいかに長かったかを物語るものだ。

チャーチルはヒーリーが彼にちなんで名付けられたとき四二歳だったが、それよりもっと前にウィンストンという名前をもらった人はいたのだろうか？　それがいるのだ。ＢＢＣの歴史ドラマシリーズ『ポルダーク』の原作者ウィンストン・グレアムである。彼は一九〇八年にマンチェスターで生まれた。チャーチルがマンチェスター・ノースウエスト選挙区の補欠選挙に出馬し、三三歳で商務大臣として入閣し、公共職業安定所の創設と児童労働の搾取を終わらせる運動を始めた年である。

そして戦後のイギリス、いや全世界に、何千とはいわないまでも何百人もの若いウィンストンが生まれた。その多くは大英帝国の一部だったカリブ諸国の黒人で、チャーチルという戦争指導者にちなんで名付けられた者たちだ。

有名な文学作品にもウィンストンという名の登場人物がいる。たとえばジョージ・オーウェルのディストピア小説『一九八四年』の主人公ウィンストン・スミス。映画界では、『パルプ・フィクション』でハーベイ・カイテルが演じる自信満々のウィンストン・ウルフがいる。ジョン・トラボルタが間違って車の後ろから誰かの頭を撃ってしまう事件の後始末のために呼び出される男だ。

チャーチルという名のナイトクラブ、バー、そしてパブがある。イギリスのおよそ二〇のパブがチャーチルの名前をつけ、彼のパグ犬のような顔を看板にしている。チャーチルにちなんだバーは、ほかの近年の有名人の名前を冠したバーよりはるかに多い。

この名前の記号論的機能が明らかなケースもある。たとえばパブのオーナーがなぜチャーチルに惹かれるのかは簡単だ。彼はアルコール業界にとって世界最高の広告塔なのである。しかし、チャーチルの名を冠した同伴あっせん所というのはいかがなものか。「血と労苦と涙と汗」のほかに何を提供するというのだろう?

先日私はロンドンの西の農村地帯、ヘアフィールドを自転車で走っていた。するとチャーチル理髪店なるものに出くわした。店内ではイヤリングをつけ、入れ墨をした男が首の後ろを剃りあげてもらっているところだった。そして帽子を被ったチャーチルの肖像画が飾られていた。なぜ小さな床屋に所狭しとチャーチルの絵を飾るのか不思議に思った。チャーチルには素晴らしいところがたくさんあったが、ヘアスタイルが褒められることはなかった。むしろその逆だったといってい い。

だが、そういえば何百万という男たちがサー・ウィンストンと似ていなくもない髪型をしている。「ハゲ頭の諸君!」がチャーチル理髪店の売り文句となろう。君もチャーチルのようなヒーローになれる、この店で残った毛をうまくカットしてもらえれば。

チャーチルというブランドはあらゆるものに使われているが、どんな意図で使われようとその名前はほとんどの場合、好ましいものを想起させる。だがそうでない場合もある。

現代のイギリスで、何人の赤ん坊がウィンストンと名付けられているだろう? ウィンストン・チャーチルという名前とそのブランド価値は依然として高いものの、目につく変化は起こっている。死後五〇年の間に、多かれ少なかれチャーチルの評判に対する攻撃が続いているからだ。彼の方角に向けてミサイルが一つまた一つと撃ち込まれているのである。

たとえばデイビッド・アービングのような右翼からの攻撃だ。チャーチルはヒトラー相手にしなくてもよい戦争をしたばかりでなく、イングランドの有力都市コベントリーの爆撃、ポーランドの指導者ヴワディスワフ・シコルスキの暗殺などの犯罪に共謀したといって非難している。コベントリーに関しては事実誤認であり、暗殺に関しては反論するのもばかばかしい。

しかし近年、チャーチルの名声に最大のダメージを与えているのは、善意の人たちからの攻撃である。彼らは、チャーチルの演説、手紙、記事が、今日なら隔離施設送りになるような、酷く差別的な言葉で満ちているとして批判している。彼らにいわせれば、チャーチルは人種主義者で、性差別主義者で、帝国主義者で、シオニストで、アーリア人・アングロサクソン人優越主義者で、優生学の信奉者である。時代とともにチャーチルが遠い人になっていくにつれ、彼の歯に衣着せぬ物言いは、現代人の感性ではあまりに下卑たものに聞こえるかもしれない。

彼の言葉を巧妙に切り刻めば、たしかに酷い表現のように見せることは可能だ（「私の娘の友だちは全員、チャーチルは人種主義者だと思っているわ」と、あるロンドンの母親が私に話したことがある）。彼に対する非難のなかには、教育界を困惑させるに足る事実がある。教育省は一九九五年、第二次世界大戦の歴史を三五分間にまとめたヨーロッパ戦勝記念日のビデオをすべての学校に配ったが、チャーチルが登場するのはわずか一四秒間だった。

チャーチルに現代の基準を当てはめようとする人に対しては、反論の余地が大いにある。たしかに、異なる文化を比較するときのチャーチルには、今なら人種主義だと解釈されるものがあった。しかし彼は、どんな社会のどんな人間をも虐待することを憎んだ。一九世紀末、スーダンでキッチナー将軍がイスラム修行僧を虐殺したことに対する彼の怒り、軍人で植民地行政官だったルガードの一族が、西アフリカの原住民を蔑視し残忍に扱ったことに対する憤激を思い起こしてもらいたい。チャーチルは白人があたかも生まれながらの権利として、支配力を持つべきだとは思わなかった。彼は実力の信奉者だった。

植民地大臣だったチャーチルは一九二一年、大英帝国内では、「いかなる者であれ人種、肌の色、信条によって、適者がふさわしい地位につくことを妨げる障害があってはならない」と宣言した。さらに指摘しておきたいのは、今では広く攻撃されている人種の相違に関する彼の見方は、一八七四年生まれの人間にとってはけっして例外的なものではなかったということである。同じような見方は意識するしないにかかわらず、多くの人が共有していた。

時としてチャーチルは自分の議論相手の偽善をぐさりと突くことを楽しんだ。戦争のさなか、ルーズベルトは彼をからかってやろうと、ホワイトハウスでの昼食会で有力な新聞発行人であり、インド独立運動の熱烈な支援者オグデン・リード夫人の隣に座らせた。

彼女はチャーチルにたずねた。「あのかわいそうなインド人たちをどうなさるおつもりなの？」

チャーチルは答えた。

「話を進める前に、一つだけはっきりさせましょう。あなたの言うインド人とはインドのインド人ですか？　彼らはイギリスの情け深い支配の下で人口が驚くほど増えているのですよ。それともあなたの言うインド人とはアメリカのインディアンのことですか？　もっとも、私の知るかぎりでは彼らはほとんど消滅してしまったようですが」

チャーチルに一点、オグデン夫人に零点。私の評価だ。

チャーチルが人種問題で時代錯誤だったといって叩く人は、アメリカも完璧な人種隔離制度を一九六〇年代末まで続けていたことを思い出してもよかろう。チャーチルならけっして許さなかったような隔離政策である。

たしかに、彼は優生学と精神障害のある者の断種の必要性について、現代の基準ではきわめて悪意に満ちているように響くことを言ったのは事実だ。一九一〇年、彼は若い一閣僚としてアスキス首相に次のような警告の手紙を書いた。「精神薄弱者と精神異常者の不自然で加速度的な増加は、元気でエネルギッシュで優秀な者たちの増加が着実に抑制されている現実のもとでは、国家的、人種的な危険を招くといっても過言ではありません」。

しかしこの点でも彼が特別なわけではまったくなかった。「白痴」隔離法は議会を圧倒的多数で通過した。当時は、国民自身が精神薄弱という対象について無知であり、心理学や遺伝学についての理解が非常に貧弱な時代だったのだ。

当時の風潮がわかる事例を紹介しよう。一九二七年、アメリカの連邦最高裁判事のオリバー・ウェンデル・ホームズは、精神薄弱と認定されたキャリー・バックという女性にその母と娘と共に不妊手術を施すことに同意する判決を下した。「低能の継承は三世代で十分だ」と彼は語った。一九〇七年から一九八一年の間に、アメリカでは六万五〇〇〇人が強制的に不妊や断種の手術を施された。

チャーチルはホームズ判事よりも一〇年か二〇年前に、似たようなことを言ったかもしれない。しかし、幸いなことに、彼はこうした狂気じみた考えをけっして実行に移さなかったのである。それからもう一つ。少なくとも思想的には、彼は今日の基準からすれば大変な男性優越主義者だったことは間違いない。

イギリス下院に初めて当選した女性は、秀才の誉れ高く家柄も申し分ないナンシー・アスターだった。一九一九年のことだったが、彼女がチャーチルに、「あなたはなぜ私にそんなに冷淡なの?」とたずねると、彼は自分の深層心理がうかがい知れるような答えを返した。「あなたが僕の風呂場に入ってきた。でも僕には自分を守るのにスポンジ一個しかない。そんな感じなんだよ」。男子学生ばかりのイギリスのパブリック・スクールの卒業生の言いそうなことである。

一九四四年三月、彼にとっては非常に難しい場面があった。下院がバトラー教育相の教育法案を審議しているときのことで、セルマ・カザレット・カイアーという女性の保守党議員が、女性教師に男性教師と同等の給与を支払うべしという修正条項の動議を採択させるのに成功したのだ。チャーチルはこれを自分に批判的な若手議員に屈辱を与える口実として利用することにし、動議を信任投票に転換させた。信任決議に反対したい者はほとんどいなかったから、四二五票対二三票で女性教師に対する同一給与案は否決されたのである。

彼は物笑いの種になったが、彼が「女嫌い」だといって批判する者はいなかった。彼は賢明な女性は愛したのである（彼との関係がうわさされたハイデラバードのイギリス総督代表者プロウデンの娘パメラや、アスキス首相の娘バイオレットなど）。この件も最終的には決着がついた。一九五五年初めに発表された彼の最後の議会提出案件の一つは、教育機関、官庁、地方政府における女性職員の給与を男性職員の給与と同等にすることを定めたものだった。これでチャーチルは罪滅ぼしをしたのである。一九五八年、ケンブリッジ大学のチャーチル・カレッジに女性の入学を男性と同等の基準で認めるべきだと提案したとき、彼はジョック・コルビル（戦時中の首相官邸の様子を克明に記録したことで知られる官僚）にこう言った。「女性が戦時中に果たしたことを考えると、彼女たちは男と同等に扱われるのに値すると心から思う」。同カレッジがようやく女性の入学を許可したのは一九七二年のことだった。

チャーチルを帝国主義者、シオニストと批判することも可能だ。彼はその両方であった。しかし、公正な精神の持ち主なら、彼が両方を支持したのは、それが文明の進歩をもたらすと信じていたからだということを認めなければなるまい。時として、インドに関する彼の言葉づかいは正気とは思えないことがあった（「ガンジーはデリーの門前で手足を縛り、大きな象に踏みつけさせるべきだ……」）。しかし、彼はイギリスのインド統治によってサティ（夫に先立たれた妻が後を追って殉死する風習）、嫁償（婿が花嫁の実家に渡すお金）、不可触賤民の差別といった野蛮な行為が抑制されると考えていたのである。

帝国主義を蔑視する人は、自問してもらいたい。奴隷や女性器切除の習慣よりもそれが悪いことなのかと。チャーチルの帝国主義は、強い愛国主義がただ利己的に拡張した以上のものだった。彼は真の理想主義者であるという意味で、どんな時代のどんな政治家とも違っていた。大英帝国の偉大さと、その文明開化的使命を信じていた。それゆえ今にしてみれば愚かに響くせりふが口から出ることもあったのである。

こうした彼の恥ずべき言葉は、反チャーチル主義者によって長年引き合いに出されてきた。それは大きな絵の端に描かれた白骨のようにショッキングな感じを与えるが、巨大な輝かしい風景のごく一部に過ぎないのである。そしてハロルド・ウィルソンからマーガレット・サッチャー、クワメ・エンクルマ、フィデル・カストロ、ネルソン・マンデラに至るまであらゆる政治家たちは、そんなものに見向きもしなかった。これらの政治家たちは、チャーチルを真似、彼に救いを求め、あるいは彼の天才にあやかろうとしたのである。

なぜなら、チャーチルの物語は単なる政治的信条にとどまらず、より偉大で人々を鼓舞するものだからだ。それは侵すことのできない人間の精神の物語なのである。彼の考えは今日のわれわれには恐ろしいほど時代遅れに見えるかもしれない。しかしその本質において、彼は永遠に、そしておそらく今後ますます私たちを鼓舞し続けるのである。

チャートウェルを訪れ、庭の小径を歩く人の数の多さを見てほしい。二〇一三年には二一万二七六九人にものぼり、それまでの最高だった。由緒ある屋敷であることは認めるが、建築的な傑作とはいえない。意地の悪い言い方をすれば、赤いレンガを大量に使った不格好な家だ。土地はなだらかに波打ち、美しいことは美しいが、他の大邸宅とは比べものにならない。

人々がチャートウェルに列をなして訪れるのは、そこにチャーチルの精神を感じるからだ。内閣府のそばにある、チャーチルが戦争を指揮した地下室に人々が訪れるのも同じ理由である。二〇一三年の訪問者は五〇万人に達した。前年を三八パーセント上回る数だった。人々はこの首相がそこにいるかのような存在感を味わうために訪れる。彼が仮眠に使ったベッド、彼の前に広げてあるイギリスの沿岸防衛体制の地図、脇においてある灰皿にころがっている奇妙な茶色い恐竜の糞の化石のような葉巻を目にするために。

人々は、あの絶望的な時間に、チャーチルが示した偉大さと勇敢さを感じとる。それこそ、彼に関する修正主義者が誰一人として、サッカーでいえば枠内にシュートを決められない理由である。毎年のように彼の周囲には批判の硝煙が立ち上るが、彼は白いポニーに乗りながら、帽子を空中に振り、落ち着いた様子でその中を無傷で通り抜けるのだ。ちょうどマラカンドの戦い（一八九七年、インド北西部＝現パキスタン＝での地元民との戦い）でマスケット銃の砲火をくぐり抜けたときのように。

私はチャーチルのこの特質について思いをこらしていた。魂の巨大さ、心の偉大さ。そしてそのとき、彼の創造的人生の中で、まだちゃんと論じていない部分が残っているのではないかというような気がした。そこである暑い午後、もう一度チャーチルでチャーチル参りの巡礼者の群れに加わってみようと決めたのである。

サウスロンドンを車で走っていると、チャーチルが毎木曜日、午後四時三〇分にどのようにロンドンを発ったかという話を思い出した。タイピストとプードルのルーファスを車に乗せ、毎週必ずクリスタルパレス横の同じ店でイブニング・スタンダード紙を買うためにいったん停まったことを。いつも店員が前に出てきて敬礼をしたが、新聞代を受け取ろうとしなかった。そこでチャーチルはくわえていた葉巻の残りを彼にやるのだった（もう一人、チャーチルの葉巻の吸いかけのおこぼれに与《あずか》ったのは、チャートウェルの庭師だったが、気の毒なことに彼はガンで死んだ、ということを付け加えておこう）。今の世界で、半分噛んだ葉巻で支払いを済ませることができる政治家がいるだろうか？

チャートウェルに着くとすぐに、敷地を横切り、大きな円いプールの脇を通って池のそばにあるアトリエに向かった。

チャーチルがゴダーミング近くのホー・ファームという田舎家を借りて油絵を始めたのは一九一五年で、ガリポリ後のうつ状態にあるときだった。後日、どのようにして絵を始めたのかを説明しているが、この文章にもちょっとしたことを、いかに大仰なものに仕立て上げる彼のジャーナリスト的才能を見て取れる。

ある日曜日、子供用の絵具箱を持って田舎の風景を試しに描いてみたところ、興が乗って翌朝、本格的な油絵道具一式を買い求めることになった。

絵具、イーゼル、キャンバスを買った後、次の一歩は「描き始める」ことだった。しかしその一歩が難しい。パレットは色とりどりの絵具で輝き、キャンバスは一点の汚れもなく白く立っている。真新しい筆は運命の重荷を感じ、空中で所在なく使われることを待っている。私の手は拒否権を行使されたかのように動かなかった。しかし結局のところ、このときの空は疑いなくブルーだった。それも淡いブルーだった。青い絵具に白を混ぜて、キャンバスの上部に塗ればよいことは疑いなかった。これくらいのことは絵を描く訓練を受けなくてもわかる。そこから始めることは誰にでもできるのだ。

そこでのろのろと、青の絵具を少しだけ非常に小さな筆でパレットに置いた。それから細心の注意を払って豆粒ほどのしるしを純白のキャンバスの上に描きつけてやった。それは挑戦だった。意図した挑戦だったが、いかにも抑制的な、もたもたした、強硬症的《カタレプシー》な、取るに足りない試みだった。そのとき、自動車が近づいてくる大きな音が道のほうから聞こえてきた。車から素早く軽やかに降りてきたのは、誰あろうサー・ジョン・レイバリーの才能あふれる夫人だった。「絵を描いていらっしゃるのね！　でも何を躊躇していらっしゃるの？　ちょっと筆を借りていいかしら？　大き目のね」。

テレピン油に筆をパシャリと浸し、青と白の絵具に突っ込む。パレットの上は半狂乱の賑やかさで、整然たる様子を失った。それから、すっかり縮み上がったキャンバスの上に、大きな力強い筆使いで青の絵具を塗りつける。キャンバスは反撃に出ることはできない。不吉な運命がこの陽気な荒々しさに復讐できることはない。キャンバスは私の前でお手上げだとばかりに、にやけていた。呪いは断ち切られた。胸の悪くなるような抑制が完全に外れた。私は一番大きな筆を握り、犠牲者に凶暴な怒りをもって降りかかった。あれ以来、キャンバスが怖いと思ったことは一度もない。

アトリエは古い田舎家の全体を占めており、暖炉に向かって高い窓とイーゼルがある。その横

第22章
100万ドルの絵

に父ランドルフの古い肖像画がある。大きな、視点の定まらないエビのような目をした不遜な顔つきだ。この絵のキャンバスにはまだ裂け目が残っている。チャーチルが一九四七年に書いた「夢」という短いエッセーに書いた夢を見たとき修理することになっていたはずのものだ。

壁に沿って背の高い開架式のタンスがある。かつてはハバナの人たちから贈られた大量の葉巻のコレクションが入っていたが、現在は使いかけの何百本もの絵具のチューブが並べて保存されている。ここでは彼が絵画に打ち込んだエネルギーを感じ取ることができる。キャンバスを攻撃する前に戦争の作戦計画のごとく、腰掛け、イーゼル、パレット、日傘、作業用スモック、テレピン油、リンシード油など画家の必要品をそろえたのである。

しかし、部屋全体を見やると、これがたんなるポーズでないことがわかる。彼はここで暇つぶしをしていたのではなかった。部屋にはキャンバスが床から天井まで列をなして掛かっている。彼が一生のうちに仕上げた作品は五三九点にのぼる。

どんなに熱狂的なチャーチル礼賛者といえども、彼が絵画の技術の巨匠だとは言うまい。彼は人物像が苦手だった。肖像を実物に似せるために、エピディアスコープ（実物投影機）という変わった機器を使った。キャンバスの上に写真を投影するものだ。これを使ってラグビーのラインアウトにいる選手たちの動きを捉えた習作、A・J・バルフォア夫妻のどことなくオマキザルのように見えなくもない肖像画などを描いた。しかしこのほかにも彼の個性を表現している絵はたくさんあり、惹きつけられるものもある。

チャーチルの絵を前にして数人の友人たちと話していると、チャーチルのこだわりが見えてきた。彼は色彩のなかでも、派手でみずみずしいものが好きだった。そして風景の中からそうした色のものを好んで見つけた。ピンクの宮殿の壁や華麗な黄土色の遺跡、紺碧の空、そして雪を冠した山が遠景にあればなおのことよし。

ピラミッドの影、地中海の岸辺に砕ける波の輝きなどはいくら描いても飽きることがなかった。濃緑の杉、ライムグリーンの芝、明るい青空、ピンクがかった古い建物が入っていれば、お手のものだった。

チャーチルの絵を眺めていると、彼が絵具を塗りつけるときの解放感と熱中が伝わってくる。私の同僚の女性は、自分の感想を次のように要約してみせた。「どの絵も本当に軽やかで楽観的だわ」。言い得ていると思う。チャーチルは鑑賞者を喜ばせ、満足させようとして描いた。ある風景画には一〇〇万ドルの値がついた。何とモネの作品に匹敵する値段である。

人々がチャーチルの絵に惹きつけられるのは、洗練された傑作だからではない。まさにその反対だからだ。彼は試してみる気持ちが強かった。あえて笑いものになること、間違いをおかすことをいとわなかった。大事なのは、彼には全力で取り組み、リスクを冒す意欲が十分だったことである。

失敗に終わることもあれば、素晴らしい勝利を収めることもある。その精神こそ、一九四〇年の初夏、あの薄暗い、タバコの煙でいっぱいの部屋にチャーチルが持ち込んだものだった。真っ白な、恐怖をもよおさせるキャンバスを前に両手はおろおろしていた。だがチャーチルは飛び込んだ。筆に絵具をつけ、あの太く力強い筆使いで、これから起ころうとしていることを明るい色調のロマンチックな彼ならではの作品に仕上げたのである。そう、あれが彼について懐疑的で批判的な人たちへの最終的な答えだったのだ。

イギリスは一九六四年までには、チャーチルが議会入りした二〇世紀初めよりもあらゆる面で比較にならないほど暮らしやすい国になっていた。服従や階級意識は少なくなっていた。一九四〇年のドイツ空軍との戦い、「バトル・オブ・ブリテン」のパイロットが貴族の子弟ではなく公立学校の卒業生だったことからも、選ばれた少数者が一般庶民の多数者の中から出てくる時代になったのである。

チャーチルが青年だった頃目にした赤貧、シルクハットを被ってマンチェスターの道を歩きながら調査した貧民窟のほとんどは姿を消していた。女性解放が進行中で、高等教育は戦後飛躍的に拡大していた。国民健康保険制度が創設され、苦境にある者に分け隔てなく手を差し伸べる福祉国家が完成していた。

こうした変化の実現にチャーチルが果たした役割について、イギリス国民の見方は一致しているわけではないが、一九四五～五〇年の労働党政権がどれだけ多くをチャーチルに負っていることだろう。二〇世紀の最初の二～三〇年の間にチャーチルとロイド・ジョージが実行した政策もそうだが、戦時中の連立政権におけるチャーチルの先見の明にも驚かされる。彼は一九四三年三月二一日、「戦争の後に」と題する演説を行い、医療、年金、社会保障における大きな変化を多かれ少なかれ予測した。アトリーがのちに述べたように、「チャーチルは世界中の一般大衆に対して信じられないほど広く同情の気持ちを持っていた」のである。

彼はイギリスに大量の移民が流入してくることをあまり歓迎していなかった（アフリカ系の移民に対して差別的な呼び方をしたこともある）。しかし、アンドリュー・ロバーツが正しく指摘した通り、その移民自体が、一九五〇年代に入ってかなりたってからもチャーチルが抱き続けた「偉大な帝国の母なる国としてのイギリス」というロマンチックなビジョンの産物だった。

チャーチルと保守党内閣がこの問題に向き合い、移民の流入に門戸を閉ざすことが非常に難しかったのはこのためである。イギリスについての帝国主義的観念の故に、チャーチルは意図せずイギリスが今日のような多文化社会になるおおもとの原因をつくったのである。

戦後、イギリスにはある種の革命が起きたのだ。憲法の基本は維持されたという意味では、破壊性のない革命だった。彼がエリザベス二世に初めて会ったのは一九二八年、彼女が二歳のときだった。彼はクレメンティーンに「赤ちゃんにしては驚くべき威厳と熟考能力を備えた雰囲気」がある「人物」だと話した。

二歳の幼児に威厳を感じ取るというのは、少々お世辞が過ぎると思われるかもしれない。しかし彼は彼女が女王として戴冠したときの首相であったし、彼がイギリスを守り抜いたからこそ、その威厳ある赤ちゃんが女王になれたことはほぼ疑いのないことである。そうなのだ。この事実こそチャーチルの批判者たちを最終的な混乱と敗走に追いやるものである。もしイギリスがナチスの脅威の前にへたばっていたら、これらの変化と改善、そして女王の戴冠は、一つとしてたやすく実現することはなかっただろう。

まず、改革を実行できる有能な労働党政権は出現しなかっただろう。なぜなら、あの戦争に負けていたら彼らを政権に就かせる民主主義がなくなっていたと思われるからである。労働組合もなかったであろう。なぜなら言論の自由も公民権も抑圧されただろうからである。ロンドンは活気にあふれた世界の首都として姿を現すことにはならず、薄汚れ、ドイツの一衛星都市に成り下がっていただろう。ポップスター（いればの話だが）の親たちはウィンストンではなくアドルフという名前を子供たちに付けただろう。

もしイギリス的性格というようなものがあるとしたら（恐らく多かれ少なかれあるのだろうが）、それはチャーチルの特質を柱に形成されたものだろう。おおらかなユーモア、だが時として好戦的で、不遜ながらも伝統を重んじ、断固としながらも感傷的で、あらゆる種類の言語や言葉遊びを楽しみ、酒や食べ物に飽くところのない熱意を持つ、そんな性格である。

チャーチルという人物は、彼の理想を信奉すると公言している政治家にとってだけでなく、広く人類全体にとって意味のある存在だ。学校の成績がぱっとしなくても、大学に進学することができなくても、数学が苦手でも、何者かになれるというお手本なのである。

また、親の期待に沿えるかどうか不安な人、自分は負け犬だと感じている人、鬱病に苦しむ人、大食い、喫煙者、大酒のみ、そして負け戦に挑む人——チャーチルはこれらすべての人たちの味方である。

すべて足し合わせると、じつに多くの数になる。

∫

一九六五年一月二四日、チャーチルは九〇歳でこの世を去った。三〇万人もの人が列をつくり、ウェストミンスターホールに安置された彼の棺の前を通り過ぎた。皇族以外でこのような遺体の一般公開を施されたのはナポレオンを破ったウェリントン公以来のことだった。映像に残っている参列者たちは私の親たちの世代だ。中折帽姿のこけた頬の老人や厚いコートとスカーフを身に着けた女性だけでなく、細身のぴったりしたパンツをはいた若者、短いスカート姿でマスカラと脱色した髪と赤い口紅の女性、泣いている人も、じっと見つめている人も、旧式のカメラを構えている人もいる。

セント・ポール寺院での葬儀の後、遺体はヘイブンゴアとなづけられた大型のボートでタワー・ピアからウォータールーに運ばれ、プール・オブ・ロンドン（テムズ川のロンドンブリッジからライムハウスに至る川辺）のドックを通過するとき、クレーンは敬意を表して低く下げられた。その後、

第22章
100万ドルの絵

特別列車でオックスフォード州のブレイドンに運ばれ、教会の敷地に埋葬された。彼が生まれた部屋の窓からは、その教会の尖塔を見ることができる。

　村にはここがチャーチルの永遠の眠りの場所であることを示す特別のしるしはない。道路にもそうした看板も出ていない。屋根に覆われた墓地の門をくぐろう、墓所に立ってみる。苔やその他の自然の変化で大きな石版に刻まれた碑銘がやや読みづらくなっている。

　彼は妻、母、父、兄弟、子供たちと一緒にここに眠っている。今、この精神の偉大さを最後にもう一度だけ深く考えてみようではないか。彼が何をどのようにしたかではなく、あの巨大なエネルギーはどこから来たのかを。

第23章

チャーチル・ファクター

私はウィンストン・チャーチルについて書いたり考えたりすることが好きだが、本音を言えば、彼から少々威嚇されているように感じるときがある。彼は常に明るく楽しい人物だったのはたしかだが、彼の生涯を正当に評価しようとすると、その非凡な才能に鎖でつながれて身動きできなくなることを意識しないわけにはいかない。彼の信じられないほどのエネルギーと生産力の才能である。チャーチルが成し遂げたことのほんのわずかでも真似ようと、非力ながらも試みる者は、打ちひしがれるような気になるだろう。政治家、ジャーナリスト、歴史家としてはいうに及ばず、画家としての彼の才能の源泉は一体何なのだろうと、考え込んでしまうだろう。

チャーチルの孫、保守党議員ニコラス・ソームズとの長いランチもそろそろ終わりかかっていた。サボイホテルの中にあるレストランへの支払いはチャーチルに似つかわしい、かなりの額になりそうだ。そして私は最後の大きな質問を試みる。あなたの祖父はドレッドノートを超える規模の超弩級戦艦の燃料として石炭の代わりに石油を投入して世界史を変えた。では彼自身はどんな燃料で走っていたのだろうか？　何が彼を駆り立てたのか？

ソームズは考え込み、こう言って私を驚かせた。「自分の祖父は普通の男なんですよ。普通のイギリス人が好きなことをしただけです。家や趣味などに時間を費やしてね。おわかりでしょうが、どこにでもいるタイプの家庭人でしたよ」。

そうでしょうね、と一応は同意する。しかしどこにでもいるような家庭人には、シェークスピアとディケンズを合わせたよりも多い文章を書き、ノーベル文学賞を受賞し、四つの大陸で数知れない人間を殺し、首相（二度）を含めあらゆる高い地位に就き、二度の世界戦争の勝利に欠くべからざる役割を果たし、死後一〇〇万ドルの値がつくような絵を描くことはとてもできないだろう。私はこれらすべてを可能にしたエネルギーの究極の源を探し当てようとしていたのだ。

精神的エネルギーとは一体何を指すのだろう？　それは心理学的なものだろうか、あるいは生理学的なものだろうか？　チャーチルは遺伝的に何か優れた内燃機関のようなものを備えていたのか、あるいは特殊なホルモンのようなものが出ていたのか、それとも幼児期の心理的な状況から異常なほどのエネルギーが生じたのか？　おそらくこうした要素がすべて効いていたのか。たしかなことはいえないが、精神と身体についてどのように考えるかで答えは変わってくるだろう。

第23章
チャーチル・ファクター

アイルランドの詩人ウィリアム・バトラー・イェイツの詩には、チャーチルのことを言い表しているかのような一節がある。「湿った薪たばを燃やす者／すべてを焼き尽くす者／小さな部屋の中に燃えやすい世界が詰まっている」。もし世界を焼き尽くす一二気筒、六〇〇〇ccのエンジンを備えた強力な人間を探すとしたら、それはチャーチルである。私は一五歳ぐらいのとき、心理学者アンソニー・ストーが書いた論文で、チャーチルの最大かつ最も重要な勝利は自分自身に対するものだったという説を読んだ。

つまり、学校時代のチャーチルはいつも自分が小さく、発育不全で、臆病であることを意識していたということだ。クリケットボールを投げつけられて逃げ回ったというエピソードがあった。そのような目にあって、チャーチルは、自分の臆病と吃音を克服し、八〇ポンドの貧弱な体を、ダンベルを使ってボディービルダーのチャールズ・アトラスのような体格になろうと決心した。自身の臆病さに打ち克つことができれば、何でもできる、という論法である。

この分析は説得力がある半面、循環論にも見える――私はかねてからそんな感想を持っていた。そもそもチャーチルはなぜ自分の弱さを克服しようと決心したのか？　彼は本当に臆病者だったのか？　臆病な生徒が怖い校長先生のわら帽子を蹴り飛ばしてばらばらにしたりするだろうか？

ここまで読んできて、読者諸氏もチャーチルの心理像を自分なりに理解するのに十分なデータを得られたことと思う。これ以上あれこれ付け加えることもないだろう。

彼をつくり上げた要素として、まず父ランドルフがいる。このことについては疑いない。父から拒絶されること、批判されることの苦痛、父の期待に応えられないことへの恐れである。父の死（チャーチルにとっては絶妙のタイミングだった）の後、父に仕返しをし、父を超越しなければならなかった。そして母がいた。強烈な女性だった。ある意味で、ジェニーがチャーチルを後押しし、助けたことは決定的に重要だった。結局のところ、チャーチルの栄光の一部は母の栄光でもあった。マラカンドにおける彼の英雄的な行為とこれみよがしな活躍に母がどれほど貢献したのだろうか。息子を引き立ててもらうために、インド・アフガニスタン方面軍の司令官ビンドン・ブラッドと寝たという説は本当だろうか。

チャーチルが頭角を現した背景には、歴史の流れもあった。彼はイギリスが絶頂にあるときに生まれた。彼の世代のイギリスは、帝国を維持するためにはどれほどの努力とエネルギーを必要とするかを理解していた。その重圧を果たそうとする気概が、ビクトリア朝時代のスケールの大きい堂々とした振る舞いの根底にあった。

「この人たちは気力も体力も今よりありましたね」とソームズは言う。「そもそも、私の祖父がどこに行くときも、後ろに面倒を見るお付きの者がついていたのですよ」。

さらに、チャーチルにも多かれ少なかれどんな人間にもある生来のエゴイズム、威信や称賛への欲望があった。彼の頭には密かな三段論法があったように思われる。

第23章
チャーチル・ファクター

イギリス＝地上最大の帝国
チャーチル＝大英帝国で最も偉大な人物
つまり、チャーチル＝地上で最も偉大な人物

アンドリュー・ロバーツは、これは間違いではないが控えめすぎると言う。正しい三段論法はこうである。

イギリス＝世界にこれまでに出現した最大の帝国
チャーチル＝大英帝国で最も偉大な人物
つまり、チャーチル＝世界史上、最も偉大な人物

ある意味、チャーチルはそんなふうに思っていたことだろう。しかしそれがすべてではない。彼には巨大なエゴがあった。しかし持ち前のユーモア、諧謔、そして深い人間性、他者に対する理解と共感、公共奉仕への献身、人民が彼を選挙で落とすこともできる――実際に落とされたわけだが――民主的権利への信奉などによってそうしたエゴは緩和された。一九二二年の選挙区ダンディーでの落選、一九四五年総選挙での屈辱の後で、彼がすかさず見せた寛大さを思い出すべきである。

私が彼の心の大きさというのはこういうことである。別れ際にソームズが最後に一つだけ話してくれたことが、チャーチルの優しさと寛大さを伝えてくれる。

戦時中のある夜、国防省の清掃係の女性が家に帰ろうとバス停に向かって歩いていると、溝に何か落ちているのを見つけた。ピンクのリボンと「極秘」というマークがついた文書のファイルだった。

彼女はそれをすぐに水たまりから拾い上げ、レインコートの下に隠して家に持っていった。それを息子に見せると、彼はすぐにそれが機密で、非常に重要なものであることに気が付いた。封書を開くことなく、彼はそのまま国防省に届けに行った。

彼が着いたときには夜も更けていて、みんなが帰った後だった。そしてこの若者は、入り口の警備員から非常に冷淡に扱われた。

警備員たちは、ともかく封書を置いて去れ、朝になれば誰かが対処するだろう、と言うばかりだった。若者は、それではだめだと言い張って、将官クラスの者に会うまでは立ち去ろうとしなかった。

やっと上級レベルの者が降りてきてファイルを見た。それはイタリアのアンツィオの戦い（一九四四年）を命じる書類だった。

そんなわけで、翌日戦争閣議が招集され、機密漏れはどれほど深刻なのか、アンツォオ上陸を計画通り実行できるかどうかを検討した。

出席者はその文書を注意深く眺めて、水につかっていたのはほんの数秒だったろう、そして清掃係の女性の話は本当だろうと判断した。その結果、イタリア侵攻計画を実施に移ったのだった。

チャーチルは参謀本部長に向かって「パグ、どうしてこんなことになったんだ？」とたずねた。パグ・イスメイ参謀本部長はチャーチルに例の女性とその息子のことを話した。するとそれを聞きながらチャーチルは泣き出したのだった。

「彼女には大英帝国勲章を与えるべきだ！」と言った。「その通りにするように」。

チャーチルの個人秘書官ジョック・コルビルがそれを引き受け、国王の秘書官トミー・ラッセルズに、話を進めてくれないかと頼んだ。それは結果として国王が在任中に犯した数少ない誤りの一つにつながった。国王誕生日の叙勲で、この女性は大英帝国勲章（ＭＢＥ）のリストに載ったが、ＭＢＥは男性の叙勲者の称号だったのだ。

話の続きがある。チャーチルがついに政権を去ることになった一九四五年、彼女は首相退任記念叙勲者のなかに入っていた。叙勲リストの五番目が国防省清掃係の女性で、彼女は大英帝国勲章（ＤＢＥ）を受勲したのである。ＤＢＥは叙勲者の女性用称号である。

この話を裏付ける証拠を探す努力をしたのだが、残念ながらチャーチル文書館でもほかでも見つからなかった。しかし、ここには疑うことのできない真実が語られている。チャーチルには自分なりの流儀があった。そしてその流儀を貫いたのである。

∫

「人の世の移り変わりは木の葉の生え変わりのようなもの」とホメロスは言ったが、そんなものだろう。われわれは木の葉のようにいずれは枯れて死ぬ。それだけではなく、木の葉のように見分けがつきにくい。宇宙人が地球を一見したら、人間は厳密にいうと個人ではなく、目に見えない細枝や枝でつながっている葉のように、実際には同じ有機体の一部分ではないかと結論づけるかもしれない。私にはそんなふうに思えるのである。

私たちはお互いとてもよく似ている。触れあってかさかさと音を立て、同じ風に吹かれている。みんな一緒に。なぜ多くの歴史家や史料編集者が、トルストイの言うように、人類の物語は、偉大な人物や輝かしい行為がつくるのではないと考えるのかは容易にわかることだ。いわゆる偉人は男女を問わず、社会史の巨大な流れのなかで生じる派生的な兆候か、見かけだけの泡沫に過ぎないという物の見方がこの数十年間の流行だった。この見解によれば、本当の物語は社会の底を流れる力、技術の進歩、穀物の価格の変動、無数のありふれた人間の行為の圧倒的な重みなのである。

さて、私はウィンストン・チャーチルの物語は、こうしたナンセンスに対するかなり強烈な反駁だと思う。彼が、彼一人だけが、歴史を変えたからだ。

世界史に巨大なインパクトを与えた他の幾人かの人物を思い起こすことはたやすい。だがほとんどすべてが悪しき方向へのインパクトだった。ヒトラー然り、レーニン然り、そのほかについてもそうだ。決定的に善き方向を向いていた人を何人思い浮かべることができるだろうか。一人の力で運命の秤を自由と希望の方向に傾けた人物がいただろうか？

そんな人物は多くはないだろう。なぜなら一九四〇年、歴史がそれを必要としていたとき、チャーチル的要素を備えた人物はたった一人しかいなかったからである。そしてこのことについてかなりの時間をかけて考察した結果、私はチャーチルに少しでも似た人間が彼以前にも以後にもいなかったという揺るぎない結論に至った。

著者謝辞

本書はホダー&ストートン社の素晴らしく優秀な編集者、ルパート・ランカスターの発案で書かれたものである。数年間、彼はチャーチル・エステートに連絡し、チャーチル没後五〇年を迎えるにあたり、改めてチャーチルを見直すことを提言した。チャーチル・エステートもちょうど同じようなことを考えており、いろいろな経緯から、執筆者として私に白羽の矢が立った。そのことについて、ルパートとゴードン・ワイズ、そしてチャーチル・エステート及び関連団体のみなさん、そしてもちろん私の優秀なエージェント、ナターシャ・フェアウェザーとアメリカ人編集者で、英語圏の読者にこの本がより受け入れられやすくなるように有益なアドバイスをくれたレベッカ・セールタンに感謝する。

チャーチルの伝記を著したマーティン・ギルバートがかつて言ったように、「チャーチルというワイン畑」で働くということはまたとない経験であった。チャーチル公文書館のアレン・パックウッド博士には最もお世話になった。博士はお子さんをスイミングプールに連れて行くときをはじめ、お忙しいさなかであっても、私からの問い合わせの電話に出てくださり、貴重な文書の数々をご紹介くださった。チャートウェル邸、内閣戦時執務室、そしてブレナム宮殿の素晴らしいスタッフの方々及び司書のみなさんからは惜しみないご協力をいただいた。

アンドリュー・ロバーツはファイブ・ハートフォードストリート［ロンドンにあるプライベー

トクラブ」で二度にわたるアルコール入りの長い講義を行ってくれた。

デビッド・キャメロン［現イギリス首相］は、一九四〇年五月の決定的な会合が実際にどの部屋で開かれたのかを突き止めるなど、重要な役割を果たしてくれた。ジョン・ルカーチの伝記を読んでもその点についてはまったくはっきりしなかったので。

チャーチルの孫にあたるニコラス・ソームズ、セシリア・サンディースは祖父についてさまざまなことを話してくれた。本書の一章分は、チャーチルのひ孫のヒューゴ・ディクソンのギリシャの邸宅で書かれた。

何より、本書はテネシー大学出身でケンブリッジで教えている素晴らしいウォーレン・ドックター（当然のことながら身内からは博士《ドクター》と呼ばれている）の精力的なリサーチャーの協力と励ましがなければ書き上げることができなかった。博士とともにチャーチルの塹壕、ベッドルーム、第一次世界大戦時の野営地などをまわり、議論を交わすなかで、ウォーレンの無尽蔵の知識が私たちの取材すべてに精彩を与えてくれた。

よく知られているチャーチルの言葉にこんなものがある。「本を書くことは冒険のようなものだ。書き出しは玩具で遊んでいるように楽しいが、書いているうちに愛人とのつきあいのようになり、それから主人にこき使われるような感じになり、その後は独裁者に仕えるごときである。最終局面では奴隷労働がとうとう報われ、怪物をしとめて大衆に見せてやるのだ」。

奴隷労働とはもっともである。独裁者チャーチル――われわれの家を占拠し、絶え間なく要求を突き付けてくる増長する滞在者のごとく振る舞う男——の存在に耐え、有益なアドバイスの数々をくれた妻マリーナにはとくに感謝したい。

出版社謝辞

著者と出版社は本書の取材と執筆にご協力いただいたケンブリッジ大学チャーチル・カレッジのチャーチル公文書館及びその他の主要なチャーチル関連機関に感謝する。

写真のリサーチについてはセシリア・マッケイにお礼を述べたい。また、ナタリー・アダムスとサラ・レウリーにはチャーチル公文書館からの写真資料の使用についてお世話になった。また、カーチス・ブラウンのリチャード・パイクにはチャーチル・ヘリテージへの著作権の件で協力いただいた。

ウィンストン・チャーチルと彼の足跡についてより深く知りたい読者にはこちらをご覧いただきたい。

www.churchillcentral.com

チャーチルの思考プロセスを実体験したい方には以下のアプリをお勧めする。

thinklikechurchill.com/book

チャーチル関連年表

1874	11月30日　誕生
1876	家族でアイルランド・ダブリンに移住
1880	家族でイギリスに帰国
1882	アスコットのセント・ジョージ・スクールに入学
1884	ホーヴのブランズウィック・スクールに入学
1886	父ランドルフが財務大臣となる
1887	ハーロー校に入学
1893	サンドハースト陸軍士官学校に入学
1894	女王直属騎兵隊将校に任命される
1895	父ランドルフ死去 キューバの米西戦争についてデイリー・グラフィック紙に寄稿 初めてアメリカを訪れる
1896	インドに駐在。大量の書物を読破
1897	マラカンド野戦軍の北西インド戦線からデイリー・テレグラフ紙に寄稿
1898	最初の本を出版 スーダンのオムダーマンの戦いに従軍し、モーニング・ポスト紙に寄稿
1899	オールダム区の補欠選挙に保守党議員として出馬し落選
1900	オールダム区から再度出馬し当選 アメリカとカナダで講演旅行
1901	イギリス議会で初演説
1904	保守党から自由党に鞍替え
1905	植民地省副大臣に就任
1907	アフリカ旅行
1908	商務大臣に就任 クレメンティーン・ホージェーと結婚
1909	長女ダイアナ誕生
1910	内務大臣に就任
1911	シドニー・ストリートの包囲戦 長男ランドルフ誕生 海軍大臣に就任
1913	イギリス海軍航空隊創設

1914	第一次世界大戦勃発 アントワープ防衛戦を指揮 次女サラ誕生
1915	ダーダネルス作戦の失敗 海軍大臣罷免 ランカスター公領大臣に左遷される
1916	ロイヤル・スコットランド・フュージリアーズ中佐に任命され第六大隊を指揮
1917	軍需大臣として政府に復帰
1918	第一次世界大戦休戦 三女マリーゴールド誕生
1919	陸軍大臣兼空軍大臣に就任
1921	植民地大臣に就任 植民地省に中東局を設置 カイロ会議でヨルダン、イラクの建国が決まる マリーゴールド死去
1922	チャナク危機でロイド・ジョージの連立内閣が総辞職 ダンディーで落選 四女メアリー誕生
1924	保守党に戻る 財務大臣に就任
1925	イギリス、金本位制に復帰
1926	ゼネスト
1929	アメリカを再訪
1931	インド自治に反対して入閣を逃す ニューヨークで自動車事故に遭う
1932	政治的に干されていた「荒野の時代」に入る ドイツでアドルフ・ヒトラーとニアミス
1933	ヒトラーがドイツ首相に就任
1935	スタンリー・ボールドウィンが首相に就任
1936	国王退位危機
1937	ネヴィル・チェンバレンが首相に就任
1938	ミュンヘン協定
1939	「チャーチルが政界に復帰!」海軍大臣に就任 8月23日　モロトフ=リッベントロップ協定(独ソ不可侵条約) 9月1日　ヒトラーがポーランドに侵攻、第二次世界大戦勃発

1940	5月10日 チャーチルが首相に就任
	5月28日 ドイツと交渉せず戦い続けることを内閣で承認
	5～6月 ダンケルクの撤退
	7月3日 メルセルケビール海戦でフランスの主力艦を撃沈
	7月10日 バトル・オブ・ブリテン開始
1941	4月30日 英軍、ギリシャから撤退
	6月22日 ヒトラー、独ソ不可侵条約を破りバルバロッサ作戦開始
	8月14日 大西洋憲章
	12月(日本では8日) 日本がパールハーバーを攻撃、アメリカ参戦
1942	2月 シンガポール陥落
	8月 スターリングラードの戦い開始
	10月 エル・アラメインの戦い
1943	9月3日 イタリア本土侵攻
	8月 第1回ケベック会議
	11月 テヘラン会議
1944	6月6日 Dデー（ノルマンディー上陸作戦）
	9月 第2回ケベック会議
1945	2月 ヤルタ会談
	4月12日 フランクリン・ルーズベルト大統領死去
	5月8日 VEデー（連合軍、対独戦勝利）
	7月 ポツダム会談
	総選挙で保守党が破れ、首相を退任
	9月2日 第二次世界大戦終結
1946	3月5日 アメリカ、ミズーリ州フルトンで「鉄のカーテン」演説
	9月19日 スイス、チューリッヒで「ヨーロッパ合衆国」演説
1951	10月25日 総選挙で保守党が勝利。再び首相に就任
1953	6月 深刻な心臓発作
1955	4月6日 首相を退任
1961	オナシスのクリスチナ号でアメリカへ渡航。最後の訪問となる
1963	J・F・ケネディに「アメリカ名誉市民」の称号を授与される
1964	10月15日 議員を退任
1965	1月24日 90歳にて死去

参考文献

*ケンブリッジ大学のリサーチフェロー、ウォーレン・ドックターによるもの。本書で直接引用した文献のみならず、本書を執筆するにあたって参考にした文献も含む。

〈一次資料〉

A. 非出版物

I. イギリス国立公文書館

Cabinet papers (CAB)
Hansard: House of Commons Debates
Prime Minister's papers (PREM)

II. 私文書

(Leo) Amery papers, Churchill College, Cambridge (AMEL)
(Julian) Amery papers, Churchill College, Cambridge (AMEJ)
Broadwater Collection, Churchill College, Cambridge (BRDW)
Chartwell Manuscripts, Churchill College, Cambridge (CHWL)
(Clementine) Churchill papers, Churchill College, Cambridge (CSCT)
(Lord Randolph) Churchill papers, Churchill College, Cambridge (RCHL)
(Randolph) Churchill papers, Churchill College, Cambridge (RDCH)
(Winston) Churchill papers, Churchill College, Cambridge (CHAR & CHUR)
Churchill Additional Collection, Churchill College, Cambridge (WCHL)
(John) Colville papers, Churchill College, Cambridge (CLVL)

B. 出版物

*出版場所は断りのない限りすべてロンドン

III. チャーチルの著作

Churchill, Winston, *A History of the English–Speaking Peoples*, Vols I–IV (1956–8)
— *Amid These Storms: Thoughts and Adventures* (New York, 1932)
— *Great Contemporaries* (1937)
— *Ian Hamilton's March* (1900)
— *India–Speeches* (1931)
— *London to Ladysmith Via Pretoria* (1900)
— *Lord Randolph Churchill*, Vols I–II (1906)
— *Marlborough: His Life and Times*, Vols I–IV (1933–8)
— *My African Journey* (1908)

— *My Early Life: A Roving Commission* (1930)
(『わが半生』W・S・チャーチル 著、中村祐吉訳、中公クラシックス、中央公論新社、2014年)
— *Painting as a Pastime* (1948)
(『葉巻とパレット』W・S・チャーチル著、青山四郎訳、グロリヤ出版、1977年)
— *Savrola: A Tale of Revolution in Laurania* (1899)
— *The River War: An Account of the Reconquest of the Sudan,* Vols I–II (1899)
— *World War II,* Vols I–VI (1948–53)
(『第二次世界大戦　全4巻』W・S・チャーチル著、佐藤亮一訳、河出文庫、河出書房新社、2001年)
— *The Story of the Malakand Field Force: An Episode of Frontier War* (1898)
— *The World Crisis* Vols I–V (1923–31)

IV. 公認記録

Churchill, Randolph S., *Winston S. Churchill Vol. I: Youth 1875–1900* (1966)
Churchill, Randolph S., (ed.) *Companion Volume I, Parts 1 and 2* (1967)
— *Winston S. Churchill Vol. II: Young Statesmen 1901–1914* (1967)
— (ed.),*Companion Volume II, Parts 1, 2, and 3* (1969)
Gilbert, Martin, *Winston S. Churchill Vol. III: 1914–1916* (1971)
Gilbert, Martin, (ed.) *Companion Volume III, Parts 1 and 2* (1972)
— *Winston S. Churchill Vol. IV: 1916–1922* (1975)
— (ed.), *Companion Volume IV, Parts 1, 2, and 3* (1977)
— *Winston S. Churchill Vol. V: 1922–1939* (1976)
— (ed.), *Companion Volume V, Parts 1, 2, and 3* (1979)
— *Winston S. Churchill Vol. VI: Finest Hour 1939–1941* (1983)
— (ed.), *Companion Volume VI: The Churchill War Papers, Parts 1, 2, and 3* (1993, 1995, 2000)
— *Winston S. Churchill Vol. VII: The Road to Victory 1941–1945* (1986)
— *Winston S. Churchill Vol. VIII: Never Despair 1945–1965* (1988)

V. 主要な全集

Boyle, P., (ed.) *The Churchill–Eisenhower Correspondence,* 1953–1955 (Chapel Hill, 1984)
James, Robert R., (ed.) *Winston S. Churchill: His Complete Speeches, 1897–1963,* Vols 1–8 (1974)
Kimball, W., (ed.) *Churchill and Roosevelt, the Complete Correspondence* Vols 1–3 (Princeton, 1984)
Sand, G., (ed.) *Defending the West: The Truman–Churchill Correspondence, 1945–1960* (Westport, 2004)
Soames, Mary, (ed.) *Speaking For Themselves: The Private Letters of Sir Winston and Lady Churchill: The Personal Letters of Winston and Clementine Churchill* (1999)

Woods, F., (ed.) *Young Winston's Wars: The Original Despatches of Winston S. Churchill, War Correspondent, 1897–1900* (1972)

VI. 日記、自伝、及び小論文

Aga Khan III, *Memoirs of Aga Khan: World Enough and Time* (1954)
Asquith, Herbert, *Memories and Reflections: The Earl of Oxford and Asquith*, Vols I–II (1928)
Barnes, John and Nicholson, David, (eds) *The Diaries of Leo Amery Vol. I 1896–1929* (1980)
— *The Empire At Bay: The Leo Amery Diaries Vol. II 1929–1945: The Empire At Bay* (1988)
Beaverbrook, Lord Maxwell, *Politicians and the War* (1928)
— *The Decline and Fall of Lloyd George* (1963)
Berman, Richard, *The Mahdi of Allah* [introduction by Churchill] (London, 1931)
Bonham Carter, Violet, *Winston Churchill as I Knew Him* (1965)
Bonham, Mark and Pottle, Mark, (eds) *Lantern Slides: The Diaries and Letters of Violet Bonham Carter, 1904–1914* (Phoenix, 1997)
Brock, Michael and Eleanor, (eds) *H.H. Asquith: Letters to Venetia Stanley* (Oxford, 1982)
Butler, R.A., *The Art of the Possible: The Memoirs of Lord Butler* (1979)
Campbell–Johnson, Alan, *Mission with Mountbatten* (1951)
Cantrell, Peter, (ed.) *The Macmillan Diaries* (2003)
Colville, Jock, *The Fringes of Power: Downing Street Diaries 1939–1955* (1985)
(『ダウニング街日記：首相チャーチルのかたわらで　上・下』ジョン・コルヴィル著、都築忠七・見市雅俊・光永雅明訳、平凡社1990年、1991年)
— *Action This Day – Working with Churchill* (1968)
— *The Churchillians* (1981)
Ferrel, Robert, *The Eisenhower Diaries* (New York, 1981)
Haldane, J. Aylmer, *How We Escaped from Pretoria* (Edinburgh, 1900)
Hamilton, Ian, *Gallipoli Diary*, Vols I–II (1920)
Hart–Davis, Duff, *King's Counsellor: Abdication and War – The Diaries of Sir Alan Lascelles* (2006)
Lloyd George, David, *Memoirs of the Peace Conference*, Vols I–II (New Haven, 1939)
Macmillan, Harold, *War Diaries: Politics and War in the Mediterranean* (1975)
— *Autobiography*, Vols I–VI (1966–73)
Mayo, Katherine, *Mother India* (1927)
Moran, Lord, *Winston Churchill: The Struggle for Survival* (1966)
Nicolson, Nigel, (ed.) *Harold Nicolson: Diaries and Letters 1930–1939* (1966)
— *Harold Nicolson: Diaries and Letters 1939–1945* (1970)

— *Harold Nicolson: Diaries and Letters 1945–1962* (1971)
Pottle, Mark, (ed.) *Champion Redoubtable: Diaries and Letters of Violet Bonham Carter, 1914–1945* (1998)
Roosevelt, Elliott, (with James Borough) *An Untold Story: The Roosevelts of Hyde Park* (1973)
— *As He Saw It* (1974)
Shuckburgh, Evelyn, *Descent to the Suez: Foreign Office Diaries 1951–1956* (1987)
Thompson, Walter H., *I was Churchill's Shadow* (1951)
— *Sixty Minutes With Winston Churchill* (1953)
— *Beside The Bulldog: The Intimate Memoirs of Churchill's Bodyguard* (2003)
Weizmann, Chaim, *Trial and Error: The Autobiography of Chaim Weizmann* (New York, 1949)
Williamson, Philip and Baldwin, Edward (eds) *Baldwin Papers: A Conservative Statesman* (Cambridge, 2004)

〈二次資料〉

VII. 選集、自伝、及び小論文

Addison, Paul, *Churchill on the Home Front, 1900–1955* (1992)
— *Churchill: The Unexpected Hero* (2005)
Ansari, Humayun, *The Making of the East London Mosque, 1910–1951* (2011)
Ball, Stuart, *The Conservative Party and British Politics 1902– 1951* (1995)
— *Winston Churchill* (2003)
— *Parliament and Politics in the Age of Churchill and Attlee: The Headlam Diaries 1935–1951* (2004)
— (ed., with Anthony Seldon) *Recovering Power: The Conservatives in Opposition Since 1867*
Bennett, G.H., *British Foreign Policy During The Curzon Period 1919–24* (1995)
Brendon, Piers, *Winston Churchill* (1984)
— *The Decline and Fall of the British Empire, 1781–1997* (2010)
Cannadine, David, *Ornamentalism: How the British Saw Their Empire* (Oxford, 2002)
(『虚飾の帝国：オリエンタリズムからオーナメンタリズムへ』D.キャナダイン著、平田雅博、細川道久訳、日本経済評論社、2004年)
— (ed., with Roland Quinault), *Winston Churchill in the Twenty First Century* (2004)
Catherwood, Christopher, *Churchill's Folly: How Winston Churchill Created Modern Iraq* (2004)
Charmley, John, *Churchill: The End of Glory – A Political Biography* (1994)
— *Churchill's Grand Alliance 1940–1957* (1995)

— *A History of Conservative Politics 1900–1996* (1996)
Cohen, Michael, *Churchill and the Jews, 1900–1948* (1985)
Cowles, Virginia, *Winston Churchill: The Era and The Man* (1963)
D'este, Carlo, Warlord: *A Life of Churchill at War 1874–1945* (2008)
Dockter, A.Warren, *Winston Churchill and the Islamic World: Orientalism, Empire and Diplomacy in the Middle East* (2014)
Farmelo, Graham, *Churchill's Bomb: A Hidden History of Science, War and Politics* (2013)
Fishman, Jack, *My Darling Clementine: The Story of Lady Churchill* (1963)
Fisk, Robert, *The Great War For Civilisation: The Conquest of the Middle East* (2005)
Foster, R.F., *Lord Randolph Churchill: A Political Life* (Oxford, 1981)
Fromkin, David, *A Peace to End All Peace: The Fall of the Ottoman Empire and the Creation of the Modern Middle East* (New York, 1989)
(『平和を破滅させた和平:中東問題の始まり「1914－1922」上・下』デイヴィッド・フロムキン著、平野勇夫、椋田直子、畑長年訳、紀伊國屋書店、2004年)
Gilbert, Martin, *Churchill's Political Philosophy* (1981)
— *Winston Churchill: The Wilderness Years* (1981)
— *World War II* (1989)
(『第二次世界大戦：人類史上最大の事件　上下』マーティン・ギルバート著、岩崎俊夫訳、心交社、1994年)
— *Churchill: A Life* (1991)
— *In Search of Churchill* (1994)
— *History of the Twentieth Century* (2001)
— *Churchill and America* (2005)
— *Churchill and the Jews* (2007)
Hastings, Max, *Finest Years: Churchill as Warlord, 1940–45* (2009)
Herman, Arthur, *Gandhi and Churchill: The Epic Rivalry that Destroyed an Empire and Forged Our Age* (2008)
Higgins, Trumbull, *Winston Churchill and the Dardanelles* (1963)
Hyam, Ronald, *Elgin and Churchill at the Colonial Office 1905–1908: The Watershed of the Empire–Commonwealth* (1968)
Irons, Roy, *Churchill and the Mad Mullah of Somaliland: Betrayal and Redemption 1899–1921* (2013)
James, Lawrence, *Churchill and Empire: Portrait of an Imperialist* (2013)
James, Robert Rhodes, *Lord Randolph Churchill* (1959)
— *Churchill: A Study in Failure, 1900–1939* (1981)
Jenkins, Roy, *Churchill: A Biography* (New York, 2001)
Karsh, Efraim, *The Arab–Israeli Conflict. The Palestine 1948 War* (Oxford, 2002)
Kennedy, Paul, *Engineers of Victory: The Problem Solvers who Turned the Tide in the Second World War* (2013)

(『第二次世界大戦影の主役：勝利を実現した革新者たち』ポール・ケネディ著、伏見威蕃訳、日本経済新聞出版社、2013年)
Kumarasingham, Harshan, *A Political Legacy of the British Empire: Power and the Parliamentary System in Post-Colonial India and Sri Lanka* (2013)
Lloyd George, Robert, *David and Winston: How a Friendship Changed History* (2005)
Louis, Wm Roger, (ed., with Robert Blake) *Churchill: A Major New Assessment* (1993)
Lovell, Mary S., *The Churchills: A Family at the Heart of History* (2011)
Macmillan, Margaret, *Peacemakers: Six Months that Changed the World* (2002)
Manchester, William, *The Last Lion: Winston Spencer Churchill: Visions of Glory 1874–1932* (New York, 1983)
— *The Last Lion: Winston Spencer Churchill: Alone 1932–1940* (New York, 1988)
— (*with Paul Reid*) *The Last Lion: Winston Spencer Churchill* (New York, 2012)
Marder, Arthur, *From Dreadnought to Scapa Flow,* Vols I–IV (1965)
de Mendelssohn, Peter, *The Age of Churchill: Heritage and Adventure, 1874–1911* (1961)
Middlemas, Keith and Barnes, John, *Baldwin: A Biography* (1969)
Mukerjee, Madhusree, *Churchill's Secret War: The British Empire and the Ravaging of India during World War II* (2011)
Muller, James, (ed.) *Churchill as a Peacemaker* (New York, 1997)
Overy, Richard, *Why the Allies Won* (1997)
— *The Battle of Britain: The Myth and the Reality* (2002)
Ramsden, John, *Man of the Century: Winston Churchill and Legend since 1945* (2002)
Reid, Walter, *Empire of Sand: How Britain Made the Middle East* (2011)
Reynolds, David, *In Command of History: Churchill Fighting and Writing World War II* (2004)
— *From World War to Cold War: Churchill, Roosevelt and the International History of the 1940s* (2006)
Roberts, Andrew, *The Holy Fox: A Biography of Lord Halifax* (1991)
— *Eminent Churchillians* (1994)
— *Hitler and Churchill: Secrets of Leadership* (2003)
— *Masters and Commanders: How Roosevelt, Churchill, Marshall and Alanbrooke Won the War in the West* (2008)
Rose, Jonathan, *The Literary Churchill: Author, Reader, Actor* (2014)
Rose, Norman, *Churchill: An Unruly Life* (1994)
Russell, Douglas, *Winston Churchill – Soldier: The Military Life of a Gentleman at War* (2005)
Seldon, Anthony, *Churchill's Indian Summer: The Conservative Government 1951–55* (1981)

Sheldon, Michael, *Young Titan: The Making of Winston Churchill* (2013)
Taylor, A.J.P., (ed.) *Churchill: Four Faces and the Man* (1969)
Toye, Richard, *Lloyd George and Churchill: Rivals for Greatness* (2007)
— *Churchill's Empire: The World that Made Him and the World He Made* (2010)
— *The Roar of the Lion: The Untold Story of Churchill's World War II Speeches* (2013)
Walder, David, *The Chanak Affair* (1969)
Wallach, Janet, *The Desert Queen: The Extraordinary Life of Gertrude Bell* (1996)
Wilson, Jeremy, *Lawrence of Arabia: The Authorized Biography of T.E. Lawrence* (1989)
Wrigley, C.J. (ed.), *Warfare, Diplomacy and Politics: Essays in Honour of A.J.P. Taylor* (1986)
— *Winston Churchill: A Biographical Companion* (Santa Barbara, 2002)
— *A.J.P. Taylor: Radical Historian of Europe* (2006)
— *Churchill* (2006)
Young, John, *Winston Churchill's Last Campaign: Britain and the Cold War 1951–1955* (1996)

写真クレジット

- 18歳のウィンストン・チャーチル　Peter Harrington Ltd.
- ランドルフ・スペンサー・チャーチル　Universal History Archive/UIG/Bridgeman Images.
- ジェニー　The Illustrated London News Picture Library, London/ Bridgeman Images.
- シドニー・ストリート包囲戦　BRDW I Press 1/213, The Broadwater Collection, Churchill Archives Centre, Churchill College.
- ブリストル空爆　Popperfoto/Getty Images.
- チャーチルとクレメンティーン　PA Photos.
- チャーチルとボールドウィンChristie's, London/Bridgeman Images.
- チャーチルとトルーマン U. S. Army, courtesy Harry S. Truman Library.
- カルタゴで演説するチャーチルPhoto: © Imperial War Museum, London (NA 3255).
- 飛行服姿のチャーチル Ullstein/TopFoto.
- トミー銃とチャーチル Getty Images.
- チャーチルとアインシュタインGetty Images.
- 書斎のチャーチルTopical Press/Hulton Archive/Getty Images.
- チャーチルとモンゴメリー　RA/Lebrecht Music & Arts.
- 勝利宣言 Major Horton/IWM/Getty Images.
- チャーチルとドゴールBRDW II Photo 8/10/22, The Broadwater Collection, Churchill Archives Centre, Churchill College.
- チャーチルとイブン・サウード　BRDW I Photo 9, The Broadwater Collection, Churchill Archives Centre, Churchill College.
- チャーチルとスターリン Lt. Lotzof/IWM/Getty Images.
- チャーチルとトルーマン（フルトン）Abbie Rowe, National Park Service, courtesy Harry S. Truman Library.

著者略歴

ボリス・ジョンソン｜*Boris Johnson*

1964年生まれ。イートン校、オックスフォード大学ベリオール・カレッジを卒業。1987年よりデイリー・テレグラフ紙記者、1994年からスペクテイター誌の政治コラムニストとして執筆、1999年より同誌の編集に携わる。2001~2008年、イギリス議会下院議員(保守党)。2005年、影の内閣の高等教育大臣に就任。2008年から2016年5月まで2期にわたってロンドン市長を務める。2015年、再び下院議員として選出される。本書のほかに、*The Spirit of London, Have I Got Views for You, The Dream of Rome* など著書多数。

訳者略歴

石塚雅彦｜*Masahiko Ishizuka*

1940年生まれ。国際基督教大学卒業。コロンビア大学ジャーナリズムスクール修士課程修了。元日本経済新聞論説委員。訳書に『サッチャー回顧録』(マーガレット・サッチャー著、日本経済新聞社)、『ブレア回顧録』(トニー・ブレア著、日本経済新聞社)など。

小林恭子｜*Ginko Kobayashi*

1958年生まれ。成城大学卒業後、米投資銀行勤務を経て、デイリー・ヨミウリ紙の記者を務める。2002年、渡英。ブログサイト「英国メディア・ウォッチ」を運営。著書に『英国メディア史』(中央公論新社)、『フィナンシャル・タイムズの実力』(洋泉社)など。

チャーチル・ファクター

2016年4月5日
第1刷発行

著　者
ボリス・ジョンソン

訳　者
石塚雅彦　小林恭子

発行者
長坂嘉昭

発行所
株式会社プレジデント社
〒102－8641 東京都千代田区平河町2－16－1
電話：編集(03)3237－3732　販売(03)3237－3731

編　集
中嶋 愛

装　丁
HOLON

制　作
関 結香

印刷・製本
凸版印刷株式会社

ISBN978-4-8334-2167-6

Printed in Japan